Andrea Thain

Katharine Hepburn

Eine Biographie · Wunderlich

1. Auflage März 1990

Fotos des Tafelteils: MOH Picture Collection
und Privatsammlung der Autorin

Umschlag- und Einbandgestaltung Barbara Hanke
(Foto: Sammlung Jürgen Menningen)
Satz aus der Sabon (Linotronic 500)
Gesamtherstellung Clausen & Bosse, Leck
Printed in Germany
ISBN 3 8052 0481 7

Inhalt

für
Ida Püschner,
Kunigunde Hübner
und
Else Böhner.
Drei unglaubliche
Frauen.

«Sie war wirklich tucky!»
(Tracy Lord)

«Gleiches Recht für alle. Mehr verlangen wir Frauen nicht.»
(Amanda Bonner)

«Eine Radikale? Nein, sie ist ein weiblicher Jakobiner.»
(Henry James)

«Sieh dir einmal ihr Gesicht an. Es ist wirklich ehrlich...
und das ist die einzige widerwärtige Sache an ihr.»
(Mike Conovan)

«Spence und ich waren auf der Leinwand
das perfekte amerikanische Ehepaar.»
(Katharine Hepburn)

«Ehrlich gesagt finde ich mich absolut faszinierend.»
(Katharine Hepburn)

«Sie ist die Calamity Jane des internationalen Jet Sets.»
(Sam Craig)

«Die Löwin im Winter.»
(Life)

«Katharine Hepburn ist ein Monster, das ich erschuf,
und jetzt bin ich seine Privatsekretärin.»
(Katharine Hepburn)

Prolog

Die einen verehren die ‹rebellische Lady› als ‹Mythos› und ‹Legende› und feiern sie als ‹größte Schauspielerin unseres Jahrhunderts› – die anderen lehnen sie ab als ‹exzentrisch›, ‹arrogant›, ‹wild›, ‹eingebildet› und ‹bizarr›.

An Katharine Hepburn scheiden sich auch die Meinungen ihrer Freunde und Filmpartner:
James Stewart: «Sie ist unbeschreiblich!»
Elizabeth Taylor: «Zäh wie ein altes Huhn.»
Cary Grant: «Eine Dame von unglaublicher Energie und Willenskraft.»
Frank Sinatra: «Ist das die Junge oder die Alte?»
Garson Kanin: «Kate ist eine der herausragendsten Frauen unserer Zeit.»
Nick Nolte: «Eine alte, grantige Kröte, mit der man viel Spaß haben kann.»
Bette Davis: «Wie ich ist sie ein Yankee aus Connecticut. Wir sind stark [strong], nicht hart [tough].»
Frank Capra: «Es gibt Frauen und Frauen, und dann gibt es Kate. Es gibt Schauspielerinnen und Schauspielerinnen, und dann ist da Hepburn.»

Kate über Kate: «Wer ist Katharine Hepburn? Nun, sicherlich nicht dieses zauberhafte Wesen, das man von den Filmen her kennt. Die Leute denken, sie sei eine Heilige. In Wirklichkeit ist sie ein Monster, das ich erschuf, und jetzt bin ich seine Privatsekretärin. Doch langsam beginne ich mich von ihm zu distanzieren. Ich bin diese Katharine Hepburn endgültig leid. Am liebsten würde ich sie umbringen.»

Als Ursache für die Verwirrung und die falschen Vorstellungen, die in der Öffentlichkeit existieren, sieht sie vor allem zahlreiche Artikel und unautorisierte Publikationen, die Kate und ihr Leben «überzeichnet darstellen».

«Ich lese das Zeug nicht, weil ich sonst rasend vor Wut und verrückt werden würde. Und das hasse ich noch mehr. Es ist schrecklich. Sie übertreiben alles, was ich getan habe, blähen es auf und jeder weiß, es ist nichts als heiße, übelriechende Luft. Nun, Phyllis [Kates Sekretärin, Mädchen für alles, Freundin und Vertraute], liest das Zeug. Sie ist toleranter, als ich es je sein könnte.»

Das vorliegende Buch kommt Kates Wunsch nach, zum einen «zu helfen, das Monster zu töten», zum andern, einmal ihr Leben und ihre Karriere als Schauspielerin und Frau darzustellen, ohne es «aufzublähen» …

Teil I

«Wer kann mich schon stoppen?»

(1909–1941)

I

«Ich erlebte eine herrliche Kindheit. Mein Leben war abwechslungsreich und faszinierend, aber im Vergleich zu meinen Eltern und meinen Vorfahren führte ich ein verdammt langweiliges Dasein.» So beurteilt Katharine Hepburn ihre Vergangenheit.

Ihr Engagement, ihre Courage, Eigenwilligkeit, Geschäftstüchtigkeit und Arroganz erbte sie, davon ist sie überzeugt, von den Houghtons, der Familie ihrer Mutter «Kit». Diese Familie zählt zu den ältesten Amerikas. Der Stammbaum reicht bis ins Jahr 1066 zurück, als die ersten Houghtons mit William dem Eroberer nach England kamen. Von dort siedelten sie Ende des 17. Jahrhunderts nach Amerika über, wo sich die Familie in Massachusetts niederließ. Der Grundstein des Familienvermögens, das sich nach neuesten Schätzungen auf eine halbe Milliarde Dollar beläuft und zu dessen Nutznießern auch Kate gehört, wurde von ihrem Urgroßvater Amory Houghton gelegt.

Im Jahre 1833 lieh sich Amory 300 Dollar und ließ sich als Bauunternehmer in Cambridge nieder. Um seine Schulden bezahlen zu können, arbeitete er wie ein Besessener, so daß die Gläubiger sich sogar um sein Leben und seine Gesundheit Sorgen machten. Innerhalb kürzester Zeit, Amory war inzwischen 23 Jahre alt, zahlte er das Darlehen zurück. Darüber hinaus hatte er genug Geld zur Seite gelegt, um Sophronia Oakden, die Tochter eines Gemischtwarenhändlers, heiraten zu können. 1836 erwarb Amory einen am Hafen gelegenen Laden und konzentrierte sich nun auf den Handel mit Holz, Kohle, Zement, Kalk und Artikel des täglichen Bedarfs.

Nach sechzehn Jahren beschloß er, sich zu verändern: Gemeinsam mit seiner Frau und seinen Söhnen Amory, Charles und Alfred (geb. 1851) zog Amory nach Sommerville und kaufte auf Anraten von Gaffer Teasdale die Union Glass Company, obwohl er keinerlei Ahnung über die Herstellung und Verarbeitung von Glas hatte.

Doch schon bald erwies sich der Neuerwerb als Goldader: Bedingt durch den Bürgerkrieg wurden Glasflaschen für Medizin benötigt, und niemand konnte besser und schneller liefern als die Union Glass Company. Warum Amory dann aber 1864 die Fabrik verkaufte und in Brooklyn, New York, die Brooklyn Flint Glass Company gründete, weiß heute niemand. Bedingt durch gestiegene Rohstoffpreise und Lohnkosten stand die Firma nach drei Jahren vor dem finanziellen Ruin. Als ein Feuer die Hallen vernichtete, sprachen einige von Brandstiftung, denn Houghton war hoch versichert. Ein Untersuchungsausschuß konnte aber keinen Hinweis finden, der den Verdacht bestätigt hätte.

Elias B. Hungerford, der Erfinder des Milchglases, hatte sich in den Kopf gesetzt, die industrielle Revolution in seine Heimatstadt Corning zu holen. Als er von der Lage der Houghtons erfuhr, schlug er Amory vor, hier eine neue Glasfabrik aufzubauen. Der Gedanke an niedrigere Löhne und billiges Rohmaterial gefiel Amory, doch er konnte das notwendige Startkapital von 125 000 Dollar nicht aufbringen. Hungerford aber ließ nicht locker. Dank einer beispiellosen Sammelaktion konnte er Amory Houghton am 30. Mai 1868 einen Barscheck über 50000 Dollar überreichen.

Zusammen mit seinen Söhnen und einem großen Teil seiner Arbeiter aus Brooklyn zog Amory nach Corning, wo die Corning Flint Glass Works Ende 1868 eröffnet wurde. Der Nach-Bürgerkriegszeit und dem Bauboom war es zu verdanken, daß die Geschäfte gutgingen, doch nach einem Jahr stagnierte der Handel und nach einem weiteren Jahr mußte Amory am 15. September 1870 Konkurs anmelden.

Zunächst sah es so aus, als ob auch Amory Jr., Charles und Alfred arbeitslos seien, doch da teilte Nathan Cushing, der neue Besitzer der Fabrik, ihnen mit, daß er sich für Amory als Geschäftsführer entschieden habe. Amory Jr. hatte sich nach seinem Schulabschluß intensivst mit der Materie Glas beschäftigt. Zusammen mit Fachmännern entwickelte er in seinem Labor Thermometerhüllen und verbesserte die Herstellungsverfahren von optischen Linsen. Das Geschäft florierte. Durch kühle Berechnung gelang es ihm 1873, die Gesellschaft durch die ökonomischen Stürme zu manövrieren, ohne dies auf Kosten der Arbeiter und ihrer Gehälter zu tun.

Zwei Jahre später konnte er die Fabrik von Cushing zurückerwerben. Nun widmete er sich der Erforschung und Herstellung einer speziellen Signallampe für die Eisenbahn. Drei Jahre dauerte die Entwicklung, für die Amory Jr. eigens einen Physiker der Cornell University unter Vertrag genommen hatte. Noch größeren Erfolg aber sollte ein anderes Produkt der Houghtons haben: Im September 1879 erhielt Amory eine Anfrage von einem gewissen Thomas Alva Edison, Menlo Park, New Jersey. Um einen Glühdraht zu schützen, benötigte er ein geeignetes Glasgehäuse, das den Draht vakuumdicht und gasgefüllt umschließen sollte. Amory bedauerte, Edison etwas Derartiges nicht anbieten zu können, schlug aber vor, daß sie dieses Problem gemeinsam lösen sollten. Edison zögerte, doch sechs Monate später schickte er William Holzer und einen Assistenten nach Corning und die Arbeit begann. Durch einen Zufall fanden die Tüftler die geeignete Form heraus: ein birnenförmiger Glaskolben. Am 17. November 1880 trafen bei Edison die ersten 307 Glühbirnen ein. Und es ward Licht.

Anders als seine Brüder hatte Alfred Augustus Houghton sich nach dem Konkurs der väterlichen Fabrik selbständig gemacht. Er war mit seiner Frau Madeleine nach Buffalo übersiedelt und hatte die dortige Buffalo Scale Company erworben. Doch sein Glück war nicht beständig. Ein Jahr nach der Geburt der gemeinsamen Tochter Mary starb Alfreds Frau an Krebs. Alfred drohte an seinem Leid zu zerbrechen, doch die Bekanntschaft mit Caroline Garlinghouse gab ihm neuen Mut. Als er merkte, daß er ohne sie nicht mehr leben konnte und auch Mary eine Mutter brauchte, bat er Caroline, seine Frau zu werden. Die Frischvermählten zogen nach West Hamburg im Süden von Buffalo. Während Alfred sich den Geschäften widmete, engagierte sich Caroline in der frühen Frauenbewegung. Sie rief Diskussionskreise ins Leben und zum Entsetzen West Hamburgs stellte sie wiederholt den Status des Mannes in Frage. Ihr größtes Anliegen aber bestand darin, die anderen Mütter zu überzeugen, daß auch diese ihre Töchter eine Schule besuchen und sogar studieren lassen sollten.

Am 2. Februar 1878 erblickte Katharine Houghton das Licht der Welt. Zusammen mit ihren Schwestern Edith (1879) und Marion (1884) wurde sie zu Hause unterrichtet und auf einen späteren Besuch des Bryn Mawr College vorbereitet. «Kit», wie Katharine von allen genannt wurde, erinnerte sich, daß ihre Kindheit «idyllisch» war. Doch die Idylle endete jäh, als Caroline sich auf Drängen ihres Mannes untersuchen ließ und der Arzt Krebs diagnostizierte. Der Gedanke, erneut eine Frau an dieser Krankheit leiden und sterben zu sehen, führte bei Alfred zu einem Nervenzusammenbruch. Der Arzt riet ihm, sich bei seinem Bruder zu erholen. Mitte Oktober 1892 reiste Houghton nach Corning. Sein Zustand schien sich zu bessern, doch als er eines Abends von seinem Spaziergang nicht zurückkehrte, leitete Amory Jr. eine Suchaktion ein. Schließlich fand man Alfreds Leiche in der Nähe der Fabrik. Daß der Schuß in die Schläfe von einem Fremden verübt wurde, konnte ausgeschlossen werden, da Houghton die Pistole noch in der Hand hielt. Amory telegrafierte Caroline am 29. Oktober 1892 vom Freitod ihres Mannes. Als Caroline fünf Tage später ihrer Krankheit erlag, wurden Mary, Kit, Edith und Marion der Obhut ihres Onkels Amory unterstellt.

Auf ihrem Sterbebett hatte Caroline ihrer ältesten Tochter das Versprechen abgenommen, daß sie und ihre Schwestern das Bryn Mawr College besuchen würden. «Großmutter Carolines Devise war: ‹Hab vor nichts Angst und sei unabhängig.› Meine Mutter betrachtete dies als unumstößlich.»

Doch das Zusammenleben mit «Onkel Amory» gestaltete sich problematisch. Da er nach patriarchalischem Prinzip glaubte, für Frauen gäbe es nur die drei K's (Kinder, Kirche, Küche), sah er den Besuch eines College als Geldverschwendung an. Während Mary sich seinem Willen beugte, beschlossen Kit, Edith und Marion den Wunsch ihrer Mutter zu erfüllen. «Es war mehr ein Befehl, als ein Wunsch gewesen, und sie waren dickköpfig genug, sich gegen ihren Onkel durchzusetzen.»

Als Amory erkannte, daß er mit den drei jüngeren Mädchen von Alfred nicht zurechtkam, schickte er sie zu Verwandten nach Canadaigua. Diese waren ruhige und verständnisvolle Menschen, doch «Kit» ahnte, daß sie ihr Ziel nur erreichen konnte, wenn sie in der Nähe von Amory Houghton blieb. Also quälte sie die Cousins, indem sie nachts einen Höllenlärm veranstaltete und ihnen so den Schlaf raubte. Nach zwei Wochen schickte man sie wieder zurück. Durch Amorys Söhne Arthur und Alanson Bigelow (späterer Botschafter der USA in Deutschland von 1919 bis 1922 und England 1925 bis 1928) erfuhr «Kit», daß ihr Vater in seinem Testament verfügt hatte, daß sie für sich und ihre Schwestern einen Vormund aussuchen sollte. Zur Überraschung des Richters, von Onkel Amory und der Gesellschaft von Corning entschied sie sich für den gutaussehenden Freund ihres Cousins Alanson, einen jungen Rechtsanwalt. Dieser unterstützte sie in dem Vorhaben, nach Bryn Mawr zu gehen und forderte für «Kit» vom College eine Lehrerempfehlungsliste an. Einige von ihnen wurden verpflichtet und bereiteten «Kit» zwei Jahre lang auf die Aufnahmeprüfung vor, die der von Yale und Harvard entsprach. Kurz nach ihrem sechzehnten Geburtstag legte sie die Prüfung mit großem Erfolg ab.

«Kit» bezog ein Zwei-Zimmer-Appartement, das 350 Dollar jährlich kostete. Da Amory sich geweigert hatte, diesen «Irrsinn» zu finanzieren, wurden die entstehenden Kosten aus dem Nachlaß ihres Vaters bestritten. «Meine Mutter wußte zwar alles über die Welt, aber mit Geld konnte sie nicht umgehen.» Als die Mittel erschöpft waren, beschloß «Kit» Nachhilfestunden zu geben.

Es dauerte nicht lang und sie war in Bryn Mawr bekannt wie ein «bunter Hund». Nicht nur ihr Aussehen und ihr neugegründeter Diskussionskreis sorgten für Gesprächsstoff, sondern vor allem ihr Wesen und Auftreten: «Kit» ritt im Herrensattel durch die Main Street, trank Bier im Lokal und rauchte heimlich auf dem nahe gelegenen Friedhof.

Es war für Carey Thomas, dem weiblichen Dekan von Bryn Mawr, unvermeidlich, «Kit» zu einem Gespräch zu bestellen. Freundlich legte sie ihr dar, daß ihr Verhalten dem Ruf der Schule schade und bat sie, sich mehr auf ihre Fächer zu konzentrieren. Andernfalls müßte sie damit rechnen, von der Schule ausgeschlossen zu werden. «Als meine Mutter erkannte, daß ihr Traum in Gefahr war, trat eine Wende bei ihr ein.»

In den nächsten Wochen widmete sie sich ausschließlich ihren Studien. Schon bald entdeckte sie, daß sie ein besonderes Talent als Rednerin hatte und bildete dies mit der Unterstützung von Miss Thomas weiter aus. 1899 schloß sie in Bryn Mawr erfolgreich ab. Ihr Wunsch für die Zukunft: «Ich möchte das etablierte System zur Hölle schicken.»

Im September 1899 trug sie sich in die Radcliffe University von Boston ein und erhielt im Juni 1900 ihr «Master's Degree in Art».

Nun, im Jahre 1901, stand sie vor der Frage, was sie als nächstes tun sollte. Gewiß, auch sie wollte einmal Ehefrau und Mutter werden, doch dies lag noch in ferner Zukunft. Um mit ihrer Schwester Edith die möglichen Alternativen zu diskutieren, fuhr «Kit» nach Baltimore, wo Edith an der Johns Hopkins University Medizin studierte. Bei einem Fecht-Turnier fiel «Kit» ein großer, schlanker, breitschultriger, rothaariger Medizinstudent auf. Als sie ihre Schwester nach seinem Namen fragte, erklärte Edith abwehrend: «Oh, ‹Kit›! Das würde ich mir aber noch einmal überlegen. Er besitzt keinen Cent!»

Doch «Kit» war fest entschlossen. «Dieser Mann ist wie für mich geschaffen. Ich werde ihn heiraten, und wenn es bedeuten würde, daß ich nach einem Jahr tot umfalle.»

Der Mann ihrer Träume, das war Thomas Norval Hepburn.

Zu den typischen Hepburn-Charakteristika gehört es, hohe Ansprüche an sich, aber auch an andere zu stellen; Disziplin, kompromißlose Ehrlichkeit, Sparsamkeit, Kritikfreudigkeit sowie körperliche und geistige Gesundheit nahmen ebenfalls einen hohen Stellenwert ein.

Zu den Vorfahren der Hepburns zählte auch der dritte Ehemann von Maria Stuart, James Hepburn, Earl of Bothwell. Doch anders als die Houghtons lebte Thomas' Familie in bescheideneren Verhältnissen. Sein Vater Sewell S. Hepburn war kurz vor dem Bürgerkrieg von Missouri nach Hannover County umgesiedelt. Schon bald lernte er Selina Lloyd Powell kennen. Die beiden heirateten und Sewell übernahm die angesehene, wenn auch schlecht bezahlte Stellung eines Landpfarrers der Gemeinde St. Paul's Episcopal.

«Großvater Hepburn verwendete für das Waschen und das Zähneputzen die gleiche Seife und den gleichen Waschlappen. Das klingt zwar exzentrisch, aber in Anbetracht der zunehmenden chemischen Belastung der Dinge ist die Idee überdenkenswert.»

Lachend räumt Kate ein, daß ihre Duschbegeisterung anscheinend von der Hepburn-Seite stammt («zur Zeit täglich fünfmal»). Auch folgt sie bei Waschlappen der großväterlichen Devise: «Je rauher, desto besser». «Wir schenkten Kate einmal zum Geburtstag einen Waschlappen, der hart wie Stahlwolle war», erinnerte sich Garson Kanin. «Sie rannte natürlich ins Bad und probierte ihn sofort aus. Als sie wiederkam, stellten wir mit Entsetzen fest, daß ihr Gesicht an manchen Stellen blutete. Doch Kate war begeistert und sagte: ‹Oh, er ist genau richtig.›»

«Mein Großvater väterlicherseits war ein bescheidener Mann mit einer einfachen Lebensphilosophie. Wenn er in Fenwick war, predigte er immer in St. Mary's by the Sea. Wir dagegen waren nicht besonders religiös, nicht im traditionellen Sinne, und gingen auch selten in die Kirche. Doch sobald Großvater hier war, kamen alle Sünder unserer Familie in die Kirche. Doch das war nicht der Grund, warum wir als Kinder uns so auf seinen Besuch freuten: er war ein herrlicher Geschichtenerzähler. Ich liebte seine Märchen über alles, vor allem das von den ‹Bremer Stadtmusikanten›. Er besaß diese magische Gabe, einen völlig in diese phantastische Welt eintauchen zu lassen.»

Als der zuständige Landarzt starb und sich kein Ersatz für ihn finden ließ, erklärte sich Sewell S. Hepburn bereit, auch diese Arbeit mitzuübernehmen.

Am 18. Dezember 1879 wurde Norval Thomas Hepburn geboren. Natürlich wünschte sich sein Vater, daß sein Sohn den gleichen Beruf wie er ergreifen würde, doch Tom lehnte dies entschieden ab: er hatte zuviel Not, Elend und Unglück gesehen, als daß er noch an einen gütigen Gott glauben konnte. Statt dessen beschloß «Hep», wie er von seinen Kommilitonen genannt wurde, Arzt zu werden. Zunächst besuchte er das Randolph Macon College. Er war ein ausgezeichneter Athlet. Zudem nahm er in seiner Funktion als Herausgeber der Schülerzeitung *Randolph Macon Monthly* kein Blatt vor den Mund und vertrat offen seine radikal-sozialen Ansichten. Gesellschaftliche Veränderungen, erklärte er, seien nur durch Umbrüche zu erreichen. Daß Tom nicht der Schule verwiesen wurde, führte seine Tochter auf die Tatsache zurück, daß er ein glänzender Sportler war.

Nachdem Tom 1901 den «pre-med.» erworben hatte, trug er sich für Medizin an der Johns Hopkins University ein.

Um längere Zeit bei Edith bleiben zu können, nahm «Kit» Houghton eine Stellung als Lehrerin in der exklusiven Calvert School, Baltimore, ein. Da Edith wegen der alphabetischen Sitzordnung in einigen Vorlesungen neben «Hep» saß, war es für sie ein leichtes, ein Treffen für ihre Schwester zu arrangieren. Sie selbst lud ihren Banknachbarn Donald Hooker ein, der später ihr Ehemann werden sollte.

Die Beziehung zwischen «Kit» und Tom hatte ihre Anfangsschwierigkeiten; er war sehr zurückhaltend und «Kit» bezeichnete ihn einmal als einen «Brüter und Grübler». In den nächsten Jahren sah man sich öfters, und als «Kit» sich schon am Ziel ihrer Wünsche wähnte, teilte er ihr kurz und bündig mit, er werde Anfang des nächsten Monats als Austauschstudent nach Heidelberg gehen. «Mutter überlegte, ob sie ihn oder sich erschießen sollte, doch dann beschloß sie, zu warten.» Tom reiste im Juni 1903. Der Briefwechsel war gekennzeichnet durch einen kühlen, sachlichen Ton.

«Kit» wurde es zu bunt, und sie setzte schließlich alles auf eine Karte. «Das Beste an unserer Beziehung ist, daß unsere Beziehung, wenn wir einmal geheiratet haben, trotz unserer Gatten weiterbestehen kann», erklärte sie Tom in einem ihrer nächsten Briefe. Dies hatte zur Folge, daß er zum erstenmal seine wahren Gefühle offenbarte: «Wie kannst Du nur so etwas sagen? Wenn nicht Du meine Frau wirst, werde ich niemals heiraten!»

Kurze Zeit nach seiner Rückkehr aus Deutschland heirateten die beiden, entgegen Onkel Amorys Willen, im November 1904. «Vater war ein brillanter Student gewesen und stand nun vor der Frage, wo er seine Praxis eröffnen sollte. Nach Baltimore wollte er nicht, da hier die Schwestern und Verwandten von Mutter lebten. New York und Boston schieden aus, da er unbedingt auf dem Land leben wollte und es hier billiger war, eine große Familie, nach der er sich sehnte, zu ernähren.»

In dieser Situation erreichte ihn ein Schreiben von Dr. Oliver Cotton Smith, einem der bekanntesten Urologen Amerikas. Dieser bot ihm an, nach Hartford zu kommen und eine Stelle im örtlichen Krankenhaus anzunehmen. Vor allem aber reizte Tom Dr. Smiths Versprechen, ihn zum besten Urologen Amerikas auszubilden.

Die einzige Schwierigkeit, die die neue Anstellung mit sich brachte, war die Vorschrift, daß die Ärzte im Krankenhaus wohnen mußten, Frauen aber kein Zutritt gestattet war. Doch mit einem typischen Hepburn-Trick wurde auch dieses Problem gelöst: Direkt gegenüber des Ärzteingangs mieteten sie ein Backsteinhaus für 30 Dollar monatlich. «Hep» ließ ein Telefon in seine Wohnung legen, und sobald es klingelte, rannte er ins Krankenhaus. «Er war so schnell, daß es überhaupt nicht auffiel, daß er außerhalb wohnte.»

Am 8. November 1905 wurde Thomas Houghton Hepburn geboren. Im gleichen Jahr eröffnete sein Vater eine eigene Praxis, die er neben seiner Krankenhaustätigkeit betrieb. Hepburn erkannte die Zeichen der Zeit. Bisher hatte ein Arzt jede Krankheit behandelt und auch selbst Operationen vorgenommen, Hepburn aber spezialisierte sich auf zwei Gebiete: Urologie und Chirurgie. Aus eigener Tasche kaufte er ein Röntgengerät, das seine Kollegen als «uneffektiven Humbug» abtaten. «Dad besaß einen untrüglichen Instinkt Geschäfte betreffend. Nie brauchten wir einen Anlageberater. Alles, was er anfaßte, schien sich in Gold zu verwandeln. Innerhalb kurzer Zeit vergrößerten sich so Mutters Erbe und sein Gespartes. Als ich nach Hollywood ging, schickte ich aus diesem Grund auch mein Geld. Er legte es an, verwaltete und vermehrte es.»

Als eine junge Patientin von ihm 1910 an Syphilis starb, begann Hepburn sich intensiv mit dieser Geschlechtskrankheit auseinanderzusetzen. Zu seinem Entsetzen entdeckte er, daß Tausende an dieser Krankheit gestorben waren oder durch unsachgemäße Behandlung den Verstand verloren hatten. Nicht zu sprechen von den toten oder mißgestalteten Kindern, die ein Opfer der Lust ihrer Väter waren. Hepburn war davon überzeugt, daß die Krankheit durch hygienische Maßnahme reduzierbar und besiegbar war, doch wie sollte er die Öffentlichkeit auf die Gefahr aufmerksam machen, da sowohl die Krankheit als auch die Nennung des Begriffs «Kondom» tabu war? Zunächst gründete Hepburn die Social Hygiene Association. Als er eines Tages das Drama *Damaged Gods* von Eugène Brieux las, welches von Shaws Frau Charlotte Payne-Townshend übersetzt und von Shaw mit einem Vorwort versehen worden war, das anschaulich die Folgen von Syphilis schilderte, kam «Hep» eine Idee. Er schrieb an Shaw und erklärte ihm, daß er gern das Stück in Amerika nachdrucken lassen würde, um so die Gesellschaft auf die Gefahren dieser Krankheit aufmerksam zu machen. Shaw erteilte ihm hierzu die

Erlaubnis und in den nächsten Jahren entwickelte sich zwischen ihnen ein reger Schriftverkehr. «Stellen Sie sich vor, was das für uns heute bedeuten würde, diese Briefe lesen zu können. Doch was tat Vater? Um sich nicht länger mit alten Briefen zu belasten, vernichtete er sie eines Tages.»

«Kit» erkannte schon bald, daß das «Mutter- und Ehefrausein» sie nicht ausfüllte. Damit Tom sich auch mit ihr über medizinische Probleme unterhalten konnte, und «sie ihn nicht mit dummen Fragen unterbrechen» mußte, las sie sich einiges Wissen darüber an. Doch schon bald entdeckte sie ihre andere Berufung: Ihre Schwester Edith hatte in Baltimore ein Heim für alleinstehende Mütter gegründet, und «Kit» begann sich ernsthaft mit den sozialen Problemen von Arbeitern auseinanderzusetzen und gründete hierzu auch Diskussionsgruppen. Doch die meisten, die sich ihnen anschlossen, waren zunächst unfähig, zu helfen, da ihr eigenes aktives Handeln und Entscheiden dem Rollenklischee, das man ihnen in jahrelanger Erziehung aufgepreßt hatte, zuwiderlief. «Kits» erster Schritt zur Beseitigung von sozialen Schwierigkeiten bestand also darin, ihren Mitstreiterinnen zu helfen, Selbstbewußtsein aufzubauen.

Zwei Jahre nach der Geburt ihres ersten Kindes zogen die Hepburns in das ehemalige Haus von Charles Dudley Warner, einem Freund Mark Twains. «Als Mutter das Haus in der Hawthorn Street 133 das erste Mal besichtigte, wußte sie sofort, daß sie hier mit ihrer Familie leben wollte.» Über dem Kamin hing eine Marmorplatte mit Warners Lebensdevise: *«Listen to the Song of Love!»*

«So weit ich zurückdenken kann, erinnere ich mich an diese Inschrift. Ich stand vor dem Kamin und fragte Dad und Mutter immer wieder, was es bedeutete. Und eines Tages traf es mich wie ein Blitzschlag. Oh, das bedeutet es also. Wir glaubten und glauben alle daran, daß dies die einzig richtige Möglichkeit ist, zu leben.»

Als Tom merkte, daß «Kit» sich langweilte, schlug er ihr eines Tages vor, zu einem Vortrag von Emmeline Pankhurst zu gehen. Miss Pankhurst gründete zusammen mit ihren Töchtern Christabel und Sylvia 1903 in England die Women's Social and Political Union, die die Gleichberechtigung von Frau und Mann forderte, vor allem im Hinblick auf das Wahlrecht. Im Laufe der Jahre hatten ihre Anhängerinnen, Suffragetten genannt, des öfteren zu dem Mittel des gewalttätigen Protests gegriffen und das Königreich in Angst und Schrecken versetzt. Da Miss Pankhurst der Ruf einer kompromißlosen Kämpferin vorausgeeilt war, waren die amerikanischen Einwanderungsbehörden alles andere als glücklich, als sie eine Vortragsreihe für 1908 ankündigte. Ende dieses Jahres sprach sie auch in Hartford. Allerdings hatten es nur «um die 200 Frauen gewagt, an der Veranstaltung» teilzunehmen. Neben «Kit» gehörte auch die junge Lehrerin Emily Pierson zu den Zuhörern.

Die Rede von Miss Pankhurst erschien «Kit» wie eine Antwort auf ihre quälende Frage, was sie tun sollte. Am Abend besprach sie die Angelegenheit mit ihrem Mann.

«Zu dem Zeitpunkt, als Mutter sich entschloß, in die Suffragettenbewegung einzutreten, waren diese nicht besonders beliebt. Ja, manche Menschen fürchteten sich sogar vor ihnen. Doch Mutter dachte weniger an ihren eigenen Ruf, als an die Gefahr, Dads Karriere zu schaden.»

Hepburn bestärkte sie in ihrem Entschluß und fügte hinzu: «Sollten wir nicht genügend Hirn haben, um ihren Gehässigkeiten begegnen zu können, so können wir immer noch gerichtlich gegen sie vorgehen. Das Leben ist nicht wert gelebt zu werden, wenn man sich für nichts einsetzt und nicht für seine Überzeugung einsteht.»

«Dad hatte am Anfang nicht allzu viele Patienten, und ich weiß nicht, was ihn dazu bewegte, Mutter derart zu ermutigen. Denn es war abzusehen, daß ihr Engagement sich negativ auf ihn auswirken würde. Doch das war ihm egal. Nie bereute er es, daß Mutter den Kampf aufgenommen hatte. Niemals. Er ging mit ihr in ihrer Bestimmung auf.»

Als erstes abonnierten «Kit» und Emily Pierson, mit der sie sich anfreundete, das *Woman's Journal*. «Da wir von der Bewegung, an die wir leidenschaftlich glaubten, nur sehr wenig wußten.» Doch schon bald gründeten die beiden Frauen die Equal Franchise League und hielten Vorträge. Die Frauen von Hartford waren bald in Lager gespalten: während die einen sich «Kit» anschlossen, betrachteten die übrigen sie als «Störenfried» und schlossen die Hepburns von Einladungen und Gesellschaften aus.

«Als ich ein kleines Kind war, kam es oft vor, daß Mutter eine Nachbarin grüßte, doch diese tat so, als ob sie uns einfach nicht sehen würde. Mutter sagte weiterhin ‹Guten Morgen› und schließlich waren die anderen beschämt und erwiderten ihren Gruß.»

Zu «Kits» erbittertsten Gegnern gehörte auch Charles Hopkins Clark, der Herausgeber des *Courant*. So fragte er 1910, was zwei jungen Frauen, wie «Kit» und Josephine Day Bennett, allein mit den Senatoren zwei bis drei Stunden hinter verschlossenen Türen getrieben hätten. Als Tom sie drängte, gegen Clark zu klagen, meinte sie nur gelassen: «Verrückt. Anscheinend hatten sie sonst nichts zu schreiben.» Kit revanchierte sich auf ihre Weise. Bei der nächsten Kundgebung verkündete ein Schild: «Frauen, Kinder, Idioten und Kriminelle, wählt hier! Unser Kandidat ist der Herausgeber des *Hartford Courant*, Charles Hopkins Clark.»

Obwohl «Kit» sehr viel Zeit für ihre Sache verwendete, vernachlässigte sie dennoch nicht die Familienplanung. Nach Katharine folgte Richard (1911), Robert (1913), Marion (1916) und Margaret (1918) alias «Peggy». «Mutter erklärte uns Kindern, daß ein jedes von uns geplant und nicht durch Zufall gezeugt worden war. Und ich war wirklich froh, als ich das hörte.»

Nach der Geburt von Katharine bat «Kit» die Hebamme, das Kind gegen das Licht zu halten, damit sie die Haarfarbe sehen konnte. «Erleichtert rief Mutter: ‹Gott sei Dank. Sie ist rothaarig.› Denn das war Dads innigster Wunsch gewesen.»

In den letzten Jahren gab es viel Verwirrung und «Mumbo-Jumbo» über das Geburtsjahr von Kate. Sie selbst sagt: «Ich finde es zwar absolut vulgär, in dererlei Dingen akkurat zu sein, doch habe ich nie einen Hehl daraus gemacht, daß ich 1909 geboren wurde (was auch ihr Reisepaß belegt). Von den Idioten hätte mich nur einer fragen müssen. Bah, und sowieso, Geburtstage. Es gibt doch nichts Deprimierenderes. Das Beste, was man an diesem Tag tun kann, ist sich in ein Zimmer einzusperren und loszuheulen, weil man wieder ein Jahr verloren hat und immer noch nicht gescheiter geworden ist!»

Kate zieht es aus diesem Grund vor, den Tag völlig zu übergehen. Doch bei dem bisherigen Hickhack über das Geburtsjahr – Kates Geburtsunterlagen wurden offiziell bei dem Hurrikan von 1938 vernichtet – übersah man die Tatsache, daß sie sich bezüglich des Geburtsdatums einen ihrer berüchtigten Scherze erlaubt hat. Spencer Tracy erklärte 1962 in einem Interview, daß das Geheimnis der erfolgreichen Beziehung zwischen ihm und Kate (rein beruflich) auch von den Sternen abhänge: «Sie wissen ja, daß die Astrologen behaupten, daß die Beziehung zwischen dem Sternzeichen Stier und dem Sternzeichen Widder turbulent, abwechslungsreich und beständig sind. Das trifft auch bei mir und Miss Hepburn zu.»

Spencer Tracy wurde am 5. April 1900 im Zeichen des Widders geboren. Dementsprechend mußte Kate also das Sternzeichen Stier sein. Daß es sich hierbei nicht nur um einen Versprecher von Tracy handelte, belegt ein Erlebnis von Garson Kanin.

«Es ist seltsam, aber in all den Jahren habe ich Kate niemals etwas zum Geburtstag geschenkt. Und zwar deshalb, weil wir wußten, daß die Angabe vom 8. November falsch war. Niemand kannte ihren wirklichen Geburtstag, mit Ausnahme vielleicht ihrer Eltern und Spence. In Paris sah ich jedoch einmal ihren Reisepaß auf dem Tisch liegen. Natürlich konnte ich meine Neugierde nicht zügeln. Ich schaute nach, wann Kate geboren war. Ha, ich triumphierte, ich hatte es immer schon geahnt: sie war ein April-Stier! Ich jubelte. Wissen ist Macht! Als ich Kate von meiner Entdeckung berichtete, wurde sie weiß! ‹Du Arschloch!› sagte sie. ‹Das ist der Geburtstag von meinem Vater!›»

Es sollte Jahre dauern, bevor Kanin entdeckte, daß Kates Vater im Dezember geboren war. Zum Schutz ihrer Privatsphäre, die sie auch gegen ihre besten Freunde verteidigte, hatte sie ihn in Paris angelogen. Um so größer war seine Wut auf sich selbst, daß er sich das genaue Datum nicht gemerkt hatte.

«Kit» ließ sich durch die Geburt ihrer Kinder nicht von ihrem Ziel abbringen, ja, sie integrierte die Kinder in ihren Kampf für die Gleichberechtigung der Frau und nahm sie mit zu Demonstrationen. So begleiteten Kate, Tom, Richard und Robert auch ihre Mutter, als diese nach Washington, D. C. zog. Als Präsident Woodrow Wilson, «Kits» ehemaliger Lehrer von Bryn Mawr, an ihnen vorüberging, hatte er im Gegensatz zu seiner Frau noch einen Gruß für die streitbaren Damen übrig.

«Für uns war das das Natürlichste auf der Welt und später waren wir alle in irgend etwas mitverwickelt.»

Auch bei den Versammlungen erlaubte «Kit» den Kindern teilzunehmen. «Mutter trug meistens einen Kimono, der ihr das Aussehen eines Mandarins verlieh. Es war nicht so, daß wir gesehen, aber nicht gehört werden durften. Aber es sollte nur der reden, der etwas Interessantes zu berichten hatte. Man erlaubte uns zuzuhören, aber den Mund sollten wir halten.»

Als 1912 ein Prozeß gegen einen stadtbekannten Zuhälter scheiterte, beschloß «Kit», die Sache selbst in die Hand zu nehmen. Sie schnappte sich einen Fotoapparat und hielt die unzumutbaren Zustände, unter denen die Frauen leben und arbeiten mußten, im Bild fest. Wie durch ein Wunder erklärte sich der *Courant* bereit, die Bilder und «Kits» Text zu veröffentlichen. Weiterhin stellte sie eine Namensliste von Beamten und Stadträten zusammen, die durch den Erhalt des Freudenhauses profitierten. Innerhalb kurzer Zeit wurde das Bordell geschlossen. Durch die Bekanntschaft mit Emma Goldman, die nicht davor zurückschreckte, für die Verwirklichung ihrer Träume Mord und Terror einzusetzen, entschied sich «Kit», sich der militanteren Woman's Party anzuschließen und gab im September 1917 ihren Sitz als Präsidentin frei.

In den zwanziger Jahren hatte sich die Situation der Frau ein wenig gebessert und Katharine Houghton Hepburn beschloß, dem Beispiel und der Aufforderung Margaret Sangers zu folgen, indem sie sich für Geburtenkontrolle, vornehm umschrieben «Planned Parenthood», engagierte.

Anders als heute, da Aufklärung ein fester Bestandteil der Erziehung ist, war zu Beginn des 20. Jahrhunderts Aufklärung jeglicher Art und Form unter Strafe verboten. So machte man 1915 Margaret Sanger den Prozeß, weil sie Aufklärungsbroschüren mit der Post verschickt hatte. Diese Situation war vor allem auf den Einfluß der katholischen Kirche zurückzuführen, die idiotischerweise Empfängnisverhütung als «Mord am ungeborenen Leben» betrachtete, was sie auch heute noch tut (hier drängt sich die Gegenfrage auf: ist der lebenslange Zölibat der katholischen Priester, Mönche und Nonnen dann ebenfalls als «Mord» einzustufen?).

«Kit» und die Bewegung hielten es für überaus wichtig, daß die breite Öffentlichkeit Amerikas von Verhütungsmitteln wie Kondom, Spirale, Irregator und Pessar unterrichtet und in ihrer Anwendung geschult werde.

«Was ist schon gutes am Stimmrecht der Frauen, wenn sie nicht einmal Macht über ihren eigenen Körper haben», erklärte «Kit» in einem Artikel. Und sie wollte den Frauen klarmachen, daß diese nicht jederzeit ihrem Mann sexuell zur Verfügung stehen müssen. Schonungslos veröffentlichte die Bewegung Zahlen und Prognosen, die belegten, daß bei sinnvoller Aufklärung die Zahl der Abtreibungen und die Fälle von Kindesmord zurückgehen würden; Dinge, von denen die meisten Frauen der Oberschicht noch nie gehört hatten.

«Kit» klärte auch ihre Kinder auf. «Ich war so begeistert von Mutters Schilderungen, daß ich begeistert ausrief: ‹Das heißt, ich kann Babies kriegen, ohne zu heiraten? Fein, das werde ich machen, bis ich einen netten Mann wie Daddy finde.›»

2

In den Kindheitserinnerungen von Katharine Hepburn nimmt ihr Vater eine zentrale Stellung ein. «Es gibt Männer, die handeln, und Männer, die denken können. Wenn man nun diese beiden kombiniert, dann hat man jemanden wie meinen Dad.»

Gewohnt an die bescheidenen Verhältnisse in seiner eigenen Kindheit, war Hepburn auch später äußerst sparsam. «Dad besaß nie mehr als zwei Paar Schuhe und zwei Anzüge. Den einen zum Tragen, während der andere gereinigt wurde.»

«Vater entwickelte in seinem Leben einige Lebensdevisen, die man sich eigentlich hätte aufschreiben und gerahmt aufhängen müssen. So zum Beispiel:

‹Warte nicht ab, daß Dinge sich ereignen. Mach sie.›

‹Entsteht bei einer Unterhaltung eine zu lange Pause, spring ein. Man wird dich dafür lieben.›

‹Halte dein Leben in Ordnung!›

Was Vater am wenigsten verstehen konnte, war, daß Menschen Zuflucht im Alkohol suchten. ‹Wenn man schon trinken muß, dann sollte man es tun, wenn man glücklich ist. Es macht einen glücklicher. Trinkt man, wenn es einem schlecht geht, dann wird die Laune nur noch verschlimmert. Trinker sind Menschen, die nach der einfachsten und bequemsten Lösung ihres Problems suchen. Problemen aber muß man sich stellen und sie lösen. Man kommt ihnen nicht bei, indem man sich besäuft und vorgibt, sie existieren nicht!›»

Über sich selbst sagte Kate einmal, sie sei «schon als Kind ziemlich übelgelaunt, launisch und streitsüchtig gewesen; aber meine Eltern hielten mich in Schranken».

Auf der anderen Seite sei sie aber «schrecklich schüchtern» gewesen. «Vater sagte einmal: ‹Alle meine Kinder sind schüchtern, weil sie Angst haben, daß sie nicht im Mittelpunkt stehen.› Und eigentlich hatte er recht. Schüchternheit ist eine Form von Egomanie. Schauspieler sind Egozentriker. Alle. Sie sind niemals schüchtern. Im wahrsten Sinne sind sie selbstsüchtig. Sie sehen immer nur sich in einer bestimmten Situation. Wenn ich in einen Raum gehe, bin ich mir dessen auch bewußt. Ich setze mich und frage: ‹Wie geht es mir, Joe?›, wissend, daß ich so die Aufmerksamkeit auf mich lenke.» Mit daran «Schuld war auch die Ansicht meiner Eltern, daß jeder von uns seine Meinung vertreten sollte. Ja, wir diskutierten sogar mit ihnen und sie ermutigten uns dazu, solange es nicht idiotisch wurde. Bei Tisch wurde über alles mögliche diskutiert, wobei auch die heiklen Themen nicht ausgelassen wurden. Geschlechtskrankheit, Prostitution, Marxismus, Darwinismus, Nudismus, Fabianismus. Ich wurde ziemlich links erzogen. Dad war ein bißchen gemäßigter, aber vor allem Mutter tendierte zum Kommunismus. Nun, man tolerierte auch andere Meinungen, nur durfte es kein Blödsinn sein.»

Dr. Hepburn achtete darauf, daß seine Kinder sich sportlich und gesund entwickelten. «Ein absolutes Tabuthema war eigene Krankheit oder Unwohlsein. Wir wurden dahingehend erzogen, daß wir, falls wir uns schlecht fühlten, bitte, bitte, nach oben gehen und es für uns behalten sollten. Geh zu Bett, schlaf, nimm ein Aspirin, aber nur, wenn es wirklich notwendig ist, oder tue irgend etwas anderes dagegen. Man erwartete, daß man sich so lange zurückzog, bis es einem besser ging.»

Anders als bei den meisten Familien existierten bei den Hepburns keinerlei Zwistigkeiten unter den Geschwistern. «Wir wußten, daß derlei Unsinn von unseren Eltern nicht geduldet werden würde, also trugen wir es schnell und unproblematisch unter uns aus.»

Kates Schwester Marion erinnerte sich, daß Kate schon als Kind die temperamentvollste und dickköpfigste von allen Hepburns war.

«Nun, es gibt einige Dinge, die mich in den Wahnsinn und in sinnlose Wut treiben können. Zum Beispiel Kritik. Ich kann keine Kritik ertragen. Oh, die wenigsten können es, aber bei mir ist es ganz besonders schlimm. Nun, Mutter erzählte mir einmal, ich selbst kann mich nicht mehr daran erinnern, daß ich als Kind Scharlach hatte und sehr, sehr schlecht ausgesehen habe. Eine Nachbarin kam zu Besuch und meinte, ich sehe noch immer sehr zerbrechlich und schwach aus. Um ihr das Gegenteil zu beweisen, rannte ich mehrmals mit meinem Kopf gegen einen Baum. Als Spence die Geschichte hörte, sagte er: ‹Nun, Katie, das erklärt einiges.›»

In der Gesellschaft von Hartford hatten die Hepburn-Kinder einen schlechten Ruf. Einigen Kindern wurde sogar verboten, mit ihnen zu spielen. «Es existierten die idiotischsten Gerüchte über uns. Etwa, daß wir alle nackt durchs Haus rannten oder unser Vater uns zwang, bei der Geburt unserer Geschwister dabeizusein. Wahr ist lediglich, daß Dad Mutter in der schwierigen Zeit beistand, was heute als natürlich und ‹in› gilt.»

Auch stand Hepburn in dem Ruf, seine Kinder körperlich zu züchtigen. «Unsere Cousins und auch die anderen Kinder wurden fast nie bestraft. Im Sommer kamen sie meistens zu uns zu Besuch, und da Tante Edith fünf Kinder und Tante Marion drei hatte, war dann das Haus immer voll bis unters Dach mit lachenden und schreienden Kindern.

Eines Tages verschüttete ich am Mittagstisch ein Glas Milch und begann hysterisch zu lachen. Ich weiß nicht mehr warum, aber ich konnte einfach nicht mehr aufhören. Dad stand auf und sagte: ‹Komm mit nach oben.› Es herrschte Totenstille. Alle waren erstarrt und ich trabte hinter meinem Vater her, der eine ernste Miene machte. In meinem Zimmer schnappte sich Dad einen Tennisschläger und schlug auf ein Kissen, während ich Schreie der Pein ausstieß und wie am Spieß brüllte.

Als wir wieder herunterkamen, waren die anderen bleich vor Schrecken. Tante Edith war so entsetzt, daß sie schweigend das Haus verließ und auch die anderen sahen Dad mißbilligend an, der mit gutem Appetit aß. Mutter blickte ebenfalls besorgt, es war also eine überzeugende Leistung von mir gewesen. Gott, war das lustig. Daddy war zwar streng und gelegentlich rutschte ihm auch einmal die Hand aus, aber vor allem liebte er effektvolle, gute Scherze. Wir klärten natürlich die anderen später dann auf, aber so lustig, wie wir die Sache fanden, schienen sie es nicht zu finden.»

Kates Favorit unter ihren Geschwistern – «soweit es etwas Derartiges überhaupt gab» – war Tom, dem sie überallhin nachfolgte, sogar in die Schule. Sein plötzlicher Tod traf sie sehr hart. «Kit», die das Gefühl hatte, sie hätte ihre Kinder zu sehr vernachlässigt, reiste zusammen mit Kate und Tom am 29. März 1921 nach New York. Dort wohnten sie bei «Kits» Freundin Mary Towle.

In der nächsten Woche besuchten sie alle Sehenswürdigkeiten, Museen, Ausstellungen und sogar eine «Aufführung, bei der die berühmte Pawlowa tanzte».

Als «Kit» wieder zurückfahren wollte, bettelten Tom und Kate, noch länger bleiben zu dürfen, wozu sie schließlich ihre Einwilligung gab. Die nächsten Tage verliefen in ausgelassener, guter Stimmung. Am Freitag besuchten Kate und ihr Bruder eine Vorstellung der Stummfilmfassung von Mark Twains *A Connecticut Yankee in King Arthur's Court* und am Samstagabend, dem Tag vor der geplanten Abreise, fand eine kleine Feier statt.

Als Tom am nächsten Morgen nicht zum Frühstück erschien, ging Kate, um ihn zu wecken. Die Vorhänge waren noch zugezogen und so sah sie zuerst nicht, was ihre Schulter berührt hatte. Sie stolperte über einen Koffer und sah plötzlich, daß ihr Bruder an einem Strick von der Decke herabhing. Durch die Last seines Körpers hatte die Vorhangkordel sich ausgedehnt, und so sah es aus, als würde er am Boden stehen. Durch Kates Schreie alarmiert, versuchte Mary Towle verzweifelt, Toms Kopf aus der Schlinge zu befreien, doch ihre Bemühungen scheiterten. Schließlich schnitt man den Strick einfach durch. Während Mary eine Ambulanz verständigte, hielt Kate den starren Körper ihres Bruders in den Armen.

Dr. Condy, der siebzehn Minuten nach dem Anruf von Mary Towle eintraf, erklärte gegenüber der Polizei: «Als ich das Zimmer betrat, sah ich die Schwester des Toten. Es war ein Anblick, den ich nie vergessen werde. Sie stand weinend da und streichelte seine Hand.» Condy gab Kate ein Beruhigungsmittel und sorgte dafür, daß sie aus dem Zimmer gebracht wurde und jemand sich um sie kümmerte. Den Zeitpunkt des Todes gab er mit «zwischen Mitternacht und sieben Uhr morgens» an.

Als Thomas und «Kit» Hepburn gegen 11 Uhr vom Tod ihres Sohnes verständigt wurden, glaubten sie zunächst, ihr Sohn sei einem Mord zum Opfer gefallen. Sie reisten beide sofort nach New York, wo Dr. Hepburn der wartenden Presse erklärte: «Gott allein kennt die wahre Ursache. Mein Sohn war geistig und körperlich gesund. Daß er sich selbst das Leben genommen hat, kann ich medizinisch nur so erklären, daß er einem Anflug von Wahnsinn zum Opfer fiel.»

«Kit» dagegen glaubte, es laste auf ihrer Familie ein Fluch oder daß Tom den depressiven Charakter ihres Vaters geerbt hätte. Die aber wohl logischste Erklärung lieferte Kate. Sie erinnerte sich, daß ihnen ihr Vater einmal eine Geschichte erzählt hatte, von einem Neger, der gehängt wurde, aber Dank seiner Halsmuskulatur überlebte. Ein ähnlicher Trick war auch in dem Film vorgekommen. Tom war sichtlich beeindruckt und hatte mit ihr die Möglichkeit durchdiskutiert, mit diesem Trick jemanden zu erschrecken. Da Hepburn die Leidenschaft seines Sohnes für Scherze und die Angewohnheit, gesehene Kunststücke nachzuahmen, kannte, erklärte er gegenüber der Presse, daß «es keine Beweise dafür gibt, die Selbstmordtheorie länger aufrechtzuerhalten».

Der unerwartete Tod ihres Bruders versetzte Kate in Agonie. «Es war das schrecklichste Erlebnis, das ich je hatte. In der nächsten Zeit ließen mich meine Eltern selten allein. Sie waren immer da, wenn ich sie brauchte. Sie waren für mich da, gaben mir Kraft. Der Schmerz über Toms Verlust schweißte Vater, Mutter und mich noch enger zusammen.» Aber auch die Bekanntschaft und Freundschaft mit dem Schriftsteller Sinclair Lewis sollte Kate eine große Hilfe sein.

Den Sommer verbrachte die Familie wie gewöhnlich in ihrem Haus auf Fenwick. Außer einigen Fischern und Sommergästen gibt es hier nur Ruhe, gute Luft und klares Wasser. Zusammen mit den Hookers erwarben die Hepburns 1912 ein Sommerhaus.

Für Kinder ist die Gegend ein Paradies. Vor allem aber Kate liebte sie. «In der Zeit von neun bis dreizehn Jahren rasierte ich mir jeden Sommer den Kopf kahl, offiziell, damit ich ihn besser kühlen konnte, in Wirklichkeit, weil so die Jungs bei unseren Ringkämpfen keine Möglichkeit hatten, mich an den Haaren zu ziehen.» Kate nannte sich «Jimmy» und versetzte die Nachbarschaft in Angst und Schrecken. Schon bald wurde das Haus zum Treffpunkt der Familie, eine Position, die es auch heute noch im Sommer einnimmt.

Am liebsten fuhr Kate mit ihrem Boot «Tiger» hinaus aufs Meer. «Einmal geriet ich in einen Sturm und wurde in letzter Minute von Frank Ingham gerettet. Er war meine erste große Liebe, doch das ist eine andere Geschichte.»

Was Kate aber am meisten zu schaffen machte waren ihre Sommersprossen. «Dad hatte welche, Mutter hatte welche, aber ich war die einzige, deren Gesicht von Sommersprossen förmlich übersät war. Ich sprach Dad darauf an. ‹Sei nicht albern›, sagte er, ‹Jesus Christus, Alexander der Große und Leonardo da Vinci hatten alle rotes Haar und Sommersprossen. Und sie schafften es auch, ihr Leben und ihre Pläne zu verwirklichen.›»

Nach den ausgelassenen Wochen in Fenwick fiel es den Hepburn-Kindern um so schwerer, sich wieder in den Schulalltag einzufinden. Wie ihre Schwestern besuchte Kate die Oxford School. Entgegen ihrer Behauptung, sie sei eine miserable Schülerin gewesen, erinnert sich ihre Lehrerin Miss Stevenson, daß «Katharine der Star in Algebra war». Aber auch in den anderen Fächern war sie sehr gut bis gut.

In der Schule gab Kate auch ihr Debüt als Tänzerin: in einer Ballettaufführung – *Tanz der Blumen*. «Ich schien die Leute nicht besonders zu beeindrucken, ja, mein Bruder wurde von einem Freund

tet hatten.» Ansonsten war Kate «kein Mitglied des Klubs», denn sie weigerte sich strikt, mit den anderen im Speisesaal zu essen. Statt dessen hockte sie in ihrem Einzelzimmer («etwas anderes hätte ich nie akzeptiert») und wartete darauf, daß ihre einzige Freundin, Alice Palache Jones, ihr das Essen aufs Zimmer brachte.

Mit ihren Gedanken war auch Kate während des Unterrichts ständig woanders. Ihr Vorhaben, Arzt zu werden, schien aussichtslos. Unter dem Einfluß von Professor Leuba faßte sie den Entschluß, Psychologin zu werden.

Ende 1926, während eines Wochenendes zu Hause, brachte man sie ins Krankenhaus. «Da meine Noten so schlecht waren, dachte ich: ‹Endlich, jetzt werde ich sterben und habe alles hinter mir.›» Doch es handelte sich «nur» um einen entzündeten Blinddarm. Zum Entsetzen seiner Kollegen und der Gesellschaft von Hartford operierte Dr. Hepburn selber. «Dad bestand bereits am Tag nach der Operation darauf, daß ich aufstand und nach weiteren vier Tagen war ich wieder zu Hause.»

Kates Noten wurden im zweiten Jahr schließlich so schlecht, daß der Rektor den Eltern vorschlug, ihre Tochter vom College zu nehmen. Dr. Hepburn war über einen «derart idiotischen Vorschlag» entsetzt. «Wenn es einem Patienten schlechtgeht, sage ich ja auch nicht: ‹Gehen Sie nach Hause, es hat keinen Zweck.›»

Doch der Brief weckte Kates Kampfgeist. Um ihre Eltern nicht zu enttäuschen, konzentrierte sie sich nun ganz auf ihre Studien. «Ich saß neben meiner Freundin Alice und konnte richtig ihr Gehirn arbeiten hören. Ich starb beinahe vor Neid, denn es dachte schneller als meines. Also setzte ich mich das nächste Mal neben jemanden, der schlechter als ich war.»

Daß ihre Noten sich wieder verbesserten, führte Kate aber auch darauf zurück, «daß wir wie die Mönche lebten».

Entgegen Kates «Mönchsdasein» erinnerte sich ihre Schwester Marion, daß Kate, seit sie fünfzehn Jahre alt war, von Verehrern belagert wurde. «Mammy und Dad waren alles andere als begeistert von den jungen Männern, die Kate mit nach Hause brachte. Vater fand sie alle langweilig und bei Mutter waren sie unten durch, wenn sie politisch uninformiert und nicht engagiert waren.»

Das größte Problem aber gab es, als Kate einen katholischen Jungen kennenlernte. «Katholiken waren gegen all das eingestellt, für das unsere Familie eintrat. Dennoch waren meine Eltern sehr zuvorkommend. Wir trafen uns immer vor der katholischen Kirche, und wenn Dad vorbeifuhr und mich sah, machte er nie Anspielungen auf meine Verabredung. Ich weiß nicht warum, aber irgendwann hatten der Junge und ich uns auseinander gelebt.»

Während ihrer Collegezeit gehörte zu ihren Verehrern ein junger Yale-Student namens Robert McKnight, den sie bei einer Party kennengelernt hatte. Bob war von ihr fasziniert, und so schien es auch Kate zu gehen, doch nach einer Zeit entschied sie, daß eine feste Bindung ihrer Karriere im Wege stehen würde und beschloß die Trennung.

«Als wir uns kennenlernten, fragte ich Bob: ‹Was willst du einmal werden?›, und er antwortete: ‹Der größte Bildhauer der Welt. Und du?› – ‹Ich werde die größte Schauspielerin der Welt!› sagte ich. Nun, Bob hat sein Ziel inzwischen erreicht.»

In Bryn Mawr erwachte Kates Liebe zum Theater aufs neue. Sie schloß sich der College Varsity Dramatics Group an und gab am 8. und 9. April 1927 ihr Collegedebüt als Oliver in Milnes *The Truth About Blayds*. Es folgten *The Cradle Song* (Kate als Novizin Theresa) und *The Woman in the Moone* (Kate als Pandora).

Ein Kritiker schrieb damals über sie: «Katherine [sic!] Hepburn ist als Theresa so außergewöhnlich lieblich anzusehen, daß es einem schwerfällt, etwas über ihr Spiel zu sagen.»

«Ich dachte nach einer Vorstellung gerade über mich und meine Zukunft nach, als Jack Clark hinter die Bühne kam und mir gratulierte. Er war ein Freund von Edwin H. Knopf, einem Produzenten, und riet mir, Schauspielerin zu werden.»

Der Sitz von Knopfs Ensemble war Baltimore, «wo auch Tante Edith und die Hookers lebten». Drei Wochen vor ihrem Abschluß entschloß sich Kate, bei Knopf persönlich vorbeizuschauen, der Devise ihres Vaters folgend, nichts per Brief oder Telefon zu erreichen versuchen. Sie lieh sich von einer Freundin das Auto, und nachdem ihr Clark ein Empfehlungsschreiben verfaßt und Bob ihr 10 Dollar Benzingeld geliehen hatte, machte sie sich auf den Weg nach Baltimore. In Knopfs Büro stürmte sie an seiner Sekretärin vorbei und hielt ihm sofort Clarks Brief unter die Nase. Knopf gestand, daß er zunächst nichts «mit diesem Mädchen anzufangen» wußte. «Sie hatte ihr Haar nach hinten zu einem Knoten gebunden und auf ihrem blankgeschrubbten Gesicht stand Schweiß.»

«Er schenkte mir nur einen Blick und sagte: ‹Nun gut, wenn Sie mit dem College fertig sind, können Sie mir schreiben.›»

Vier Tage vor der Abschlußfeier in Bryn Mawr kehrte Kate nach Baltimore zurück und setzte sich in den Zuschauerraum des Theaters, in dem Knopf gerade eine Probe abhielt. Kate wartete mehrere Stunden und wunderte sich, als gegen Mittag plötzlich alle verschwunden waren. «Damals hatte ich keine Ahnung, daß es so etwas wie einen Bühneneingang gab. Ich dachte, die Schauspieler müßten durch die gleiche Tür ins Theater und wieder hinaus wie die Zuschauer.» Während der Mittagspause informierte die Sekretärin Knopf darüber, daß die kleine Hepburn wieder dagewesen war und ihn eigentlich im Theater hatte aufsuchen wollen. Knopf spähte in den Zuschauerraum und entdeckte sie in der hintersten Reihe.

«Ich wartete und wartete und wartete und wartete und wartete, und als ich gerade dachte, ich sterbe jeden Augenblick, wenn ich nicht bald auf die Toilette gehe, tauchte Eddie Knopf plötzlich wieder auf und sagte: ‹Melde dich für die Proben Anfang nächster Woche.› Das war alles. Obwohl ich dachte, ich platze jeden Moment, fühlte ich mich herrlich. Doch wie sollte ich es Dad und Mutter beibringen?»

Es war ein herrlicher Samstag, Ende Juni 1928. Ganz Bryn Mawr summte vor Leben. Dr. Hepburn und seine Frau waren stolz auf ihre Tochter, die es nach Überwindung einiger Hindernisse nun endlich geschafft hatte und sicherlich eine gute Ärztin werden würde. Doch Kate konnte nur an eines denken: Wie sollte sie ihren Eltern ihren Plan beibringen? «Ich lieh mir erneut das Auto meiner Freundin und sagte, daß ich mit nach Hartford kommen würde. Es dauerte lange, bis ich Daddy und Mutter erzählte, daß Eddie Knopf mich unter Vertrag nehmen wollte und am Montag die Proben beginnen sollten.»

«Hep» glaubte zunächst an einen schlechten Scherz, doch als er erkannte, daß es seiner Tochter ernst war, tobte er vor Wut. Er glaubte nicht daran, daß Kate zur Schauspielerin berufen war, sondern interpretierte ihr Vorhaben als «Ausdruck persönlicher Eitelkeit».

Die Diskussion dauerte noch Stunden, doch Hepburn war zu keiner Meinungsänderung zu bewegen. «Kit» betrachtete das Vorhaben ihrer Tochter mit gemischten Gefühlen, wollte aber nicht korrigierend in deren Entscheidung eingreifen.

Als Kate am nächsten Morgen den Wagen mit ihren Habseligkeiten belud, hatte sich die ganze Familie vor dem Haus versammelt, um Lebewohl zu sagen – mit Ausnahme ihres Vaters. Doch in letzter Minute kam auch er: in der Zwischenzeit hatte er dafür gesorgt, daß Kate bei den Hookers wohnen konnte. Beim Abschied drückte er ihr einen Umschlag in die Hand.

«Nun, hier hast du 50 Dollar, die ich beim Bridge gewonnen habe. Es ist das erste und das letzte Mal, daß du Geld von mir bekommst. Aber es wird reichen, damit du zurückkommen kannst, wenn du diesen Irrsinn überwunden hast. Und du wirst irgendwann einmal zurückkommen. Du willst nur großtun und wirst dafür bezahlen!»

«Und natürlich sollte mein Vater wieder einmal recht behalten», meinte Kate 60 Jahre später.

3

Die Proben zu *The Czarina*, eine Komödie über Katharina die Große, begannen am Montag um 10 Uhr 30. «Um diese Zeit sollten wir im Theater sein und die Kostüme für unsere Rolle bekommen. ‹Hm›, dachte ich, ‹ich komme am besten schon um zehn, damit ich das beste Kostüm bekomme.› Also kam ich um 10 Uhr und bekam das schlechteste Kostüm, denn alle anderen waren bereits um 9 Uhr 30 dagewesen. Doch da geschah ein Wunder. Eine meiner Partnerinnen kam auf mich zu und trug eines der herrlichsten Kostüme über ihrem Arm. ‹Ich war als erste hier, aber da ich nächste Woche sowieso heirate und ich glaube, daß du eine große Zukunft haben wirst und wir sowieso die gleiche Größe haben, möchte ich, daß du mein Kostüm nimmst.› Nun, es ist ein Beispiel dafür, wieso ich die Menschen noch ausstehen kann.»

Die anderen Mitglieder im Ensemble waren zunächst entsetzt von Kate und ihrem Äußeren, doch sobald sie in ihrem Kostüm auf die Bühne kam, verwandelte sie sich. «Das häßliche Entlein wurde zum schönen Schwan», erinnerte sich Mary Boland, die die Katharina spielte. «Ich hatte so etwas zuvor noch nie erlebt. Sie schien für die Bühne geboren zu sein.»

Kate war eine der sechs Hofdamen, «eine stumme, aber wundervolle, wenn auch kleine Rolle».

Kates Eltern kamen nicht zu der ersten Aufführung ihrer Tochter. Doch von Tante Edith und einigen seiner Kollegen erfuhr Dr. Hepburn, daß seine Tochter «gute Arbeit» geleistet hatte. In regelmäßigen Abständen schickte er daraufhin Kate Schecks, die von ihr aber nur im Notfall eingelöst wurden.

Knopf erkannte, daß Kate keineswegs so unbegabt war, wie er befürchtet hatte, deshalb übertrug er ihr in *The Cradle Snatcher* von Russell Medcraft und Norma Mitchell eine kleine Sprechrolle. Star des Stücks war Kenneth MacKenna, ein bekannter Stummfilmstar. Da er wußte, wie wichtig eine gute und ausgebildete Stimme war, riet er Kate, Unterricht bei seiner ehemaligen Lehrerin Miss Frances Robinson-Duff in New York zu nehmen. Kate hatte Bedenken, denn wie sollte sie nach New York gehen, ohne bei Knopf aufzuhören? Doch MacKenna wußte Rat: In langen Gesprächen überzeugte er Eddie, Kate eine Rolle in dessen Broadwayproduktion von *The Big Pond* zu geben. Euphorisch machte sich Kate auf den Weg, begleitet von Ludlow Ogden Smith, den sie noch aus ihrer Collegezeit kannte.

Smith, von seinen Freunden und Kate «Luddy» genannt, war 1899 als Sohn von Lewis L. Smith und seiner Frau Gertrude Clemens Smith in Stafford, Pennsylvania, geboren worden. Sherreden, das Haus der Smiths, war für seine verschwenderischen Wochenendparties bekannt und ihr Reichtum schien keine Grenzen zu kennen. «Luddy» studierte in Grenoble, Frankreich, und hatte ein Ingenieurpatent erworben, wollte aber lieber als Broker an die Wall Street gehen. Er war witzig, charmant, sah sehr gut aus und verstand es, Kate zu unterhalten, ohne daß sie gelangweilt war. Während der Vorbereitungszeit von *The Big Pond* sahen sich die beiden täglich und an den Wochenenden begleitete er sie nach Hause. Die

Hepburns waren von Kates neuem Freund angetan und auch ihre Geschwister fanden ihn akzeptabel. Für Kate war er «Traummann Nummer 1».

Diese Affäre hinderte Kate nicht daran, an ihre Karriere zu denken. Als erstes suchte sie Miss Frances Robinson-Duff auf. Miss Robinson-Duff hatte als Wagner-Sängerin in Deutschland begonnen, avancierte aber schon bald Ende des 19. Jahrhunderts zu einer der begehrtesten Schauspielerinnen Amerikas. Anfang Vierzig beschloß sie, ihre Schauspielkarriere aufzugeben und wurde Schauspiellehrerin und «Stimmtrainerin». Zu ihren Schülern gehörten Clark Gable, Helen Hayes, Mary Pickford, Billie Burke, Ethel Barrymore, Dorothy Gish, Ina Claire, Douglas Fairbanks und Gloria Swanson.

Das erste Treffen zwischen ihr und Kate fand im September 1928 statt. Es regnete, und da Kate kein Taxi bekommen konnte, war sie völlig durchnäßt, als sie 235 East Sixty-second Street erreichte. Ein französischer Butler ließ sie herein, nachdem sie ihn nur mit großen Mühen davon überzeugt hatte, daß sie zu Miss Robinson-Duff wollte und nicht ein Mitglied des Personals war. Danach rannte sie in das Arbeitszimmer von Miss Robinson-Duff und erklärte ohne zu warten: «Ich will Schauspielerin werden. Ich will alles lernen.»

«Es gibt Augenblicke, da hat man eine Erleuchtung, eine Vision. Mir ging es so, als Katharine Hepburn das erste Mal mein Studio betrat. Ich sah sie – völlig durchnäßt –, doch mit diesem intensiven, einprägsamen Ausdruck auf dem Gesicht, und eine innere Stimme flüsterte mir zu: ‹Duse. Sie ähnelt der Duse.›»

«Darling», sagte Frances, die alle ihre Schüler so nannte, «wir werden sofort beginnen.»

Zunächst schulte sie Kates Atmung. Hierzu mußte Kate eine brennende Kerze vor ihren Mund halten und eine Reihe von Vokalen aufsagen. Wurden sie richtig ausgesprochen, bewegte sich die Flamme, ohne auszugehen. «Doch ich kam nie besonders weit. Kaum machte ich meinen Mund auf, war die verdammte Flamme aus.»

Danach versuchte Miss Robinson-Duff vergebens, Kate ihren staksigen Gang und ihre Manierismen abzugewöhnen. Ebenso konnte sie sie nicht dazu bewegen, sich anders zu kleiden. «Weshalb denn auch? Es gibt nichts Bequemeres als Hosen und Hemden. Und heute tragen es die meisten Frauen und niemand regt sich darüber auf.»

Zu den Schülern von Miss Robinson-Duff gehörte auch Laura Harding, Tochter und Erbin des Harding-Vermögens, zu dem auch American Express gehörte. Als Kate und sie sich das erste Mal trafen, war Laura alles andere als begeistert: «Ich dachte, sie gehört nicht gerade zu den Typen, die ich besonders mag. Sie war mir zu überdreht und zu auffallend gekleidet.»

Kate stellte schon bald fest, daß einige ihrer Ansichten über das Showgeschäft Illusionen waren. Das Vorstellen bei Produzenten war für sie eine große Tortur. «Nachdem ich bei zwei Produzenten gewesen war, war ich verschwitzt, meine Haare derangiert und meine Kleidung in Unordnung. Aber ich war zu stolz, als daß ich jemanden gefragt hätte, wo die Damentoilette war; statt dessen rannte ich selbst in den Häusern herum und suchte sie.»

Kate sah es auch nicht ein, einem Agenten Geld dafür zu bezahlen, daß er ihr eine Rolle besorgte. «Das sollte sich ändern. Aber wer hätte mich denn 1928 auch schon genommen?»

Neun Tage vor der Premiere von *The Big Pond* stieg die Schauspielerin, die die weibliche Hauptrolle spielen sollte, überraschend aus, und Knopf übertrug die Rolle Kate. Die Komödie von George Middleton und A. E. Thomas aber überforderte sie. Obwohl sie und auch ihre Lehrerin dies wußten, wollten sie nicht aufgeben. Am Abend der Premiere war Kate so nervös, daß sie beim Schminken Mascara ins Auge bekam und es zu tränen anfing. Auch mußten an ihrem Kostüm noch Änderungen vorgenommen werden, da ein Gummiband gerissen war und Kate befürchtete, sie würde ihren Rock auf der Bühne verlieren.

Zunächst schien alles gutzugehen. Doch als das Publikum bei einigen Stellen unerwartet lachte, wurde Kate nervös, weil sie befürchtete, man lache über sie. Sie wurde schneller und schneller, bis ihre Sprache ein Tempo erreicht hatte, daß man sie überhaupt nicht mehr verstehen konnte.

Knopf war über diese Entwicklung ebenso betroffen wie Frances Robinson-Duff. Da er es nicht übers Herz brachte, Kate zu sagen, daß sein Partner, Lee Schubert, darauf bestanden hatte, daß «der Park Avenue-Amateur» gefeuert wurde, übertrug er diese schwierige Aufgabe Frances.

Voll Stolz kam Kate am nächsten Morgen ins Studio ihrer Lehrerin gerauscht. «Wie war ich?» fragte sie siegessicher.

«Nun, nicht besonders gut», antwortete Miss Robinson-Duff.

«Das heißt also, ich bin gefeuert», sagte Kate. Trotzig und stolz warf sie ihren Kopf zurück. «Sehen Sie, nicht eine einzige Träne. Ich weiß, daß Sie jetzt stolz auf mich sind.»

«Ich hätte mehr Hoffnung für dich gehabt, wenn du geweint hättest», antwortete Miss Robinson-Duff. «Wie kann ich aus dir eine Schauspielerin machen, wenn du nicht fähig oder gewillt bist, deine Emotionen zu zeigen.»

So schnell war Kates Stolz nicht zu zerstören. Nach ihrer Unterrichtsstunde ging sie ins Theater und verabschiedete sich von ihren Kollegen. Danach fuhr sie mit «Luddy» nach West Hartford, um auch ihrer Familie zu beweisen, wie gut sie diese Niederlage verkraften konnte.

Das nächste Engagement sollte nicht allzu lange auf sich warten lassen. Unter den Zuschauern war auch Arthur Hopkins gewesen, der ihre eigentlichen Qualitäten erkannte.

Im Gegensatz zu Kate ahnte das Ensemble von *These Days*, daß das Stück von Katherine Clugston ein Flop werden würde. Kate studierte ihre kleine Rolle mit großer Begeisterung ein, doch als am Abend des 12. November 1928 im Cort Theatre der letzte Vorhang fiel, ahnte sie, daß etwas nicht stimmte.

«Ich dachte, ich hätte meinen Job gut gemacht, aber nun spürte ich dieselbe Kälte wie nach *The Big Pond*. Als ich den Bühnenmanager fragte, was los sei, meinte er: ‹Nun, das war wohl das Ende.› Ich war erstaunt. In meiner Einfalt hatte ich geglaubt, Theaterstücke würden ewig laufen.»

These Days schloß nach acht Vorstellungen, doch Hopkins bot Kate gleich im Anschluß daran eine weitere Chance. Er bereitete gerade die Premiere der neuen Komödie *Holiday* von Philip Barry vor und verpflichtete Kate als Zweitbesetzung für Hope Williams.

Vergebens hoffte Kate darauf, daß Miss Williams einen Abend ausfallen würde.

So tauchte Kate am Morgen des 26. November 1928 in Hopkins' Büro auf und drückte ihm ihren Gehaltsscheck in die Hand, kündigte und erklärte ihm, sie werde heiraten. Als Hopkins erfuhr, daß «Luddy» Smith der Glückliche sei, war er erstaunt: «Ich hatte die beiden immer für Freunde gehalten, aber mehr nicht.»

Auch die Hepburns waren über diesen Entschluß erstaunt, und «Kit» versuchte vergebens, ihre Tochter von diesem «unheilvollen Schritt» abzubringen. «Mutter sagte immer: ‹Wenn du die Bewunderung von zahlreichen Männern gegen die Kritik eines einzigen eintauschen willst, mußt du nur heiraten.›»

Die Trauung wurde durch Sewell S. Hepburn am 12. Dezember 1928 im Haus der Hepburns in Hartford vollzogen. Neben «Luddys» Mutter waren nur einige wenige Freunde von Kate und der Familie anwesend. Der Gesellschaft hatte man die Heirat nicht mitgeteilt. Sofort nach der Trauung reisten Kate und «Luddy» auf die Bermudas. Wieder zu Hause, wohnten sie zunächst bei Mrs. Smith in Sherrenden.

Vor der Heirat hatte Kate ihrem Mann versprochen, ihren Beruf aufzugeben. Doch nach wenigen Wochen packte sie eine ungekannte Unruhe. «Ich saß zu Hause und fragte mich: ‹Was tu ich hier? Ich kann hier nicht leben! Ich muß wieder arbeiten.›»

«Luddy» zeigte großes Verständnis und mietete für sich und Kate ein Appartement in der 39th Street in New York.

Kate suchte Hopkins erneut auf und bat ihn, ihr wieder einen Job zu geben. Da die Zweitbesetzung von Miss Williams immer noch frei war, übernahm Kate widerwillig ihren alten Part. Das Stück endete im Juni 1929.

Da Kate ziemlich mürrisch und streitsüchtig geworden war, plante «Luddy» eine Reise nach Frankreich, um sie auf andere Gedanken zu bringen. In einem Interview sagte er später einmal: «Wahrscheinlich habe ich sie allzu sehr verwöhnt. Ihr hätte es gutgetan, wenn ich sie einmal richtig übers Knie gelegt hätte.»

Doch 1929 war er davon Lichtjahre entfernt. Kate war die meiste Zeit der Überfahrt seekrank und erwies sich auch in Frankreich als ausgesprochen nörglerisch. Innerhalb von zwei Wochen waren die beiden wieder in New York.

Inzwischen hatte *Holiday* seine Laufzeit wieder aufgenommen und Kate fungierte erneut als Zweitbesetzung. Als Hope Williams endlich einmal eine Nacht krank war – «wahrscheinlich hatte mich diese Hepburn verhext» –, kam Kates große Chance. Hopkins war von ihr als Linda Seton so begeistert, daß er die Theatre Guild drängte, Kate eine Hauptrolle anzubieten. Theresa Helburn hielt dies für verfrüht und bot ihr statt dessen eine Nebenrolle in Behrmans Stück *Meteor* an. Kate akzeptierte. Doch als Lee Schubert ihr einen größeren Part in dem Stück *Death Takes a Holiday* von Alberto Casella anbot, sagte sie zu. Während der fünfwöchigen Proben führte Kate einen erbitterten Kampf mit dem Regisseur Lawrence Marston, und auch nach der Premiere am 8. Dezember 1929 setzten sie ihre Auseinandersetzung fort. Schubert wurde die Sache schließlich zu bunt: Er drohte Kate, sie zu kündigen.

«Zur Hölle mit dem Hurensohn», soll sie wütend ausgerufen haben. «Soll er mich doch kündigen.» Schubert ließ sich das nicht zweimal sagen und zusammen mit Masterton wurde Kate gefeuert.

«Meine Eltern hatten mich zuvor noch nie auf der Bühne gesehen. Als Dad nach dieser letzten Vorstellung hinter die Bühne kam, meinte er, ich habe eine glänzende Darstellung als neurotisches Arschloch gegeben. Ich war entsetzt und fragte ihn wieso. Schließlich hielt ich mich für sehr gut und überzeugend.

‹Ein achtzehnjähriges Mädchen, das sich in den Tod verliebt, kann nur ein Psychopath sein. Und so hast du sie gespielt.› Und ich sagte: ‹Nun weiß ich endlich, warum ich gefeuert wurde.›»

Ende 1929 steuerte Amerika durch eine schwere Krise. Während das Geld der Hepburns sicher und gewinnbringend angelegt war, war es um die Smiths finanziell weniger gut bestellt. «Luddys» Arbeit als Broker an der Wall Street war nach dem Börsenkrach ungesichert. Aber auch für Kate sah es nicht allzu rosig aus. In dieser wirtschaftlich schwierigen Situation wurden weniger Stücke produziert. Auf Anraten von Miss Robinson-Duff kehrte Kate reumütig zur Theatre Guild zurück und bat um ihre alte Rolle in *Meteor*.

Doch dort schlug man ihr vor, sich bei Rouben Mamoulian vorzustellen. Mamoulian, der Entdecker von Charlton Heston und William Holden, erinnerte sich, daß er von Kate nicht besonders begeistert war. «Ich lehnte sie ab, doch nachdem ich fünfzehn weitere Damen gesehen hatte, erinnerte ich mich plötzlich an sie. Die Besetzung von Stücken ist zum größten Teil abhängig von Intuition. Ich bat sie, noch einmal vorbeizukommen.»

Bei dem Gespräch am nächsten Tag erklärte ihm Kate, sie habe noch nie eine Rolle gespielt. «Ich gab ihr einen Text und sie sollte ihn sich einprägen. Sie war wie Musik, aber für eine so große Rolle noch nicht geeignet. Da ich aber helfen wollte, sagte ich zu Cheryl Crawford: ‹Cheryl, wenn du irgendeine kleine Rolle hast, rufe dieses Mädchen an.›»

Crawford fand schließlich etwas für Kate. Sie erhielt das Angebot, als Zweitbesetzung für 30 Dollar wöchentlich zu arbeiten und akzeptierte. *Ein Monat auf dem Lande* von Iwan Turgenjew eröffnete am 17. März 1930. Fünf Wochen später ersetzte Kate Hortense Alden und spielte die Rolle der Katja. Weiterhin fungierte sie als Ersatz für Eunice Stoddart. Als Kate die Guild um eine Gehaltserhöhung um 5 Dollar bat, lehnte Helburn dies entschieden mit der Begründung ab, sie könne Dutzende Mädchen finden, die für 30 Dollar mehr leisten würden als Kate. Kate quittierte die Bemerkung mit Schweigen und begann sich heimlich nach einer neuen Rolle umzusehen. Als sie eine gefunden hatte, kündigte sie zu Crawfords und Helburns Überraschung.

Laura Harding riet Kate, sich für die Sommersaison 1930 dem Berkshire Playhouse in Stockbridge, Massachusetts, anzuschließen. Zusammen mit Laura reiste Kate Ende Juli an. Mit den anderen Mitgliedern des Ensembles wohnten die beiden in dem Haus von Pfarrer Bradley und seiner Frau.

Während dieses Sommers wurden die beiden Frauen «dicke Freunde». «Wir hatten viel Spaß zusammen», erinnerte sich Kate.

«Mein bzw. Kates Zimmer war neben dem Badezimmer», erzählte Laura. Da Kate besessen von dem Gedanken ist, sauber und frisch zu sein, verbrachte sie die meiste Zeit dort. Es war schrecklich heiß, und so kam es, daß sie im Schnitt zehn Bäder täglich nahm, was die anderen zur Verzweiflung trieb.»

Das Repertoire des Berkshire Playhouse bestand aus drei

Stücken: *The Admirable Crichton* von Sir James M. Barrie, *A Romantic Young Lady* von G. Martinez Sierra und *Romeo und Julia* von William Shakespeare.

In allen drei hatten Kate und Laura kleinere Rollen. Kate ließ sich keine Gelegenheit für einen Scherz entgehen. Das Ensemble zeigte sich schockiert über Kates Verhalten. «Sie führte sich wie eine Primadonna auf», erinnerte sich George Coulouris. «Als ich das eines Tages sagte, erklärte sie mir: ‹Der Narr bist du, George. Ich werde schneller berühmt und reich sein als du.› Das schien ihr damals sehr wichtig zu sein.»

Als Kate drei Wochen von ihrem Fünf-Wochen-Vertrag erfüllt hatte, setzte sie sich in ihren Wagen und brauste winkend mit Laura davon. «Ich bat sie, mir eine anständige Rolle zu geben, doch als sie mir dies verweigerten, ging ich einfach.»

Regisseur Alexander Kirkland versuchte verzweifelt, sie zu halten, doch Kate erwiderte: «Wer kann mich schon stoppen?» Die meisten Broadwayproduzenten lachten über die Geschichte in Stockbridge, aber auf der anderen Seite hüteten sie sich davor, Kate eine Rolle zu geben. Bereits damals galt sie als «schwarzes Schaf», mit dem es «problematisch war auszukommen». Die Besetzungsbüros vertraten die Ansicht, daß sie zu «arrogant», «snobistisch» und «überdreht» wirkte.

Als ihre Karriere Ende 1930 vorzeitig beendet schien, nahm Kate die Sache selbst in die Hand. Sie setzte sich direkt mit Benn W. Levy in Verbindung, nachdem sie gehört hatte, daß er eigens aus England gekommen war, um die Besetzung seines Stücks *Art and Mrs. Bottle or The Return of the Puritan* zu überwachen. Die Hauptrolle spielte Jane Cowl, aber der Part eines jungen Mädchens war noch immer nicht besetzt worden.

Levy war von Kates Wesen fasziniert und amüsiert, und nachdem Miss Cowl eingewilligt hatte, gab er ihr den Part. Doch schon bald verflog sein Enthusiasmus: Kate erschien in Männerpyjamas zur Probe, war unkonzentriert, rüde und übelgelaunt. Was ihn aber am meisten irritierte war, daß Kates Gesicht auf der Bühne glänzte, als sei es «frisch mit Speck abgerieben worden». Kate wusch ihr Gesicht mit reinem Alkohol und wiederholte die Prozedur auch während der Proben. Zudem weigerte sie sich, Make-up zu verwenden.

Kates bizarre Aufmachung und ihr Verhalten führten dazu, daß Miss Cowl auf offener Bühne einen Nervenzusammenbruch erlitt. Wie durch ein Wunder gelang es Miss Cowl jedoch, sich bis zu der Premiere am 18. November 1930 im Maxine Elliott Theatre wieder zu erholen und bis Januar 1931 durchzuhalten.

Entgegen ihrem Schwur, nie wieder bei einem Sommertheater mitzuwirken, nahm Kate ein Angebot der Ivoryton Players an, nachdem man ihr vertraglich die Hauptrollen in *Just Married* von Adelaide Matthews und Anne Nicols, in *The Man Who Came Back* von Jules Eckert Goodman und in *The Cat and the Canary* von John Willard zugesichert hatte.

Während «Luddy» beruflich verhindert war, Kate zu begleiten, übernahm dies Laura, die sich entschieden hatte, die Schauspielerei aufzugeben. Kate war in diesem Sommer ausgesprochen überzeugend und zum erstenmal schenkten ihr die Kritiker größere Aufmerksamkeit.

Gilbert Miller hatte sich lange überlegt, ob er Kate in dem neuen Barry-Stück *The Animal Kingdom* die Rolle der Daisy Sage anbieten sollte, doch nach einem Besuch in Ivoryton war er überzeugt, daß niemand anders die Rolle spielen konnte.

Kate war begeistert. Zusammen mit «Luddy» folgte sie Lauras Einladung in die Hardingsche Berghütte in Pennsylvania und zu dritt studierten sie ihre Rolle ein.

Der Beginn der Proben war auf die letzte Augustwoche festgesetzt. Vom ersten Augenblick an fand Kate ihren Partner Leslie Howard unsympathisch und erklärte ihm sofort den Krieg. Dagegen schien sie von Barry begeistert zu sein. Als Kate am dritten Tag erneut keine Chance ausließ, Howard zu provozieren, bestand er gegenüber Miller darauf, daß dieser Kate feuern sollte. Miller und Barry aber waren von ihrem Spiel begeistert und drängten Leslie, sich die Sache noch einmal durch den Kopf gehen zu lassen. Doch er blieb bei seiner Forderung.

Kate fuhr wie gewöhnlich übers Wochenende nach Hartford, wo sie am Samstag einen Brief von Miller erhielt, in dem er ihr mitteilte, daß sie gekündigt sei. «Ich war schon wieder gefeuert worden, und diesmal traf es mich hart. Ich konnte lachen, weinen und schneller als jeder andere eine Rolle einstudieren, aber ich konnte sie nicht halten! Sie wurden meiner nach einer gewissen Zeit überdrüssig. Deshalb wurde ich unsicher, schüchtern und verlegen. Ich wurde rot im Gesicht, sprach zu schnell und versteinerte. Ich verstummte.»

Im Gegensatz hierzu erinnerte sich Philip Barry, daß Kate ihn anrief und «wie ein Fischweib beschimpfte». Das gleiche Ritual wiederholte sich bei Miller und Howard.

«Ich wußte natürlich, daß dieser Hurensohn Howard hinter meiner Entlassung steckte. Ich war wütend, aber im nächsten Moment dachte ich, ich würde diese Kündigung nicht überleben.»

Wenige Tage später erreichte sie ein Anruf von Harry Moses, der ihr die Hauptrolle als Amazonenkönigin Antiope in der Komödie *The Warrior's Husband* von Julien Thompson anbot. Obwohl Kate einen «kurzen Rock tragen und viel Bein zeigen» mußte, akzeptierte sie.

Die Rolle schien wie für Kate geschrieben zu sein. In der ersten Szene kam sie eine Rampe heruntergerannt und warf ihrem Mann einen toten Hirsch vor die Füße. Im weiteren Verlauf hob sie einen Mitspieler in die Höhe und wirbelte ihn unter dem Beifall des Publikums in der Luft herum.

Robert Garland schrieb in seiner Kritik: «Seit *Art and Mrs. Bottle* habe ich darauf gewartet, daß Miss Hepburn eine Rolle angeboten bekommt, die ihrem Temperament, Talent und ihrer Schönheit würdig ist. Dies ist die Antiope... Es ist lange her, daß der Broadway durch eine derart glühende Leistung erleuchtet wurde.»

The Warrior's Husband war ein so großer Erfolg, daß Moses sich bereit erklärte, Kates Gage von 64 Dollar wöchentlich auf 75 zu erhöhen. Sie mietete sich ein Haus in Turtle Bay («Luddy» wohnte weiterhin in seinem Appartement), das von Laura geschmackvoll eingerichtet wurde.

Wie es Leland Hayward gelang, Kate unter Vertrag zu nehmen, ist rätselhaft. Kate schienen die Ausführungen des jungen, attraktiven Agenten zu gefallen und sie wurde seine Klientin. Innerhalb kürzester Zeit gelang es ihm, die Twentieth Century-Fox auf Kate und das Stück aufmerksam zu machen. Die Fox-Leute machten zwar eine Probeaufnahme von Kate, waren dann aber mehr an den Filmrechten des Stücks interessiert, das schließlich mit Elissa Landi verfilmt wurde.

Kate hielt nicht besonders viel von dem Gedanken, nach Hollywood zu gehen, obwohl sie als Kind Filme geliebt hatte. «Meine wahre Berufung ist das Theater», erklärte sie und forderte Leland auf, als Wochengage 1500 Dollar zu verlangen, in der Hoffnung, daß kein Studio so verrückt sein würde, einen derartigen Preis zu bezahlen.

Was Paramount betraf, sollte Kate recht behalten, doch RKO zeigte sich von den Gagenforderungen keineswegs beeindruckt und schickte Lillie Messenger mit dem Auftrag, sich Kate anzuschauen und eventuell Probeaufnahmen zu machen. Messenger war begeistert, und als George Cukor die Aufnahmen sah, schloß er sich ihrem Urteil an.

«Sie hatte sich für eine Szene aus *Holiday* entschieden. Sie war etwas Außergewöhnliches, etwas Einmaliges. Eine Schauspielerin wie sie hatte ich noch nie zuvor gesehen», erinnerte sich Cukor. «Aber auf der anderen Seite glaubte ich, daß sie es unmöglich schaffen würde. Doch dann war da eine Szene – sie nimmt ein Glas und trinkt –, und ich wurde wie vom Blitz getroffen. Ich wußte, daß wir sie unbedingt unter Vertrag nehmen mußten.»

Zur gleichen Zeit hatte David O. Selznick Probleme mit der Besetzung von *A Bill of Divorcement* (dt. *Eine Scheidung*). Cukor überzeugte Selznick, daß niemand anderes als die neuentdeckte Katharine Hepburn die Rolle der Sydney Fairfield spielen sollte. RKO setzte sich mit Hayward in Verbindung und sagte ihm zu, daß alle Forderungen erfüllt werden würden. Kate erfuhr von dem Abschluß mit RKO durch ein Telegramm. Sie befand sich gerade in Ossining, wo sie in *The Bride the Sun Shines On* zu sehen war (*The Warrior's Husband* war nach 83 Vorstellungen eingestellt worden). Zunächst zögerte Kate, ihren Vertrag zu brechen, doch dann entschied sie sich für das Angebot aus Hollywood. Es war eine Entscheidung, die ihr Leben für immer ändern sollte. Glücklich und ausgelassen gab sie eine Abschiedsparty und reiste nach New York.

4

Als Kate am 1. Juli 1932 den Super Chief in Harmon, New York, bestieg, war sie doppelt gutgelaunt: zum einen war sie auf der Titelseite von *Vanity Fair* zu sehen; zum andern glaubte sie, die Reporter ausgetrickst zu haben, die im Hauptbahnhof von New York auf sie gewartet hatten, nachdem ihnen von Hayward mitgeteilt worden war, Kate stünde vor ihrer Abreise für ein kurzes Interview zur Verfügung. Während Kate und Laura auf der Fahrt wie zwei «Schulmädchen» lachten und scherzten und ihr «Hollywood-Abenteuer» in den schillerndsten Farben ausmalten, ahnte «Luddy», daß ein Erfolg Kates einen endgültigen Schlußstrich unter ihre Ehe setzen würde. Aus reiner Fairness wünschte er ihr Glück, wenn er auch in seinem Innersten hoffte, daß das Gegenteil eintreten würde.

Bei einem Zwischenstop in Albuquerque lernten Kate und Laura Adolph Zukor, den Chef der Paramount, kennen. Zukor reiste in Begleitung von Florenz Ziegfeld und dessen Frau Billie Burke. Während Kate von Zukor begeistert war, begegnete sie den Ziegfelds mit gemischten Gefühlen. Nach einigen Minuten Konversation trennten sich die Wege der Reisenden und Kate kehrte wieder auf die Aussichtsplattform des Zugs zurück.

Kurze Zeit nachdem sie Albuquerque verlassen hatten, flog ihr ein Eisenspan ins Auge. Doch all ihre Bemühungen, den Splitter zu entfernen, führten nur dazu, daß dieser sich tiefer ins Auge bohrte und die Netzhaut verletzte. Innerhalb weniger Sekunden schwoll Kates Auge völlig zu, während das andere Auge sich ebenfalls rötete und zu tränen begann.

Als Leland Hayward und sein Partner Myron Selznick in Pasadena, Kalifornien, Kate und Laura abholten, erschraken beide über das bizarre Aussehen ihres «Neuerwerbs». Um besonders chic zu sein, hatte Kate auf Lauras Empfehlung ein graues Kostüm und einen eigenartigen Hut gekauft, beides eine Kreation der New Yorker Designerin Elizabeth Hawes. Myron war derart entsetzt, daß er erschrocken ausrief: «Und für das zahlt David 1500 Dollar wöchentlich?»

Der mitgebrachte Fotograf mußte unverrichteterdinge nach Los

Angeles zurückkehren, da sich Kate strikt weigerte, sich mit zugeschwollenen Augen fotografieren zu lassen. Während der Fahrt wechselte sie mit Myron kein einziges Wort. Er war durch seine Bemerkung für Kate sofort zur Unperson geworden. Nach einer kurzen Erfrischung im *Chateau Marmont Hotel*, in das Leland Kate und Laura einquartierte, fuhren sie zur RKO, um Kate mit George Cukor und David O. Selznick bekannt zu machen.

Zu dem Zeitpunkt, als Kate «sich aufmachte, Hollywood zu erobern», waren Irene Dunne, Constance Bennett und Ann Harding die führenden Stars bei Radio-Keith-Orpheum, kurz RKO, die von dem Alkoholschmuggler und Präsidentenvater Joseph P. Kennedy und dem Tycoon David Sarnoff im Oktober 1928 in einer Bar in Manhattan gegründet worden war.

Als erstes sollten Kate und Laura den Regisseur George Cukor im Studio treffen. Cukor, der am Broadway als Inspizient und Bühnenregisseur gearbeitet hatte, war 1929 nach Hollywood gekommen, wo er zunächst bei Paramount arbeitete. Mit Filmen wie *All Quiet on the West Front* (1930) und *What Price Hollywood?* (1932) kam er schon bald in den Ruf, vor allem aus seinen weiblichen Stars «die beste Leistung herausholen» zu können. In den kommenden Jahren wurde Cukor dank seiner Zusammenarbeit mit Kate, Olivia de Havilland, Joan Crawford und Greta Garbo oft als Frauen-Regisseur bezeichnet, wobei übersehen wird, daß der «Cukor-Touch» auch männlichen Stars wie James Stewart, Spencer Tracy, Ronald Colman, Cary Grant und Gene Kelly zugute kam.

«Kate und ich machten sieben Filme zusammen», erinnerte sich Cukor kurz vor seinem Tod. «Doch als ich sie ins Studio hereinrauschen sah, zweifelte ich wirklich daran, ob ich überhaupt einen Film mit ihr machen wollte! Ich wurde beinahe ohnmächtig, als ich ihre Verkleidung sah. Nun, mein erster Eindruck war alles andere als positiv. Sie wußte alles besser, obwohl sie von den meisten Dingen keine Ahnung hatte, unterbrach einen und war beleidigt, wenn man sich ihrer Meinung nicht anschloß. Als es mir zuviel wurde, erklärte ich ihr, daß ich sie einfach nicht ernst nehmen könne, wenn sie sich weiterhin so aufführe.»

«Das Treffen mit George war eine Katastrophe», erklärte Kate lachend. «Da stand ich nun, mit meinen roten Augen, war wirklich schwer krank und niemand schien davon Notiz zu nehmen. Cukor war zwar sehr höflich und nett, aber er schien meine Fragen zu ignorieren. Als ich ihn nach einem Augenarzt fragte, gab er mir zur Antwort, ob ich die Kostümentwürfe sehen wolle. Heute würde ich das nicht mehr mit mir machen lassen, doch damals war ich wie versteinert und folgte ihm wie ein zahmes Lamm. Nun, die Entwürfe von Joesette De Lima waren einfach schrecklich, doch für George waren sie der ideale Vorwand für Konversation. Nach meiner Meinung gefragt, erklärte ich – vielleicht etwas brüsk –: ‹Ich glaube kaum, daß ein Mädchen aus gutem Hause etwas Derartiges anziehen würde. Wie wäre es mit Entwürfen von Schiaparelli oder Chanel?› George schaute mich lange und nachdenklich an. ‹In Anbetracht der Dinge, die Sie tragen, kann ich Ihr Urteil nicht ernst nehmen.› Ich war schockiert. Schließlich hatte ich 350 Dollar, das war damals ein Vermögen, für mein Kostüm ausgegeben und fand es sehr chic. Was ich auch sagte. Und wissen Sie, was der Hundesohn mir zur Antwort gab? ‹Ich halte diese Verkleidung für ausgesprochen miserabel. Jede Frau, die so etwas außerhalb ihres Badezimmers trägt, beweist nur, daß sie keinen Geschmack hat.› Was sollte ich darauf noch sagen? Er hatte gewonnen.»

Im Anschluß an die Besprechung schleppte Cukor Kate in die Kantine. Auf dem Weg dorthin begegnete ihnen John Barrymore. Barrymore musterte Kate, lächelte und nahm sie beiseite. «Auch ich schaue gelegentlich zu tief in die Flasche, Mademoiselle. Aber ich kenne hervorragende Augentropfen, die die Röte der Augen verschwinden lassen. Wenn Sie möchten ...»

«Aber Mr. Barrymore!» rief Kate entsetzt. «Ich trinke niemals; ich habe einen Splitter im Auge.»

«Die Ausrede gebraucht jeder!» antwortete er.

Als Kate mit Cukor und Laura die Kantine betrat, wurde es still. «Wir waren alle erschrocken über das Aussehen von Davids Neuerwerbung», berichtete die Journalistin Adela Rogers St. John.

Um Kates bizarre Erscheinung etwas abzumildern, bevor sie und Selznick sich persönlich kennenlernten, brachte Cukor sie nach dem Lunch in die Maske, wo er sie der Kunst von Mel Berns und Jean Woodhall anvertraute.

Während Berns Kates Backenknochen studierte und die ersten Schminkentwürfe anfertigte, beschäftigte sich Jean Woodhall mit Kates Haaren. Entgegen ihrer Ansicht, sie habe «Babyhaar, das unfrisierbar sei», kreierte Jean innerhalb kürzester Zeit den für die dreißiger Jahre typischen Hepburn-Haarlook, der mehrfach kopiert werden sollte: Sie schnitt Kates Haar auf Kinnlänge ab und versah das Ganze mit einer leichten Dauerwelle. Kate war begeistert, und als Cukor sie wieder abholte, rief er glücklich aus: «Endlich ist hier die wahre Katharine Hepburn.»

Trotz ihrer entzündeten Augen wirkte Kate sehr attraktiv. Doch als sie Selznick gegenübertrat, zweifelte er immer noch, ob seine Entscheidung richtig war. «Kates Erscheinung und ihre arrogante Art entnervte ihn derart, daß er ernstlich den Gedanken erwog, die beiden Ladies wieder in den Zug zu setzen und zurück nach New York zu schicken.» Allein Cukor verdankte es Kate, daß es nicht soweit kam. Mit Engelszungen überredete er David, die ersten Aufnahmen abzuwarten.

1951 erklärte Selznick in einem Interview: «Heute ist Katharine Hepburn eine geachtete Schauspielerin, deren Namen in einem Atemzug mit Greta Garbo genannt wird. Doch als ich sie das erste Mal sah, war ich wirklich erschrocken. Und mit mir die Studioleitung. ‹Sie hat ein Pferdegesicht›, murmelten die einen. ‹Wir brauchen Tonnen von Make-up, um ihre Sommersprossen zu überdekken›, stöhnten die anderen. Nein, sie war kein durchschlagender Erfolg. Als wir die ersten Aufnahmen von ihr sahen, war die Luft im Vorführraum so dick, daß man sie mit einem Messer hätte schneiden können. Die Geburt des Stars Katharine Hepburn fand erst bei der Vorpremiere statt. Das Publikum liebte sie, wenn es sich auch erst an sie gewöhnen mußte und verunsichert auf sie reagierte.»

Während Selznick die erste Begegnung mit Kate «verdauen mußte», brachte Leland sie zu einem Augenspezialisten, der den Span entfernte. Da die Verletzung der Netzhaut ernsterer Natur war, verordnete er ihr das Tragen einer Augenklappe.

«Kate kam dieser Anweisung nach, aber nur, solange sie im Studio war. Kaum hatte sie es verlassen, da riß sie sich das Ding lachend vom Auge und warf es aus dem Fenster ihrer Limousine», erzählte George Cukor.

Noch am Tag ihrer Ankunft rief Kate bei einer Autovermietung an und verlangte einen Wagen mit Chauffeur, passend zu ihrem neuen Status als Hollywoodstar. Die Agentur schickte einen überauffälligen Hispano-Suiza, den gleichen Typ, der für den Garbo-Film *Grand Hotel* verwendet worden war. Am nächsten Tag ließ sie den Wagen direkt unter Cukors Bürofenster parken und ließ ihre Anwesenheit durch lautes Hupen ankündigen. Hatte sie geglaubt, er würde dies amüsant finden, so täuschte sich Kate. Denn ihr Verhalten machte den Regisseur von Stunde zu Stunde nervöser, bis er sie schließlich am Nachmittag zu einem Gespräch unter vier Augen in seine Räumlichkeiten bat und «ihr endlich gehörig die Leviten las».

Kate nahm sich Cukors Kritik zu Herzen und vertiefte sich in den nächsten Tagen in das Drehbuch von *Eine Scheidung*. Laura machte sich unterdessen auf die Suche nach einem geeigneten Haus. Wenige Tage später fand sie ein Landhaus im Franklin Canyon, das auch Kate gefiel. Mit in den Mietvertrag eingeschlossen war Joanna, die in den nächsten Jahren sich um Kates und Lauras Haushalt kümmern sollte.

In ihrer ersten Filmrolle verkörperte Kate Sydney Fairfield, die aus Angst, sie könne den latenten Wahnsinn ihres Vaters (John Barrymore) erben und auf ihre Kinder übertragen, ihre Verlobung löst und sich um ihren gemarterten Vater kümmert.

Zu dem Zeitpunkt, als Kate und John Barrymore sich das erste Mal trafen, war der Stern des einstigen Matineeidols bereits im Begriff zu verlöschen. Sein Gesicht war gezeichnet durch ein hektisches, unstetes Leben und unkontrollierten Alkoholkonsum.

«Spencer sagte immer: ‹Junge Schauspieler müssen vor alten Hasen Respekt haben.› Ich dagegen zeigte nie den kleinsten Hauch von Respekt. Auch nicht gegenüber Barrymore, der ja wirklich einer der sensibelsten Schauspieler war. Ich erinnere mich, wie wir die allererste Szene drehten. Barrymore kam herein, mit Hut und Regenmantel, spielte in seiner Manteltasche mit einer Pfeife herum, drehte sich um und sah mich. Ich stand außerhalb des Blickfelds der Kamera, spielte aber mit, als ob ich zu sehen wäre, so, wie George es mir befohlen hatte. Ich beobachtete John mit der Kaltblütigkeit der Jugend und war davon überzeugt, daß er ausgesprochen übertrieb. Ja, das dachte ich damals wirklich. Doch während ich all diese unfreundlichen Dinge dachte, ließ ich mich selber gehen und überzog auch. Nach der Aufnahme kam John zu mir, nahm mein Kinn in die Hand, schaute mich lange an und sagte zu George: ‹Ich möchte es noch einmal versuchen!›»

Barrymore vertraute seinem Biographen an, daß er an Kate ihre «Entschlossenheit» bewunderte und sie «für sehr talentiert, wenn auch etwas seltsam» hielt. Dies hinderte ihn aber nicht daran, ein Auge auf sie zu werfen.

«John bot mir an, während der Mittagszeit eine Szene mit mir zu proben, die im Anschluß gedreht werden sollte. Natürlich war ich damals geschmeichelt. Wir gingen die Stelle durch und seine Ratschläge waren mir eine große Hilfe. Als ich gehen wollte, zog er plötzlich seinen Bademantel aus – einer von diesen aus Flanell, die wir als Kinder trugen. Dieser Bademantel war völlig verdreckt, man sah Essensreste und der Kragen war mit Make-up verschmiert. Egal, auf alle Fälle zog er ihn aus und war darunter splitternackt. Mein erster Gedanke war, schreiend davonzulaufen, doch ich war wie versteinert und brachte keinen Ton mehr heraus.»

Erstaunt über die unerwartete Reaktion forderte Barrymore Kate auf, sich ebenfalls auszuziehen: «Cukor gehört nämlich zu den Typen, die sich nicht scheuen, in die Garderoben zu kommen, wenn man fünf Minuten zu spät ist. Und du willst doch nicht, daß man uns überrascht?» Doch Kate stand nur mit offenem Mund da. Als Barrymore zum Frontalangriff überging, stöhnte sie: «Es ist unmöglich. Ich kann es nicht tun!»

«Und wissen Sie, was sie mir zur Antwort gab, als ich sie fragte, wieso sie es nicht tun könne? ‹Mein Vater möchte nicht, daß ich Babies bekomme!› Danach hechtete sie zur Tür und war verschwunden.»

Zweifelhaft ist trotzdem das Hollywood-Gerücht, er und Kate hätten des öfteren vor versammelter Mannschaft die Klingen gekreuzt. So soll Kate am letzten Drehtag ausgerufen haben: «Endlich, nie wieder muß ich mit Ihnen zusammenarbeiten», worauf John erwidert haben soll: «Meine Liebe, das taten Sie bis heute nicht.»

«Das ist reiner Unsinn», erregte sich Kate. «John hat mich nie derart kritisiert. Er zeigte mir alle Tricks, die man einem Grünschnabel innerhalb so kurzer Zeit beibringen konnte. Bei den Aufnahmen drehte er mich meistens so, daß mein Gesicht im Mittelpunkt des Bildes war, so daß die Zuschauer einfach auf mich aufmerksam werden mußten.»

Dagegen räumt Kate ein, daß sie zunächst Schwierigkeiten hatte, mit Billie Burke, die ihre Mutter spielte, zurechtzukommen. Was Kate am meisten reizte war die Tatsache, daß Miss Burke den anwesenden Damen Schönheitstips und weibliche Verhaltensregeln gab, die nach Ansicht der Hepburn einer Frau unwürdig waren. Eine von Miss Burkes Devisen lautete: «Jede Frau sollte zehn Minuten zeitiger aufstehen als ihr Ehemann, sich die Haare bürsten und die Zähne putzen, sich leicht schminken und einen Hauch Parfum auflegen, und egal, wie sehr der Kopf schmerzt oder wie lange man am Abend zuvor auf war, sie muß zum Küssen aussehen.» Billie Burke glaubte fest an derlei Ratschläge, denn mit ihnen hatte sie es geschafft, die Ehe mit Florenz Ziegfeld, dem Vater der «Ziegfeld Girls», den schönsten Mädchen Amerikas, aufrechtzuerhalten.

Sieht man heute die ersten Filmszenen von Kate, die für die Endfassung nicht verwendet wurden, so ist man überrascht, wie schlecht Kate «sich verkaufte»: Ihre Stimme ist schrill und es schwingt ein hysterischer Unterton mit. Ihre Gesten sind fahrig, willkürlich und nervös und ihre Bewegungen wirken hart, eckig und steif. Vergleicht man diese Aufnahmen mit der Verleihfassung, so wird deutlich, daß Cukor Kate in eine kompetente Filmschauspielerin verwandelt hat.

Cukor war bei den Dreharbeiten oft gezwungen, Kate vor der Crew zu kritisieren und zu verbessern. «Doch nachdem wir uns zusammengerauft hatten, akzeptierte sie das und hörte aufmerksam zu.»

«Kates Hauptproblem betraf weniger ihr Spiel als die Tatsache, daß wir erst ihre Filmqualitäten herausarbeiten mußten», erinnerte sich Cukor. «Auf der Bühne spielt man mit dem Körper und der Stimme; Fehler werden schneller vergessen und übersehen als beim Film in einer Großaufnahme. Vor allem aber mußte man real und ehrlich sein. Kate war das. Manchmal etwas extrem und überzogen, wie auch im wirklichen Leben, aber das konnte gedämpft werden. Sie war schon bei den Proben sehr gut, doch zu wirklichem Leben erwachte sie erst vor der Kamera. Schließlich verstand auch David, warum ich von ihr so begeistert war.»

Trotzdem plagten Selznick Zweifel, ob er Kates Vertrag verlängern sollte.

Während Kate gegenüber dem Leiter des Pressebüros Perry Lieber in der ersten Woche erklärte, sie werde keinerlei Interviews geben oder Fotos von sich machen lassen, da niemand das Recht habe, ihre Privatsphäre zu verletzen, verursachte sie wiederholt Szenen, die für Schlagzeilen in den Klatschzeitungen sorgten.

Gnädig erklärte sich Kate bereit, zusammen mit Billie Burke und John Barrymore in der RKO-Kantine fotografiert zu werden. Als man ihr einige Tage später die Fotos, wie auch schon Burke und Barrymore, zum Signieren vorlegte, weigerte sie sich strikt, der Bitte nachzukommen, da sie «Autogramme als absoluten Schwachsinn betrachtete». Cukor wurde über ihr Verhalten derart wütend, daß er sie anschrie: «Glaubst du wirklich, daß man so viel Wert auf deine Unterschrift legt, neben der von Billie und John? Ich sage dir, wenn du 25 Jahre hart arbeitest, dann erst bist du es wert, neben diesen zu unterschreiben.»

Mit den Technikern heckte Kate die unmöglichsten Streiche aus: so ließ sie die Klappsessel mit einem Stromkabel verbinden, so daß jeder, der sich auf sie setzte, einen elektrischen Schlag bekam.

Was Hollywood aber am meisten befremdete war ihre Kleidung. In ihrer Freizeit, aber auch zu offiziellen Anlässen trug Kate meistens Hosen, alte Männer-Sweatshirts, zerfledderte Turnschuhe und gelegentlich die bizarren Kostüme, die Elizabeth Hawes entworfen hatte. Schließlich erklärte sich die Studioleitung sogar bereit, ihr eine Grundgarderobe von Chanel oder einem Designer ihrer Wahl zu bezahlen, solange diese feminin oder chic war. Doch alles Bitten und Flehen stieß bei Kate auf taube Ohren. Schließlich heuerte man einen Mann an, der während der Dreharbeiten ihre Kleidung aus der Garderobe stahl.

«Wütend stellte ich ihnen ein Ultimatum. ‹Entweder ich bekomme meine Hosen zurück oder ich laufe nackt durchs Studiogelände.› Doch die Hundesöhne weigerten sich. Also machte ich meine Drohung wahr. Natürlich war ich nicht völlig nackt, ich trug meine Unterwäsche, aber von da an ließ man mich in Ruhe und gab mir meine Sachen zurück.»

Niemand wußte, daß Kate verheiratet war. Da Laura ständig in ihrer Begleitung war und sie auch zu den Dreharbeiten begleitete, wurden bald Überlegungen angestellt, ob Kate wohl mehr am eigenen als am männlichen Geschlecht interessiert sei. Während sie sich über derlei Unsinn überhaupt keine Sorgen machte, bemühte sich Lieber verzweifelt, daß niemand etwas Derartiges in den Klatschkolumnen andeutete.

«Mutter und Vater besuchten mich nie in Hollywood», berichtete Kate. «Sie waren am Filmgeschäft nicht interessiert, und warum sollten sie auch? Vater hatte für den Film noch weniger übrig als für das Theater. Ich muß ehrlich sagen, daß das, was sie mir bei unseren Telefonaten erzählten, auch viel interessanter war, als was ich zu berichten hatte.»

Dr. Hepburn machte keinen Hehl daraus, daß er die Arbeit seiner Tochter für überbezahlt hielt. Als er bei einem Gespräch erfuhr, daß Kate ihre gesamte Gage ausgegeben hatte, machte er ihr heftige Vorwürfe. «Für Vater gab es nichts Schlimmeres als Verschwendung und der Kauf von unnützen Dingen. Also schlug er mir vor, daß ich in Zukunft meine Gage an ihn überwies und er würde mir dann einen gewissen Betrag für das Nötigste rücküberweisen. Der Rest wurde von ihm gewinnbringend angelegt.»

Nach der zweiwöchigen Vorbereitungszeit wurde *Eine Scheidung* innerhalb von vier Wochen abgedreht, da auf Barrymore ein neues Projekt bei MGM wartete. Kate beschloß, nach Beendigung der Dreharbeiten zunächst San Francisco zu besuchen, bevor sie und Laura nach New York zurückkehren wollten. Während sie sich in Frisco aufhielt, fand die Vorpremiere des Films statt.

«Es war ein überwältigendes Erlebnis», berichtete Cukor. «Zunächst war das Publikum unsicher. Kate gehört nicht zu den Menschen, die man auf Anhieb mag. Doch dann sahen sie ihr schönes Gesicht und wurden von ihrer Ausdruckskraft überwältigt.»

Während Kate zwei Szenen, die das Publikum zu Heiterkeitsausbrüchen veranlaßt hatte, nachdrehte, teilte ihr Selznick mit, er werde ihren Vertrag verlängern. Die Vertragsverhandlungen fanden in Davids Strandhaus in Malibu statt. Neben Leland, Laura, Kate, Myron und David waren noch ein Heer von Rechtsanwälten und Selznicks Eltern anwesend. Kate hatte die Entwürfe bereits mit Leland und Laura diskutiert und bestand auf einigen Änderungen. Um die Sache abzukürzen, versprach ihr David Namensnennung an erster Stelle, Mitspracherecht bezüglich des Filmstoffs und des Regisseurs sowie die Möglichkeit, nach Beendigung eines Projekts auf die Bühne zurückzukehren. Doch als Kate die Verträge zur Unterschrift vorgelegt wurden, enthielten sie keine von Davids mündlichen Zusagen. Wütend verweigerte sie ihre Unterschrift. Erst nach Wochen harter Verhandlungen wurden die Schriftsätze geändert.

Enttäuscht von Selznicks «Betrug» beschloß Kate, für einige Zeit nach New York zurückzukehren. Während Laura ihre Familie besuchte, überraschte «Luddy» sie mit einer bereits gebuchten Überfahrt nach Europa. Entgegen seinem ausdrücklichen Wunsch tauschte Kate ihre Erste-Klasse-Tickets gegen Zwischendeckplätze um, da sie es nicht einsah, «warum ich Geld für eine Erste-Klasse-Kabine ausgeben soll, wo ich doch auch in einer Zwischendeckkabine seekrank werden kann». Ludlow machte sich ernsthafte Sorgen um seine Ehe mit Kate, etwas, was sie wiederum auf den Tod nicht ausstehen konnte. Das Leben mit Laura war lustig und unbeschwert gewesen. Sich jetzt mit Eheproblemen auseinandersetzen zu müssen, entnervte sie. Viel zu sehr beschäftigte sie der Gedanke, wie das Publikum ihren ersten Film aufnehmen würde. Ein Mitreisender erinnerte sich, daß Smith auf ihn einen «melancholischen, traurigen Eindruck machte, während man seine Frau äußerst selten zu Gesicht bekam». Kate verbrachte den größten Teil der Überfahrt in der Kabine. Als sie schließlich Europa erreichten, war es auch für «Luddy» offenkundig, daß seine Ehe mit Kate gescheitert war. Die Zeit in Tirol und Wien wurde lediglich genutzt, wenigstens als Freunde weiter zusammen leben zu können.

In einem schwachen Moment äußerte sich Kate über ihren Ehemann: «Er war ein netter Mensch und ich war sehr ichbezogen. Er tat mir wirklich leid. Sehen Sie, ich brach sein Herz, verjubelte sein Geld, und meine Schwester ließ sein Blut abzapfen, da er den gleichen Typ hatte und sie frisches Blut brauchte. Und als er am Ende war, warf ich ihn über Bord. Ja, ich war eine Art Vampir. Aber wir blieben unser ganzes Leben über Freunde.»

Den Grund, warum sie nicht «zur Ehe geeignet war», beschrieb Kate wie folgt: «Ich glaube, Mann und Frau sind unterschiedlicher und komplizierter als Frauen. Zwei Frauen können als Freunde zusammen leben, während die Beziehung mit einem Mann meistens im Bett endet. Dabei ist es so wichtig, Freunde zu sein. Mann und Frau sind aber dazu meistens nicht in der Lage. Das Ganze endet dann damit, daß man seine kostbare Zeit damit verbringt, sich gegenseitig weh zu tun.»

Während Kate und «Luddy» in Tirol waren, fand anläßlich einer Wohltätigkeitsveranstaltung zugunsten von Mrs. Randolph Hearsts «Milk Fund» die Weltpremiere des Films *Eine Scheidung* im Mayfair Theatre in New York statt. Die Kritiker waren von «Selznicks Entdeckung» begeistert und bescheinigten Kate einhellig, daß sie «aus dem Material geschnitzt sei, aus dem Stars gemacht werden».

Die Kritiker bejubelten Kate, und Selznick erklärte sich zu einem Vertrag bereit, der noch bessere Konditionen für Kate enthielt, als sie und Hayward sich erhofft hatten. Unter allen Umständen wollte David sofort einen neuen Film mit Kate produzieren, um die Gunst der Stunde zu nutzen. Verzweifelt telegrafierte Hayward nach Wien und flehte Kate an, sofort nach New York zurückzukehren. Ohne zu zögern traten die Smiths die Rückreise an.

Als Kate, die sich ausnahmsweise als Mrs. Ludlow Smith in die Passagierliste hatte eintragen lassen, am 17. Oktober 1932 an Bord eines französischen Dampfers zurückkehrte, wurde sie bereits von einer Meute neugieriger Reporter erwartet. Als bekannt wurde, daß sie unter dem Namen Smith reiste, witterte die Presse eine Story. Zunächst gab Kate freimütig Auskunft über ihre weiteren Pläne, doch als die Fragen zu privat wurden, rebellierte sie und offerierte nur noch freche und unwahre Antworten. Gefragt, ob sie mit «Luddy», der sich dezent im Hintergrund hielt, verheiratet sei, erklärte Kate, sie könne sich nicht erinnern. Die Frage nach Kindern bejahte sie: «Zwei sind weiß und drei farbig.»

Doch gerade diese Art von Antworten, von denen Kate erhoffte, die Presse würde durch sie verschreckt werden, provozierten das Gegenteil. Seit 1932 ist kein Jahr vergangen, in dem nicht etwas Spektakuläres über Kate berichtet wurde.

Auf dem Weg nach Hollywood las Kate E. Arnot Robertsons Roman *Three Came Unarmed*, der als Vorlage für ihren nächsten Film dienen sollte.

Da Kate allein reiste, beauftragte Perry Lieber Joel McCrea, sie vom Bahnhof in Pasadena abzuholen. Insgeheim hoffte Lieber, die beiden würden einem Klatschkolumnisten in die Arme laufen, doch nichts dergleichen geschah.

«Kate hatte keine Ahnung, daß ich sie abholen sollte, und so rannte sie, bepackt mit Kleidern, Papieren und Büchern einfach an mir vorbei. Ich nahm sie am Arm, und bevor sie um Hilfe schreien oder mich ernsthaft verletzen konnte, erklärte ich, daß mich Perry schickte und bugsierte sie zur RKO-Limousine. Während der Fahrt musterte sie mich schweigend und fragte schließlich: ‹Was arbeiten Sie eigentlich?› Als ich ihr erklärte, wir würden den nächsten Film zusammen machen, war sie nicht besonders beeindruckt. Statt dessen wollte sie wissen, wo ich so braun werde. Ich erzählte ihr, daß ich sehr viel Zeit am Strand verbringe und versprach ihr, sie das nächste Mal mitzunehmen.»

Als Lieber von dem Vorhaben erfuhr, nutzte er seine Chance und schickte einen Pressefotografen, der die ersten Publicity-Fotos von Kate machte. Der plötzliche Ruhm der Hepburn hatte Lieber in die peinliche Lage gebracht, der Presse gegenüber eingestehen zu müssen, daß das Studio ebensowenig über seinen «Neuerwerb» wußte wie das Publikum. Aus diesem Grund wurden schnell einige Geschichten erfunden, die heute amüsant zu lesen sind.

Die erste Studiobiographie behauptete, Kate sei die Erbin von 15 Millionen Dollar, die ihr A. Barton Hepburn, Direktor der Chase Manhattan Bank hinterlassen hätte. In einer anderen Version ist sie ein Nachkomme der schottischen Herrscherin Maria Stuart.

Ähnliche Probleme entstanden auch bezüglich des Bildmaterials, das von den Zeitungen angefordert wurde. Außer einigen Standfotos von *Eine Scheidung* verfügte man nur über einige Privatbilder, die Kate am Rand eines Swimmingpools und auf einem Sprungbrett zeigten. In einem langen Gespräch überzeugte Lieber Kate von der Notwendigkeit, auch von ihr einige Publicity-Fotos anfertigen zu lassen.

«Zunächst war ich skeptisch, doch als ich dann die Endprodukte sah, war ich von mir absolut fasziniert. Ich bin, besser gesagt, war leicht zu fotografieren, weil ich sehr fotogen bin. Die meisten Bilder machte von mir Ernie Bachrach. Ich mochte ihn und konnte ihm trauen. Zu dem Fototermin kam ich mit einem Bündel Kleider, die ich amüsant oder lustig fand, und Ernie kümmerte sich um die Beleuchtung. Er machte den größten Teil der Arbeit selber. Da ich mich schnell umziehen und umschminken konnte, brauchten wir im Schnitt nur zwei bis drei Stunden. Heute dauert alles länger – Ewigkeiten! Natürlich wurde ich auch noch von anderen fotografiert. Bei RKO hauptsächlich von Alex Kahle und bei MGM kümmerte sich Jimmy Mannett um mich, der auch für diese herrlichen Garbo-Bilder verantwortlich war. In späteren Jahren waren es dann Newton, Hugo und natürlich Cecil Beaton – alles große Könner.»

Neben den gestellten Fotos entstanden auch einige natürliche Bilder, die Kate zum Beispiel in Jeans und Pelzmantel oder beim Schwimmen mit Joel McCrea zeigten.

«Ich hielt mein Versprechen und ging mit ihr schwimmen. Als sie die Surfer sah, war sie sofort begeistert. Und wissen Sie, was sie tat? Innerhalb eines Nachmittags lernte sie es, sich auf dem Brett zu halten. Eine wirklich erstaunliche Frau.»

Als Kate Anfang November 1932 eines Morgens ins Studio kam, teilte man ihr mit, die Dreharbeiten an *Three Came Unarmed* seien vorübergehend wegen Schwierigkeiten mit dem Drehbuch eingestellt worden. In Wirklichkeit hatte Selznick entschieden, daß die Rolle für Kate unpassend sei und machte sich auf die Suche nach einem anderen, für sie besser geeigneten Part.

In der Zwischenzeit widmete sich Kate intensiv dem gesellschaftlichen Leben Hollywoods, wobei sie überwiegend nur Unsinn im Kopf zu haben schien. Bei einem Dinner, das Walter Wanger zu Ehren von Charles Boyer und Madeleine Carroll gab, waren auch Kate und Laura eingeladen. Doch Kate ließ sich wegen Krankheit von Laura entschuldigen. Wenige Minuten später kreuzten die beiden vor Wangers Haus auf und beobachteten die Gäste durch das Fenster des Wohnzimmers. Danach schlichen die beiden in die Küche, verkleideten sich als Dienstmädchen und servierten den Gästen das Dessert.

Mrs. Wanger gab sich charmant: «Meine Liebe, hat man Ihnen schon gesagt, daß Sie genau wie die neue Schauspielerin Katharine Hepburn aussehen?»

Kate und Laura lachten hysterisch, und als auch Mrs. Wanger die Charade durchschaute, die sie keineswegs amüsant fand, lud sie die beiden ein zu bleiben.

«Vielen Dank, aber wir müssen weiter», erklärte Kate. «Wir kamen nur, um den Nachtisch zu servieren.»

Kate und Laura erhielten auch eine Einladung nach Pickfair, wo Mary Pickford und Douglas Fairbanks residierten. Doch Kate lehnte die Einladung dankend ab mit der Begründung, sie würde niemals außerhalb essen. «Eines Nachmittags tauchte plötzlich Ford Johnson, Lauras Beau, mit Mary Pickford auf – natürlich ganz in Pink –, und als sie ihre Einladung wiederholte, war es uns unmöglich, abzusagen.» Zusammen mit Ford und Laura nahm Kate an einem Dinner zu Ehren von Gary Cooper und der Countess di Frasso teil. Nach dem Essen wurde Fairbanks neuester Film, *Mr. Robinson Crusoe*, gezeigt. Während der Vorführung schlief zu Kates Freude Ford Johnson ein und untermalte den Film mit seinem Schnarchen. Auf die Frage, ob man ihn wecken sollte, meinte Fairbanks nur: «Oh, nein, er qualifiziert sich eben nur als New Yorker Filmkritiker.»

Bald schon gehörte Kate auch zu der Elite, die von Cukor am Sonntagnachmittag eingeladen wurde. Zu den Gästen gehörten Tallulah Bankhead, die Sängerin Mary Garden und gelegentlich Greta Garbo. Während Kate nicht besonders viel von «Miss Tallulah Bankhead» hielt und aus ihrer Geringschätzung auch keinen Hehl machte, fieberte sie einer Begegnung mit der Garbo entgegen.

«Eines Nachmittags beschloß Kate in meinem Pool, der gut geschützt war, nackt zu baden. Ausgerechnet an diesem Tag kam Greta zu Besuch. Als Kate sie bemerkte, sprang sie entsetzt aus dem Pool, wickelte sich in ein Handtuch und begrüßte die Garbo mit den

Worten: ‹Oh, Miss Garbo, nett Sie zu treffen!› Danach rannte Kate in den Geräteschuppen und blieb die nächsten Stunden dort.» Trotz des etwas «seltsamen Anfangs» entwickelte sich eine innige Freundschaft zwischen den beiden Hollywood-Diven, die bis heute anhält.

Die Angestellten der RKO hatten ihr schon bald den Spitznamen «Kate of Arroganz» verliehen, wenn auch jeder ihre Zuverlässigkeit und ihr striktes Regime bewunderte.

Anders als manche ihrer Kolleginnen hatte Kate keine Schwierigkeiten damit, daß man sie im Studio um 7 Uhr 30 erwartete. Gewöhnlich stand Kate um 6 Uhr auf, duschte erst kalt, dann heiß und putzte sich ihre Zähne mit Ivory-Seife, dem Vorbild ihres Großvaters, väterlicherseits, folgend. In der Maske unterhielt sie sich über Roosevelts Politik oder über das Werk von Shaw und Shakespeare.

«Das Problem mit der Zeit entstand durch die lange Schminkerei. Frauen mußten schön aussehen, und ich kann ehrlich sagen, daß bei vielen die Maskenbildner wahre Wunder leisteten. Egal, ob man sich schlecht fühlte oder zu lange aus war, man mußte genauso blendend aussehen wie am Vortag. Dementsprechend lange brauchte man eben. Im Laufe der Jahre begann ich mich selber zu schminken, was mir viel Zeit ersparte.»

Das Mittagessen, bestehend aus Salat, Steak, frischem Obst und Milch, nahm Kate meistens allein in ihrer Garderobe ein. Am Nachmittag bestand sie auf einer Teepause, bei der sie die Crew mit Süßigkeiten und Gebäck versorgte.

Um Kates Hollywood-Präsenz nicht länger ungenutzt zu lassen, schlug Selznick der Regisseurin Dorothy Arzner vor, Kate die Hauptrolle in *A Great Desire*, später *Christopher Strong* (dt. *Ihr großes Erlebnis*) zu übertragen.

Miss Arzner, die ihre Karriere als Bedienung im Café ihres Vaters begann, bevor sie nach mehreren Zwischenstationen 1927 zum erstenmal Regie führte, machte keinen Hehl daraus, daß sie Kate für völlig ungeeignet hielt, Lady Darrington glaubhaft darzustellen. Besser geeignet schien ihr Tallulah Bankhead, mit der bereits Vorverhandlungen geführt worden waren. Doch Selznick hielt an seiner Entscheidung fest.

Als dritte im Bunde engagierte er für das Drehbuch Zoë Akins. Selznicks Hoffnung, daß die drei Frauen gut miteinander auskommen würden, erfüllte sich nicht. Während die Beziehung zwischen Kate und Miss Arzner respektvoll-kalt-distanziert bleiben sollte, beschränkte Kate den Kontakt zu Miss Akins auf das Minimum. Da diese ihren kranken Mann pflegen mußte, fanden die täglichen Besprechungen in ihrem rosa Palast in Pasadena statt. Belastet durch die Sorgen und den Zustand ihres Mannes war ein effektives Arbeiten am Drehbuch mit Miss Akins unmöglich.

Im Schnitt benötigte man einen Tag für eine Drehbuchseite. Die restliche Zeit füllte Miss Akins mit detaillierten Schilderungen über die Verfassung ihres Mannes. Kate, die von der «Zur-Schau-Stellung von privaten Tragödien» nichts hielt, blieb schon bald den Besprechungen in Pasadena fern und suchte statt dessen am Abend Dorothy Arzner in deren Haus am Loz Feliz Terrace heim, wobei meistens das Tageswerk mit Miss Akins von ihr vernichtend zerlegt wurde.

Zu Beginn der Dreharbeiten Anfang Dezember 1932 erkrankte Kate offiziell an einer schweren Grippe. Obwohl es niemand auszusprechen wagte, sprechen alle Indizien dafür, daß sie eine Abortion vornehmen ließ. Entgegen des Drängens ihres Vaters, nach West Hartford zu kommen, ließ sie den Eingriff in Kalifornien durchführen.

Wieder zurück, vermißte Kate die Leitung, die ihr Cukor hatte zuteil werden lassen. Vergebens versuchte sie, Selznick davon zu überzeugen, Arzner durch George zu ersetzen.

Schließlich drohte Dorothy Arzner Selznick damit, sie werde die Regie niederlegen, sollte sich Kate weiterhin in ihre Entscheidungen und Anweisungen einmischen. Selznick, der instinktiv ahnte, daß genau dies Kates Plan war, versprach, die Angelegenheit in Ordnung zu bringen und führte mit Kate ein ernstes Gespräch.

Gleichwohl verbindet auch Miss Arzner positive Erinnerungen an den Film: «Ich bin sicher, er enthält die beste Liebessequenz der Filmgeschichte. Miss Hepburn spielte sie perfekt. Die Szene spielt auf dem See. Ich wollte, daß Miss Hepburn und Mr. Clive ohne jede Emotion spielten. Zuerst war Miss Hepburn übertrieben wie immer, doch dann traf sie einen Ton, der einen erschütterte. Wenn sie

Clive fragt: ‹Liebst du mich, Chris?›, so tat sie dies so monoton und leer, daß jeder mit Schrecken feststellen mußte, daß diese beiden Menschen überhaupt nicht zu Gefühlen fähig sind.»

Im Zentrum der Aufmerksamkeit des Publikums und der Presse aber stand das legendäre Motten-Kostüm, das Walter Plunkett entworfen hatte und das aus kleinen Metallteilchen zusammengesetzt war. «Das verdammte Ding war so schwer und umständlich, daß ich mich die ganze Zeit nicht setzen konnte, sondern auf einer Stehpritsche lag. Nach Drehschluß mußte es Stückchen für Stückchen auseinandergenommen werden und am nächsten Tag wiederholte sich die Prozedur erneut.»

Drei Wochen nachdem Kate aus der Klinik entlassen worden war, brach sie im Studio zusammen. Sheila Graham erzählte, daß man «sie sofort ins Good Samaritan Hospital brachte, wo ein hoher Blutverlust als Ursache für ihren Kollaps festgestellt wurde. Eine genauere Untersuchung ergab, daß bei dem vorhergegangenen Eingriff Fehler gemacht worden waren.» Es dauerte mehrere Tage, bis Kate auf eigene Verantwortung entlassen wurde und zu den Dreharbeiten zurückkehrte. «Arbeit schien für sie momentan das beste zu sein, um den ganzen Vorfall zu vergessen.»

Im Gegensatz zu Selznick, der auch nach Sichtung der Rohfassung von *Ihr großes Erlebnis* an einen Erfolg glaubte, vertraten die meisten Mitglieder der Führungsetage von RKO die Ansicht, der Film werde «Kate das Genick brechen». Zum einen handelte es sich um ein heikles Thema, zum andern fühlte sie sich sichtlich unwohl in einigen Szenen, so auch in der Schlußsequenz. «Dennoch glaubte David, der Film würde zwar bei den Kritikern durchfallen, dafür aber ein finanzieller Erfolg werden», berichtete Pandro S. Berman.

Doch genau das Gegenteil trat ein. Nach der Premiere am 10. März 1933 in der Radio City Hall wurde Kates Darstellung von der Presse als «beeindruckend», «faszinierend» und «außergewöhnlich» bezeichnet, und Jack S. Cohen Jr. schrieb: «Auf gewisse Weise erinnert sie einen an eine aristokratische, amerikanische Garbo, wenn ihr auch deren Wärme fehlt.» Die Kinobesucher dagegen lehnten den Film ab. «Sie erwarteten von Kate etwas anderes als sexuelle Leidenschaft und postkoitale Bettszenen», wußte George Cukor.

Um einen eventuellen Flop von Kate mit *Ihr großes Erlebnis* abzufangen, hatte Pandro S. Berman (hauptverantwortlich für die meisten Astaire–Rogers-Filme) sich bereits während der Dreharbeiten nach einer geeigneten Rolle für sie umgesehen. Ideal erschien ihm das Stück *Morning Glory* von Zoë Akins, dessen Filmrechte die RKO erst vor kurzem erworben hatte. Zusammen mit Miss Akins machte sich Berman daran, einen Drehbuchgrobriß zu entwerfen.

Berman wollte unter allen Umständen, daß Kate die Hauptrolle spielen sollte. Doch als die RKO-Leitung Wind davon bekam, legte man ihm nahe, die Rolle besser mit Constance Bennett zu besetzen. Also mußte Berman auf Umwegen Kate das Drehbuch zukommen lassen. «Als erstes gab ich es Laura Harding und bat sie um ihre Meinung. Hätte es ihr nicht gefallen, hätte ich es direkt Kate gegeben. Doch Laura war begeistert, und als Kate die Sache las, wollte sie nichts anderes mehr.»

«Als ich das Skript gelesen hatte, dachte ich: ‹Oh – mein – Gott. Das ist das Wunderbarste, was je geschrieben wurde.› Unter allen Umständen wollte ich den Part bekommen.»

Als sie am nächsten Morgen in Bermans Büro gestürmt kam, spielte dieser zunächst Katz und Maus mit ihr.

«Er erklärte mir, die Rolle sei für Connie Bennett, doch ich ließ nicht locker, und schließlich gestand er mir, daß sie ausschließlich für mich gedacht war.»

Während Berman sich nach einem Regisseur umsah und mit Zoë Akins das Drehbuch fertigstellte, verbrachte Kate die meiste Zeit auf dem Golfplatz. Als ihr ständiger Begleiter fungierte Leland Hayward, der sie kurz zuvor in die Liste der «zehn attraktivsten Frauen der Welt» aufgenommen hatte, wo Kate sich in der Gesellschaft von Marlene Dietrich und Greta Garbo befand.

Zu dieser Zeit zerbrachen sich die Klatschkolumnisten Hollywoods den Kopf, welchen Effekt Kates Karriere auf ihre Ehe ausüben würde, die vom Studio nicht länger dementiert wurde. Adela Rogers St. John schrieb in einem Artikel für *Liberty*: «Ob die Ehe die langen Trennungen überleben kann und will, oder ob sie an Katharine Hepburns Erfolg scheitern wird, kann niemand sagen. Fest steht nur, daß es schwierig ist, eine Beziehung intakt zu halten, wenn zwei Menschen, beide engagiert und ambitioniert, durch

3000 Meilen getrennt sind... Soviel aber ist sicher: Katharine Hepburn ist heute vor allem an ihrer Arbeit interessiert.»

Doch Kates Hauptinteresse lag zu diesem Zeitpunkt bei Leland Hayward, in den sie sich verliebt hatte.

Elegant, charmant, gebildet und gutaussehend hatte der Sohn einer wohlhabenden Familie aus Nebraska sich innerhalb kürzester Zeit eine Karriere als Agent aufgebaut. Zu dem Zeitpunkt, als die Affäre mit Kate begann, war er noch immer an die texanische Schönheit Lola Gibbs gebunden.

Doch da auch Kate verheiratet war und sich an der Tatsache nicht besonders stieß, zog Leland schon bald in aller Heimlichkeit zu ihr. Während sie ihn bemutterte und umhegte, tätigte er, auf ihrem Sofa liegend, seine Geschäfte, bei denen er für seine Klienten oft horrende Gagen forderte, die selten abgelehnt wurden. Während Berman einen Regisseur für *Morning Glory* (dt. *Morgenrot des Ruhms*) suchte, beschäftigte sich Kate intensiv mit der Hauptfigur, Eva Lovelace, für die Miss Akins' Freundin Tallulah Bankhead als Vorbild diente.

In späteren Jahren tauchte hin und wieder die Behauptung auf, Kate habe als Vorbild für ihre Rolle Maude Adams oder Tallulah Bankhead verwendet. Darauf angesprochen, erklärte sie: «Ich habe mich wirklich an jemandem orientiert. Aber dabei handelte es sich um meine Freundin Ruth Gordon.» Dennoch ist es nicht von der Hand zu weisen, daß die größte Ähnlichkeit wohl mit Kate selbst besteht. Die Besessenheit und der Ehrgeiz ihrer Anfangsjahre spiegeln sich wie nirgends sonst in Eva Lovelace wider.

Inzwischen war auch ein Regisseur für den Film gefunden worden: Lowell Sherman, der durch *What Prize Hollywood?* in der Filmmetropole als Schauspieler bekannt geworden war. Dem Vorbild seines Freundes George Cukor folgend, versammelte er Anfang Februar 1933 alle Schauspieler um sich und probte mit ihnen eine Woche lang in der Dekoration. Danach wurde *Morgenrot des Ruhms* innerhalb von achtzehn Tagen in chronologischer Reihenfolge abgedreht, mit solcher Perfektheit, daß keinerlei Nachaufnahmen notwendig waren.

Sherman war ein rauhbeiniger Mensch, der aus seiner Unzufriedenheit und seinem Ärger keinen Hehl machte. So ist es nicht verwunderlich, daß einige Mitglieder der Crew wenig erbaut von ihm waren. Erschwerend hinzu kam, daß er Alkoholiker war. Kate, die bis zu diesem Zeitpunkt derartige Schwächen nicht tolerierte, zeigte erstaunlich viel Geduld mit ihm. Vor allem bewunderte sie seinen straffen Zeitplan und die Effektivität seines Arbeitsstils.

Eine der wohl beeindruckendsten Szenen fiel allerdings der Schere zum Opfer. In einer Traumsequenz spielten Kate und Douglas Fairbanks Jr. die bekannte Balkonszene aus *Romeo und Julia*.

«Um uns selber Mut zu machen, hatten wir einige Freunde ins Studio eingeladen. Ehrlich gesagt, war ich derart geschminkt, daß ich aussah, als wollte ich an einem Transvestitenwettbewerb teilnehmen. Als die Szene im Kasten war, waren wir beide sehr stolz auf uns», erinnerte sich Fairbanks.

«Es ist eine Schande, daß die Szene später geschnitten wurde», meinte Kate. «Als ich einmal nachfragte, was mit ihr geschehen sei, sagte man mir, das Negativ sei vernichtet worden. Heute gibt es nur noch einige Standfotos, die beweisen, daß wir die Szene überhaupt gemacht haben. Offiziell wurde die Entscheidung damit begründet, daß der Film zu lang werden würde, aber wahrscheinlich waren wir einfach zu schlecht.» Daß dies nicht zutrifft, beweisen Unterlagen der RKO, in denen erwogen wird, das Stück mit Kate und Fairbanks Jr. zu verfilmen. Aus Zeitgründen aber wurde das Projekt nie verwirklicht.

In seiner Autobiographie *The Salad Days* gesteht Fairbanks Jr., daß er sich in Kate «Hals über Kopf verliebte». Fairbanks nahm allen Mut zusammen und lud Kate wiederholt zum Essen und ins Kino ein. Kate nahm «ein- oder zweimal» seine Einladung an. Doch die Hoffnung, sie werde seine Gefühle erwidern, wurde Douglas geraubt, als er sie eines Abends nach Hause brachte. «Nach einem harmlosen Kuß auf die Wange verschwand Kate ins Haus, während ich 100 Meter weiterfuhr, anhielt und den Sternenhimmel betrachtete, in der Hoffnung, mir endlich über Kates Gefühle klar zu werden. Plötzlich sah ich, wie sie zusammen mit einem Mann in einen Wagen stieg, der hinter ihrem Haus geparkt war, und lachend davonfuhr. Der Sieger im Kampf um Kates Gunst war niemand anders als ihr Agent Leland Hayward.»

RKO ahnte, daß *Morgenrot des Ruhms* ein Erfolg werden würde, und so setzte man alles daran, den Film noch im Sommer 1933 zu starten. Die Premiere fand erneut in der Radio City Music Hall statt und brach den Besucherrekord: innerhalb einer Woche kamen 130000 Besucher, um Kate in ihrer neuesten Rolle zu sehen. Die Kritiker zeigten sich zwar enttäuscht über die Story, waren aber über ihre Darstellung voll des Lobes. Richard Watts Jr. erklärte in der *New York Herald Tribune*: «Es ist Miss Hepburn, die den Film sehenswert macht.» *Time* schrieb: «Das einprägsame Gesicht der Heldin Hepburn ist so hervorstechend wie der Kopf auf einer Münze.»

Zum Zeitpunkt, als *Morgenrot des Ruhms* in die Kinos kam, lag bei RKO schon ein weiterer Hepburn-Klassiker und Kassenhit bereit. Die Rede ist von *Little Women* (dt. *Vier Schwestern*).

Als Selznick George Cukor vorschlug, den Roman von Louisa May Alcott zu verfilmen, hatte dieser entsetzt abgelehnt. Doch bei erneuter Lektüre mußte Cukor erkennen, daß es sich keineswegs «nur um ein Buch handelt, das kleine Mädchen lesen. Der Roman enthielt alle Elemente, die für einen guten Film notwendig sind.»

«Für mich stand fest, daß niemand außer Kate die Rolle der Jo March spielen konnte», berichtete Cukor. «David hatte zwar das Projekt ins Leben gerufen, doch als die Realisation anstand, hatte er bereits angekündigt, er werde zu MGM überwechseln. Schließlich betraute man Merian C. Cooper mit der Produktion.»

Cooper, der Kate gelegentlich gesehen hatte, wie sie am Straßenrand vor dem Studio saß und ihre Fanpost las, war zunächst skeptisch, ob sie für die «Rolle eines einfachen Mädchens» geeignet war. Dank Cukors Überredungskunst willigte er schließlich doch ein, ihr die Rolle zu geben.

«Die Rolle der Jo ist wohl die autobiographischste, die ich je gespielt habe», erinnerte sich Kate. «Bei der Vorbereitung hatte ich vor allem meine Großmutter mütterlicherseits vor Augen. Ich kannte sie zwar nicht persönlich, doch durch die Erzählungen von Mutter war sie mir sehr vertraut.»

Little Women gehörte zu Kates Lieblings-Kinder-Lektüre, aber auch Victor Heerman und seine Frau Sarah Y. Mason, die mit dem

Drehbuch beauftragt worden waren, gehörten zu der Alcott-Fan-Gemeinde. Zu diesem Zeitpunkt existierten bereits zwei Skripte, die die Heermans beide als «lausig» betrachteten. «Also beschlossen Sarah und ich, mit Cukor und dem Einverständnis der RKO, ein völlig neues Skript zu schreiben, wobei wir uns sklavisch an die Vorlage hielten», erinnerte sich Heerman. Vier Wochen später, völlig erschöpft und ausgebrannt, lieferten die Heermans ihren Entwurf im Sekretariat der RKO ab, wo er erneut ins reine geschrieben werden sollte.

Auch Cukor war von der Arbeit der Heermans begeistert, allerdings bestand er auf einer Änderung: Jos Roman sollte nicht, wie im Buch, ein Erfolg werden. «Zunächst erschien uns die Idee absurd, doch je länger wir darüber nachdachten, desto genialer wurde Georges Anweisung.»

Während das Drehbuch entstand, unterstützte Kate Walter Plunkett bei der Auswahl passender Kostüme. Eines Tages brachte sie ein Gemälde ihrer Großmutter mit ins Studio und schlug ihm vor, deren Kleid als Vorlage für ein Kleid von Jo zu verwenden. Plunkett griff den Vorschlag auf.

Die Vorbereitungszeit war für Kate mit eine «der glücklichsten und entspanntesten Phasen» ihres Lebens. Unter anderem war Laura Harding wieder nach Beverly Hills gekommen. Irritiert über Kates Affäre mit Leland, war sie nach New York zurückgereist, offiziell, um ihre Familie in New Jersey zu besuchen. Gegenüber Kate aber gestand Laura offen, daß sie sich zum einen überflüssig fühlte, zum andern derartige Beziehungen nicht akzeptieren konnte. In langen Telefonaten wurde die entstandene Meinungsverschiedenheit aus der Welt geschafft, und schließlich erklärte sich Laura bereit, zurückzukommen.

Die Außenaufnahmen fanden auf dem Studiogelände der Warner Brothers statt, wo das Haus der Marchs detailgetreu nachgebaut worden war. Das Gelände bildete aber auch den idealen Hintergrund für eine neue Tradition, die Kate einführte: in der Mittagspause veranstaltete sie riesige Picknicks, bei denen nicht nur ihre Partner, sondern auch die technische Crew mit Speisen versorgt wurden. Gewöhnlich bereiteten Laura oder Joanna die Picknickkörbe vor, die rechtzeitig ins Studio gefahren wurden. Als Kate aber auch noch auf die Einhaltung einer Teepause bestand, verfluchte Cukor sie und ihre «verdammte Country Club-Atmosphäre».

«Wie drehten die Szene, in der ich zusammen mit Professor Bhaer in die Oper gehe. Ich kam nach Hause, im Film, und sage: ‹Oh, ich will nicht mehr Schriftstellerin, ich will Sängerin werden!› [Originalton Hepburn: ‹*Ohhhhhhhhhhh, Ih donh't whahnht to be ah hwritah. Ih whahnht to be ahn ohperah singhah!*›] Nun, ich kam in das Zimmer mit meinem exquisiten Kleid, das nach dem Vorbild meiner Großmutter gemacht worden war, und wirbelte herum. Voll ... übervoll mit Energie, sank schließlich dramatisch auf den Boden und sagte meinen Satz. In diesem Moment ließen die Techniker an einem Seil einen Schinken herunter! Das war Georges Art von Humor. Es war schrecklich lustig. Eines Tages stehe ich in einem Stau auf dem Milford Turnpike, als ein Cop auf mich zukommt und sagt: ‹Wenn das nicht das kleine Mädchen ist, das uns immer diese Sandwiches verkauft hat.› – ‹Welche Art von Sandwiches?› frage ich, und er antwortet: ‹Schinken!› Ist das nicht göttlich?»

Doch die anfängliche Harmonie verflog bald, als Cukor durch einen Zufall herausfand, daß Joan Bennett schwanger war. Um die Sache zu komplizieren, erfuhr das Team eines Nachmittags auf dem Gelände der Warners, daß die Tontechniker in einen Streik getreten waren. Die Dreharbeiten wurden für drei Wochen niedergelegt. In dieser Zeit schritt Joans Schwangerschaft derart fort, daß Plunkett bei Wiederaufnahme der Arbeit ständig ihre Kostüme ändern mußte. Cukor verbarg ihren Zustand, indem er sie nur noch «von der Hüfte aufwärts filmte».

Die technischen Schwierigkeiten entnervten Cukor. «Eines Tages ohrfeigte ich Kate», gestand George. «Sie mußte schnell die Treppe hinaufrennen, wobei sie Eiscreme in der Hand zu halten hatte. Da wir über kein Ersatzkostüm mehr verfügten, ermahnte ich sie, vorsichtig zu sein und nicht das Keid mit dem Eis zu ruinieren. Und genau das passierte. Kate lachte und lachte. Ich aber verlor die Beherrschung, nannte sie einen Amateur und schlug schließlich zu. Sie blickte mich ernst an. ‹Du kannst denken, was du willst!› sagte sie. Natürlich tat mir meine Reaktion leid, zumal sie ein wirklicher Profi war und ist, aber auf der anderen Seite glaube ich, daß dieser Vorfall unsere Freundschaft gefestigt hat.»

Anders als in *Ihr großes Erlebnis* merkt man Kates Spiel in *Vier Schwestern* die Anspannung während der Dreharbeiten nicht an. Ihre Darstellung der Jo ist geprägt durch ihren ungebändigten Individualismus. Bereits der Rohfassung war anzumerken, daß es sich um einen Klassiker handelte. Um das Publikum auf die Premiere im November 1933 vorzubereiten, startete die RKO schon zwei Monate zuvor eine Werbekampagne, die verkündete: *«Again she waves her Magic spell!»* Und: «20 Millionen lasen das Buch... 50 Millionen werden den Film lieben!» Zeitungsinserate versprachen: «Der strahlende Star von *Morgenrot des Ruhms* wird als Heldin eines der beliebtesten Bücher erneut Ihr Herz erobern. Kommen Sie und sehen Sie, wie Kate Hepburn Jo March verkörpert!»

In das «Loblied des Studios» stimmten auch bald die Kritiker ein. Mordaunt Hall prophezeite in der *New York Times*: «Miss Hepburn steigt durch die Darstellung der Jo erneut eine Stufe auf der Erfolgsleiter höher.» Thornton Delehanty bezeichnete ihr Spiel als *«Famous»* und *Time* schlug vor, Kate an die Spitze der Beliebtheitsskala für Schauspielerinnen zu setzen.

Im Zeitalter der allgemeinen Depression war die heile, überschaubare, berechenbare Welt der Familie March genau das, was das Publikum sehen wollte. In den Jahren zuvor waren die großen Studios unter Beschuß gekommen, da in den Filmen in zunehmendem Maße Sex und Gewalt gezeigt worden war. *Vier Schwestern* dagegen war auch für Kinder geeignet, und so war niemand erstaunt, daß er zum Weihnachtsfilmhit 1933 wurde. Dem Studio brachte er 800000 Dollar ein und wurde lediglich von Coopers *King Kong* (Einspielergebnis: 1761000 Dollar) übertroffen.

Kate war nun endgültig als Filmstar etabliert.

5

Selznick versuchte natürlich, Kate zu überreden, ihm zu MGM zu folgen. Neben einer höheren Gage versprach er ihr auch die weibliche Hauptrolle in den geplanten Produktionen von *The Gorgeous Hussy* und *Marie Antoinette*, die später mit Joan Crawford und Norma Shearer besetzt wurden. Kate aber, die Davids leere Versprechung bezüglich ihrer Vertragsverlängerung noch nicht vergessen hatte, lehnte ab.

Neben zwei Filmbiographien (*The Tudor Wench*, Nell Gwyns Werk über Elizabeth I., Edith Whartons *Age of Innocence*, das auf dem Leben von Sarah Bernhardt beruhte), bot RKO Kate die Hauptrolle in *Without Love*, *Anne of Green Gables* und *Trigger* an. Kate dagegen hatte sich in den Kopf gesetzt, die Rolle der Mildred in W. Somerset Maughams Romanverfilmung *Of Human Bondage* zu spielen. «Obwohl sie wußte, daß Selznick und RKO dafür schon Bette Davis verpflichtet hatten, lehnte sie stur jedes andere Angebot ab, in der Hoffnung, sie würde doch noch ihren Kopf durchsetzen können», erinnerte sich Berman. Als offensichtlich wurde, daß dies nicht der Fall sein würde, reiste Kate Hals über Kopf nach Hartford.

Zu ihrer Überraschung wartete dort Jed Harris auf sie und bot ihr an, in seiner neuesten Theaterproduktion, *The Lake* von Dorothy Massingham und Murray MacDonald, die Heldin zu spielen.

Kates erster Kontakt mit Harris ging auf die Zeit der Entstehung von *Morgenrot des Ruhms* zurück. Damals bot er ihr eine kleine Rolle in dem Homosexuellendrama *The Green Bay Tree* von Mordaunt Shairp an. Um sie zu ködern, behauptete er, für die Hauptrolle habe er bereits Laurence Olivier verpflichtet. Kate, schon damals ein Olivier-Anhänger, faszinierte der Gedanke. Leland aber fand heraus, daß keine von Harris' Behauptungen der Wahrheit entsprach. Da ihm ein großer Starname fehlte, versuchte er Kate zu einem niedrigen Preis zu engagieren. Bis zu diesem Zeitpunkt hatte er nie Kontakt mit Olivier aufgenommen, an den er sich erst nach Kates Absage wandte.

Entgegen seines Schwurs, «dieser Schlampe» nie wieder eine

Rolle anzubieten, kam Harris auf Kate zurück, da er instinktiv wußte, daß allein ihre Popularität die Produktion in die Gewinnzone steuern konnte.

Das Stück war zwar in England ein großer Erfolg, doch Noël Coward warnte Harris davor, es nach Amerika zu bringen, da die Thematik «zu britisch» sei. «Die Amerikaner mögen es nicht, wenn ihre Heldin unter der Fuchtel ihrer Mutter steht, unentschlossen und keine tapfere Rebellin ist.»

Harris aber ließ sich nicht beirren. Sie telefonierten miteinander, und Kate schlug ihm vor, er solle sie in West Hartford besuchen und das Stück mitbringen. Sie werde es lesen und prüfen. Bereits am nächsten Tag reiste Jed zusammen mit Edward Chodorov an und suchte Kate auf. Mit glühender Begeisterung schilderte er ihr die Rolle, sprach von dem zu erwartenden Erfolg und streute am Rand ein, dadurch könne sie denen, die behaupteten, sie habe ihre Bühnenausstrahlung verloren, das Gegenteil beweisen. Geschickt aber verschwieg er ihr, daß er für die angeblich «abgesicherten Produktionskosten» seinen ganzen Besitz verpfänden mußte, da er selbst vor dem finanziellen Ruin stand.

Blindlings schluckte Kate den Köder, man habe Zweifel an ihrem Bühnencharisma. Sie wollte das Gegenteil beweisen. Das Stück gefiel ihr, und Harris verstand es in diesen Besprechungen, ihren Enthusiasmus zu steigern. «Ich war von ihm fasziniert, aber von sexuellem Interesse kann nicht die Rede sein», rechtfertigte sich Kate, darauf angesprochen, ob Harris' und Chodorovs Behauptungen wahr seien, sie habe sich in Jed verliebt. Eine Behauptung, die die beiden in den siebziger und achtziger Jahren geschickt in Interviews einstreuten und die von einigen Biographen dankbar aufgegriffen wurden.

Obwohl Leland und Laura erhebliche Bedenken äußerten, unterzeichnete Kate sofort einen Vertrag.

Wieder in Hollywood bestand die RKO darauf, daß Kate vor ihrem Theaterengagement mindestens einen Film für das Studio machen sollte. Um das kleinste Übel zu wählen, entschied sie sich für *Trigger* von Lula Vollmer, der schon bald in *Spitfire* umbenannt wurde. Die Dreharbeiten fanden in San Jacinto Mountains statt, in der Nähe der mexikanischen Grenze.

«Warum Kate eine Rolle wählte, die für sie völlig ungewohnt und ungeeignet war, verstehe ich heute noch nicht», erklärte Regisseur John Cromwell.

Ihr Filmpartner Ralph Bellamy erinnerte sich, daß alle Beteiligten während der vierwöchigen Dreharbeiten Zweifel hatten, ob der Film «ankommen würde. Allein Kate war von so großem Selbstbewußtsein erfüllt, daß sie die Warnzeichen nicht erkannte und an einen weiteren Erfolg glaubte.»

Der Drehplan war ursprünglich so konzipiert, daß *Spitfire* bis zum 15. November 1933, 17 Uhr, abgedreht sein sollte, so daß Kate mit dem Nachtflug rechtzeitig zum Probenbeginn an der Westküste sein konnte. Am Nachmittag des 15. November waren aber zwei Szenen noch nicht fertiggestellt. Kate weigerte sich zunächst, ihre Buchung rückgängig zu machen, doch als Berman ihr vorrechnete, sie schulde dem Studio noch «fünf Stunden und 45 Minuten Arbeitszeit», erklärte sie sich zähneknirschend bereit, den Flug abzusagen.

Ob es Absicht oder Zufall war, kann heute niemand mehr sagen. Jedenfalls war nach Beendigung der «Restzeit» erst eine Szene im Kasten. Berman stand kurz vor einem Nervenzusammenbruch und flehte Kate an, ihre Abreise um einen weiteren Tag zu verschieben.

«Ich denke nicht daran!» rief sie triumphierend aus. «Du bestehst darauf, daß sich andere Menschen an die Bedingungen halten, die du ihnen verklausuliert in die Verträge setzst. Jetzt ist es Zeit, daß du selbst einmal erfährst, wie das ist.»

«Ich sah sie lange an und wußte, daß sie wild entschlossen war, es mir zu zeigen. Sie hat dann dieses halbverrückte Flackern in ihren Augen, das die höchste Alarmstufe signalisiert. Die einzige Möglichkeit, ihr in solchen Momenten beizukommen, war finanzieller Art.»

Kate hatte für vier Wochen Drehzeit bereits eine Gage von 50000 Dollar kassiert. Doch als Berman sie nun fragte, was diese eine Szene, die in der Endfassung 4,8 Minuten dauern sollte, ihn kosten würde, erwiderte Kate lächelnd: «10000 Dollar.»

«Ich wollte Ihnen zeigen, daß, wenn ich einen Termin setze, sich auch das Studio daran zu halten hat. Zeit bedeutet mir nämlich sehr viel.»

Um einen Sieg reicher – die Summe stiftete Kate dem Community Found – reiste Kate am Abend des 16. November ab. Als sie hörte, daß am Flughafen in New York eine riesige Fan-Gemeinde auf sie wartete, bestieg sie in Cleveland den Zug nach New York. Die Welt war für sie in Ordnung.

Zu diesem Zeitpunkt ahnte Kate noch nicht, daß Harris ernstlich den Gedanken erwog, sie durch Margaret Sullavan zu ersetzen. Und das hatte sie Leland Hayward zu verdanken.

Im Mai 1933 nahm Leland auf Anraten eines Freundes die «romantisch-unschuldige» Südstaatenschönheit aus Virginia in seine Agentur auf. In der Zeit, in der Kate zu Hause und in San Jacinto Mountains war, kümmerte sich Leland eingehend um seine neue Klientin, mit dem Erfolg, daß sie ihn unter ihre Fittiche nahm. Als eine Schlagzeile verkündete: «Bow – Gaynor – Dietrich – Garbo – Hepburn, nun ist es Margaret Sullavan», reagierte auch Jed Harris in New York, der sich einbildete «ältere Rechte» bei der Schauspielerin zu haben, die sich selbst gern als *femme fatale* sah.

Harris' Liebesaffäre mit Margaret hatte vier Monate nach deren Heirat mit Henry Fonda begonnen. «Oft stand ich vor unserem Haus, aus dem ich ausquartiert worden war, und sah, wie in unserem Schlafzimmer das Licht ausging», erinnerte sich Fonda verbittert. «Ich konnte es mir zwar nicht vorstellen, aber auf der anderen Seite wußte ich, daß Sullavan sich immer dann von diesem Hurensohn Harris ficken ließ.»

Harris' Plan sah nun vor, Kate derart schlecht zu behandeln, daß sie die Rolle niederlegen würde. So sparte er eine Ersatzgage ein und konnte außerdem Sullavan wieder an sich binden. Als er erfuhr, daß Hayward und Sullavan zur Erholung bei deren Eltern in Virginia weilten, reiste Harris ihnen nach. Er versuchte, Margaret mit dem Versprechen zu ködern, sie werde die Hauptrolle in *The Lake* erhalten, sofern sie Leland fallenließe und zu ihm zurückkehre. Sullavan versprach, Leland aufzugeben, sobald offiziell bekannt sei, daß Katharine Hepburn aus der Produktion ausscheide.

Bereits am Morgen nach ihrer Ankunft meldete sich Kate zu den Proben. Im ganzen blieben ihr noch drei Wochen vor der Premiere, doch sie war fest davon überzeugt, daß sie es in dieser Zeit schaffen würde.

«Zunächst war ich fasziniert, doch kaum hatten die Proben begonnen, da merkte ich, daß ich für diese Rolle die Falsche war. Nicht nur, daß ich zu jung war, auch war mir das Temperament der Heldin fremd, ihre Ansichten und Gefühle, aber auch ihr Äußeres und ihr Make-up. Normalerweise muß man mit einer Rolle verschmelzen, doch ich hatte immer das Gefühl, als zöge ich einen Mantel an, unter dem ich aber völlig nackt war. Weniger hilfreich erwies sich zudem Harris' Verhalten mir gegenüber, das mich völlig verwirrte.» Aber Kate beschloß durchzuhalten, da sie inzwischen erfahren hatte, daß vom Erfolg des Stücks Harris' Existenz abhing. Unter keinem Umstand wollte sie die Rolle niederlegen.

Kates Partner, unter ihnen Colin Clive, Frances Starr und Blanche Bates, teilten nicht Harris' Ansicht, sie würde sich auf der Bühne nur als affektierter Star präsentieren. Clive: «Wenn Kate nach rechts schaute, mochte er es nicht; und wenn sie nach links schaute, fand er es noch schrecklicher.»

«Anfangs war Kate unsicher, aber das ist jeder, wenn die Proben beginnen», berichtete Miss Bates. «Verschlimmert wurde die Sache durch Harris' unmögliches Verhalten. An Kates Stelle hätte ich es wie Ina Claire gemacht: als ihr Jeds Art zuviel wurde, verpaßte sie ihm einen Kinnhaken, trat ihm zwischen die Beine, und als er sich vor Schmerzen auf dem Boden wand, versetzte sie ihm einen Tritt mit ihrem Stöckelschuh in den Magen. Das war die einzige Sprache, die er verstand.»

Offiziell brüskiert durch ein Liebesgeständnis seitens Kate, legte Jed nach drei Tagen die Regie nieder. In Wahrheit aber reiste er zur Sullavan, um sie erneut zur Rückkehr zu bewegen.

Als Ersatz für Harris sprang Worthington Miner ein, der Kates Zustand als «völlig demoralisiert» bezeichnete. «Ihre Nerven waren durch Harris derart strapaziert worden, daß sie bei der kleinsten Sache hilflos zu weinen begann.»

Doch im Verlauf der weiteren Proben gelang es Miner, Kate wieder Zuversicht zu geben. Als Harris in Washington D.C., wo die letzte Probewoche stattfinden sollte, wieder dazustieß, bemerkte er mit Schrecken die positive Entwicklung unter Miner, die seinen Plan durchkreuzen würde. Von einer Minute auf die andere feuerte er Miner und übernahm wieder selbst die Regie. Als erstes erklärte er, die Kostüme für Kate seien ungeeignet und befahl ihr, sich nach neuen umzusehen. Seine nächste Attacke richtete sich gegen Laura Harding:

«Kate hatte mich gebeten vorbeizukommen und mir das Stück anzusehen», erinnerte sich Laura. «Hinterher wollte sie mich um meine Meinung fragen. Ich saß also während der Proben im Theater, als Jed plötzlich unterbrach und etwas zu Kate flüsterte. Wütend rannte sie von der Bühne. Ich dachte: ‹Sie reden über dich. Aber weshalb? Was tu ich schon groß? Ich sitze doch nur einfach hier?› Doch da kam schon ein junger Mann und forderte mich auf zu gehen.»

Mit diesem Schachzug schien Harris sein Ziel erreicht zu haben. Als Laura Kate in ihrer Garderobe aufsuchte, war diese fest entschlossen, die Rolle niederzulegen. «Ich riet ihr davon ab, weil ich überzeugt war, daß Kate Überragendes geleistet hatte», fuhr Laura fort. Um Margaret Sullavan zurückzuholen, versprach Harris ihr, vom Gewinn von *The Lake* ausschließlich mit ihr ein besseres Stück zu produzieren. Sullavan ging auf diesen Vorschlag ein, wodurch die schizophrene Situation entstand, daß *The Lake* ein finanzieller Erfolg werden mußte und dies innerhalb einer extrem kurzen Laufzeit. Harris hoffte weiterhin, daß Kate sich aus ihrem Vertrag freikaufen würde.

Am 17. Dezember 1933 fand die Premiere in Washington im National Theatre statt. Kates ehemalige Mitschüler von Bryn Mawr ließen es sich nicht nehmen, den Abend in das gesellschaftliche Ereignis des Jahres 1933 zu verwandeln. Dutzende von Dinnerparties wurden ihr zu Ehren gegeben (wobei Kate an keiner teilnahm), und die Karten waren schon Wochen zuvor ausverkauft.

Die Kritiker reagierten freundlicher als erwartet auf Kates Leistung und bescheinigten ihr, daß allein ihrem Spiel der Erfolg des Abends zu verdanken war. Durch die positiven Besprechungen aufmerksam geworden, fragten verschiedene Theaterbesitzer aus Boston, Chicago, Iowa und Illinois bei Harris an, ob die Möglichkeit bestünde, das Stück auch dort vor der Broadway-Inszenierung aufzuführen. Da Jed wußte, daß der Reiz und die Möglichkeit, einen Hollywood-Star live zu sehen, gleichbedeutend mit ausverkauften Häusern war – und er das Geld dringend brauchte –, gefiel ihm der

Gedanke immer besser. Doch erneut durchkreuzte Kate seine Pläne. Auf Umwegen hatte sie den wahren Grund für Harris' Verhalten erfahren, und als er ihr nun vorschlug, er werde die Broadway-Premiere in ihrem Interesse verschieben, da ihr Spiel noch große Defizite aufweise, lehnte Kate eine Verlängerung der Probetournee ab. Eisern bestand sie darauf, in der nächsten Woche nach New York zu gehen. Sie wollte die Sache so schnell wie möglich hinter sich bringen.

So fand die erste Broadway-Vorstellung am 26. Dezember 1933 im Martin Beck Theatre statt.

«Premieren sind für mich ohnehin ein schreckliches Ereignis. Doch in diesem Stück, bei dem es vorne und hinten nicht stimmte, war ich wie versteinert. Ich glaube, ich war an diesem Abend wirklich schlecht – chaotisch – unakzeptabel.»

Wie schon in Baltimore äußerte sich Kates Panik darin, daß sie immer schneller sprach, bis sie schließlich ein Tempo erreichte, bei dem niemand mehr sie verstehen konnte. Aber auch der Klang ihrer Stimme nahm ein Timbre an, das seinen Zuhörern Schmerzen bereitete. «Sie benötigt mehr Übung», schrieb Brooks Atkinson in seiner Kritik, «vor allem für ihre Stimme.» Pauline Kael dagegen erklärte: «Miss Hepburn war bereits im ersten Akt völlig hysterisch», und *Time* schrieb, sie sei für die Rolle der Stella einfach «zu jung und zu schüchtern» gewesen.

«Als Frances [Robinson-Duff] hinter die Bühne kam, fragte ich sie offen: ‹Was hältst du davon?› – ‹Nun›, antwortete sie, ‹du bist nicht besonders gut. Du könntest es sein, aber du bist es nicht. Dir fehlt der Mittelpunkt in deinem Spiel.› So fragte ich: ‹Glaubst du, daß du mir helfen kannst?› Und sie sagte: ‹Ich will es versuchen.› Wir arbeiteten jeden Tag miteinander, und abends trat ich auf, und danach diskutierten wir über die Fehler. So wurde ich von Woche zu Woche besser, und zum Schluß war ich auch verdammt gut, doch da war es zu spät. Niemand wollte das Stück noch sehen.»

Die Kritiker hatten ihr Urteil gefällt. Allen voran Dorothy Parker, das gefürchtetste Schandmaul von New York: «Wieder einmal beherrscht Kate die Skala der Gefühle. Allerdings nur von A bis B.»

In New York hatte Kate aber auch mit privaten Schwierigkeiten zu kämpfen. Als in Hollywood die Bombe platzte, daß Margaret

Sullavan sich mit William Wyler verheiratet hatte, den sie erst seit wenigen Wochen kannte, kehrte Leland reumütig zu Kate zurück. Harris raste vor Wut. Kate verzieh Leland, verhielt sich ihm gegenüber jedoch überaus distanziert. Darüber waren wiederum Laura und «Luddy» wenig begeistert, denn «Luddy» erwog inzwischen, sich von Kate scheiden zu lassen. Das aber verwirrte Kate, zumal sie glaubte, daß nur sie diesen Schritt wagen würde.

Nachdem das Interesse des Publikums an *The Lake* erloschen war, versuchte Kate, Harris davon zu überzeugen, daß es besser sei, das Stück abzubrechen. Harris aber wollte mit dem Stück auf Tournee gehen, um so wenigstens seine Ausgaben decken zu können. Eine Klausel in Kates Vertrag sah vor, daß sie verpflichtet sei, nach New York auch an der anschließenden Tournee teilzunehmen. Verzweifelt flehte sie ihn an, auf ihren Ruf Rücksicht zu nehmen und sie von dieser Verpflichtung zu entbinden. Doch Harris erwiderte zynisch:

«Meine Liebe, das werde ich nicht tun. Das einzige, was mich noch interessiert, ist, wieviel Geld mir Ihre Anwesenheit einbringt.»

Entsetzt und angewidert fragte Kate ihn, was es sie kosten würde, aus dem Vertrag auszusteigen.

«Was haben Sie bisher mit meinem Stück verdient?»

«Bis jetzt exakt 15461 Dollar und 67 Cents!»

«Gut, das wird reichen.»

Kate schrieb einen Scheck über die Summe aus.

Nach 55 Broadway-Aufführungen fand am 10. Februar 1934 die letzte Vorstellung von *The Lake* statt. Kate war erleichtert.

Harris aber, der ihr zeit seines Lebens Vorwürfe machte, ließ sich keine Gelegenheit entgehen, Kate in Interviews zu diffamieren.

Kate buchte für sich und Suzanne Steele, eine befreundete Schauspielerin, eine Passage nach Europa – auf der *Paris*, die New York am 18. März verließ. Sie wollte sich erholen, sagte Kate, und nahm deshalb auch nicht an der Oscar-Verleihung am 16. März 1934 im *Ambassador Hotel* teil. Während alle damit gerechnet hatten, daß Kate für *Vier Schwestern* als beste Hauptdarstellerin nominiert werden würde, waren lediglich Cukor (Regie) und die Heermans (Drehbuch) für einen Oscar vorgesehen. *Vier Schwestern* war als

«Bester Film» nominiert worden. Kates Nominierung dagegen bezog sich überraschenderweise auf *Morgenrot des Ruhms*.

Als am Abend der Verleihung Will Rogers Kate als Gewinner des Oscars verlas, «waren die wenigsten über diese Entscheidung glücklich» (Frances Marion).

Hollywoods Klatschreporter verspritzten am nächsten Tag ihr Gift. Allen voran Louella Parsons, die sich darüber empörte, wie «undankbar Katy» doch war. «Sie schickte nicht einmal ein Telegramm, in dem sie ihre Abwesenheit bedauerte. Das Dankestelegramm schickte dann irgend jemand vom Studio, der den Schein zu wahren wußte.» Kate machte keinen Hehl daraus, daß ihr «derartige Wettkämpfe unter Schauspielern zuwider» waren. Ja, sie plante sogar, ein Telegramm zu schicken, daß sich die Academy ihren Preis «an den Hut stecken kann». «Leland las meinen Entwurf, nickte mit dem Kopf und steckte ihn ein. Danach ging er zur Post und schickte seine Fassung.»

Zusammen mit Suzanne traf Kate am 24. März 1934 in Le Havre ein. Neben einem längeren Erholungsurlaub an der Riviera plante sie eine Tour quer durch Frankreich. Anschließend wollte Kate die Auszeichnungen, die man ihr für ihre Leistung in *Vier Schwestern* bei den Filmfestspielen in Cannes und Venedig überreichen sollte, entgegennehmen. Den Entschluß hatte sie gefaßt, da sie diese Preise als «annehmbar» betrachtete.

Für Suzanne Steele als Reisebegleiterin entschied sich Kate, da diese perfekt Französisch sprach, ein Entschluß, der die Freundschaft mit Laura erneut belastete.

Das Wetter war während der Überfahrt ausgesprochen schlecht und Kate verbrachte die meiste Zeit in ihrer Kabine. Miss Steele dagegen vertrieb sich ihre Zeit in der Bar, wobei sie «gelegentlich standfeste Trinker unter den Tisch soff». Bald schon wies die Freundschaft Risse auf, und Kate bereute, die gemeinsame Reise geplant zu haben.

Zunächst verbrachten die beiden Frauen einige Tage in Paris, wechselten aber kaum ein Wort miteinander. Die Presse heftete sich hartnäckig an ihre Fersen, um dem Gerücht nachzugehen, Kate sei nach Frankreich gekommen, um sich schnell und unkompliziert von ihrem Mann scheiden zu lassen.

Während Kate Interviews verweigerte, zeigte sich Miss Steele derart redselig, daß die Associated Press sie als «Konzertsängerin, Reisegefährtin und offizielle Sprecherin von Katharine Hepburn» bezeichnete. «Nein, Kate denkt nicht daran, sich scheiden zu lassen», berichtete Suzanne. «Sie wird alles daran setzen, weiterhin verheiratet zu bleiben.»

Kate war über den Mißbrauch ihrer Freundschaft empört und reiste nach einem viertägigen Paris-Aufenthalt, wieder an Bord der *Paris*, zurück nach Amerika. Miss Steele aber setzte die Reise wie ursprünglich geplant fort, die sie durch weitere Interviews finanzierte.

An Bord des Schiffs waren neben Marlene Dietrich und deren Tochter Maria auch Ernest Hemingway. Als er von Kates Anwesenheit erfuhr, wollte er sie unbedingt kennenlernen. Zunächst lehnte Kate jede Einladung entschieden ab, doch als «Papa» nicht locker ließ, willigte sie ein. Hemingway wirkte auf Kate wie ein Wunder. Als die *Paris* am 17. April New York erreichte, war sie wie verwandelt. Sie gab den wartenden Reportern zusammen mit Hemingway Interviews und bestellte sogar Champagner für die Presse.

Artig erklärte sie nun, sie habe sich sehr über den Oscar gefreut, Greta Garbo sei ihre Lieblingsschauspielerin und als nächsten Film werde sie wahrscheinlich *Joan of Arc* machen. Erst als die Rede auf ihre Ehe mit «Luddy» kam, verstummte sie.

Hemingway kündigte an, er werde in Key West sich ganz der Arbeit widmen, um einen längeren Aufenthalt in Afrika finanzieren zu können. Kate, zeit ihres Lebens an finanzielle Unabhängigkeit gewohnt, war darüber so erstaunt, daß sie Hemingway das benötigte Geld als Geschenk anbot, damit er zusammen mit seiner Frau Pauline sofort nach Afrika aufbrechen konnte. Ernest war zwar von «soviel Großzügigkeit» beeindruckt, lehnte das Angebot aber ab. Hemingways Faszination ging so weit, daß er eine Zeitlang erwog, einen Roman über eine unabhängige Frau nach dem Vorbild Kates zu schreiben.

In der nächsten Woche hielt sich Kate vorwiegend in ihrem Haus am Turtle Bay auf. Sie plante bereits ihren nächsten Schachzug. Die Ankündigung von «Luddy» hatte sie verschreckt. Um aber nicht selbst das Opfer zu sein, wollte sie ihm zuvorkommen. Gemeinsam mit Laura, mit der sie sich ausgesöhnt hatte, reiste Kate eine Woche nach ihrer Ankunft nach Miami und buchte dort eine Kreuzfahrt auf der *S.S. Morro Castle*. Am 24. April 1934 trugen sich die beiden Reisenden in das Gästebuch des *Itza Hotel* in Mérida, Yucatán, Mexiko, ein und buchten noch am gleichen Abend einen Flug nach Miami für den 30. April. Während ein Anwalt die Scheidungspapiere vorbereitete, die am 26. April dem Gericht von Mérida vorgelegt wurden, besuchten Kate und Laura zusammen mit Lady Edwina Mountbatten die Maya-Ruinen von Uxmal.

Vier Tage später fand die gerichtliche Anhörung statt, bei der Laura als Zeugin aussagte, daß die Ehe der Smiths «irreparabel» sei. Als Grund für den Antrag wurden «unüberwindbare Meinungsverschiedenheiten in wichtigen Lebensfragen, zu unterschiedliche Charaktere und Trennung über einen Zeitraum von 300 Tagen» angegeben. Kate lieferte eine so überzeugende Darstellung, daß der mitleidsvolle Richter sogar den Passus aufhob, der eine Wiederheirat innerhalb von 30 Tagen nach der Scheidung untersagte. Ein Augenzeuge berichtete später, Kate sei «jubelnd aus dem Gerichtssaal gestürmt, ihre neugewonnene Freiheit genießend».

Am Abend kehrten Laura und Kate über Miami nach New York zurück. Hätte Laura nicht «Luddy» vom Stand der Dinge unterrichtet, so hätte er, ähnlich wie seine Mutter und die Hepburns, von der Scheidung durch die Presse erfahren.

Zwei Tage später war die Bombe geplatzt. Reporter umlagerten Kates Haus.

Mit viel Glück gelang es einem Reporter, Kate zu interviewen. Eine kleine Katze war Kate durch die offene Küchentür entwischt. Da er ihr behilflich beim Einfangen des Tiers war, erklärte sie sich zu einem kurzen Gespräch bereit.

Doch als der Reporter sie fragte, ob es wahr sei, daß Hayward auf dem Weg nach New York wäre, um selbst die Scheidung einzureichen und Kate zu heiraten, erwiderte sie: «Ich werde niemals etwas über Mr. Smith oder Mr. Hayward zu sagen haben. Sie müssen verstehen, daß ich meine persönlichen Angelegenheiten nicht mit der Presse diskutieren möchte. Würde ich das tun, wären sie nicht mehr privat.»

Leland befand sich zwar auf dem Weg nach New York, doch Kate sehnte sich in diesem Augenblick nach «Luddy». Und als sie sich in Fenwick trafen, spekulierte die Presse über Versöhnung und Wiederheirat.

Zu diesem Zeitpunkt, da Kates Leben sich chaotisch gestaltete und sie unsicher über ihre Zukunft war, war «Luddy» ihr Vertrauter und Freund, der ihr die größten Ängste nahm und Mut machte. Die Verbundenheit und Zuneigung, die sie zeit ihres Lebens verbinden sollte, beschrieb Cukor einmal wie folgt: «Die beiden sind wie zwei Menschen, die zusammen einen schrecklichen Autounfall erlebt haben. Nichts wird sie voneinander trennen können, wenn sie auch unfähig sind, miteinander zu leben.»

Gestärkt durch «Luddys» Zuversicht und Zuspruch kehrte Kate am 12. Mai 1934 selbstsicherer denn je nach Hollywood zurück.

«Amüsant und freundlich plauderte sie mit jedermann. Auf dem Flug schien sie von lustigen Geschichten überzuströmen und erwog diverse Film- und Theaterpläne. Sobald aber die Sprache auf Heirat und Scheidung kam, kam ihr Wortschwall zu einem plötzlichen Ende», beschrieb Louella Parsons Kates Zustand.

Um die Rolle der Johanna in *Joan of Arc* zu bekommen, war Kate sogar zu einem Filmtest bereit gewesen. Jetzt, bei ihrer Rückkehr, teilte Berman ihr mit, sie habe die Rolle bekommen und man werde demnächst mit den Dreharbeiten beginnen. Während die Vorbereitung auf Hochtouren lief, faszinierte Kate der Gedanke, als Nachfolgeprojekt in *Morning Becomes Electra* mitzuwirken.

Auch Theresa Helburn von der Theatre Guild war in Hollywood eingetroffen. Sie versuchte, die Filmrechte an Eugene O'Neills Drama an ein Studio zu verkaufen. Doch die RKO, wie auch die meisten anderen, lehnten ab. Als Kate davon erfuhr, bat sie Mrs. Helburn um ein Treffen. «Sie war von dem Stück derart begeistert, daß sie sogar erwog, selbst die Filmrechte zu erwerben», erinnerte sich Theresa Helburn.

Unter allen Umständen wollte Kate die Elektra spielen, während sie für die Rolle der Klytemnestra Greta Garbo gewinnen wollte. Berman stand den Plänen skeptisch gegenüber, willigte aber ein, daß Kate in Verhandlungen mit MGM trat, bei denen die Garbo unter Vertrag stand. Sollte Metro-Goldwyn-Mayer an dem Stück interessiert sein, wollte das Studio Kate sogar ausleihen.

Mayer, der – so seine Tochter Irene – «Kate sehr bewunderte», versprach, sich das Stück anzusehen. Dies bedeutete, Kate Corbaley würde es lesen und für Mayer eine Kurzfassung anfertigen. Kate, Theresa Helburn, Mayer, Eddie Mannix, Bennie Thau und einige leitende Angestellte des Studios waren anwesend, als Kate Corbaley dieses Freudsche Drama von Vatermord und Suizid, von Inzest und Wahnsinn referierte. Im Raum herrschte Stille.

«Wir starrten alle L. B. an, der wie versteinert war. Schließlich erklärte er, der Film könne nur über seine Leiche gemacht werden. Seltsamerweise erwürgte Kate ihn nicht auf der Stelle», erinnerte sich Theresa. Thau nahm schließlich Kate beiseite und riet ihr, die Sache lieber zu vergessen. Doch während ihrer Zeit bei MGM versuchte sie es immer wieder, und Mayer lehnte immer wieder ab.

Kaum war die eine Enttäuschung überwunden, da wartete auf Kate bereits die nächste. Die Premiere von *Spitfire* und die ersten Verleihwochen gerieten zum Reinfall. Während sich Lob und Tadel der Kritik die Waage hielten, blieben die Zuschauer den Kinos fern. Trigger Hicks wich zu weit ab von den Erwartungen, die man an einen Hepburn-Film stellte.

Da RKO eine ähnliche Katastrophe mit *Joan of Arc* befürchtete, wurde der Drehbeginn auf einen unbestimmten Zeitpunkt verschoben.

Kates letzter Film unter dem alten Vertrag wurde ein Kostümfilm. Das Studio wollte auf Nummer Sicher gehen, und da lag noch James M. Barries *The Little Minister* in der Schublade. Kate hatte diesen Stoff wiederholt abgewiesen, als sie aber erfuhr, daß die Rolle dann an Margaret Sullavan gehen würde, beschied sie sich mit diesem Part.

«Plötzlich wurde es für mich zur wichtigsten Sache der Welt, daß ich diese Rolle bekam. Ich war damals etwas eigenwillig. Ich versuchte zu dieser Zeit mehrmals Rollen zu bekommen, die für jemand anderen wichtiger und notwendiger gewesen wären.»

Heute zählt Kate *The Little Minister* zu den Filmen, die sie bitter bereute. Sir James M. Barries Stück und Roman spielt um 1840 und handelt von Lady Babbie Rintoul, die als Zigeunerin verkleidet den Dorfbewohnern im Kampf gegen ihren Stiefvater Lord Rintoul (Frank Conroy) beisteht.

Bereits während der Planung drohte das Projekt hoffnungslos kitschig zu werden. Selbst Victor Heerman und seiner Frau gelang es nicht, die Vorlage in ein maßgeschneidertes Drehbuch für Kate zu verwandeln.

Problematisch erwies sich auch der Regiestil von Richard Wallace. Kate war die feste Hand eines Regisseurs gewohnt, mit dem sie über ihre Rolle und die Verwirklichung des Films sinnvoll diskutieren konnte. Jede Art von Kritik und Verbesserungsvorschläge rief aber bei Wallace Panik und völlige Unsicherheit hervor. So ließ er eine Szene siebenundfünfzigmal wiederholen, da er sich nicht im klaren darüber war, welchen Gesichtsausdruck Babbie an dieser Stelle haben sollte.

Doch damit nicht genug: Während der Dreharbeiten verstarb Kameramann Henry Gerrard an den Folgen einer verpfuschten Operation.

Der einzige, der heute noch positive Erinnerungen an *The Little Minister* hegt, ist Kates Filmpartner John Beal:

«Sie kam an meinen Tisch, und wir wurden einander vorgestellt. Kate musterte mich, und plötzlich sagte sie: ‹Sie sind zu groß. Er ist ein kleiner Geistlicher!› Sie hatte natürlich recht, und bei den Dreharbeiten mußten einige Tricks verwendet werden, bevor sie größer war als ich. Am deutlichsten aber ist mir noch unsere erste Liebesszene in Erinnerung. Ich starb beinahe vor Respekt und Bewunderung für sie. Also beschloß ich, mich nicht zu rühren, damit die Aufmerksamkeit der Zuschauer nicht von ihr abgelenkt werde. Kate aber war unzufrieden. Nach der dritten Wiederholung nahm sie mich beiseite. ‹Es besteht keine Veranlassung, daß du in meinen Schatten trittst. Handle selbständig, unterdrücke nicht die eigene Persönlichkeit und belebe die Leinwand durch dein Spiel!›»

Wie schon bei *Spitfire* wurde Kate auf den Plakaten von *The Little Minister* in Großbuchstaben als HEPBURN angekündigt, die die gleiche Größe wie der Filmtitel hatten. «Nur die größte Schauspielerin ihrer Zeit konnte der großartigsten Heldin aller Zeiten Leben einhauchen», verkündete die Reklame, und Kate wurde als «noch aufregender... noch beunruhigender... noch faszinierender denn je» annonciert.

Doch «das Weihnachtsgeschenk für die Welt» von RKO schien wieder eher die Kritiker als die Zuschauer anzusprechen. Eingefleischte Hepburn-Anhänger lobten den Kostümfilm in den Himmel. Kate verfüge über die Gabe – so wußte Richard Watts zu vermelden –, «Lavendel und alte Spitzen in etwas zu verwandeln, was dramatische Vitalität und Überzeugung besitzt». Anders urteilten jene Reporter, denen Kate «gewaltig auf die Nerven ging». So reklamierte Eileen Creelman, daß Kate keinerlei Anstrengungen unternommen habe, eine charmante, listige Barrie-Heldin zu werden.

Mit «Luddys» Beistand wollte Kate nun das Angebot von Arthur Hopkins annehmen und für die Theaterfassung von Jane Austens *Pride and Prejudice* in der Theatersaison 1934/35 an den Broadway zurückzukehren. Als diese Pläne scheiterten, wurde bekanntgegeben, Kate würde im Sommer sich der Truppe des Ivoryton Playhouse anschließen und als Judith Traherne in George Brewers Tragödie *Dark Victory* zu sehen sein. Während die Direktoren Julian Anhalt und Milton Steifel hofften, man könne das Stück mit Kate auch an den Broadway bringen, liebäugelte sie mit einer Verfilmung des Stoffs. Während der Proben zeigte sich jedoch, daß sie ihre Angst vor einer weiteren Theaterniederlage noch immer nicht überwunden hatte. Nervlich abgespannt brachte sie in den nächsten Wochen für ihren Partner Stanley Ridges wenig Verständnis auf, was dazu führte, daß Ridges freiwillig ausschied. Die Proben liefen weiter, doch einige Tage vor der Premiere legte auch Kate ihre Rolle nieder. (*Dark Victory* erlebte am Broadway nur 51 Vorstellungen. In der Verfilmung übernahm Bette Davis die Hauptrolle, an der Seite von Ronald Reagan und Humphrey Bogart, und wurde für den Oscar nominiert.)

In der Begleitung von Laura reiste Kate zurück nach Hollywood und machte sich erneut auf Häusersuche, da es angeblich in ihrem alten Haus spukte. «Murph und ich sahen einmal einen Mann in den Schuppen verschwinden. Doch als wir die Tür prüften, war sie verschlossen, und niemand war weit und breit zu sehen. Zunächst hielten wir es für Einbildung, doch als sich merkwürdige Ereignisse wiederholten und auch Bob bei einem Besuch meinte, das Haus habe eine schlechte Aura, verkaufte ich es.»

In Beverly Hills flammte Kates Beziehung mit Leland erneut auf. Da beide frei und ungebunden waren, hörten manche Klatschkolumnisten schon die Hochzeitsglocken läuten. Diesem Gerücht lieferte Kate zusätzliche Nahrung, als sie in New York David Selznick und seiner Frau Irene Mayer Selznick erklärte, sie und Leland würden «innerhalb eines Monats verheiratet sein und ihnen nach Paris folgen». Wieder machte die Presse Jagd auf Kate und Hayward, die sich allerdings nach West Hartford abgesetzt hatten. Welche Intention dieser Abstecher gehabt haben mag, ist nicht klar. Fest steht lediglich, daß Hayward von Kates Familie derart überwältigt war, daß er schon bald unverheiratet nach Hollywood zurückkehrte.

Dort trat er sofort in Verhandlungen mit RKO, mit dem Ergebnis, daß das Studio Kate bei Vertragsverlängerung um sechs Filme die astronomische Gage von 300000 Dollar zusicherte. Sie erfüllte ihre vertraglichen Verpflichtungen innerhalb von zwei Jahren – und verfügte damit über ein höheres Jahreseinkommen als Präsident Roosevelt.

Als erster Film unter dem neuen Vertrag sollte *The Music Man* von Lester Cohen verfilmt werden. Die Regie wollte Cukor führen und als Partner von Kate hatte man John Barrymore verpflichten können. Doch aus terminlichen Gründen waren beide zum Drehbeginn unabkömmlich.

Cukor: «Kate war schrecklich enttäuscht. Da ich wußte, daß sie unbedingt noch einmal mit Barrymore zusammenarbeiten wollte, rief ich sie an, als Zanuck mir anbot, Emlyn Williams' Stück *Light of Heart* zu verfilmen. Kate bereitete gerade *The Philadelphia Story* vor, während John in einem schrecklichen Stück, *My Dear Children*, auf Tournee war. Nun, Kate erklärte Zanuck, daß allein John die Rolle des Stars, der zum Trinker wird, spielen könne. ‹Sollte es notwendig sein, fliege ich sogar zurück und mache mit ihm einen Test.› Unglücklicherweise wurde das Projekt nie realisiert.»

Als Ersatz für Barrymore sprang der tschechische Schauspieler Francis Lederer ein; Philip Moeller übernahm die Regie. Für das Drehbuch waren erneut die Heermans verantwortlich. Der Film wurde umgetauft in *Break of Hearts* (öst. *Komödie um Liebe*).

Schon während der zweiwöchigen Proben hatte Lederer Schwierigkeiten: Er vergaß seinen Text, sprach zu langsam und bestand darauf, daß sein Gesicht nur von einer Seite gefilmt werden sollte. Als er sich am ersten Drehtag weigerte, durch eine Tür zu gehen, weil er dabei der Kamera seine «negative Gesichtsseite» zuwenden mußte, wurde es Moeller und seinem Assistenten Ed Killey zuviel: Sie sprachen mit J. P. MacDonald, der Lederer fristlos feuerte und innerhalb einer Stunde als Ersatz Charles Boyer verpflichtete.

Obwohl Kate und Charles Boyer sich gut verstanden und auch der Regisseur Philip Moeller sein bestes gab, war der Film nicht zu retten. In *Komödie um Liebe* trifft der erfolgreiche und berühmte Dirigent Franz Roberti (Boyer) auf die junge und unbekannte Komponistin Constance Dane (Kate), in die er sich verliebt. Sie heiraten. Doch das junge Glück droht zu zerbrechen, als Constance ihren Gatten beim Seitensprung erwischt. Sie will sich von ihm trennen. Robertis Karriere gerät ins Wanken und er sucht Trost und Vergessen im Alkohol. Doch Constance bewahrt ihn vor dem völligen Ruin: Gemeinsam planen sie einen Neubeginn.

Obwohl der Film technisch perfekt war und auch Max Steiners heute klassische Musik das Ganze erträglich machte, es war doch wieder eine Seifenoper, in der die «vielfältigen Hepburn-Eigenheiten... überreichlich vorhanden» waren, wie Alvin H. Marill mit liebevoller Boshaftigkeit anmerkt, «... besonders dieses Ballen und Öffnen der Fäuste, um Scheu anzudeuten. Und sie macht viele Anspielungen auf ihr rotes Haar und ihre Sommersprossen. Schließlich und endlich gibt es auch noch dieses jetzt schon zur Gewohnheit gewordene zitternde Kinn und tapfere Lächeln, das dem Tränenfluß vorausgeht.»

Als *Komödie um Liebe* 1935 in die Kinos kam – die Premiere fand in der Radio City Music Hall statt –, scheiterte der Film ebenso wie zuvor *The Little Minister*. Diesmal verschlossen sich auch die Besprechungen nicht mehr der Tatsache, daß der Film ein Flop war. Und an die Adresse des Studios ging die Kritik, «in Zukunft die vielversprechende Miss Hepburn nicht in derartig lächerlichen Rollen zu vergeuden». Allein «Mae West und Micky-Maus» blieb es erspart, in einem Film nach einem ähnlichen Strickmuster mitzuwirken. Ansonsten findet sich ein thematisch identischer Film in jeder Filmographie eines Stars, meistens mit großem Erfolg. Nur bei Kate versagte es.

Bei RKO war man nun entschlossen, den Mißerfolg durch einige Kostümfilme wieder wettzumachen, festen Glaubens, dies sei Kates eigentliches Metier, in dem sie nicht scheitern könne.

Pandro S. Berman war da anderer Meinung und sorgte sich ernsthaft um Kate:

«Wir machten so viele Hepburn-Filme, ohne die richtige Formel für sie zu kennen. Kate war eben nicht ein Filmstar wie Crawford oder Shearer, bei denen allein der Name ausreichte, um die Kinos zu füllen – das ist heute der Fall. Sie allein konnte keinen Flop retten. Es war nötig, daß der Inhalt mit ihrem wirklichen Charakter korrespondierte, einen Teil von ihr widerspiegelte. Aus diesem Grund hätte sie zum Beispiel nie eine Karen Stone oder eine Blanche DuBois erfolgreich darstellen können.»

Indes war Kate zu diesem Zeitpunkt noch immer davon überzeugt, daß sie alles spielen konnte. So schlug sie dem Studio vor, Booth Tarkingtons *Seventeen* mit ihr zu verfilmen. Die Geschichte handelt von dem Baby-Vamp Lola Pratt, die nicht viel im Kopf hat und pubertierende Jugendliche in die Geheimnisse der Liebe einweiht. Berman erschrak, wenn er sich Kate als männermordende *femme fatale* vorstellte, und auch die Studioleitung zeigte sich wenig enthusiastisch über die Aussicht, Kate à la Mae West zu sehen. Statt dessen gab Berman ihr das Drehbuch von *Alice Adams* zu lesen, das ebenfalls auf einem Roman von Tarkington beruhte.

Alice Adams lebt in einer Kleinstadt. Da ihr Vater auf Drängen seiner Frau versucht, sich selbständig zu machen, ist das Geld knapp. Doch Alice versucht alles, um den Schein zu erwecken, sie und ihre Familie seien wohlhabend. Als sie auf einem Ball den jungen und reichen Arthur Russell (Fred MacMurray) kennenlernt, verliebt sie sich in ihn. Bei den nun folgenden Verabredungen, die nie bei Alice zu Hause stattfinden, lamentiert sie über die Probleme ihres Vaters bezüglich der Einstellung von Sekretärinnen, über die Schwierigkeiten, den «Reichtum zusammenzuhalten» und stellt unaufgefordert ihre Schauspiel- und Tanztalente unter Beweis. Russell ist reichlich verwirrt über Alices Verhalten, führt dies aber auf ihre feine Erziehung zurück. Als ein Treffen mit Alices Familie nicht mehr aufschiebbar ist, wird ein Dinner arrangiert, für das die Adams eigens ein Dienstmädchen engagieren. Doch an diesem Abend bricht das Lügengebäude in sich zusammen. Malena (Hattie McDaniel), das Mädchen, erweist sich als Katastrophe. Das ungenießbare Essen wird kaugummikauend von ihr serviert und mit bissigen Bemerkungen kommentiert. Im Kampf gegen ihr Häubchen scheitert sie ebenso wie in der Auseinandersetzung mit der Speisezimmertür. Mitten hinein platzt Alices Bruder (Frank Albertson) und gesteht seiner Familie, daß er Geld unterschlagen hat. Arthur verabschiedet sich, und Alice sucht verzweifelt nach Worten. «Ich glaube», beginnt sie schließlich die Unterhaltung, «ich glaube, ich werde Sie in meinem Leben nur noch fünf Minuten sehen.» Doch alles wendet sich zum Guten, und auch für Alice gibt es ein Happy-End.

Bei der Wahl des Regisseurs dachte Kate natürlich zunächst an Cukor, der aber wegen der Dreharbeiten an *David Copperfield* verhindert war. In Frage kamen aber William Wyler und George Stevens. Cukor riet Kate, sich für Wyler zu entscheiden, doch Kate hatte ihre Zweifel: zum einen war er der Mann von Margaret Sullavan, zum andern schien er wenig Humor zu besitzen.

«Kate und ich rätselten eine Stunde lang hin und her. Schließlich sagte ich zu ihr: ‹Wir lassen einfach eine Münze entscheiden. Kopf – Wyler; Zahl – Stevens.› Kate war einverstanden, ich warf die Münze, sie fiel auf meinen Schreibtisch und es war – Kopf. Ich schaute sie an. ‹Laß es uns noch einmal probieren›, meinte Kate. Also warf ich die Münze noch einmal, und diesmal war es Zahl. Aber in unserem Innersten hatten wir uns schon vorher für Stevens entschieden.»

«Für Katharine war die Zusammenarbeit mit mir alles andere als leicht», erinnerte sich Stevens. «Alice Adams war das genaue Gegenteil von der Frau, die Kate war. Sie war weder reich und verwöhnt noch besonders willensstark. Auch würde das Leben ihr niemals derart übel mitspielen wie Alice Adams – sie würde es schon nicht dazu kommen lassen. Nun, ich mußte ihr beibringen, daß ein Schauspieler sich an die Vorstellung des Autors zu halten hat und seine eigene Persönlichkeit notfalls sogar zurückstellen muß. Das war eine Lektion, die Kate nur schwer lernte. Auch hatte sie Probleme damit, meine Ansicht zu teilen, daß Verletzlichkeit auch eine starke Frau interessanter und anziehender machen kann.»

Stevens' unterschiedliche Auffassung von der Spielweise der Alice führte bereits am ersten Drehtag zu einer lebhaften Auseinandersetzung, die damit endete, daß Kate sich in ihrer Garderobe einschloß. Nach einigen Stunden kehrte sie an den Drehort zurück, doch bald schon begannen die Streitereien von neuem.

Eine der bewegendsten Szenen in *Alice Adams* zeigt sie nach einer Party. Weinend stürzt Alice in ihr Zimmer und schaut bekümmert zum Fenster hinaus. Diese Szene sollte zum Wendepunkt der Produktion werden.

Kate hatte beschlossen, sich weinend aufs Bett zu werfen, mit der Begründung: «Ich weine immer so, daß es niemand merkt.»

«Das ist die Art, wie Sie weinen, Miss Hepburn!» antwortete Stevens. «Alice Adams aber ist keine Schauspielerin. Sie würde sich in diesem Moment nichts Derartiges überlegen. Wir wollen, daß das Publikum sie sieht, wenn sie weint. Und jetzt kommen Sie bitte durch die Tür, gehen zum Fenster und weinen.»

Murrend spielte Kate die Szene, so wie Stevens es ihr befohlen hatte, doch als sie aus dem Fenster in die Kamera blickte, konnte man deutlich sehen, wie sie leise «S. O. B.» (*Son of a bitch*) sagte.

«Wer ist der Sohn einer Hündin?» fragte Stevens gereizt.

«Sie, Mr. Stevens, weil Sie mich zwingen, etwas Derartiges zu tun. Es ist unmenschlich, vor Millionen Menschen in Tränen ausbrechen zu müssen. Ich werde jetzt reinkommen und auf dem Bett weinen!»

«Das werden Sie nicht tun! Wen wollen Sie glücklich machen? Sich selbst oder das Publikum? Ich will verdammt sein, wenn ich Ihnen nachgebe. Ich habe Mitleid mit den tausend Alice Adams, die da draußen sind und die dererlei Schicksalsschläge tagtäglich erfahren. Wenn diese Frauen ins Kino gehen, sollen sie sich auf der Leinwand wiedererkennen und keinen reichen Hollywood-Star vorgeführt bekommen, der sich zu fein ist zu weinen. Nun, wir machen die Szene noch einmal, und ich erwarte, daß Sie sie wie abgesprochen spielen, andernfalls lege ich die Regie nieder.»

Wütend stampfte Kate mit dem Fuß auf. «Sie sind ein Drückeberger! Sollte ich jemals Respekt vor Ihnen gehabt haben, so können Sie das jetzt vergessen. Wenn Sie nicht Ihren Willen bekommen, geben Sie auf. Sie sind feige, weiter nichts!»

«Und Sie sind keine Schauspielerin, wenn Sie nicht fähig sind, die Szene so zu spielen, wie ich es Ihnen gesagt habe. Also gut, kommen Sie nun durch die Tür und stellen Sie sich ans Fenster. Die Geräusche können wir nachsynchronisieren, und die Tränen werde ich nachträglich einkopieren.»

Im Studio herrschte Stille.

«Kate kam ins Zimmer herein, vergaß die Tür zu schließen, bemerkte dies, drehte sich um, schloß die Tür, legte ihren Mantel aufs Bett und schaute zum Fenster hinaus. Sie sah aus, als sei ihr Herz gebrochen worden. Es tat richtig weh, ihr zusehen zu müssen – genau so, wie ich es gewollt hatte. Und dann weinte sie.»

Als die Szene im Kasten war, drehte sie sich zu Stevens und fragte: «Und wie war das nun, George?»

«Einfach perfekt, Kate, einfach perfekt.»

Daß Kate auf Stichwort weinen konnte, bewies sie in dem Film auch noch in einer anderen Szene: Nach dem mißlungenen Abendessen kommt Mr. Adams (Fred Stone) zu Alice ins Zimmer und sagt: «Dieser junge Mann heute abend war der netteste, den du jemals mit nach Hause gebracht hast.»

«Ich bat sie, wenigstens eine Träne herauszupressen, da ich wußte, daß es nichts Schwierigeres gab, als aufs Stichwort zu weinen. Ansonsten hätten wir eben Glyzerin verwendet.»

Doch genau bei «nach Hause» rollte Kate eine Träne über die Wange. Unglücklicherweise mußte die Szene wegen technischer Probleme mehrmals wiederholt werden, doch Kate gelang es immer wieder genau im richtigen Moment, eine Träne kullern zu lassen.

Während alle ihr Timing bewunderten, erklärte sie: «Fred Stone war so süß und tapsig wie ein Löwenbaby. Wenn ich mir vorstellte, daß all das Unglück ihn wirklich traf, war das Weinen kein Problem... ja, ich hätte fünfzigmal losheulen können.»

Kates Spiel in *Alice Adams* ist ergreifend, aber auch in bezug auf ihre Partner hatte man eine gute Wahl getroffen: Fred Stone und Ann Shoemaker sind als Eltern perfekt, und Grady Sutton ist

Katharine Hepburn – Standfoto 1932, RKO

Katharine Hepburn – Hollywood Glamour Style, 1936, RKO

Katharine Hepburn,
1936, RKO

Zeichnung für *Photoplay*, 1934

Ein weiteres Porträt, diesmal für *Frau und Film*, 1948

Oben: Eine der seltenen Porträtaufnahmen, bei der Kate sich nicht gegen einen Hauch von Sex-Appeal zur Wehr setzte, MOH Pictures Collection

Unten links: Kate als Terry Randall in *Stage Door* (dt. *Bühneneingang*), 1937, MOH Pictures Collection

Unten rechts: «Kate of Arrogance», 1937, MOH Pictures Collection

Oben links: *Sylvia Scarlett,* 1936, RKO

Oben rechts: Kate als dramatische Heroine – Porträt von 1934

Links: Kate als Linda Seton in *Holiday* (dt. *Die Schwester der Braut*), 1938, Columbia

Amory Houghton, Sr., Kates Urgroßvater mütterlicherseits

Sewell Hepburn, Kates Großvater

Dr. Thomas Norval Hepburn, 1905

Katharine «Kit» Houghton Hepburn, Kates Mutter, 1912 (1. v. r.)

Kate im Alter von zwei Jahren und ihr Bruder Tom

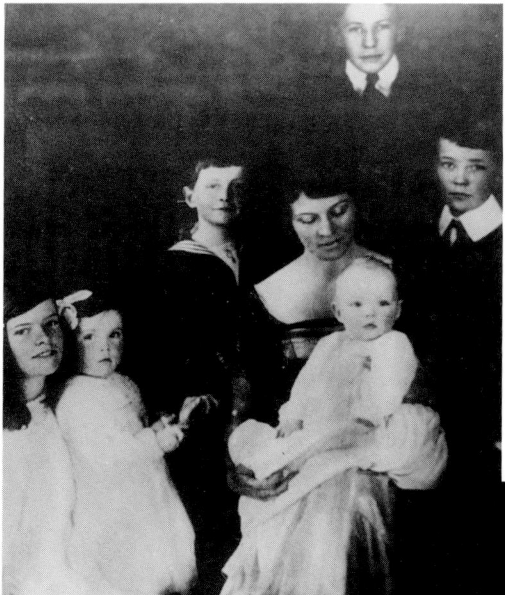

Kurze Zeit vor Toms Tod entstand dieses Hepburn-Familienfoto (v.l.n.r.): Kate, Marion, Robert, Tom, Richard sowie «Kit» mit Baby Peggy auf dem Schoß

Rechts: Kate alias «Jimmy», Fenwick, 1916.
Unten links: Kate, 1919.
Unten rechts: Kate, 1928

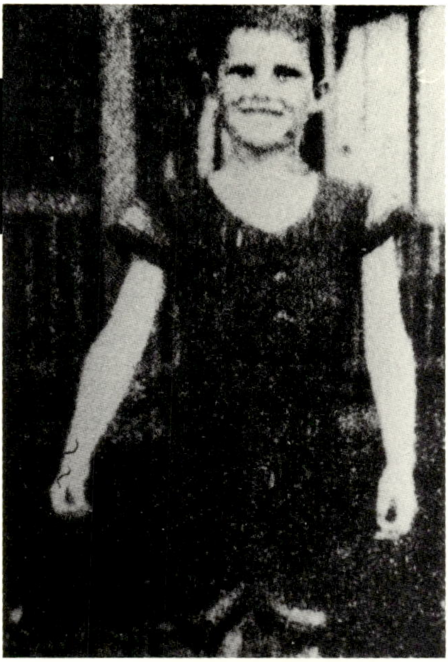

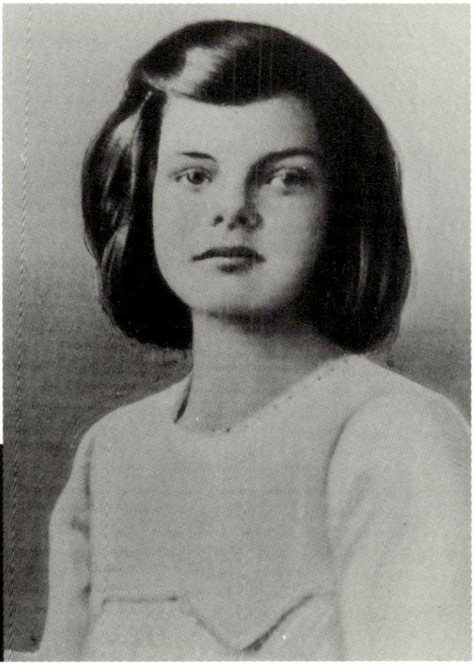

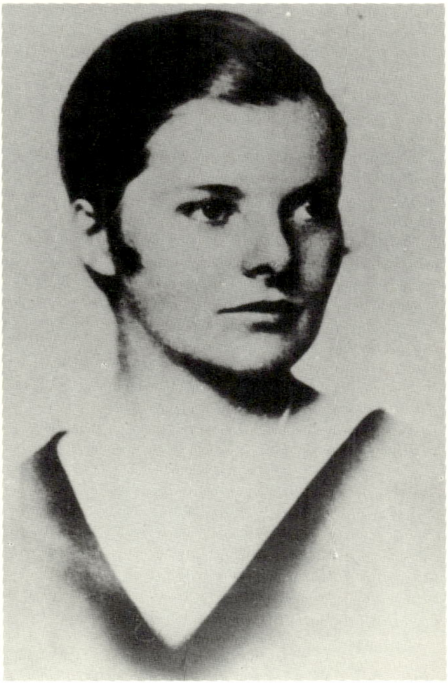

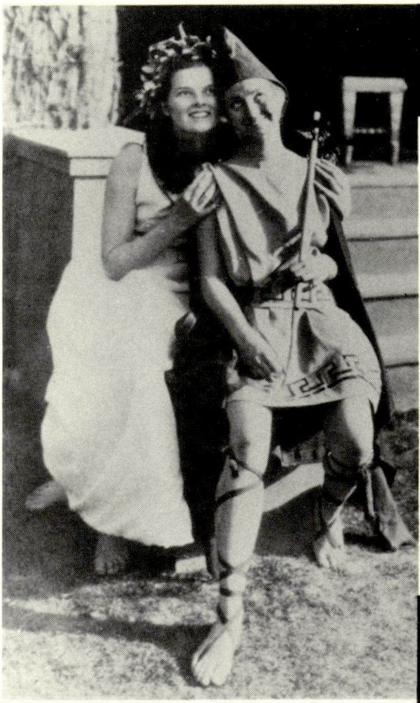

In der Bryan Mawr-Produktion
Woman in the Moone spielte
Kate die Pandora, 1928

Unten links: Kate als Antiope
in *The Warrior's Husband*, 1932.
Unten rechts: Kate und
Colin Keith-Johnston in
The Warrior's Husband, 1932

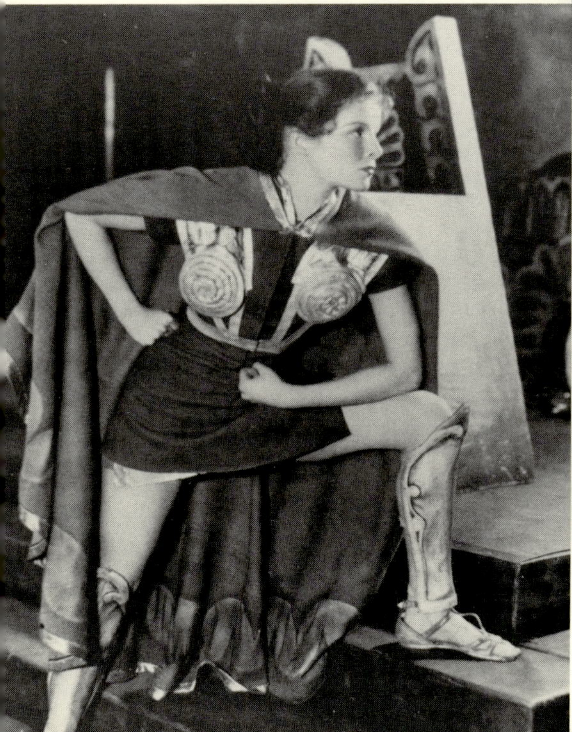

Joel McCrea und Kate am Strand von Malibu, 1932

Hepburnesque – Eine frühe Publicity-Aufnahme von Kate in Nerz und Jeans, 1932

Kate und Leland Hayward (dieses Foto wird oft fälschlicherweise als einziges existentes von Kate und «Luddy» für horrende Summen verkauft)

Kate und John Barrymore in *A Bill of Divorcement* (dt. *Eine Scheidung*), 1932, RKO

Kate und Mary Duncan in *Morning Glory* (dt. *Morgenrot des Ruhms*), 1933, RKO

Oben: Kate als Lady Cynthia Darrington in *Christopher Strong* (dt. *Ihr großes Erlebnis*), 1933, RKO

Rechts: Kate und ihr Äffchen Amos, 1933.

Unten: Frances Dee, Jean Parker, Kate und Joan Bennett in *LittleWomen* (dt. *Vier Schwestern*), 1933, RKO

Charles Boyer und Kate in *Break of Hearts* (öst. *Komödie um Liebe*), 1935, RKO

Regisseur Philip Moeller, Charles Boyer und Kate bei einer Szenenprobe von *Break of Hearts*, 1935, RKO

Fred MacMurray und Kate in *Alice Adams*, 1935, RKO

köstlich als Alices Tanzpartner. In der Dinnerszene stahl Hattie McDaniel schließlich durch ihr komödiantisches Talent allen die Show.

Als der Film 1935 in den Verleih kam, spielte er allein in der ersten Woche 90000 Dollar in der Radio City Music Hall ein, wo man Kate als «die größte Schauspielerin Amerikas» angekündigt hatte. Kate hielt nichts von derlei «unsinniger Etikettierung»; die Mitglieder der Academy jedoch um so mehr: Sie nominierten Kate zum zweitenmal für den Oscar. Im Gegensatz zu den allgemeinen Erwartungen war auch diesmal Greta Garbo und ihr neuester Film *Anna Karenina* bei der Nominierung übergangen worden. Bitter enttäuscht über den Faux pas schwor Kate sich, ebenfalls fern zu bleiben.

«Vielleicht hatte niemand für Greta Garbo gestimmt, da man wußte, daß sie ihren Preis nicht persönlich abholen oder an dem Bankett teilnehmen würde», vermutete *Hollywood Citizen News*.

Louella Parsons dagegen warnte in ihrer Kolumne Kate davor, ihre «Drohung» wahrzumachen, da die Academy sonst ähnlich mit ihr verfahren müßte wie mit der Garbo. Die Hepburn scherte sich keinen Deut um die Prophezeiungen Louellas. Dennoch ist es nicht von der Hand zu weisen, daß sie recht behalten sollte: Die nächste Nominierung von Kate war 1940, doch es sollten noch weitere 27 Jahre vergehen, bevor sie, obwohl mehrfach vorgeschlagen, wieder einen Oscar verliehen bekam.

Um sich von dem anstrengenden Jahr zu erholen, reiste Kate im Dezember 1934 nach Hause. In ihrer Begleitung befand sich Leland, der sich nicht besonders wohl fühlte. Die Presse vermutete «Prostatakrebs», und da es nicht besonders viel zu berichten gab, hefteten Reporter sich den beiden an die Fersen, von denen man annahm, daß sie längst heimlich geheiratet hatten. Hayward trug sich sofort nach der Ankunft in das Hartford Krankenhaus ein, wo er von einem Kollegen Dr. Hepburns untersucht wurde. Die Sensationspresse dagegen verkündete indes, er würde sich von seinem Schwiegervater in spe operieren lassen, was der Angelegenheit eine «pikante Note» zu verleihen schien.

In den ersten Tagen gelang es Kate, sich vor den Fotografen zu verbergen. Einige versteckten sich aber hinter der Garage des Hauses, um Schnappschüsse von Kate zu bekommen. Als sie zusammen mit ihrer Mutter nach Hause kam, wurden sie von einem Blitzlichtgewitter überrascht. «Rasend vor Wut» schnappte sich Kate die erstbeste Kamera und zerschmetterte sie. Während sie im Haus nach einer Schrotflinte suchte, setzte sich «Kit» Hepburn mit einem «alten Drahtkorb» zur Wehr. Schließlich gelang es ihr, die Reporter in die Flucht zu schlagen.

Als ihr Verhalten gegenüber der Presse gerügt wurde, verteidigte sich Kate: «Mir ist es egal, was für Folgen diese Auseinandersetzungen haben. Ich denke, das Eindringen in das Privatleben eines Menschen ist falsch und verdorben, und ich kämpfe dagegen aus Protest. Ich fühle mich besser, wenn ich es tue, und es wird für mich in Zukunft das Wichtigste sein!»

Leland hatte sich schon bald erholt und kehrte nach Kalifornien zurück. Kate blieb noch einige Tage.

Bei ihrer Rückkehr erfuhr sie, daß Laura Hollywood verlassen und beschlossen hatte, bei ihrer Familie zu bleiben.

«Mir wurde 1935 bewußt, daß meine Anwesenheit in Hollywood völlig überflüssig war; für mich, für Kate, für die Filmindustrie. Da ich keinerlei Absichten hatte, ebenfalls in das Filmgeschäft einzusteigen, Kate als Star etabliert war und mich das bedeutungslose, sterile Leben in Südkalifornien anödete, entschloß ich mich zu diesem Schritt. Natürlich fiel mir die Trennung von Kate zunächst schwer, schließlich lagen drei Jahre inniger Freundschaft hinter uns. Aber auf der anderen Seite kam ich aus einem ganz anderen sozialen Milieu als die meisten Hollywood-Menschen und Kate. Meine Familie waren Geschäftsleute, die ihr Geld mit Eisenbahn und Reisen (American Express) machten. Meine Freunde stammten aus dem alten Ost-Küsten-Geldadel. Außerdem war ich nie ganz einverstanden gewesen mit Kates unkonventionellem Lebensstil. Ich bewunderte sie und bewundere sie auch heute noch, aber damals sah ich ein, daß ich nicht länger der Mittelpunkt in ihrem Leben sein durfte. Ich reiste nach Europa, fand neue Freunde und kehrte in mein gesellschaftliches Umfeld zurück. Unglücklich war ich über diesen Schritt nie: Ich war endlich wieder zu Hause.»

Zur Überraschung von Kate erklärte ihr Berman, sie könne den Regisseur und die Vorlage für ihren nächsten Film selbst bestimmen. Kate wußte, daß George Cukor seit Jahren versuchte, ein Studio zu finden, das ihm die Verfilmung von *The Early Life and Adventures of Sylvia Scarlett* finanzieren würde.

Das Buch von Compton Mackenzie, das 1918 erschienen war, erzählt die Geschichte der jungen Sylvia, die kurze Zeit nach dem Tod ihrer Mutter mit ihrem betrügerischen Vater (Edmund Gwenn) aus Frankreich nach England fliehen muß. Um alle Spuren zu verwischen, verwandelt sich Sylvia in Sylvester. Auf der Überfahrt lernen sie den jungen Cockney Jimmy Monkley kennen, dem sie sich schon bald anschließen. Nach einer Betrugsnummer in London reisen die drei mit einer Varieté-Show durchs Land. Nach einer Vorstellung werden sie von dem Künstler Michael Fane (Brian Aherne) eingeladen, in den sich Sylvia verliebt. Doch als sie sich ihm zu erkennen gibt, ist er enttäuscht, da er größeres Interesse an Sylvester gehabt hatte. Aber auch ihre Stiefmutter (Bunny Beatty) zeigt Interesse an Sylvester und küßt ihn leidenschaftlich, was «ihn» auch nicht zu stören scheint...

«Als mir Kate und George das Drehbuch zu lesen gaben», erinnerte sich Berman, «war ich entsetzt. Es war einfach schrecklich, und ich ahnte, daß das Publikum einen derartigen Film ablehnen würde. Doch ich hatte Kate mein Wort gegeben und mußte es halten. Zwar versuchte ich, ihnen ihr Vorhaben auszureden, doch die beiden waren nicht mehr zu stoppen.»

Kate wünschte sich für die Rolle von Jimmy Monkley Cary Grant, und der Part von Fane sollte mit einem jungen, attraktiven australischen Schauspieler besetzt werden, den Berman vor kurzem kennengelernt hatte. «Kate mochte ihn nicht besonders, wahrscheinlich, weil er beim ersten Gespräch sofort mit ihr zu flirten begonnen hatte; und George war skeptisch, wahrscheinlich, weil er keinen Erfolg bei ihm gehabt hatte. Nun, ich hatte ihn unter Vertrag, aber nur, wenn ich ihm eine Rolle verschaffen konnte. Als dies scheiterte, ließen wir ihn gehen. Statt dessen ging er zu Warner Brothers, drehte dort *Captain Blood*. Sein Name war Errol Flynn.»

Für das Drehbuch verpflichtete man den britischen Schriftsteller John Collier, besser bekannt für seinen Roman *His Monkey Wife*.

Gefragt, welche seine bevorzugtesten Partnerinnen gewesen seien, erklärte Cary Grant, nach Grace Kelly «Katharine Hepburn. Wegen ihrer Professionalität, wegen ihrer Courage und weil sie verrückt genug war, mir die Rolle in *Sylvia Scarlett* anzubieten... Zunächst hielt ich es für einen schlechten Scherz – denn in der Rolle des Jimmy ist viel autobiographisches von mir enthalten: Ich stamme aus England, war Cockney und tingelte mit einer Schauspieltruppe durchs Land. Und ich bin auch heute noch sicher, es war als Scherz gedacht... Nun, ich traf Kate und muß sagen, ich war alles andere als begeistert. Ich mag keine mageren Frauen. Doch dann fesselte mich ihre magnetische Anziehung. Sie ist die fesselndste Frau, die ich in meinem Leben kennengelernt habe. Man muß sie anschauen, man muß ihr zuhören, man kann ihr nicht entkommen. Aber es war nicht nur ihre Schönheit, es war vor allem ihr Stil. Sie ist unglaublich realistisch und durchschaut jeden Unsinn sofort. Sie kümmert sich nur um das, was wirklich wichtig ist.»

Die sechswöchigen Dreharbeiten, die im Juli 1935 begannen, fanden überwiegend am Strand von Malibu statt.

«Wir waren alle sehr, sehr jung», erinnerte sich Brian Aherne. «Kate fragte mich eines Tages: ‹Wie ist es, wenn man in England aufwächst?› – ‹Man darf sich sehen lassen, aber nicht gehört werden.› – ‹Oh, das war bei uns anders. Wir schrien alle zur gleichen Zeit und versuchten, den anderen zu übertönen. Mein Vater sagte immer: Wenn jemand eine Meinung hat, soll er sie sagen. Hatte man keine Meinung, war man seiner Ansicht nach dumm.›»

Kate scheute sich nicht davor, die akrobatischen Stunts selbst auszuführen. In einer Szene hing sie an einer Dachrinne. Plötzlich löste sich ihr Griff und Kate stürzte. In letzter Minute wurde sie von einem Mann aufgefangen. Ein anderes Mal sprang sie einfach ins Wasser. «Eigentlich sollte Cary in dieser Szene Natalie Paley retten, doch er weigerte sich. Während er und George am Strand diskutierten, bemerkte Kate, daß Natie wirklich langsam zu ertrinken drohte. Ohne zu überlegen gab sie dem Kameramann ein Zeichen, rannte ins Wasser und rettete die Ertrinkende. George und Cary, die sich noch immer stritten, hatten die Aktion überhaupt nicht bemerkt. Sie hätten aber hören müssen, was Natalie den beiden hinterher erzählte», erinnerte sich Brian Aherne.

Zu den Gästen, die die Dreharbeiten besuchten, gehörte auch Howard Hughes. Seine Freundschaft mit Cary ging auf seine Anfangszeit in Hollywood zurück, in der auch Hughes nach Tinseltown gekommen war. Da er wußte, daß Grant sich die kürzliche Scheidung von Virginia Cherill sehr zu Herzen nahm, schaute er vorbei, um nach seinem Freund zu sehen.

«Wir saßen gerade beim Essen», erzählte Grant. «Ich weiß nicht warum, aber George und Kate verhielten sich Howard gegenüber ausgesprochen kühl, abweisend und arrogant. Ja, Kate ging sogar soweit, seine Stimme, die etwas eigenartig war, perfekt-grausam zu imitieren, was er aber wegen seiner Schwerhörigkeit nicht mitzubekommen schien. Howard kam des öfteren bei den Dreharbeiten vorbei – ich glaube, er war von Kate sofort fasziniert –, doch sie gab ihm keine Chance, sich mit ihr zu unterhalten.»

Während das Filmteam fest davon überzeugt war, eine «überwältigende Komödie» geschaffen zu haben, kamen der Studioleitung Bedenken und Zweifel, ob die Geschichte ein kommerzieller Erfolg werden würde. Die Voraufführung fand in «San Pedro oder Gott weiß wo» statt. Trotz ihrer Aversion gegen derartige Abende hatte Kate zugesagt, an ihr teilzunehmen. Zuvor aber gingen sie und George Abendessen, wobei sie siegessicher auf den Erfolg des Films anstießen.

«Jetzt kann ich mich endlich zur Ruhe setzen und von den Zinsen leben», witzelte Cukor.

«Wäre es nicht absolut verrückt, wenn der Film ein Flop werden würde?» unkte Kate, hundertprozentig davon überzeugt, daß dies jenseits aller Möglichkeiten lag.

«Zusammen mit George und Natasha gingen wir ins Kino. Es war gut besucht. Ich weiß nicht mehr, was man für einen Film zuvor gezeigt hatte, aber das Publikum lachte kein einziges Mal. Es sollte eine unglaubliche Komödie sein, aber niemand lachte. Natasha lehnte sich zu mir herüber und sagte: ‹Was ist los, Kayete, sie lachen ja gar nicht?› Und ich sagte: ‹Natasha, ich glaube, sie finden den Film nicht lustig.› So saßen wir in absoluter Agonie da. Die Zuschauer verließen nach und nach das Kino, und ich befürchtete, sie würden mich lynchen, weil sie mich ja zuvor hereinkommen gesehen hatten. So stand auch ich schließlich auf, gefolgt von Pan Berman und Kahane. Auch George konnte es nicht länger ertragen und kam ebenfalls ins Foyer. ‹Es ist besser, wenn wir uns bei mir zu Hause treffen›, schlug er vor. Später, in Cukors Haus, tobte Berman. ‹Kein Mensch im Zuschauerraum hat diesen englischen Akzent verstanden. Wir müssen alles noch einmal nachsynchronisieren.›»

Schon auf der Hinfahrt hatten Cukor und Kate beschlossen, Berman anzubieten, kostenlos einen Film nach seiner Wahl zu machen, um so den finanziellen Verlust von *Sylvia Scarlett* aufzufangen. Doch als sie ihren Vorschlag Berman unterbreiteten, lehnte dieser entsetzt ab. «Ich schwöre bei Gott, niemals werde ich jemals wieder einen Film mit einem von euch machen!» Ein Schwur, der schon bald wieder gebrochen wurde.

In den nächsten Wochen überlegte RKO, wie der Film gerettet werden könnte. Als erstes sollte Jane Loring die allzu provozierenden Szenen umschneiden. Kate dagegen legte man nahe, sich in der nächsten Zeit gegenüber der Presse sehr zuvorkommend und kooperativ zu erweisen, da man jede positive Besprechung gebrauchen konnte, um die Katastrophe abzufangen. Widerwillig erklärte sich die Hepburn bereit, allerdings unter der Bedingung, daß sie keinerlei Fragen beantworten mußte, die ihre geschiedene Ehe oder die Beziehung mit Hayward betraf.

Doch alle Bemühungen konnten nicht verhindern, daß der Film nach seiner Premiere am 9. Januar 1936 ein Flop wurde.

«*Sylvia Scarlett* enthüllt die interessante Tatsache, daß Katharine Hepburn als Junge besser aussieht denn als Frau», schrieb *Time*, und auch Richard Watts Jr. assistierte: «Die dynamische Miss Hepburn ist der attraktivste Junge dieser Saison.»

Das Hauptaugenmerk der Besprechungen richtete sich auf Kates Androgynität. Ja, eine Kritikerin ging sogar so weit, Kate vorzuschlagen, in Zukunft nur noch als Mann aufzutreten. Das Publikum aber konnte weder etwas mit Kates Darstellung noch mit dem bizarren Inhalt anfangen.

«In unserem Innersten wußten George und ich, daß hinter dem Ganzen nicht viel steckte. Es war nur heiße Luft. Aber wir wollten die anderen nicht entmutigen. Zu der Zeit, als wir die Szene drehten, in der ich das Gedicht von Edna St. Vincent Millay rezitiere, dachte ich: ‹Irgend etwas läuft schief.› Ich verlor das Vertrauen in das Material und dachte: ‹Soll ich George fragen, ob es ihm ähnlich ergangen ist?› Doch das ließ ich dann besser sein, da ich wußte, daß das Studio auf unser Betreiben hin eine Million Dollar in das Projekt investiert hatte. In meiner Verzweiflung redete ich mir ein, daß schon alles gutgehen würde, und schließlich war ich davon auch wieder überzeugt.»

Ein Grund, warum der Film scheiterte, ist im starken Bruch des letzten Teils zu sehen. Während der Film im komödiantischen Ton verläuft, nimmt er nach dem Unfalltod von Scarletts Vater eine tragische Wende, mit der niemand im Zuschauerraum gerechnet hat.

Auf der anderen Seite eilte der Film seiner Zeit um Jahrzehnte voraus. Als Mitte der achtziger Jahre Androgynität – bedingt durch Showstars wie Grace Jones, Annie Lennox, Prince und David Bowie – und Bisexualität «in» waren, avancierte *Sylvia Scarlett* zum Kultfilm, der weltweit mit großem Erfolg in den Programmkinos gezeigt wurde.

Der einzige, dem der Film zur Zeit der Erstaufführung zu Ruhm und Erfolg verhalf, war Cary Grant. Er erlebte mit dieser Rolle seinen endgütligen Durchbruch und wurde schon bald zum «größten Szenendieb seit der Schlange im Garten Eden» (Albert Govoni) ernannt.

Da das Studio außer *Marie Bashkirtseff* nichts zu bieten hatte, beschloß Kate, nach New York zurückzukehren. Sie nutzte die Zeit, um sich Klarheit über ihre Gefühle für Leland zu verschaffen. Nachdem es in der Ehe zwischen Sullavan und Wyler zu kriseln begonnen hatte, wurde Leland in der Öffentlichkeit gelegentlich wieder in Begleitung der Sullavan angetroffen. Da Hayward sich nicht zwischen ihr und Margaret entscheiden konnte, entschied sich Kate: zwar blieben sie weiterhin befreundet, er blieb auch in den nächsten Jahren noch ihr Agent, aber ansonsten war Kate nicht länger an ihm interessiert. Statt dessen nahm Kate des öfteren Einladungen von Howard Hughes an.

«Howard hatte eine Vorliebe für Filmschauspielerinnen», erinnerte sich Noah Dietrich, ein enger Vertrauter von Hughes, kurz vor seinem Tod. «Jean Harlow, Ginger Rogers, Ida Lupino, Nancy

Carroll, Constance Bennett, mit allen erlebte er heftige, aber kurze Romanzen. Eines seiner längsten Verhältnisse bestand mit Katharine Hepburn. Währnd sich Howard sofort in sie verliebt hatte – und das war eigenartig, denn sie war nicht der Typ der sinnlichen Schönheit, den er liebte –, war es bei ihr erst Liebe auf den dritten Blick. Es gab viel Geben und Nehmen zwischen ihnen. Kate liebte wie er die Fliegerei und das Golfspiel. Auch war sie die einzige, die sich traute, ihm die Meinung zu sagen.»

Wieder in Hollywood, überraschte Berman sie entgegen seines Schwurs mit dem Angebot, Maria Stuart in *Mary of Scotland* (dt. *Maria von Schottland*) zu spielen. Obwohl dies bedeutete, daß sie in der Max Reinhardt-Inszenierung nicht die Viola in Shakespeares *Was ihr wollt* spielen konnte, nahm Kate die Rolle an.

Als Regisseur verlangte sie Cukor, doch Berman bestand darauf, daß sie sich diesmal seinem Wunsch beugte: man verpflichtete John Ford, der als der neue Griffith galt.

Sofort nach Vertragsunterzeichnung beauftragte Ford Dudley Nichols damit, ein Drehbuch nach Maxwell Andersons Stück zu schreiben, das 1933 und 1934 mit Helen Hayes und Fredric March ein Erfolgshit am Broadway gewesen war. «Nichols lieferte ein farbiges und bewegendes Drehbuch» (Ford), das allerdings Maria Stuart weicher zeichnete, als sie in Wirklichkeit gewesen war.

Kate vertiefte sich in die schottische Geschichte, angestachelt durch die Tatsache, daß sie ein Nachfahre von James Hepburn, Earl of Bothwell, war.

Offen war noch die Frage, wer die Königin Elizabeth spielen sollte. Zu den Anwärterinnen auf die Rolle gehörte auch Ginger Rogers, die endlich aus dem Schatten von Fred Astaire und ihrer gemeinsamen Musical-Erfolge treten wollte. Dank Kates Unterstützung erklärte sich das Studio zu einem Test bereit, doch während Berman das Vorhaben befürwortete, lehnte Ford es strikt ab. Statt dessen übertrug er die Rolle Florence Eldridge, der Frau von Fredric March, der im Film seine Bühnenrolle (Earl Bothwell) wiederholte.

Ford gelang es, im Studio eine entspannte Stimmung zu schaffen. Wenn er Kate auch zunächst «genauso hart wie Wayne behandelte», so verstanden sich die beiden doch glänzend.

«Ich erinnere mich gern an die gemeinsame Drehzeit. John und ich waren gute Freunde. Aber er war für die Verwirklichung des Films ebenso ungeeignet, wie ich für die Rolle der Stuart. Ehrlich gesagt habe ich von ihr keine allzu gute Meinung. In meinen Augen war sie ein absolutes Arschloch. Viel lieber hätte ich die Elizabeth gespielt: Sie war faszinierend, während ich die Stuart nicht ausstehen konnte und mir bei den Dreharbeiten manchmal die Geduld mit ihr fehlte. Ich bin sicher, Elizabeth handelte absolut richtig, als sie sie köpfen ließ. Maria ist ausgesprochen dumm. Sie mag einige Leute fesseln, aber zu diesen gehöre ich mit Sicherheit nicht. Und ich muß sagen, ich war auch in der Rolle ausgesprochen schlecht!»

Diese Ansicht vertraten auch die meisten Kritiker, die ihren «Tadel zwar in schöne Worte kleideten, aber nichts anderes meinten», gestand Kate.

Entgegen Bermans Bitte, Kate eine andere Rolle anzubieten, entschied die Leitung des Studios, daß Kate in der Verfilmung des Stücks *Quality Street* von Sir James M. Barrie und des Romans *Portrait of a Rebel* von Netta Syrett die Hauptrolle spielen sollte. Weshalb sie sich damit einverstanden erklärte, ist bis heute ungeklärt.

A Woman Rebels (dt. *Ein aufsässiges Mädchen*), wie die Verfilmung des Syrett-Werks schließlich heißen sollte, wurde innerhalb von 54 Tagen gedreht. Kate spielte Pamela Thistlewaite, die sich gegen die verlogene Moral des viktorianischen Zeitalters zur Wehr setzt. Ihr uneheliches Kind erzieht sie allein und verdient ihren Lebensunterhalt als Reporterin und Herausgeberin einer Frauenzeitung.

Der Rolle der emanzipierten Frauenrechtlerin folgte die einer unscheinbaren, altjüngferlichen Lehrerin. *Quality Street* erzählt die Geschichte von Phoebe Throssel (Kate), deren Geliebter (Franchot Tone) sich freiwillig zum Kampf gegen Napoleon meldet. Zehn lange Jahre vergehen, die Phoebe verbittern und zur alten Jungfer werden lassen. Als Valentine zurückkehrt, erkennt er seine Geliebte nicht wieder. Um ihn zurückzugewinnen verkleidet sich Phoebe und verwandelt sich in ihre fiktive Nichte Livy, die Valentine kokett den Kopf verdreht.

Mark Sandrich hatte bei *Ein aufsässiges Mädchen* Regie geführt. Nun forderte Kate für *Quality Street* erneut George Stevens.

Die Dreharbeiten von *Quality Street* begannen im Oktober 1936. «Ich merkte, wie ich plötzlich wieder zum Schüler wurde», erinnerte sich Stevens, «zu ihrem Schüler, und ich wußte nicht, wie ich mich dagegen wehren sollte. Zudem wurde sie zu prätentiös, eine Schwäche von Kate. Aber wie sollte ich das verhindern? Das prätentiöse Stück handelte von prätentiösen Menschen und wurde von prätentiösen Leuten verwirklicht.»

Während eines Besuchs bei George Cukor im November erfuhr Kate, daß Leland und Margaret Sullavan geheiratet hatten. In der Öffentlichkeit verbarg Kate ihre Enttäuschung über Lelands Entschluß – und sie schickte den beiden sogar ein Glückwunschtelegramm, das die Sullavan «sofort in kleine Fetzen riß».

Im Herbst 1936 stand Kate vor der wichtigen Entscheidung, was sie nun tun sollte. An ein neues Filmprojekt war im Augenblick nicht zu denken, da *Maria von Schottland* bei den Kritikern und den Zuschauern gleichermaßen durchgefallen war. Überdies schien es fraglich zu sein, ob der Film überhaupt die Produktionskosten von 800000 Dollar einspielen würde. Also erklärte Kate, sie würde sich nun wieder «ihrer größten Liebe widmen: der Bühne».

Vor einiger Zeit hatte sie das Angebot von Theresa Helburn und Lawrence Langner erreicht, in der Bühnenfassung von Charlotte Brontës Roman *Jane Eyre* die Hauptrolle zu spielen. Als Partner versprach man Kate Laurence Olivier und eine Gage von 1000 Dollar wöchentlich. Doch sie forderte 1500 Dollar. Die Theatre Guild bewilligte ihr diese Forderung. Auf die Frage, weshalb es ausgerechnet 500 Dollar mehr sein mußten, erklärte Kate: «Dies soll eine Lektion sein. Als ich anfing, verweigerte man mir eine Erhöhung von 30 auf 35 Dollar bei *A Month in the Country*. Wäre man damals fair zu mir gewesen, wäre ich es jetzt auch.»

Zur Überraschung von Langner verzichtete sie darauf, daß ihr Name über dem Titel auf den Plakaten erschien. «Das hat nichts mit Großzügigkeit oder Bescheidenheit zu tun», erklärte sie ihm. «Ich bin lediglich nicht so dumm, meinen Kopf für die Produktion hinzuhalten.»

Während man zur Freude Kates Worthington Miner als Regisseur verpflichtete, erwies es sich als äußerst problematisch, einen Schauspieler zu finden, der nach Oliviers Absage den Edward Rochester spielen wollte. Die einen fürchteten, Kate könne sie in den Schatten stellen, andere schreckten vor den Schilderungen ihres Wesens zurück, die meisten aber befürchteten, daß das Stück ein ähnlicher Mißerfolg werden würde wie *The Lake*. Schließlich übernahm der englische Schauspieler Dennis Hoey die Rolle.

Am 26. Dezember 1936 hatte *Jane Eyre* in New Haven Premiere. Weitere Stationen sollten Boston, Kansas City, Missouri, Cleveland, Chicago, Pittsburgh, Washington und – als letzte Station vor New York – Baltimore sein.

«Kate interpretierte die Rolle der Jane wirklich auf faszinierende Art. Intelligent, witzig und herausfordernd begegnet sie Rochester, nicht so unterwürfig und verschüchtert, wie das Joan Fontaine in der Filmfassung tat», erinnerte sich Miner. «Ja, ich bin sicher, Kate war die beste Eyre, die ich je auf der Bühne oder der Leinwand gesehen habe.»

Die Kritiker der verschiedenen Städte zeigten sich begeistert von Kates Spiel und lobten sie «über den grünen Klee. Wahrscheinlich hatte dies auch damit zu tun, daß man sich freute, endlich einmal einen Hollywood-Star live auf der Bühne sehen zu können», sagte Miner.

Howard Hughes hatte der Premiere beigewohnt. Und während er seinen Transkontinentalflug vorbereitete, bei dem er die Rekordflugzeit von 7 Stunden und 30 Minuten aufstellte, beauftragte er Noah Dietrich damit, dafür zu sorgen, daß an Kate «jeden Tag zwei Dutzend gelbe Rosen übersandt wurden». Er selbst schloß sich ihr erneut in Chicago an.

Am 21. Januar 1937 verkündete eine Schlagzeile, daß Hughes für sich und Kate eine Heiratserlaubnis eingeholt hätte. Diese Zeitungsente sorgte dafür, daß Tausende von Menschen sich um die Theater versammelten, um einen Blick auf Howard und Kate zu erhaschen.

Eines Tages tauchte der New Yorker Kritiker Brooks Atkinson im Theater auf und verkündete am nächsten Tag in seiner Kolumne: «Miss Hepburn gehört nicht zu den Schauspielerinnen, denen es gelingt, aus willkürlich zusammengewürfeltem Material ein sehenswertes Stück zu machen... Wenn das Stück vorbei ist, hat man nicht das Gefühl, daß irgend etwas Lebendiges passiert ist.»

Kate, aber auch die Guild waren über den Affront entsetzt. Es war ein ungeschriebenes Gesetz, daß kein New Yorker Kritiker über ein Stück urteilte, das sich noch auf Probetournee befand. Da Kate befürchtete, durch Atkinsons Bericht seien die Meinungen bereits beeinflußt worden, beschloß sie, die Broadway-Premiere fallenzulassen. «Das nächste Mal, wenn ich am Broadway spiele, möchte ich sicher sein können, daß ich nicht erneut geröstet werde», erklärte sie ihre Entscheidung der Theatre Guild. Aber sie war damit einverstanden, so lange aufzutreten, bis die Produktionskosten eingespielt waren.

Am 3. April 1937 fand schließlich die letzte Vorstellung statt. Fünf Tage zuvor war *Quality Street* in die Kinos gekommen. Wie schon bei *Ein aufsässiges Mädchen* zeigten sich die Kritiker von Kates Leistung äußerst enttäuscht. «Mich beginnt es langsam zu ermüden, Miss Hepburn in derartigen Rollen zu sehen, und ich sehe keinen Grund, warum es nicht auch dem Publikum ähnlich wie mir ergeht», schrieb Archer Winston. Frank Nugent dagegen meinte: «Ihre Phoebe Throssel braucht viel mehr einen Neurologen als einen Ehemann. Dieses Flattern und Zittern und Zucken, dieses Händeringen, dieses Beben des Mundes, das ständige Herumgerenne, dieses Hochziehen der Augenbrauen, dies alles hat man seit Zeiten nicht mehr auf der Leinwand geboten bekommen.»

Treffend beschrieb ein Nachsatz zu der Besprechung von *Quality Street* in *Variety* Kates berufliche Situation: «Vor drei kurzen Jahren erreichte Katharine Hepburn innerhalb kürzester Zeit den Höhepunkt einer Leinwandkarriere. Jetzt aber, bedingt durch die unglückliche Auswahl von drei Drehbüchern, hat der Kassenerfolg das kompetente Mädchen im Stich gelassen. Es gibt zur Zeit niemanden in der Filmindustrie, der einen Erfolgshit so dringend benötigt wie diese Schauspielerin.»

Quality Street zog einen Schlußstrich unter den ersten Abschnitt von Kates beruflicher Entwicklung.

Während Kate bisher leidgeprüfte, selbständige Frauen verkörpert hatte, sollte sie sich in den nächsten Jahren und Filmen von der «eiskalten Göttin» in eine «reale, liebenswerte Frau» verwandeln.

6

Nach Beendigung von *Jane Eyre* entschied sich Kate als erstes, das Haus in Turtle Bay, welches sie seit 1931 für monatlich 100 Dollar gemietet hatte, zu kaufen. Der Besitzer verlangte 40000 Dollar, doch Kate gelang es schließlich, den Kaufpreis auf 27000 Dollar herunterzuhandeln. («1987 bot mir sogar jemand zwei Millionen für das Haus.») Obwohl ihre letzten Filme durchgefallen waren, bot ihr RKO einen neuen Vertrag an, der ihr für vier Filme eine Gage von jeweils 75000 Dollar garantierte. Entgegen Lelands Rat nahm sie das Angebot dankbar an.

Wieder in Hollywood machte sich Kate sofort auf die Suche nach einer neuen Bleibe. Die Entscheidung, sich hier niemals ein Haus zu kaufen, begründete Kate damit, daß «ich nie vorhatte, Beverly Hills zu meinem Zuhause zu machen».

Diesmal entschied sie sich für ein großes altes Haus, das einst dem Stummfilmdirektor Fred Niblo gehört hatte.

Zwar hatte Kate gegenüber Pandro S. Berman ein schlechtes Gewissen, da sie wußte, daß er einer der wenigen war, die bei RKO noch an sie glaubten, dennoch lehnte sie seinen Vorschlag ab, die Titelrolle in *The Mad Miss Manton* zu spielen, da sie überzeugt davon war, sie könne keine Komödien spielen. Statt dessen bat Kate um die Rolle der Terry Randall in *Stage Door* (dt. *Bühneneingang*). Kate bemühte sich auch deshalb um diese Rolle, weil Margaret Sullavan, die die Rolle bereits auf der Bühne verkörpert hatte, über Leland «großes Interesse an dem Part» bei RKO anmeldete.

Während Kate auf Tournee war, arbeitete Morris Ryskind daran, sämtliche Bemerkungen zu eliminieren, die sich gegen Hollywood richteten. *Bühneneingang* wurde jedoch durch Ryskinds Änderungen deutlich verbessert.

Der Film erzählt die Geschichte der jungen Terry Randall (Kate), die sich in den Kopf gesetzt hat, ohne die Protektion ihres vermögenden Vaters Schauspielerin zu werden. Doch ihr Vater sorgt insgeheim dafür, daß sie in der neuesten Produktion von Anthony Powell (Menjou) die Hauptrolle bekommt – eine Rolle, die Kaye Hamilton (Andrea Leeds), die in derselben Pension wohnt, zunächst versprochen gewesen war. Terry ist eine miserable Schauspielerin, trotz der Schulung durch die ehemalige Theaterdiva Catherine Luther (Constance Collier). Erst als sie am Abend der Premiere erfährt, daß Kaye aus Verzweiflung Selbstmord beging, erreicht ihre Darstellung die nötige Tiefe und Terry verleiht ihrem Text neue Bedeutung.

Das Lichtspiel endete mit einer Ansprache von Terry an das Publikum. Kates Redetext umfaßte ursprünglich vier Seiten. Beherzt kürzte La Cava auf zehn Zeilen und überließ es Kate, etwas daraus zu machen.

Der Regisseur Gregory La Cava, berühmt für seine *screw ball*-Komödien, wie zum Beispiel *My Man Godfrey* (1936), berüchtigt für seinen Alkoholkonsum, hatte Kate bereits bei der Vorbereitung von *Three Came Unarmed* kennengelernt. Berman über La Cava: «Da er sich privat niemals Filme ansah, kannte er ihre letzten nicht und konnte völlig unbeeinflußt an die Dreharbeiten herangehen. Auch las er keine Fachzeitschriften und wußte so nicht, daß der Film für Kate ein Erfolg werden mußte. Als ich das erste Mal die Sache mit ihm diskutierte, fragte er mich: ‹Und wer soll diese Katharine Hepburn sein? Sollte ich sie kennen?› Das war natürlich ein Gag. Aber Kate staunte nicht schlecht, als er ihr erklärte, er kenne keinen ihrer Filme.»

La Cava vertrat die Ansicht, daß ein Drehbuch lediglich dazu da ist, von ihm ignoriert zu werden. So erklärte er dem Filmteam, das überwiegend aus Frauen bestand (neben Kate und Ginger Rogers waren Eve Arden, Lucille Ball, Constance Collier und Ann Miller verpflichtet worden): «Die Situation heute hat folgenden Inhalt… Redet und handelt so wie ihr das im wirklichen Leben tun würdet und denkt eventuell daran, was der Drehbuchautor geschrieben hat.»

Kate hielt zunächst nicht besonders viel von dem Gedanken zu improvisieren. Zu Hause bereitete sie die Szenen vor und diskutierte am nächsten Morgen vor Drehbeginn diese mit La Cava. Daß sein Konzept sich positiv auf sie auswirkte, bemerkte Kate schon nach der zweiten Drehwoche.

«Die Gefahr bestand, daß diese Komödie mit einem dramatischen Element zu einem Tränendrücker wurde. Doch geschickt verstand es La Cava, dies zu verhindern.»

Dank der Improvisation wurde auch Kates Ansprache ein Erfolg. La Cava schloß die Hauptakteure aus und filmte zunächst nur die Statisten. «Manche weinten, andere waren gerührt, aber ihre Gesichter gaben mir genau das, was ich mir vorgestellt hatte und was ich brauchen und haben wollte.» Danach entstanden die Aufnahmen von Ginger Rogers. «Und auch sie weinte. Ansonsten hatte ich das bei ihr nur erreicht, wenn ich ihr erzählte, ihr Haus sei abgebrannt.»

Ginger – so erzählt man – hatte Berman gebeten, ihm beweisen zu dürfen, daß sie auch ohne Fred Astaire einen Filmerfolg haben konnte. Berman war zunächst skeptisch, gab ihr aber schließlich eine Chance. Zu den Legenden Hollywoods gehören auch Berichte, die von temperamentvollen Auseinandersetzungen zwischen Kate und Ginger erzählen: So soll Kate einmal einen Eimer Wasser über Ginger und ihren neuen Nerz ausgeschüttet haben, wobei sie ihr zurief: «Keine Angst, Ginger, wenn er echt ist, schrumpft er nicht.»

«Nun, wir beide verstanden uns glänzend», berichtete Miss Rogers. «All die Geschichten über Kämpfe um Howard und so sind erfunden. Kate war mir ja bei *Maria von Schottland* behilflich gewesen, doch damals klappte es leider nicht. Hatte ich Probleme mit einer Szene, fragte ich sie um Rat. Im Scherz vereinbarten wir, ich würde ihr das Tanzen beibringen, sollte sie einmal Freds Partnerin werden.» (So aberwitzig es klingt, aber RKO plante, Kate in *The Story of Vernon and Irene Castle* an der Seite von Fred Astaire einzusetzen.)

Während der Dreharbeiten freundete Kate sich mit Constance Collier an, deren delikater, extravaganter Humor sie faszinierte. In den nächsten Jahren wurde Miss Collier Kates Vertraute und Lehrerin, nachdem Miss Robinson-Duff nicht länger unterrichtete. Ihr Wissen und ihre Bühnenerfahrung machte Kate sich zunutze.

Der Film war rechtzeitig zu Sommerbeginn beendet, und so konnte Kate nach Fenwick fahren und die Zeit mit ihren Eltern verbringen. Gelegentlich schaute Howard vorbei, mit dem sie sich des öfteren schon in Hollywood getroffen hatte. Es schien, daß sich zu dieser Zeit die Beziehung verfestigte.

Inzwischen war der Studioleitung die Erkenntnis gekommen, daß Kate «vielleicht über ein Flair von Komödie» verfügte, das man bisher nicht entdeckt hatte. So beschloß man, sie als nächstes in der Howard Hawks' Komödie *Bringing Up Baby* (dt. *Leoparden küßt man nicht*) einzusetzen.

Während diese klassische *screw ball comedy* entstand, kam im Oktober 1937 *Bühneneingang* heraus. «Es war wie ein Wunder. Der Film hatte 900 000 Dollar gekostet, sein Einspielergebnis belief sich auf 1 900 000 Dollar. Vor allem aber rettete er Kates Karriere», sagte Berman. In der Besprechung von *Life* war zu lesen, daß der Film ein «Meilenstein» in Kates und Gingers Karriere darstelle. «Er bewies, daß Miss Hepburn wirklich das ist, was ihre frühen Filme andeuteten, nämlich die größte Schauspielerin auf der Leinwand.»

La Cava über seinen Star: «Kate ist eine intelligente Schauspielerin. Sie muß vor allem das Warum verstehen, bevor sie es fühlen kann. Aber wenn ihr die Bedeutung klargeworden ist, dann kommt das Gefühl und großartige Arbeit.»

Heute ist *Bühneneingang* aber auch sehenswert wegen der vielen biographischen Anspielungen auf Kate: Der Film nimmt Bezug auf ihre frühen Theaterjahre, auch auf ihren Vater, Jed Harris, auf ihre ehemalige Lehrerin, und das Stück mit dem Titel *Enchanted April* ist eine Parodie auf *The Lake*.

Kurz nachdem im April 1937 eine amüsante Geschichte über eine Erbin, einen Leoparden und einen Paläontologen in *Collier's* veröffentlicht wurde, erwarb RKO die Filmrechte. Für Berman stand von Anfang an fest, daß niemand anderes als Kate die weibliche Hauptrolle spielen sollte. Doch mit der Hepburn unter Vertrag schien sich kein Schauspieler finden zu lassen, der den Wissenschaftler spielen wollte. Ray Milland sagte ebenso ab wie Fredric March, Robert Montgomery, Ronald Colman und Leslie Howard. Als Howard Hughes von Bermans Problem erfuhr, schlug er ihm vor, doch einmal bei Cary Grant anzufragen. Grant hatte vor kurzem seinen Vertrag nicht mehr verlängert und agierte nun als einer der ersten ‹unabhängigen Schauspieler›.

«Ich hatte Bedenken, einen Intellektuellen zu spielen», sagte Cary Grant. «Doch dann erklärte mir Howard, der Film würde nicht zustande kommen, falls sich nicht bald ein männlicher Hauptdarsteller finden würde. Ich sagte ab. Doch dann überlegte ich mir die Sache noch einmal: Wie Sie wissen hat mir Kate damals mit der Rolle des Jimmy Monkley zum Durchbruch verholfen. Also wollte ich mich revanchieren. Ich nahm die Rolle an.» Die Dreharbeiten begannen im September 1937. Fritz Feld, der einen Psychiater spielte, gerät rückblickend ins Schwärmen: «Howard Hawks kam oft ins Studio und sagte: ‹Heute ist so herrliches Wetter, laßt uns auf die Rennbahn gehen.› Kate, mit der ich eine herrliche Szene zu spielen hatte – erst analysiere ich sie und zum Schluß analysiert sie mich –, versorgte uns mit Tee und Picknickkörben. Es war eine wunderbare Zeit.»

Doch so schön es auf der Rennbahn auch gewesen sein mag, Kate hatte mit der Rolle zunächst große Probleme. «Sie wollte unbedingt lustig sein», erinnerte sich Hawks. «Und das versuchte sie, indem sie Grimassen schnitt und maßlos übertrieb. Ich zeigte schließlich Walter Catlett einige Aufnahmen und erkannte sofort das Problem. Als Kate ihn fragte, ob er ihr bei ihrer Rolle helfen würde, willigte er ein. Walter spielte in einer Szene ihre Rolle mit Cary Grant. Er verwendete zwar ihre Manierismen, war aber sehr ernst. Es war überwältigend. Und da fiel auch bei Kate der Groschen. Sie war so begeistert von Walter, daß sie mich bat, für ihn eine Rolle in das Drehbuch einzufügen. Also erfand ich für ihn den Polizeichef Slocum. Dank Walters Hilfe war Kate perfekt. Sie war ganz natürlich und sie selbst.»

In einem Interview verglich Hawks Kate mit Carole Lombard, der Königin der *screw ball comedy*. «Sie war wie Carole. Sie rannte zwar herum wie eine Verrückte, aber dennoch besaß sie Anmut und konnte Kleider tragen wie eine Lady. Die Rolle war wie für sie geschrieben. Kate war eine reiche Connecticut-Erbin, mußte zu jeder Sache ihre Meinung abgeben und mischte sich in alles ein. Und darin liegt das Geheimnis. Beide – Carole in *Twentieth Century* und Kate in *Leoparden küßt man nicht* – brachten ihre eigene Persönlichkeit ein und karikierten sie.»

Die Stimmung während der Dreharbeiten bezeichnete Kate als «ständiges Hoch». Sie war gutgelaunt, zumal Laura mit ihr nach Hollywood kommen wollte. Sie steckte voller Geschichten und schien überzusprudeln.

Als Kate eines Tages durch nichts mehr zu stoppen war, bat Hawks seinen Assistenten, dem Team zu sagen, sie sollten sich auf den Boden setzen und die Hepburn anstarren. Kate schaute erstaunt und fragte: «Auf was warten wir?»

«Darauf, daß der Papagei endlich ruhig ist», erwiderte Hawks.

Wütend befahl Kate ihn hinter die Kulisse: «Howard, ich will dich warnen. Tu so etwas nie wieder. Du weißt, ich habe hier mehr Freunde als du, und derartige Äußerungen könnten dir das Leben schwermachen.»

Hawks hörte ruhig zu und bemerkte einen Techniker, der über ihnen einen Scheinwerfer befestigte. Als Kate fertig war, rief er hinauf: «Eddie, wenn du die Wahl hättest, auf wen du den Scheinwerfer fallen lassen kannst, wen von uns beiden würdest du auswählen.»

«Treten Sie zur Seite, Mr. Hawks», dröhnte es von oben herunter.

«Die Arbeit mit Kate war einfach erstaunlich», erinnerte sich Cary Grant. «Sie hatte ihr Timing noch verbessert. Wie ein Computer kannte sie jedes kleinste Detail. Außerdem wagte sie es zum erstenmal zu improvisieren. Wir drehten gerade eine Szene, als Kate ungewollt ihren Absatz verlor. Ohne zu zögern baute sie es als Gag in die Szene mit ein.»

Ähnlich urteilte Hawks, als er einige Sonntage mit Kate Golf gespielt hatte. «Also ließ ich David und Susan das erste Mal auf einem Golfplatz zusammentreffen. Kate war eine wirklich talentierte Sportlerin. Ihr Körper war so athletisch wie der eines Boxers. Sie befand sich immer in perfekter Balance. Sie besaß diese wunderbare Fähigkeit zur Koordination, die ihr erlaubte, zu stoppen und eine schnelle Drehung zu machen, ohne daß sie die Balance verlor. Ich habe nie zuvor jemand kennengelernt, der soviel Timing, Rhythmus und Kontrolle besaß.»

Leoparden küßt man nicht erzählt die Geschichte des schüchternen Professors David Huxley (Grant), der kurz vor der Vollendung seines Brontosaurusskeletts und seiner Verlobung mit seiner Sekretärin steht. Die geordnete Welt des Gelehrten gerät ins Wanken, als Susan Vane (Kate), eine typische Connecticut-Schönheit, in sein Leben tritt. Zunächst stiehlt sie seinen Golfball, dann demoliert sie sein Auto, vereitelt ein wichtiges Treffen und stürzt ihn von einer Schwierigkeit in die andere. Zu guter Letzt überredet sie ihn, mit ihr auf einen Leoparden namens Baby aufzupassen, ein Geschenk ihres Bruders für die reiche Erbtante, von der das Museum noch eine Stiftung erhalten soll. Am Ende verliert David nicht nur seine Verlobte, die Schenkung und seine Würde, sondern auch noch den letzten Knochen, den er zur Vollendung seines Lebenswerks benötigt. Nachdem er und Susan aus Versehen einen weiteren Leoparden freigelassen haben, landet er auch noch im Gefängnis. Doch erst als sie auch noch sein Saurierskelett zum Einsturz bringt, ergibt er sich ihr. Obwohl er weiß, daß er «mit großer Wahrscheinlichkeit im Irrenhaus landet», wenn er sie heiratet.

In die letzte Drehwoche von *Leoparden küßt man nicht* platzte eine Veröffentlichung der Gesellschaft der unabhängigen Kinobesitzer hinein, die unter dem Vorsitz von Harry Brandt eine Auflistung der Stars publizierte, die sich in der Spielzeit 1936/37 als «Kassengift» erwiesen hatten: Neben Fred Astaire, Ray Francis, Marlene Dietrich, Joan Crawford und Greta Garbo befand sich auch Katharine Hepburn unter den genannten Stars.

«Sie sagten, ich sei eine *has-been*. Hätte ich nicht so lachen müssen, hätte ich losgeheult», sagte Kate.

Zu den beliebtesten zählten Spencer Tracy, Myrna Loy, Shirley Temple, Ginger Rogers, Clark Gable und Deanna Durbin.

Das Studio nahm sich die Angelegenheit zu Herzen und beschloß, den Verleih des Films *Leoparden küßt man nicht*, der bis zu diesem Zeitpunkt 1,2 Millionen Dollar an Produktionskosten verschlungen hatte, auf unbestimmte Zeit zu verschieben. Kate war verzweifelt, doch in letzter Minute sprang Howard Hughes ein, kaufte RKO die Rechte an dem Film ab und ließ ihn durch Loew im Februar 1938 in den Verleih bringen.

Heute ist der Film ein Klassiker der *screw ball comedy*. Bei seiner Erstaufführung verursachte er ein Defizit von 365 000 Dollar. Das

Publikum blieb aus und auch die Kritiker zeigten sich alles andere als begeistert.

Warum dieser Mißerfolg? Zum einen war in der Zeit nach der Depression niemand mehr an Komödien interessiert, zum andern entsprach die Darstellung der Mann/Frau-Beziehung nicht dem Geschmack und Selbstverständnis der Zeit. Während David eher schwach, verklemmt und unsicher durchs Leben geht, ist Susan selbstsicher, spontan und vital. Ein Frauenbild, das dem männlich-chauvinistischen Publikum der dreißiger Jahre Alpträume verursachte. Der bloße Gedanke, die eigene Frau könne sich in ein derartiges Wesen verwandeln, bereitete dem amerikanischen Mann Angstzustände.

Angstzustände verursachte auch der Studioleitung von RKO der Gedanke, Kate für weitere zwei Filme 150000 Dollar bezahlen zu müssen, ohne eine Garantie dafür zu haben, daß diese Lichtspiele erfolgreich werden würden. Mit gemischten Gefühlen schlug man Kate als nächstes Projekt die Verfilmung von Christopher Morleys Roman *Kitty Foyle* vor. Kate aber schien Geschmack an Komödien gefunden zu haben und wollte deshalb die Hauptrolle in *Vivacious Lady*. Doch dieser Film war bereits mit Ginger Rogers und James Stewart besetzt worden. In der Hoffnung, sie würde ihren Kopf doch noch durchsetzen, lehnte Kate auch die Hauptrolle in *Having a Wonderful Time* ab. Schließlich stellte das Studio die Hepburn vor ein Ultimatum: entweder sie würde eine Rolle in der Billig-Produktion *Mother Carey's Chickens* annehmen oder für sie würde es in Zukunft keine weiteren Projekte bei RKO geben.

Kate beriet sich mit ihrem Vater und kaufte sich für 220000 Dollar aus ihrem Vertrag frei. Entgegen der weitverbreiteten Ansicht, eben dies sei die Absicht des Studios gewesen, belegen Studio-Unterlagen, daß RKO von Kates Entschluß völlig überrascht wurde. Die Projekte, die man für Kate vorgesehen hatte, wurden später überwiegend mit Ginger Rogers verwirklicht.

Als L. B. Mayer erfuhr, daß Kate frei war, rief er Leland Hayward an und bot ihr die Hauptrolle in *Mannequin* mit Spencer Tracy als Partner an. Der Gedanke, mit Tracy zusammenzuarbeiten, reizte

Kate, indes erschien ihr die Gage von 10000 Dollar sehr dürftig. Freundlich lehnte sie das Angebot ab, mit der Begründung, der Drehbeginn sei für sie terminlich ungünstig gelegen.

Statt dessen übernahm sie eine Rolle in der zweiten Verfilmung von *Holiday* (dt. *Die Schwester der Braut*). Einer plötzlichen Eingebung folgend, hatte Kate Mitte der dreißiger Jahre die Filmrechte an dem Stück erworben, als sie erfuhr, daß RKO daran interessiert sei. Als Regisseur wollte sie Cukor, und gemeinsam heckten sie einen aberwitzigen Film aus: Cukor sollte mit Harry Cohn, dem Chef der Columbia, in Verbindung treten und ihm die Rechte für 100000 Dollar anbieten. An diesen Deal waren aber noch weitere Bedingungen geknüpft:

1. Cukor sollte Regie führen.
2. Cary Grant sollte die männliche Hauptrolle bekommen.
3. Kate würde die Linda Seton spielen.

Cohn war zunächst nicht besonders begeistert. Mit Cukor und Grant konnte er leben, aber die Rolle, die die Hepburn beanspruchte, hätte er gern mit Irene Dunne besetzt. Nach einer Unterredung mit Kate erklärte er sich schließlich einverstanden.

Die Schwester der Braut gilt heute als Meisterwerk der *sophisticated comedy*. Nach üblichem Liebesirren geben Katharine Hepburn und Cary Grant ein hübsches Paar ab. Doch zuvor verliebt sich Johnny Case (Grant) in die junge Julia Seton (Doris Nolan). Als Johnny ihr seine Lebensphilosophie erklärt, die darin besteht, daß er – so lange er jung ist – das Leben genießen möchte und ans Geldverdienen erst im Alter denkt, ist sie entsetzt und zieht sich von ihm zurück. Ihre Schwester Linda (Kate), die unter allen Umständen eine Heirat zwischen den beiden arrangieren möchte, muß erkennen, daß sie selbst sich in Johnny verliebt hat. Die Heirat findet dann doch statt, wenn er auch die Schwester der Braut zum Altar führt.

Sowohl die Theaterfassung, die kurze Zeit nach dem Zusammenbruch der Wall Street am Broadway ihre Premiere erlebte, als auch der Film wurden von vielen kaum als Komödie wahrgenommen, sondern als bitterböse Satire auf die Welt der Reichen und als Kritik an «der sinnlosen Anhäufung von Reichtümern» aufgefaßt.

Anläßlich der Abschlußfeier ließ Kate ihre Probeaufnahmen aus dem Archiv der RKO holen: «Ich zeigte die alten Aufnahmen unseren Gästen. Als ich mich sah, mußte ich schrecklich lachen. Ich lachte als erste, aber schon bald konnten sich auch George, Cary und die anderen nicht mehr beherrschen. Gott, war ich schlecht! Es war herzzerreißend, wenn man sah, wie sehr ich mich anstrengte, den Betrachter zu beeindrucken. Ich drehte mich um und fragte George: ‹Mein Gott, wieso habt ihr mich damals überhaupt genommen?› Es schienen Jahrhunderte vergangen zu sein zwischen dieser Aufnahme und dem jetzigen Film.»

Cohns Rechnung ging nicht auf und Kates Hoffnungen blieben unerfüllt. Die Zuschauer goutierten *Die Schwester der Braut* nicht, und auch die Kritiker verhielten sich allenfalls freundlich-distanziert. Man bescheinigte Kate lediglich, daß die Rolle ihr «auf den Leib geschneidert» sei.

Aufmerksamkeit erregte ein Artikel von John O'Hara, der in *Vanity Fair* behauptete, Kates neueste Eroberung sei Garson Kanin. Kate fand Kanin zwar sympathisch, dennoch war er nicht ihr Typ von Mann. Als Garson erkennen mußte, daß seine Avancen ohne Erfolg bleiben würden, wurde er ein treuer Freund. Diese Freundschaft sollte sich noch vertiefen, nachdem er Kates alte Freundin Ruth Gordon heiratete.

Offiziell um sich zu erholen, in Wahrheit aber, weil sie sich vor der Premiere von *Die Schwester der Braut*, die für Juni 1938 angesetzt war, fürchtete, reiste Kate im April 1938 nach Hartford und suchte Zuflucht bei ihrer Familie.

Sie spielte Golf, Tennis und fuhr schließlich, wie jedes Jahr, mit nach Fenwick. Howard Hughes kam häufiger mal vorbei und gab ihr Mut und Sicherheit. Er drängte sie, in seinem neuesten Filmprojekt – eine Biographie über Amelia Earhart, eine Fliegerin, die bei der Überquerung des Südpazifik unter geheimnisvollen Umständen verschwunden war – mitzuwirken. Aber auch andere Filmangebote erreichten sie. Kate prüfte sie, nahm sie aber weder an noch sagte sie ab.

Viel zu sehr war sie mit den Vorbereitungen zur Hochzeit ihrer Schwester Marion beschäftigt. Während der Zeit im Bennington College hatte Marion den jungen Harvard-Studenten Ellsworth

Grant kennengelernt. Da es «Liebe auf den zweiten Blick» war, beschlossen sie zu heiraten. Die Trauung fand am 12. Juni 1938 statt.

Während die Öffentlichkeit darüber spekulierte, ob Kate als nächste von Howard Hughes vor den Traualtar geführt werden würde, bereitete sich Hughes auf seinen ‹New York World's Fair 1939› vor.

Am Abend des 10. Juli 1938 startete Hughes vom Floyd Bennett Airfield in New York. Kurze Zeit später überflog er Fenwick, wo Kate ihm von der Pier aus zuwinkte. Eigentlich hatte sie nach New York kommen wollen, doch in Anbetracht der großen Zuschauermenge hatte ihr Howard davon abgeraten. Der Gedanke an sein neues Abenteuer ließ Kate erschaudern, aber die Bewunderung für seine Tapferkeit, Waghalsigkeit und Risikobereitschaft war größer als ihre Angst um sein Leben.

Nach 16 Stunden und 38 Minuten erreichte Hughes' Maschine den Flughafen Le Bourget in Paris. Damit hatte er Lindberghs Rekord gebrochen. Unmittelbar nach seiner Ankunft telegrafierte er Kate, daß er wohlbehalten gelandet sei. Kate kabelte zurück, daß sie ihn bei seiner Ankunft in New York erwarten werde. In drei Tagen, 19 Stunden und 17 Minuten kehrte Hughes über Rußland, Sibirien und Alaska nach New York zurück. Kate gelang es, sich unerkannt unter die Wartenden am Flughafen zu schmuggeln. Sie gehörte mit zu den ersten, die Hughes zu seinem neuen Rekord gratulieren konnten. Danach verschwand sie ungesehen in der Menge.

Noah Dietrich wußte: «Howard war entschlossener denn je, Katharine Hepburn zu heiraten. Ich glaube, er hielt sogar um ihre Hand an. Doch dies versetzte sie in das Dilemma, sich entscheiden zu müssen.» Kate bat um Bedenkzeit, und so flog Howard zunächst nach Houston, wo er wichtige Geschäfte zu regeln hatte. Anfang August kehrte er nach New York zurück, und zusammen mit Kate besichtigte er am 15. des gleichen Monats eine Yacht. Die Presse deutete dies dahingehend, daß die beiden ihre Flitterwochen auf See verbringen wollten.

Doch die Presse und die Öffentlichkeit waren nicht die einzigen, die sich von Kates Beziehung zu Howard Hughes beeindruckt zeigten. Ihr Bruder Richard, der sich in den Kopf gesetzt hatte, Schriftsteller zu werden, präsentierte seiner Familie eine Komödie über «einen jungen Millionär, der sich in eine Schauspielerin verliebt hat und eine Wochenendeinladung der etwas verrückten Familie annahm». Garson Kanin beschrieb das Werk als «witzig im Stil von Noël Cowards *Hay Fever*», doch die Hepburns und auch Kate fanden die Angelegenheit weniger witzig, und Dr. Hepburn forderte Dick auf, die Sache besser zu vergessen und das Manuskript zu vernichten. Doch Richard weigerte sich und kündigte an, er werde das Stück an Theaterproduzenten schicken. Während die Hepburns diesen «Verrat ihrer Privatsphäre» heftig diskutierten, erwarb Howard, der Katharines Bruder gut verstand und dem das Stück zudem gefiel, die Theater- und Filmrechte. «Nachdem die Beziehung mit ihr in die Brüche gegangen war, erwog er eine Zeitlang, das Projekt mit Jane Russell zu verwirklichen, ließ es dann aber fallen.»

Immer noch ohne Antwort, kehrte Hughes nach Houston zurück. Kate dagegen reiste Anfang September 1938 nach New York, einer Einladung von Mrs. Ogden Whitelaw Reid folgend, eine Rede vor dem Herald Tribune Forum zu halten.

> «Nie zuvor habe ich eine Rede gehalten, und ich glaube, daß vor Mrs. Reid mich auch niemand darum gebeten hatte. Wie Beth so treffend in *Vier Schwestern* bemerkte: ‹Ich habe eine Schwäche, ich bin schüchtern.› Aber ich werde mein bestes versuchen, da es einige Dinge gibt, die ich für sehr wichtig halte, die über das vielverleumdete Filmgeschäft gesagt werden müssen.
>
> Ich glaube, Sie stimmen mir alle zu, wenn ich sage, daß der Film heute eine der größten Möglichkeiten für die Erziehung ist. Kinder muß man nicht zwingen, ins Kino zu gehen, ebensowenig wie Sie oder mich. Wir mögen es. Wir kommen, um unterhalten zu werden, zu lachen, zu weinen, zu denken und um inspiriert zu werden. Es gibt sehr viele brillante und talentierte Produzenten, Autoren und Regisseure in Hollywood, deren Ziel es ist, uns hierzu eine Möglichkeit zu schaffen – geschweige denn von den Bankiers.
>
> In der Vergangenheit hatten sie ziemlich freie Hand, und sie haben gute Arbeit geleistet. Aus verschiedenen Gründen haben wir keinerlei Berührungsangst mit den politischen,

ökonomischen und moralischen Problemen unserer Großväter, mit Ausnahme vielleicht der Verfassung. Wir können diesen Problemen einfach und couragiert, ohne Furcht vor Konsequenzen ins Auge sehen. Mit anderen Worten: Wir sehen die Vergangenheit mit gutem, reinem Gewissen, und wir können das gleiche unseren Kindern erlauben.

Was aber ist nun mit Filmen, in denen die Gegenwart geschildert wird? Erlaubt man einem Film, den Leuten ihre Notlage zu zeigen und ihnen eine Lösung anzubieten? Was ist, wenn ein Film politische, moralische und ökonomische Probleme von heute aufgreift? Ehrlich gesagt, dann darf man nichts hören, nichts sagen und nichts tun. Man schickt sie zurück an ihren Schreibtisch und sagt ihnen, sie sollen ihr Drehbuch ändern nach dem Schema Junge-trifft-Mädchen. Und das führt dazu, daß man den Produzenten vorwirft, sie besäßen keine Originalität. Wir alle sind Gewohnheitstiere. Wenn man uns mit unschädlichen Platitüden füttert, wie kann sich dann Geist und Moral entwickeln? Wollen Sie es wirklich zulassen, daß das Medium der öffentlichen Erleuchtung erstarrt? Die Produzenten können diesen Kampf nicht allein führen, das Risiko wäre für sie zu groß. Sie müssen die Öffentlichkeit hinter sich wissen.

Nun, wenn Sie eine intelligente Zensur möchten – also eine Zensur, die der Öffentlichkeit Filme zeigt, die nicht nur unterhalten, sondern auch ein oder zwei vernünftige Ideen enthalten –, dann bieten die Frauenvereinigungen Amerikas die größte Möglichkeit zur Hilfe. Sie können es zum Thema eines Diskussionstreffens machen. Sie können alle an die staatlichen Zensurstellen schreiben und auf einer liberaleren Prüfung bestehen. Sie können den Produzenten schreiben und sie ermutigen, bessere Filme zu machen, und ihnen versichern, daß Sie hinter ihnen stehen werden.

Sie sind verantwortlich für die Entwicklung und Erziehung der Männer und Frauen von morgen. Dabei müssen Sie darauf achten, daß Sie durch Ihre Bemühungen, die Moral Ihrer Kinder zu schützen, nicht gleichzeitig ihren Geist verkrüppeln. George Bernard Shaw schrieb einmal treffend: ‹Die

Moral einer Nation ist wie ihre Zähne, je verdorbener sie ist, desto schmerzhafter ist eine Berührung.› Hindert man Zahnärzte und Schauspieler daran, Schmerzen zu verursachen, wird die Moral nicht nur so verkümmern, wie dann unsere Zähne, sondern die Plagen, die der vernachlässigten Moral folgen werden, werden größere Schmerzen verursachen, als dies Schauspieler und Zahnärzte seit Entstehung der Welt jemals tun konnten.»

Kates Rede war ein großer Erfolg und wurde in ganz Amerika publiziert. Glücklich kehrte sie nach Fenwick zurück.

Zwar war am 21. September 1938 mehrmals Sturmwarnung gegeben worden, doch dank der überlegenen Rationalität eines Connecticut Yankees waren Kate und «Kit» Hepburn davon überzeugt, daß es sich hierbei um eine maßlose Übertreibung handelte. Eine Ansicht, die auch von den meisten ihrer Nachbarn geteilt wurde.

Als am Nachmittag Wind und Sturmwolken aufkamen, war Kate begeistert. Sie liebte Gewitter und lange Spaziergänge im Regen. Sie zog sich an und ging spazieren. Doch als sie den Damm erreichte, peitschte der Sturm den Regen über die Pier, und sie erkannte, daß sie die Warnungen unterschätzt hatte. So schnell wie möglich lief Kate durch das Unwetter wieder nach Hause. Fenwick, begrenzt von Connecticut auf der einen, von der Long Island-Meerenge auf der anderen Seite, war den Naturgewalten schutzlos ausgeliefert und die Holzhäuser boten dem Hurrikan keinen Widerstand. Als der Sturm das Dach abdeckte, flohen Kate und ihre Mutter zu einem Nachbarn. Kaum hatten die Hepburns und ihre Angestellten das Haus verlassen, da riß der Hurrikan es fort.

«Ich kämpfte mich wieder durch den Sturm, weil ich wußte, daß Dad sich Sorgen machen würde, und suchte ein noch funktionstüchtiges Telefon. Er fragte mich sofort, wie es Mutter gehe und ich schrie: ‹Gut, aber Dad, das Haus, der Wind hat es weggeblasen, ins Meer.› – ‹Ich vermute, ihr hattet nicht soviel Hirn, vorher noch schnell einen Brand zu legen, oder? Es war nur gegen Feuer versichert, nicht gegen Sturm. Nun gut, und wie geht es eigentlich dir?›»

Als Howard Hughes von der Katastrophe erfuhr (230 Vermißte, 300 Tote), schickte er sofort eine Maschine mit Hilfsgütern und beauftragte den Piloten, nach Kate zu sehen. Dieser traf sie «vergnügt und munter an, wie sie mit einer Armee von kleinen Jungs den Strand nach dem Familiensilber» absuchte.

Unverzagt beschlossen die Hepburns, ihr neues Haus genau an derselben Stelle wieder zu errichten. Kate besorgte Puppenhausbausteine und die komplette Familie tüftelte gemeinsam an den neuen Bauplänen herum. Rechtzeitig zum nächsten Sommer war Fenwick wieder hergestellt – und steht in dieser Form heute noch.

Howard drängte Kate wiederholt, sich für *The Amelia Earhart Story* zu entscheiden, doch Kate hatte dieses wie auch die anderen Projekte zurückgestellt, da sie auf eine ganz andere Rolle hoffte: Sie hatte es sich in den Kopf gesetzt, in *Gone With the Wind* die Scarlett O'Hara zu spielen.

Kate hatte über Lillie Messenger zuerst von dem Roman Margaret Mitchells erfahren und war, nachdem sie einen Vorabdruck des Buchs gelesen hatte, begeistert. Doch RKO war an einer Verfilmung nicht interessiert, und da man einen Sündenbock dafür brauchte, daß Kate aus ihrem Vertrag ausgestiegen war, bestellte der neue Produktionschef Lillie Messenger zu sich ins Büro. «Er erklärte mir, Kate würde erst dann zu RKO zurückkommen, wenn sie die Rolle der Scarlett zugesichert bekäme. Da dies nicht möglich war, war also ich, da ich ihr das Buch gegeben und ihr diese fixe Idee suggeriert hatte, schuld daran, daß sie nicht länger fürs Studio arbeiten wollte. Ich ging nach Hause und konnte nicht mehr aufhören zu weinen. Ich dachte, die Welt sei untergegangen.»

In der Zwischenzeit hatte David O. Selznick für seine eigene Produktionsgesellschaft die Rechte an dem Südstaatenepos für 50000 Dollar erworben, das einer der größten Kassenerfolge der Filmgeschichte wurde. George Cukor sollte Regie führen, und als Kate davon erfuhr, setzte sie alle Hebel in Bewegung, daß Selznick ihr die Rolle gab.

Bei einem Treffen soll Kate ausgerufen haben: «Ich weiß überhaupt nicht, was es da noch zu überlegen gibt. Die Rolle wurde praktisch für mich geschrieben. Ich bin Scarlett O'Hara.»

«Und ich kann mir nicht vorstellen, daß Rhett Butler zehn Jahre lang hinter dir her sein soll», antwortete Selznick.

«Ich mag dich vielleicht nicht anziehen, David, aber es gibt genügend Männer, die einen anderen Geschmack als du haben.»

Einigen Pressemeldungen zufolge machte Kate im Oktober 1938 Probeaufnahmen. Aber weder im Archiv der Selznick Productions noch bei MGM war irgend etwas aufzufinden. Auch Kate meinte, daß dies nicht der Fall gewesen war. «David bestand zunächst darauf, doch ich weigerte mich entschieden. Schließlich wußte er, wie ich aussah und daß ich spielen konnte.»

Selznick äußerte Freunden gegenüber, er werde der Hepburn eine Lektion erteilen. Immer noch nicht hatte er es Kate verziehen, daß sie ihm nicht zu MGM gefolgt war. Als er ihr plötzlich einen Vertrag anbot, wurde Kate mißtrauisch. David erklärte ihr gegenüber offen, daß sie eine Notlösung sei, da er noch immer keine Scarlett gefunden habe, jetzt aber mit den Dreharbeiten beginnen mußte. Instinktiv ahnte Kate, daß Selznick ihren Vertrag nicht einhalten würde, sobald er eine geeignetere Schauspielerin fand. Statt den Vertrag zu unterzeichnen, schlug Kate ihm vor, sich bei ihr zu melden, wenn er zwei Tage vor Drehbeginn keine andere Schauspielerin gefunden hätte. In letzter Minute ging der Part schließlich an Vivien Leigh.

Doch Kate hatte noch ein anderes Eisen im Feuer: Während des Sommers hatte sie Philip Barry besucht. Barry, der Autor von *Holiday*, erzählte ihr, daß er gerade an einem neuen Stück arbeite. Im Mittelpunkt dieser Komödie, die später den Titel *The Philadelphia Story* (dt. *Die Nacht vor der Hochzeit*) erhalten sollte, stand die reiche Erbin Tracy Lord. Am Tag vor ihrer Hochzeit mit dem ebenfalls wohlhabenden George Kittredge taucht in ihrem Haus plötzlich ihr Ex-Mann Charles K. Dexter Haven in der Begleitung von zwei Fremden auf. Diese geben sich zunächst als Freunde von Tracys Bruder aus, doch sie durchschaut die Lüge: In Wahrheit handelt es sich um den Reporter Mike Conner und die Fotografin Liz Imbrie, die beide für das Klatsch- und Skandalblatt *Spy Magazine* schreiben. Großzügig erlaubt sie den beiden, der Hochzeit beizuwohnen, nachdem sie herausgefunden hat, daß andernfalls ein Artikel erscheinen würde, der sich dem Verhältnis ihres Vaters mit einer Tänzerin widmen würde. Die nächsten Stunden verlaufen turbulent und verwirrend, und der Tag endet damit, daß Tracy sich betrinkt und zusammen mit Mike nackt schwimmen geht. Kittredge verkennt die Situation, und so kommt es, daß Dexter Tracy erneut heiratet...

Obwohl das Stück große Ähnlichkeiten mit Kate und Anspielungen auf ihr Privatleben enthielt, erklärte sie sich bereit, die Rolle der Tracy Lord zu übernehmen, sobald das Stück fertig wäre. Barry machte sich sofort an die Arbeit, und da Kate Zeit hatte, schaute sie gelegentlich bei ihm in Maine vorbei. Meistens flog Howard sie dorthin, doch manchmal steuerte Kate die Maschine selbst. Sie schien förmlich vor Ideen zu platzen, und ihre Besuche endeten meistens damit, daß Barry völlig verunsichert war. «Doch nachdem ich darüber geschlafen und nachgedacht hatte, mußte ich mir eingestehen, daß sie nicht einmal so Unrecht hatte», gestand er in einem Interview.

Nachdem schließlich der zweite Akt vollendet war, beschlossen die beiden, das Stück der Theatre Guild anzubieten.

«Die Sache war ganz schön verzwickt. Natürlich war ich Feuer und Flamme, als Philip mir seine Geschichte erzählte. Während er nicht wußte, daß ich derzeit in Hollywood nicht gefragt war, wußte ich nicht, daß er mit seinen letzten Stücken Pech gehabt hatte. Als wir nun in Verhandlung mit der Theatre Guild traten, wußten wir beide nicht, daß diese finanziell kurz vor dem Zusammenbruch stand und sie wiederum ahnten nichts von unserer Situation. Aber es hat einfach alles geklappt und uns alle drei gerettet.»

Lawrence Langner und Theresa Helburn gefiel das Stück, doch da ein Drama, das auf einer biblischen Erzählung (*Jeremiah*) beruhte, einen Verlust von 60000 Dollar verursacht hatte, konnte die Guild unmöglich allein für die Produktionskosten aufkommen. Kate sprach zunächst mit ihrem Vater, dann mit Howard. Weil sie von dem Erfolg des Stücks überzeugt war, plante sie, selbst einen Teil der Produktionskosten zu übernehmen. Schließlich mußte die Guild nur noch für die Hälfte der Kosten aufkommen, während Hughes und Kate die restlichen 50 Prozent finanzierten. Hierfür erhielten die beiden vom Reingewinn ebenfalls 50 Prozent. Als Gage vereinbarte man eine Gewinnbeteiligung von 10 Prozent für die Spielzeit am Broadway und 12,5 Prozent für die anschließende Tournee.

Sie kaufte Barry die Filmrechte für 25 000 Dollar ab.

Als Anfang Januar 1939 endgültig feststand, daß sie nicht die Scarlett in *Gone With the Wind* spielen würde, begannen unverzüglich die Proben. Für die Rolle des Ex-Manns wurde Joseph Cotten verpflichtet und Van Heflin übernahm den Part des Reporters.

Bei der Premiere am 9. Februar 1939 in New Haven geriet Kate in Panik, als die Zuschauer sich vor Lachen nicht mehr halten konnten. «Ich war fest davon überzeugt, daß sie das Stück haßten. Doch sie lachten, weil es ihnen gefiel.»

Während der Aufführungen in Philadelphia und Washington änderte Barry den letzten Akt ständig. «Erst in Washington zeigte uns Philip eine Fassung, mit der wir alle einverstanden waren.»

In Washington hatte Kate Bedenken, das Stück nun schon am Broadway herauszubringen. Langner und Helburn waren dazu entschlossen, Kate aber schien beim bloßen Gedanken an ihren «Feind» wie gelähmt.

«Um Gottes willen, schmeißt euer Geld nicht zum Fenster hinaus. Wir können ein Vermögen machen, wenn wir noch länger auf Tournee bleiben», sagte Kate. Doch dann gab sie nach.

Die Premiere wurde auf den 28. März 1939 im Schubert Theatre festgesetzt.

An diesem Abend hatte Kate ihr größtes Lampenfieber. Sie war bereits auf der Bühne, als der Vorhang aufging. Zu ihrem Schrecken bemerkte sie, daß das Publikum sie mit verhaltenem Beifall begrüßte. Der Mißerfolg des Stücks *The Lake* schien noch im Saal zu hängen.

Bald aber erlangte Kate ihre Sicherheit zurück und riß die Zuschauer mit. Am nächsten Tag konnte man in Brooks Atkinsons Besprechung lesen, daß die Hepburn «wie eine Frau spielte, die endlich die Erfüllung, die sie beim Theater suchte, gefunden hat».

Doch an diesem Abend erlebte Kate einen noch größeren Triumph: Hatte Dr. Hepburn immer angenommen, sie würde scheitern und zurückkommen, so erkannte er nun nach der Premiere an, daß sie vielleicht doch «den richtigen Beruf für sich» gewählt hatte.

«Solange ihre Familie anwesend war, reichte sie Bier, doch kaum waren sie gegangen, ließ sie Champagner ausschenken», erinnerte sich Theresa Helburn. «Weshalb sollte ich Dad und Mutter brüskieren. Champagner war für sie beide ein Zeichen von Dekadenz», rechtfertigte sich Kate.

Kate hatte gelegentlich und immer mal wieder Probleme mit ihrer Stimme. Als sie erneut mit ihrer Stimme haderte und rang, folgte sie dem Rat des Komponisten Kurt Weill und ließ sich von Dr. Isaac van Grove behandeln. Van Grove führte ihre Schwierigkeiten auf die Tatsache zurück, daß Kate «sich schon als Kind die Lunge aus dem Leib schrie. Dann ruinierte Frances Robinson-Duffs Stimmerziehung sie noch mehr, da sie überbelastet wurde. Die einzige Möglichkeit, dieses metallische, quäkende Timbre zu beseitigen bestand darin, sie singen zu lassen.»

Zunächst belächelte man die Theorie, doch als sich eine Besserung und schließlich Heilung einstellte, behielt Dr. van Grove recht.

Der Erfolg der *Philadelphia Story* blieb auch Hollywood nicht verborgen. Das erste Angebot erreichte Kate von Warner Brothers, die ihr für die Filmrechte 262000 Dollar boten, den Film aber ohne sie machen wollten. Kate entschloß sich zu warten.

Im Dezember 1939 erschien eines Abends L. B. Mayer zusammen mit Norma Shearer in Kates Garderobe. Sie beglückwünschten sie, und Mayer vereinbarte mit ihr ein Treffen für den nächsten Tag. Kate befürchtete zunächst, er wolle das Projekt für Norma, doch bald schon erkannte sie, daß Mayer sie haben wollte, und zwar nicht nur für ein Projekt, sondern als festes Mitglied der MGM-Familie. Während Mayer sonst mit Tränen in den Augen von seinen großen Opfern, die er bringe, zu sprechen pflegte, hatte er dies bei Kate nicht nötig. Sie einigten sich dahingehend, daß die Verfilmung ein Versuch sein sollte. Danach würde Kate sich endgültig entscheiden.

«Er war sehr charmant», erinnerte sich Kate. «Bei unserem Treffen erinnerte er sich an Sarah Bernhardt und all die anderen großen Schauspieler, die er gekannt oder gesehen hatte und hob mich auch in diese Kategorie. Doch dann unterbrach ich ihn und sagte: ‹Mr. Mayer, ich merke, daß Sie mich verzaubern wollen mit Ihrem Charme. Das haben Sie jetzt erreicht›, und dann kamen wir zum Geschäft.»

Nach dem Treffen witzelte man in Hollywood, daß, sperrte man Kate und den Metro-Löwen in einen Käfig, das Tier eine Identitätskrise und einen Nervenzusammenbruch erleiden würde.

«Mir wurde so oft gesagt, ich sei ‹Kassengift›, daß ich langsam selbst daran glaube», sagte Kate zu Mayer. «Aus diesem Grund möchte ich Sie bitten, zwei MGM-Stars neben mir einzusetzen, um den Erfolg des Films zu sichern und um auch mich zu schützen.»

«An wen dachten Sie?» fragte Mayer.

«Nun, an Clark Gable und Spencer Tracy.»

«Ich werde ihnen die Rollen anbieten, bin mir aber sicher, daß beide ablehnen werden», sagte Mayer – und behielt recht.

Also schlug er Kate James Stewart für die Rolle des Reporters vor, da «Stewart unter einem Vertrag stand, durch den er fast alles, was wir ihm anbieten, akzeptieren muß».

Als Mayer Kate 75 000 Dollar, Mitspracherecht betreffend Regisseur und Schauspieler und weitere 175 000 Dollar für die Filmrechte garantierte, unterzeichnete sie den Vertrag mit MGM. Für die Rolle ihres Ex-Mannes gewann sie schließlich Cary Grant.

Der Drehbeginn war für Sommer 1940 geplant, bevor Kate erneut mit *The Philadelphia Story* auf Tournee gehen wollte.

Während Kate eines Abends im Theater war, wurde in ihr Turtle Bay-Haus eingebrochen und ein großer Teil des Schmucks und der Juwelen entwendet, die ihr Howard geschenkt hatte. Als sie ihrem Vater davon berichtete, war er sichtlich erleichtert, daß Kate «von einer derartigen Zurschaustellung von Reichtum» erlöst worden war.

Nach der 415. Broadway-Aufführung reiste Kate nach Hollywood. Diesmal mietete sie ein Haus auf dem Tower Grove, das einst John Barrymore gehörte. Barrymore hatte das Haus seiner hohen Lage wegen gekauft, da er so «auf die verdammten Hundesöhne in den Studios und die verfluchte Stadt pissen» konnte.

Als MGM anfragte, welchen Kameramann sie bevorzuge, entschied Kate sich für Joseph Ruttenberg, der sie am vorteilhaftesten fotografierte. Nach Beendigung des Films schickte sie ihm ein Geschenk und einen Brief: «Lieber Joe. Ich hoffe, mein langer, dünner Hals hat Dich nicht in den Wahnsinn oder in den Alkohol getrieben. Sollte dies der Fall sein, so hoffe ich, daß Dir mein Geschmack (Glaskelche) genug Kraft verleiht, damit Du gelegentlich an die lange Bohnenstange denken kannst, die Du zu einer Königin gemacht hast. Die neue, bezaubernde Katrink.»

«Oh, wir waren wirklich ausgelassen», erinnerte sich Cary Grant. «Vor allem James Stewart. In den Pausen erzählte er Hollywood-Geschichten, Gerüchte und Anekdoten und imitierte die großen Stars.»

«Kate und James fühlten sich etwas eigenartig in der Rolle diesen leidenschaftlichen Paares. Vor allem die Szene, in der James ihr erklärt, war für eine tolle Frau sie ist, erforderte sehr viel Gefühl», berichtete George Cukor.

«Die größten Schwierigkeiten», erzählte Katharine Hepburn, «gab es bei der Szene von Mike und der beschwipsten Tracy. James mußte zu mir sagen: ‹Deine Augen glühen. Glühen wie Herdfeuer und Feuersbrunst!› Ein nicht allzu typischer James Stewart-Satz. Nun, wir probten und James wäre beinahe gestorben. Danach sagte George: ‹James, denk daran, du bist nicht im Zirkus, also hör auf mit dem Fuß zu scharren, sag es einfach!› James holte ganz tief Luft und tat es, und ich bin sicher, die Szene war Oscar-reif.»

In lebhafter Erinnerung blieb James Stewart aber eine andere Begegnung mit der hektischen Lady, die alles wußte – vor allem besser: «Ich hatte meinen Flugschein gemacht, und als Kate davon erfuhr, sagte sie zu mir eines Freitags: ‹Wir treffen uns morgen auf dem Santa Monica-Flughafen. Ich möchte, daß du mich einmal mitnimmst.› Ich mietete ein Flugzeug, eine Fairchild, weil ich damals noch keine eigene Maschine hatte. Nun, es war für mich sehr wichtig, denn ich wollte mich nicht blamieren. Zunächst hatte ich meine Zweifel, ob sie überhaupt kommen würde. Doch sie kam wirklich. Wir stiegen ein und ich startete den Motor. Von da an übernahm praktisch sie die Leitung. Ich wußte nicht, daß Howard Hughes ihr das Fliegen beigebracht hatte. Während des Startchecks bezweifelte sie alles, was ich sagte, aber schließlich schafften wir es doch zu starten. Und Kate redete und redete und erklärte mir, was ich jetzt wieder alles falsch machte. Nun, wir waren endlich in der Luft und gerieten in eine Turbulenz, was sie als Bestätigung ihrer Kritik ansah. Als es Zeit für die erste Wende war, sagte sie: ‹Nein, ich glaube, wir fliegen besser geradeaus!› Nun, das bedeutete aber, daß wir direkt aufs Meer hinausgeflogen wären. Ich sagte ihr das, doch sie antwortete: ‹Das können wir noch immer, wenn wir höher sind.› Ich wußte zwar nicht, was sie meinte, befolgte aber ihren Befehl. Im übrigen schien es ihr keinen allzu großen Spaß zu machen: Der Sitz war ihr zu unbequem und die Scheibe zu hoch und zu klein, und sie meckerte die ganze Zeit, daß sie nichts sehen konnte. Schließlich sagte ich: ‹Ich glaube Kate, wir drehen besser um.› Und das war das erste Mal, daß sie nicht widersprach. Zu diesem Zeitpunkt war ich so nervös, daß ich eine schreckliche Landung mit etlichen Hopsern hinlegte. Sogar Kate hatte es die Sprache verschlagen. ‹Vielen Dank. Wir sehen uns am Montag im Studio›, sagte sie zum Abschied und sprang aus der Maschine. Ich war ein Wrack. Ich fühlte mich, als sei ich soeben durch ein Gewitter geflogen und hätte die Maschine bruchgelandet. Es war ein wirklicher Alptraum. Nie wieder flog ich mit ihr.»

Über die Gerüchte, er und Kate hätten eine Affäre gehabt, lächelte James Stewart: «Nun, ich war von ihr begeistert, aber ich wollte nicht mit vierzig an einem Herzinfarkt sterben. Nein, das ist absoluter Blödsinn. Wir waren und sind gute Freunde, und das ist doch schon was.»

Cukor erinnerte sich, daß es zu seiner Überraschung diesmal nur «ein oder zwei Auseinandersetzungen» mit Kate gab, weil sie beschlossen hatte, in der letzten Szene zu weinen. Doch Cukor beharrte: «Ich glaube nicht, daß diesmal wieder jemand herumheulen wird.» Kate beugte sich dieser Order. «Das Ergebnis war eine starke Szene. Ich wußte, daß das Publikum nur darauf wartete, Kate weinen und das eigene Vorurteil bestätigt zu sehen. Ihre Darstellung war perfekt. Sie war arrogant und sensibel, hart und verletzlich zugleich.»

Die Nacht vor der Hochzeit wurde innerhalb von sieben Wochen gedreht. Cukor gelang dies, da er darauf verzichtete, die Szenen lange zu proben. Man ging sie einmal durch und danach wurde gedreht. Natürlich kam es häufiger vor, daß die Darsteller sich nicht sklavisch an das Drehbuch hielten, was Jack Greenwood beinahe zur Verzweiflung trieb, war es doch seine Aufgabe, dafür zu sorgen, daß das Drehbuch eingehalten wurde. Auf dem Weg ins Studio entdeckte Kate auf der Straße ein totes Stinktier. Sie packte es ein und kaufte eine schöne Schachtel. Dieses «Geschenk» überreichte sie Greenwood. Während Kate und die Crew sich darüber königlich amüsierten, fand Greenwood es alles andere als komisch.

Zu dieser Zeit fand auch die Hochzeit von Laurence Olivier mit Vivien Leigh statt. Nachdem die Scheidung von seiner ersten Frau rechtskräftig geworden war, beschloß Larry, Vivien zu heiraten, bevor sie wieder nach England zurückkehrten. Am Abend des 27. August riefen sie bei Kate an und verlangten Garson Kanin zu sprechen.

«Ich war gerade dabei, Kate zu überzeugen, daß sie in meinem neuesten Projekt *Mrs. Grant* die Julia Dent Grant unbedingt spielen müsse, als Olivier mich bat, zurückzukommen. Dementsprechend schlecht war ich dann auch gelaunt», erzählte Kanin.

Vivien und Larry erklärten ihm, daß die Trauung am nächsten Tag in aller Heimlichkeit auf der Ranch von Ronald Colman stattfinden solle und Kanin als Trauzeuge auserkoren sei. Als Brautjungfer für Vivien schlug Kanin Kate vor.

«Zwanzig Minuten nach Mitternacht standen wir vor ihrer Tür. Natürlich war sie schon ins Bett gegangen und war nun wütend, denn nichts ist ihr heiliger als ihr Schlaf. Ich verlor meine Nerven: ‹Larry und Viv möchten dich etwas fragen›, sagte ich, und zu dritt versuchten wir, ihr klarzumachen, was wir um diese Uhrzeit von ihr wollten. Kate war sofort begeistert, nichts liebte sie mehr, als der Presse ein Schnippchen zu schlagen.

‹Aber bevor wir fahren muß ich noch duschen.›

‹Mein Gott, Kate, du hast doch sicher erst geduscht, bevor du ins Bett gegangen bist?› sagte ich.

‹Ja, aber jetzt bin ich wieder auf und werde duschen.›»

Auf dem Weg zu Colmans Ranch verfuhren sie sich und trafen dort schließlich am 28. August 1940 mit neunzigminütiger Verspätung ein. Der Friedensrichter hatte sich inzwischen dem Alkohol ergeben.

«Wir mußten froh sein, daß Larry nicht mit mir oder Garson verheiratet wurde», erinnerte sich Kate lachend. Während Kanin, geplagt von Heuschnupfen, ständig nieste, Viv die Augen tränten und Larry völlig nervös war und befürchtete, es könne doch noch ein Reporter auftauchen, beendete der Friedensrichter die Trauung mit einem lauten, vernehmlichen «Bingo».

Eine heimliche Hochzeit erwartete man auch von Kate. Doch die Beziehung mit Howard und sein ständiges Drängen nach einer Heirat machten sie sichtlich nervös.

Während die einen vermuteten, die Partnerschaft mit Howard sei an Kates Arbeit zerbrochen, gab Noah Dietrich eine andere Erklärung für das Scheitern der Beziehung: «Eines Abends brachte Howard Katharine nach Hause und begleitete sie ins Schlafzimmer. ‹In einer Minute bin ich zurück›, sagte er und verschwand in der Toilette. Howard litt an Verstopfung und hatte es sich angewöhnt, Bücher und Zeitschriften auf der Toilette zu lesen. Nun, so tat er dies auch an diesem Abend und vergaß Katharine völlig. Sie hatte ein feuriges Temperament. Nachdem sie 45 Minuten gewartet hatte, zog sie sich wieder an und verließ das Haus. Als Howard es bemerkte, war es schon zu spät. Er sprang in seinen Wagen und versuchte noch, Katharine einzuholen, doch sie war bereits zu Hause und weigerte sich, mit ihm zu sprechen. Ende der Affäre. An diesem Abend weinte er bitterlich, doch sein Schmerz war bald verflogen.»

Howard und Kate blieben Freunde. Als er von Tracys Tod erfuhr, war er einer der ersten, der ihr seine Hilfe und Unterstützung anbot. Gerüchten zufolge soll Kate eine der wenigen Menschen gewesen sein, die er auch noch in den siebziger Jahren, als er sich menschenscheu in sein Apartment in Las Vegas zurückgezogen hatte, gelegentlich traf.

Die Premiere von *Die Nacht vor der Hochzeit* fand am 26. November 1940 in der Radio City Music Hall statt. Eine Testaufführung war von Mayer verworfen worden, nachdem er die Rohfassung gesehen hatte. Sein Instinkt sagte ihm, daß der Film ein Hit werden würde.

In den ersten sechs Wochen spielte er allein in der Radio City 594000 Dollar ein.

«Wenn Katharine Hepburn Katharine Hepburn spielt, ist das wirklich sehenswert», jubelte *Life*, und auch die anderen Kritiken sprachen davon, daß dieser Film «ein persönlicher Triumph für sie ist».

Filmhistoriker stellten sich oft die Frage, warum Cary Grant und Kate niemals wieder zusammenarbeiteten. Als Ursache hierfür führen die meisten einen «erbitterten Streit» zwischen den beiden Stars während der Dreharbeiten an – was Kate aber als «blanken Unsinn» abtut.

Garson Kanin führte es darauf zurück, daß Kate Grant angelogen hatte: Kate war neugierig auf Grants neuen Film mit Carole Lombard *In Name Only*. Da Kanin bei RKO beschäftigt war, war es für ihn leicht, eine Voraufführung zu arrangieren.

Während Garson den Film mochte, war Kate zutiefst enttäuscht. Als sie und Grant sich zwei Tage später bei einer Party von Sam Goldwyn trafen, fragte er sie, was sie von seinem neuesten Film hielt, doch Kate leugnete, daß sie ihn überhaupt gesehen hatte.

«Ich kam mir vor, als würde ich das Finale in einem Wettbewerb im Lügen ansehen», erinnerte sich Kanin. Denn Kate bestand darauf, daß sie den Film nicht gesehen hatte.

«Du lügst, Kate.»

«Nein, das tue ich nicht! Und jetzt hör endlich damit auf, es ist nervend.»

«Du lügst!» wiederholte Grant. Kate stieß einen Seufzer des Entsetzens aus, als habe Cary sie mit einem obszönen Wort beleidigt.

«Cary, beim Leben meiner Mutter schwöre ich, daß ich den Film niemals gesehen habe.»

«Cary wurde bleich, aber ich glaubte in diesem Moment, ich würde ohnmächtig werden. Gott sei Dank kam Sam vorbei und nahm Kate am Arm. Als ich sie später daraufhin ansprach, hatte sie den Vorfall schon lange vergessen. ‹Aber Kate›, sagte ich, ‹du hast beim Leben deiner Mutter geschworen, daß du den Film nicht gesehen hast!› – ‹Oh, das macht nichts. Wir haben eine Vereinbarung, daß sie auch bei meinem Leben schwören darf, wenn sie in einer Notsituation wie dieser ist.›

Cary kam dann doch noch dahinter, daß sie ihn angelogen hatte und war darüber natürlich wenig erbaut.»

Grant, darauf angesprochen, weshalb er und Kate niemals wieder zusammen filmten, sagte: «In den vierziger Jahren bot uns niemand ein gemeinsames Projekt an. Das ist des Rätsels Lösung. Und später, als Kate zum Beispiel meine Frau in *Monkey Business* spielen sollte, sagte sie ab, weil sie glaubte, sie sähe zu alt aus. Aber von Streit und unausgefochtenen Konflikten kann nicht die Rede sein.»

Während Kate sich auf Tournee befand, wurde bekannt, daß sie für den New York Film Critics Award nominiert war. Da sie aber am Abend der Verleihung in Dallas auftreten wollte, vereinbarte man, ihr die Entscheidung vor ihrem Auftritt bekanntzugeben und eventuell eine kurze Rede aufzuzeichnen. Kate gewann wirklich und erklärte per Telefon: «Ich bin hysterisch glücklich.»

«Fast jeder, der in dem Film mitgemacht hatte, wurde für einen Oscar nominiert», relativierte Cukor. Neben Kate waren Cukor (Regie), Donald Ogden Stewart (Drehbuch), Ruth Hussey (Beste Nebendarstellerin) und James Stewart (Bester Hauptdarsteller) für den Academy Award nominiert. Eine weitere Nominierung erhielt *Die Nacht vor der Hochzeit* in der Kategorie «Bester Film».

Doch der 27. Februar 1941 sollte die «Nacht der Stewarts» werden, die als einzige vom Team gewannen. Kate verlor an Ginger Rogers. Als Reporter sie in New York nach Bekanntgabe der Gewinner nach ihren Gefühlen fragten, sagte Kate: «Die Rolle der *Kitty Foyle* war auch mir angeboten worden, aber ich wollte in einer Seifenoper keine kleine Verkäuferin spielen. Ginger dagegen war einfach wundervoll, sie ist sehr talentiert und verdiente den Oscar. Für mich bedeuten Preise nichts. Mein Preis ist meine Arbeit.»

Insgeheim wußte sie, daß ihre Bemühungen anders belohnt wurden: Sie war jetzt eine der beliebtesten Schauspielerinnen Amerikas. Von «Kassengift» konnte keine Rede mehr sein.

Teil II

Spencer Tracy und Katharine Hepburn

(1941–1967)

I

Zu Beginn der vierziger Jahre rühmte sich die MGM, mehr Stars unter Vertrag zu haben, als der Himmel Sterne hat. Zu ihnen gehörten Clark Gable, Spencer Tracy, James Stewart, Lionel Barrymore, Hedy Lamarr, Micky Rooney, Judy Garland, Gene Kelly, Lana Turner, Fred Astaire, Robert Taylor und Margaret Sullavan. Kate aber zählte zu diesem Zeitpunkt noch nicht zu ihnen.

Die Nacht vor der Hochzeit war zwar ein großer Erfolg, wer aber garantierte dafür, daß es sich nicht um eine Eintagsfliege handelte? Während die meisten Verantwortlichen von MGM Kate keine Zukunftschance gaben, war L. B. Mayer von ihrem Erfolg überzeugt und wagte den Alleingang. Kate respektierte ihren «neuen Boss».

«Als nach seinem Tod diese Verleumdungsgeschichten erschienen, war ich entsetzt. Er war kein geldgieriges Monster, wie man ihn jetzt gern darstellt. Er war ein ehrlicher, rationaler Mensch, der den Film liebte. Ich hatte nie einen schriftlichen Vertrag mit Metro. Mr. Mayer und ich trafen die Abmachungen und gaben uns die Hand darauf. Und jeder hielt sich daran.»

Mayer war davon überzeugt, daß Kates nächster Film ein würdiger Nachfolger von *Die Nacht vor der Hochzeit* sein mußte. Eine Ansicht, die auch Kate teilte. Aus diesem Grund weigerte sie sich, in *The Lady Eve* und *My Sister Eileen* mitzuwirken. Während Laura und Kate sich im Frühjahr 1941 in Florida erholten, verfaßte Garson Kanin den Rohentwurf zu einem Buch, das speziell auf Kate zugeschnitten war. *The Thing About Women* beruhte auf der stürmischen Ehe von Kates Mentor und Freund Sinclair Lewis mit der Journalistin Dorothy Thompson, die *Time* einst als «die einflußreichste Frau der USA neben Eleanor Roosevelt» bezeichnet hatte.

Da Kanin überaus beschäftigt war, betraute er seinen Bruder Michael und Ring Lardner Jr. mit der Herstellung eines Drehbuchs. Innerhalb von drei Wochen verfaßten die beiden ein Dreißigtausend-Wörter-Drehbuch in Romanform, das die Geschichte von Tess Harding aus der Sicht ihres Ehemanns Sam Craig erzählte.

Garson Kanin schickte diesen Entwurf an Kate nach West Hartford. Sie war begeistert. Kanin und Kate vereinbarten, daß sie ohne das Zutun eines Agenten die Verhandlungen mit MGM führen sollte. Die Namen der Autoren sollten anonym bleiben, da zum einen beide bisher nur eine Gage von 200 bis 300 Dollar erhalten hatten und die Studioleitung ihnen mit Sicherheit nicht mehr zahlen würde, zum andern war Ring Lardner Jr. als «Troublemaker» verschrien, da er der Screenwriter's Guild angehörte.

Kate schickte das Skript an Joe Mankiewicz und erklärte ihm in einem Telefonat, daß sie diesen Film nur mit Spencer Tracy als Partner verwirklichen möchte. «Auf meine Frage, wer das Buch verfaßt habe, antwortete Katie, das könne sie mir erst später sagen, da die Autoren derzeit noch anderweitig beschäftigt seien und sonst Schwierigkeiten bekommen würden.» Mankiewicz, wie auch Kenneth MacKenna, der nach ihm das Drehbuch las, waren «natürlich davon überzeugt, daß es sich um Charles MacArthur und Ben Hecht handeln würde». Als MacKenna von Kate den Preis wissen wollte, hüllte sie sich erneut in Schweigen.

«Schau, Katie», sagte er verzweifelt, «ich kann unmöglich in der Chefetage eine Geschichte vorstellen, wenn ich nicht einmal den Preis oder die Autoren kenne.»

«Über die Autoren kann und will ich nichts sagen. Nur soviel zum Preis: die Rechte habe ich erworben und ich verspreche dir, er wird sehr hoch sein. Außerdem werde ich sie nicht eher verkaufen, bis Tracy dafür unter Vertrag genommen wird!»

Endlich einmal mit Tracy vor einer Kamera zu stehen war für Kate zu einer fixen Idee geworden.

Der erste, der die beiden auf der Leinwand vereinen sollte, war Walt Disney. In seinem Zeichentrickfilm *Mother Goose Goes to Hollywood* (1938) spielte Kate mit Tracy, Freddie Bartholomew und Charles Laughton in der Episode *Rub a Dub Dub*. Als erster gemeinsamer Film war *Mannequin* im Gespräch. Doch dieses Projekt scheiterte ebenso wie Spencers Mitwirken in *Die Nacht vor der Hochzeit* aus terminlichen Gründen.

Seit Jahren gehörte Kate zu den Bewunderern Tracys und ließ

sich keinen seiner Filme entgehen. Tracy dagegen kannte Kate nur vom Hörensagen. Eigentlich war sie ihm etwas unheimlich. Er wußte, daß sie rechthaberisch und exzentrisch war. Daß sie in Männerhosen herumlief, schockierte ihn, und ihre affektierte Sprechweise ging ihm auf die Nerven. Dennoch willigte er Joe zuliebe ein, in *Woman of the Year* (dt. *Die Frau, von der man spricht*) mitzumachen, allerdings erst nach Beendigung von *The Yearling*. Doch dies verschwieg man Kate wohlweislich, als die Verhandlungen begannen.

Neun Tage nachdem Kate mit Mankiewicz telefonierte, traf man sich in Mayers Büro, um die Vertragsbedingungen auszuhandeln. Neben Kate und Mayer waren auch Joe und Benny Thau anwesend.

«Mr. Mayer war sehr zuvorkommend, und ich erwiderte seine Komplimente», erinnerte sich Kate. «Es war das übliche Vorspiel, bevor man sich gegenseitig die Köpfe einschlägt.»

Als Mayer Kate nach dem Preis fragte, antwortete sie: «211 000 Dollar, 100 000 für die Story und 111 000 für mich!»

Im Raum herrschte eisige Stille. Mayer war der erste, der das Schweigen brach: «Gewiß, die Story ist gut, und es wäre auch ein hervorragendes Projekt für Spencer und Sie, aber ich kann unmöglich einen derartigen Preis für ein Rohmanuskript bezahlen, von dem ich noch nicht einmal weiß, wer es geschrieben hat.»

Kate runzelte die Stirn. «Hören Sie, Mr. Mayer... ich stimme mit Ihnen überein, daß wir nicht darüber zu diskutieren brauchen, ob die Summe zu groß oder zu klein ist, solange Sie nicht einige Seiten des fertigen Drehbuchs in den Händen haben. Ich werde Ihnen also bis Montag in einer Woche 60 Seiten vorbeibringen. Was mich aber mehr interessiert ist, ob Mr. Tracy für die männliche Hauptrolle verfügbar ist.»

Wie es der «Zufall» wollte, wurde genau in diesem Augenblick Mayer ans Telefon geholt. Als er den Raum verlassen hatte, «stützte Kate mit melodramatischer Geste ihren Kopf auf ihre Hand und beklagte ihr Schicksal».

«Oh, wie schrecklich!» jammerte sie. «Ich weiß wirklich nicht, ob ich es richtig mache.»

Thau schaute sie nur kalt an und murmelte: «Keine Sorge, Miss Hepburn, keine Sorge. Sie machen es richtig!»

Zunächst wollte Kate George Cukor als Regisseur. Der aber mußte passen, da die Arbeiten an *The Two-Faced Woman* sich gerade in einer problematischen Endphase befanden. Weil Kate die Hauptrolle, die schließlich Greta Garbo bekam, abgelehnt hatte, glaubte sie, Cukors Absage sei seine Rache. «In einem langen Gespräch bereinigten wir unsere Differenzen», erinnerte sich Cukor.

Cukor war auch der erste, der Kate davon unterrichtete, daß Tracy vor kurzer Zeit einen Film in Florida begonnen hatte und es zweifelhaft sei, daß er für *Die Frau, von der man spricht* verfügbar sei. Kate war verärgert, doch im Moment konzentrierte sie sich auf das Drehbuch und die Suche nach einem Regisseur.

Kurze Zeit nachdem sie sich von Howard Hughes getrennt hatte, war Kate gelegentlich in der Begleitung des Regisseurs George Stevens gesehen worden. Die Klatschkolumnisten vermuteten sogleich eine neue Affäre. Obwohl er genau dem Typ Mann entsprach, den Kate anziehend fand, handelte es sich «um reine Freundschaft, wobei die Betonung auf rein liegt». Die Kämpfe um *Alice Adams* und *Quality Street* waren vergessen, und so tauchte Kate eines Sonntagmorgens um 7 Uhr bei Stevens auf und fragte ihn, ob er eventuell bei ihrem neuen Projekt Regie führen wolle. «Völlig perplex sagte ich zu.»

Die nächste Woche verbrachten Kate, Lardner, Mike und Garson Kanin damit, das Drehbuch fertigzustellen. «Es war die Hölle», erinnerte sich Garson Kanin. «Kate las das Geschriebene laut vor, machte Änderungen, schlug neue Wörter und Szenen vor, kürzte und fügte neue Ideen hinzu, kurz: Es war so, wie man es von ihr erwartete, und sie verlor nie ihren Enthusiasmus und Optimismus.» Am Montagmorgen hatten die beiden Sekretärinnen «so steife Finger, daß sie nicht einmal mehr eine Zigarette halten konnten» – und Kate verfügte über 70 Seiten, die sie wenige Stunden später Mayer überreichte.

Louis B. Mayer war in Hollywood als erfinderischer Geschichtenerzähler bekannt, selbst Baron Münchhausen verblaßte neben ihm. Dennoch gab es Menschen, die er nicht belügen konnte: Greta Garbo, seine Frau, Myrna Loy, Irving Thalberg und Katharine Hepburn. Zu seiner Rettung hatte er kurz vor Kates Besuch erfahren, daß die Dreharbeiten von *The Yearling* wegen technischer Probleme eingestellt worden waren und Tracy sich bereits wieder in Beverly Hills befand.

Über das erste Treffen zwischen Hepburn und Tracy, bei dem Spencer angeblich sagte, er würde Kate schon kleinkriegen, ist viel geschrieben worden. «Doch das meiste stimmt nicht. Ich wußte, daß er an dem Projekt interessiert war. Aber wie sollte ich ihn kennenlernen? Ich hoffte, daß ich ihm zufällig begegnen würde. Ich wanderte so vor mich hin, und als ich das Thalberg-Gebäude durch den Seiteneingang verließ, sah ich Spence und Joe. Ich sah sie immer näher und näher kommen und wurde immer aufgeregter. Ich dachte: O je, hoffentlich gefalle ich ihm. Hoffentlich sieht er mich und sagt Hallo oder Guten Tag. Nun, er sah mich, Joe stellte uns vor, und wir gaben uns die Hand. Es entstand eine Pause, und mir fiel überhaupt nichts mehr ein. Damals trug ich sehr hohe Absätze, um größer zu wirken. Ich war 1 Meter 72 ohne sie. Spence war ungefähr 1 Meter 68. Also, sagte ich... ich war schrecklich nervös... ich sagte zu ihm: ‹Tut mir leid wegen der hohen Absätze, aber wenn wir den Film machen, werde ich aufpassen, daß ich Sie nicht überrage.› Er runzelte seine Stirn und sah mich mit seinen alten Löwenaugen schweigend an. Joe sagte: ‹Keine Angst, Kath, er stutzt dich schon noch zurecht.› Ich wußte nicht, was ich darauf noch sagen sollte und stand einfach da wie ein Trottel.»

«Es hatte sofort zwischen beiden gefunkt», erzählte Joe Mankiewicz. «So wie Spencer Kate ansah... Als ich ihn deswegen neckte, meinte er: ‹Nein, o Junge, unter keinen Umständen möchte ich mit so was zusammenarbeiten müssen.› Er sollte es sich anders überlegen.»

Kate war natürlich neugierig, was Tracy von ihr dachte. «Ich stürmte in Joes Büro und fragte ihn: ‹Was hat Tracy gesagt? Habe ich ihm gefallen? Fand er mich faszinierend?› Und Joe antwortete: ‹Willst du wirklich wissen, was er gesagt hat? Er hat gesagt: Katharine Hepburn hat dreckige Fingernägel!› Nun, ich habe sie heute noch.»

Der endgültige Verkauf von *Die Frau, von der man spricht* fand im Mai 1941 statt. Sam Katz, der die weiteren Vertragsverhandlungen übernommen hatte, bot Kate insgesamt 175 000 Dollar.

«Ich glaube, du hast das falsch verstanden», sagte Kate. «Ich will 211 000 Dollar dafür.»

«Weshalb gerade 11 000 Dollar?» fragte Katz.

«Nun, 10 000 für meinen Agenten und 1000 Dollar für Telefonate und dererlei Dinge.»

Nachdem man sich handelseinig geworden war – und Kate erhielt den Betrag, den sie gefordert hatte –, verlangte Katz von ihr die Namen der Autoren. Sie lüftete das Geheimnis, und «Sam bekam beinahe einen Herzinfarkt». Hätte Katz gewußt, daß Kanin und Lardner die Autoren waren, hätte er ihnen im Höchstfall 3000 Dollar geboten. So erhielt jeder von ihnen 50 000 Dollar.

Als Hollywood von Kates Coup erfuhr, zweifelte man zunächst an der Glaubwürdigkeit dieser Geschichte. Doch bald schon wichen die Zweifel der Hochachtung, daß es eine Frau geschafft hatte, eines der größten Studios zu überlisten. Diesen «Sieg» rechnete auch Spencer Tracy «dieser Frau» als Pluspunkt an, wenn er sich auch ansonsten nicht allzu begeistert über sie äußerte.

In den nächsten sechs Wochen war die MGM damit beschäftigt, das Drehbuch umzuschreiben. Kate hielt sich aus dieser Angelegenheit weitgehend heraus. Lediglich die Rede von Tess vor einer Frauenvereinigung schrieb sie selbst.

Spencer las das Drehbuch und betrachtete es als «gute Arbeit», wenn er auch Joe gegenüber bemängelte, daß der Film sich hauptsächlich auf Kate konzentrierte. Zu Kate sagte er nur: «Es ist in Ordnung. Ich hab zwar nicht allzuviel zu tun, aber wenn es zu unseren Kämpfen kommt, dann paßt du besser auf dich selbst auf, Shorty!»

In seinen Tagebuchaufzeichnungen notierte Spencer, daß am 27. August 1941 die Dreharbeiten begannen.

Die Frau, von der man spricht handelt von der Ehe zwischen der extravaganten Journalistin Tess Harding (Kate) und dem Sportreporter Sam Craig (Tracy). Beide lernten sich durch einen albernen Streit über Baseball kennen. Schon bald verliebt sich Sam in Tess und bittet sie, seine Frau zu werden. Doch auch nach der Heirat ist sie nicht bereit, ihre Karriere und gesellschaftlichen Verpflichtungen aufzugeben. An dem Tag, an dem sie zur «Frau des Jahres» gekürt wird, zieht Sam aus und kündigt seine Scheidung an. Als ihr Vater erneut heiratet, erkennt Tess ihre Fehler und kehrt zu Sam zurück.

«Die erste Szene, die Spence und ich zu spielen hatten, spielte in einer Bar. Aus Versehen und Nervosität stieß ich mein Glas um, und der Inhalt ergoß sich über den Tisch. Ohne sein Spiel zu unterbrechen gab mir Spence sein Taschentuch, und ich dachte: «Oh, du alter So-und-so, *du* zwingst mich *nicht* dazu, daß ich das Zeug mitten in der Szene aufwische.› Ich wußte, daß er mir so die Szene stehlen wollte. Also beschloß ich, unter den Tisch zu kriechen und ihn noch zu übertreffen. Ich wischte und wischte und George filmte alles. Spence stand nur da und grinste. Doch all meine Bemühungen waren erfolglos. Denn, obwohl er nichts sagt, beobachtet man nur ihn!»

«Die Szene, in der Sam und Tess zum erstenmal miteinander ausgehen, beruht auf einem wirklichen Abend, den ich mit Kate 1939 verbrachte», erinnerte sich Stevens. «Widerwillig ging sie mit mir den Broadway entlang. Als wir zur *Jack Dempsey's Bar* kamen, schlug ich vor: ‹Komm, laß uns etwas trinken.›

Doch Kate wollte nicht. Also sagte ich zu ihr: ‹Niemand wird dich belästigen, solange du keine Szene verursachst.› Kein einziger Mensch drehte sich nach uns um, als wir das Lokal betraten. Katie war aber immer noch so nervös, daß sie ihr Glas umschmiß. ‹Du hast die Abmachung gebrochen›, sagte ich, als sie auf dem Nachhauseweg triumphierte, daß jeder sie angestarrt hätte. ‹Jeder Mensch, der ein Glas umwirft oder zerbricht wird von den anderen angestarrt.› Doch sie sah es erneut als Beweis für ihre Theorie an.»

Die ersten Drehtage verliefen in angespannter Atmosphäre. Wenn Spencer von seinem Co-Star sprach, bezeichnete er sie nur als «Shorty» oder «diese Frau». Weniger hilfreich war es zudem, daß Kate ihn mit lächerlichen Fragen entnervte. Auf die Frage, wie er ihr Spiel fände, antwortete Spencer bissig: «Was meinst du damit? Etwa die Tricks, wie du versuchst, mir die Szene zu stehlen?» Kate versuchte es erneut und fragte Tracy, nach welcher Methode er eine Rolle erarbeite und spiele. «Kenn deinen Text und fall nicht über die Möbel und Requisiten», war seine Antwort.

«Spencer war von Miss Hepburn fasziniert», erklärte sein Bruder Carroll kurz vor seinem Tod. «Da er aber wußte, daß sie dies von ihm hören wollte, tat er genau das Gegenteil. Unter allen Umständen wollte er vermeiden, daß sie den Eindruck bekam, er würde ihr aus der Hand fressen.»

Auch in ihrer Arbeitsweise unterschieden sich Kate und Tracy. Während sie es liebte, Szenen wieder und wieder zu drehen und neue Nuancen auszuprobieren, haßte Tracy Wiederholungen. Er vertraute völlig seinem Instinkt, und seine besten Szenen entstanden meistens bei der ersten Einstellung. Eifersüchtig überwachten sie sich gegenseitig, damit der andere nicht zuviel Hilfe von Stevens erhielt.

«Ich besprach mit Spencer eine Szene in seiner Garderobe, als plötzlich die Tür aufflog und Kate hereingestürmt kam. ‹Was für eine Verschwörung wird hier hinter meinem Rücken ausgeheckt?› rief sie. ‹Sehen Sie, Miss Hepburn, ich benötige in manchen Szenen die Führung seitens eines Regisseurs›, antwortete Spencer. ‹Und was ist mit meiner Führung?› wollte Kate wissen. Spencer verdrehte die Augen und stöhnte: ‹Wie konnte ich nur so idiotisch sein und bei diesem Film mitmachen, mit einer Frau als Produzent und ihrem alleinigen Regisseur. Was für ein verdammter Idiot muß ich gewesen sein.›»

Da Kate trotz aller Zurückweisungen Spencer immer noch verehrte, beschloß sie nach vier Wochen, reinen Tisch zu machen. Zu dieser Zeit lebte sie mit Laura Harding zusammen in John Barrymores ehemaligem Haus. Eines Tages lud Kate Spencer zu sich nach Hause zum Abendessen ein.

«Am nächsten Tag schienen beide wie ausgewechselt zu sein», meinte Carroll. «Spencer war nun voll Lob für ‹Katie›.» Kate dagegen wirkte und kleidete sich femininer. Zwar verzichtete sie nicht auf ihre geliebten Hosen, doch von nun an trug sie Overalls, die geschickt «ihre Figur an den richtigen Stellen betonte». Auf die Frage, was an diesem Abend zwischen ihr und Spencer besprochen worden war, sagte sie mit einem breiten Grinsen: *«Oh, come on, dear. Let's not go into that.»*

Dem Team wurde schnell klar, daß die beiden sich ineinander verliebt hatten. Ihre gegenseitige Zuneigung ging sogar so weit, daß sie sich in ihrem Spiel aneinander anpaßten. Als Mankiewicz einmal die Dreharbeiten besuchte, rief er entsetzt aus: «Mein Gott, jetzt imitieren sie sich auch noch gegenseitig!»

2

Spencer Bonaventure Tracy wurde am 5. April 1900 in Milwaukee, Wisconsin, geboren. Sein Vater John Edward Tracy stammte «aus einer kämpferischen, irischen Familie», während seine Mutter Caroline Brown Tracy ein «direkter Nachkomme von den ersten Siedlern Amerikas» war. Bereits als Siebenjähriger ergriff Spencer eine «unbeschreibliche Wanderlust», und er riß von zu Hause aus, «vor allem, um der Schule zu entkommen». Dies war auch mit ein Grund, warum er sich 1917 zusammen mit seinem Freund Pat O'Brien zur Marine meldete. Allerdings dauerte die Ausbildung in Norfolk so lange, daß er «die Kampfhandlungen nur von den Berichten meiner Kameraden kannte». Pat O'Brien war es auch, der Spencer von seinem Plan abbrachte, Geistlicher oder Chirurg zu werden. Sie spielten Theater und gingen 1922 zusammen nach New York, wo Tracy als stummer Roboter in Karel Čapeks Science-fiction-Stück *R. U. R.* debütierte. Die nächsten Monate verbrachte Spencer bei verschiedenen Theatertruppen.

1923 lernte er Louise Treadwell kennen, und nach wenigen Wochen waren die beiden miteinander verheiratet. Ein Jahr später wurde John Tracy geboren. Im Alter von zehn Monaten stellte Louise fest, daß ihr Sohn nicht hören konnte. Während die Ärzte ihr rieten, das Kind in ein Heim zu geben, setzte sie sich in den Kopf, ihrem Sohn das Lesen und Sprechen beizubringen. Zu diesem Zweck opferte sie ihre berufliche Karriere und widmete sich ausschließlich John. Als Spencer von der Taubheit seines Sohns erfuhr, ging er aus und betrank sich bis zur Besinnungslosigkeit. «Ich wollte ihr mit dem Jungen helfen, aber ich war keine große Hilfe», gestand Spencer. «Oft zerstörte ich das, was Louise und der Junge in stundenlanger Arbeit aufgebaut hatten. Sie arbeiteten einen Tag lang an dem Wort ‹Schuh›, indem Louise ihm den Schuh zeigte und das Wort immer wieder wiederholte, so daß er ihr den Begriff von den Lippen ablesen konnte. Ich dagegen verlor schnell die Geduld, packte den verdammten Schuh, warf ihn quer durchs Zimmer und ängstigte das arme Kind zu Tode.» Zeit seines Lebens hatte Spencer ein Schuldgefühl gegenüber Louise, denn er allein hielt sich für

Johns Taubheit verantwortlich. Dank Louises intensivster Schulung gelang es John schließlich sogar, ein College zu besuchen und ein selbständiges Leben zu führen.

Tracy verdankte seinen ersten beruflichen Erfolg George M. Cohan, der ihn für den «verdammt besten Schauspieler der Welt» hielt. Cohan riet ihm, «alles mit einem kleinen Schuß Dressing zu servieren», und Spencer sollte zeit seines Lebens diesen Rat befolgen. Den beruflichen Durchbruch erlebte Tracy 1930 mit *The Last Mile*, einem Gefängnisdrama von John Wexley. Durch seine Verkörperung des Killers Meers wurden die verschiedenen Hollywood-Studios auf Tracy aufmerksam. Doch die meisten Probeaufnahmen verliefen negativ, so daß er glücklich den Vertrag akzeptierte, der ihn die nächsten Jahre an die 20th Century-Fox binden sollte. Spencer machte keinen Hehl daraus, daß ihn vor allem das Geld reizte, das er in Hollywood verdienen würde. Innerhalb der nächsten fünf Jahre wirkte Tracy in 26 Spielfilmen mit. Privat spielte er leidenschaftlich gern Polo, und zusammen mit seinen Freunden James Cagney, Pat O'Brien, John Ford, Clark Gable und George Murphy veranstaltete er feucht-fröhliche Trinkrunden in den bekannten Lokalen des Sunset Boulevard.

Spencer bemühte sich, die Ehe mit Louise, die deutliche Risse aufwies, wieder zu kitten. Doch spätestens 1932, Louise «Susie» Tracy war gerade geboren, war für die meisten klar, daß die Liebe der beiden zugunsten einer innigen Freundschaft gewichen war. Der Öffentlichkeit aber zeichnete das Propagandabüro das Bild eines soliden, souveränen, humorvollen Familienvaters, der gewissenhaft in seiner Arbeit aufging.

«Im Studio war bekannt, daß Spencer in periodischen Abständen verschwand und sich irgendwo sinnlos betrank», berichtete Anita Loos. «Allerdings war er bei den Dreharbeiten immer nüchtern. Wenn er trank, trank er allein, eingeschlossen in einem Hotelzimmer. Hatte er diese Phase überwunden, kehrte er wieder zu seiner Arbeit zurück, so als ob nichts gewesen wäre.»

Freunde vermuteten, daß Spencer auf diese Weise sein schlechtes Gewissen gegenüber Louise und seinen Kindern zu ertränken suchte. Schon bald wurde er zum «bösen Jungen der Fox». Strikt weigerte sich Spencer, Überstunden zu machen und bestand auf seiner zweistündigen Mittagspause. Da das Studio wenig mit ihm anzufangen wußte, wirkte Tracy überwiegend in B-Produktionen mit. Zu den wenigen A-Filmen gehörte *A Man's Castle*, bei dem Frank Borzage Regie führte. Spencers Partnerin war die zwanzigjährige Loretta Young. Innerhalb einer Woche waren die beiden in eine leidenschaftliche Romanze verstrickt. Es dauerte nicht lange und Spencer verließ das gemeinsame Heim und quartierte sich im *Beverly Wilshire Hotel* ein. Louise erklärte der Presse, man habe sich im gegenseitigen Einverständnis vorübergehend getrennt. In den nächsten vier Monaten waren die Zeitungen voller Bilder, die Loretta und Tracy bei den verschiedensten Anlässen und Gelegenheiten zeigten. Doch eines Tages erklärte die Young der Presse: «Da Spencer und ich gläubige Katholiken sind und niemals heiraten könnten, haben wir beschlossen, uns nicht wiederzusehen.» (Miss Young erklärte in späteren Jahren, daß es allein Spencer war, der vor einer Scheidung und späteren Heirat zurückgeschreckt war. «Ich glaube, das war auch der Grund, warum er mich dazu drängte, unsere Beziehung abzubrechen. Die Erklärung von 1934 war eine meiner größten Selbstverleugnungen!»)

Obwohl Spencer zu seiner Frau zurückgekehrt war, wurde er des öfteren in der Öffentlichkeit in der Begleitung von Lana Turner, Olivia de Havilland, Judy Garland, Jean Harlow und Hedy Lamarr gesehen.

«Winfield R. Sheehan, der Chef der Fox, war ein sehr guter Freund von Spencer», erinnerte sich Kate. «Eines Tages beging Winnie den Fehler und verließ die Stadt. Sein Assistent dachte sich: ‹Meine Güte, diesem Spencer Tracy werde ich es schon zeigen.› Er ließ Spencer in sein Büro kommen und hielt ihm einen Vortrag, daß Alkohol keine Probleme lösen könne. ‹Reißen Sie sich zusammen und führen Sie sich anständig auf!› ermahnte ihn Winnies Assistent. Und Spencer sagte: ‹Ja, Sir. Natürlich, Sir!› Er verließ das Büro, verneigte sich höflich und ging in die Stadt in seine Stammkneipe. Nach kurzer Zeit war er der glücklichste Schauspieler Hollywoods. Dann ging er wieder in das Büro zurück. ‹Sie sind betrunken!› explodierte der Assistent. ‹Halten Sie das für klug? Gut, Sie sind gefeuert!› Und Spencer sagte: ‹Danke!› – Zwei Stunden später hatte er einen neuen Vertrag mit der MGM. Er blieb zwanzig Jahre lang bei der Metro und machte 38 Filme, von denen viele sehr erfolgreich wurden.»

Louis B. Mayer war davon überzeugt, daß Spencer zu den größten und gewinnbringendsten Stars Amerikas zählte. Stars wie Lamarr, Myrna Loy, William Powell, Harlow und Gable rissen sich darum, zusammen mit Spencer zu drehen. Schon bald avancierte er zu Clark Gables bestem Freund, der meistens das Mädchen an den King verlor. Doch als Tracy in einigen filmischen Biographien wie *Stanley and Livingstone, Edison the Man* und *Boys Town* sein Können als Solo-Star unter Beweis gestellt hatte, begann man bald, nach Filmstoffen ausschließlich für ihn zu suchen.

Als Spencer 1940 die Hauptrolle in der Stevenson-Verfilmung *Dr. Jekyll and Mr. Hyde* bekam, schlug er Mayer und Victor Fleming Kate als seine Partnerin vor. «Ich sollte sowohl das gute Mädchen, Jekylls Verlobte, als auch die Prostituierte spielen. Allein durch eine Veränderung von Sprache und Gesten sollte der unterschiedliche Charakter dargestellt werden. Mein Gott, wie faszinierend, doch leider hatte ich keine Zeit.»

Da ihm der Trubel um seine Beziehung mit Loretta Young noch in unangenehmer Erinnerung war, legte Spencer großen Wert darauf, die Romanze mit Kate geheimzuhalten. James Cagney, der mit zu seinen engsten Freunden gehörte, erinnerte sich, «daß wir erst kurze Zeit nach Ende des Zweiten Weltkriegs von Spencer erfuhren, daß die Sache mit Katie etwas Ernsteres war». Kates Freunde dagegen verfolgten die Beziehung mit Skepsis, war Spencer doch als Alkoholiker und Frauenheld verschrien. Kate störte das nicht. Als Mayer von der Affäre erfuhr, bestellte er Kate zu sich und klärte sie über Tracy auf. Doch Kate wollte davon nichts wissen. Schließlich bot er ihr seine Hilfe an – hatte der Film-Tycoon doch schon einmal vor einigen Jahren Rhea Gable 100000 Dollar bezahlt, damit sie Clark eine schnelle Scheidung gewährte, so daß dieser Carole Lombard heiraten konnte. Kate lehnte dankend ab, versprach aber, keine Schritte zu unternehmen, ohne zuvor Mayer zu konsultieren.

Einige Reporter bekamen Wind von der Affäre, und als sie Kate fragten, ob sie in Spencer Tracy verliebt sei, antwortete sie: «Ganz Amerika liebt Mr. Tracy.»

Vor allem Kates Familie wollte wissen, wann sie und Spencer ihre Beziehung legalisieren. Einer Scheidung hätte von Louises Glauben her (sie gehörte der Episkopalischen Kirche an) nichts im Wege gestanden, doch Spencer schien Veränderungen zu hassen. In den fünfziger Jahren erklärte er Joan Fontaine: «Ich kann mich, wann immer ich will, scheiden lassen. Aber meine Frau und Kate finden die Dinge so in Ordnung, wie sie sind.»

Kate hatte der Ehe immer schon kritisch gegenübergestanden. «Die Ehe ist in meinen Augen eine Serie von Auseinandersetzungen, über die man letztendlich stolpert und sich ein Bein bricht. Das Hauptproblem besteht darin, daß jeder zuerst an sein eigenes Sexualleben denkt. Sex ist Lebenskraft. Man kann diesem Kitzel einfach nicht entgehen, wenn man mit jemanden zusammen lebt, den man liebt. Der einzige Nachteil ist, daß das Alter keineswegs sexuelle Weisheit mit sich bringt. Also versucht immer einer den anderen zu beherrschen. Außerdem vertrete ich die Ansicht, daß niemand, der Schauspieler ist oder sein möchte, heiraten darf. Vor allem keinen anderen Schauspieler. Man ist zu sehr mit sich selbst beschäftigt, und die Arbeit fordert von einem so viel, daß es unmöglich ist, auch noch einem anderen Menschen die notwendige Aufmerksamkeit zu schenken. Schließlich fühlt dieser sich überflüssig und wird unglücklich. Niemals sollte man andere unglücklich machen. Das Leben ist viel zu kurz dazu.»

Gleichwohl stellte sie sich in Spencers Schatten und übernahm die Pflichten einer Ehefrau: sie kochte, wusch, fuhr Spencer ins Studio, half ihm bei der Bewältigung seiner Probleme und schirmte ihn gegenüber den Freunden ab, die ihrer Ansicht nach einen «schlechten Einfluß» auf ihn ausübten. Dennoch war sie frei und nicht durch eine lächerliche Zeremonie an ihn für immer gebunden.

Während er für sie immer «Spence» oder «Spencer» war, hatte er eine ganze Reihe von Namen für sie parat, wie Garson Kanin verriet: «Kathy», «Katie», «Olive Oyle», «die Madam», «Miss America», «Coo-Coo», «das Vogelmädchen», «Laura la Plante», «Madame Curie», «Molly Malone», «Madame Defarge», «Carrie Nation», «Dr. Kronkheit», «Zasu Pitts» und «Flora Finch». Und während sie Spencer als «rein, wie eine gebackene Kartoffel» beschrieb, betrachtete sie sich selbst als «Dessert mit Schlagsahne».

George Cukor war davon überzeugt, daß Kate Spencers Leben verlängerte. Zwar betrank er sich auch noch während ihrer Beziehung, doch Kate kontrollierte seinen Alkoholkonsum und reduzierte ihn. Ebenso gewöhnte sie ihm das Rauchen ab. «Dies war um so schwerer, da Kate selbst rauchte. Sie brachte ihm die Kunst in jeglicher Variante näher und verhalf ihm zu ruhigeren Abenden. Spencer im Gegenzug verhinderte durch seine Art, daß Katie eine wunderliche Jungfer wurde. Mit seinen oft grausamen Witzen holte er sie in die Realität zurück; denn so unglaublich es auch klingen mag, Katie war verträumter als er. Ihm gelang es, daß sie sich nicht mehr allzu wichtig nahm, über sich selbst lachen konnte und ihre unbeschreibliche Menschenscheu verlor. Durch ihn wurde sie direkter und vor allem menschlicher. Ja, ich bin der Ansicht, daß ohne Spence Kate nie so weit gekommen wäre.»

In einem Interview beschrieb Kate die Rollentypen, die sie in ihren gemeinsamen Filmen verkörperten wie folgt: «Wir glichen unsere unterschiedlichen Charakter aus. Wir verkörpern den idealen Amerikaner und seine Frau. Die Frau hat meistens eine sehr spitze Zunge und sie stachelt den Mann auf. Ist ungefähr so wie ein Moskito. Der Mann handelt ruhig und überlegt, und wenn es ihm zuviel wird, holt er mit seiner Pranke die Lady wieder auf den Boden zurück. Und das gefällt dem amerikanischen Publikum. Obwohl er von ihr herausgefordert wird, ist er Herr der Situation. Es ist nicht einfach, sein Königreich zu behalten. Aber er schafft es. Und das ist ungefähr so, wie es immer abläuft.»

3

Nachdem *Die Frau, von der man spricht* im Oktober 1941 fertiggestellt worden war, fand im Dezember eine Probeaufführung statt. Das Publikum war begeistert, beklagte sich aber über das Ende.

Da Kanin und Lardner nicht mehr zur Verfügung standen, sollte nun Lee Mahin einen neuen Schluß schreiben. Zusammen mit Mankiewicz und Stevens verfaßte er ein «typisch chauvinistisches

Ende»: Der Versuch von Tess, sich als Hausfrau zu profilieren, scheitert kläglich; sie kann weder mit dem Toaster noch der Küchenmaschine umgehen; die Eier mißraten, der Kaffee kocht über und die Waffeln sind pappig und ungenießbar.

«Wir dachten uns, daß die meisten amerikanischen Ehefrauen, nachdem sie sich zwei Stunden diesen Ausbund an fraulicher Schönheit, Intelligenz und Erfolg angesehen haben, einen Minderwertigkeitskomplex bekommen. Einige würden sich sicher fragen, ob ihre Ehegatten nicht viel lieber mit einer derartigen Göttin verheiratet wären», begründete Mankiewicz seine Änderung. «Jetzt waren sie Tess wenigstens in diesem Punkt überlegen.»

Kate bezeichnete die neue Fassung als «größte Ansammlung von Scheiße, die ich jemals gelesen habe», und ärgerte sich, daß sie wegen der Nachaufnahmen ihre Theatertournee unterbrechen mußte.

Die Filmbesucher aber liebten das neue Ende. *Die Frau, von der man spricht* übertraf in finanzieller Hinsicht sogar *Die Nacht vor der Hochzeit*.

«Die Titelrolle wird von Miss Hepburn gespielt, die nie zuvor schöner ausgesehen hat. Sie spielt so humorvoll, einfallsreich und ansteckend, daß ich glaube, daß sie noch besser als in *Die Nacht vor der Hochzeit* ist. Nicht weniger befriedigend ist Mr. Tracy. In seiner Charakterisierung eines Sportreporters ist kein falscher Ton zu finden. Und dann die Dinge, die er mit einer Geste, einem Lächeln bewirkt, das ist nicht jedermann gegeben... Was für ein Schauspieler!» schrieb William Boehnel im *New York World-Telegram*.

Noch vor Beginn der Dreharbeiten zu *Die Frau, von der man spricht* hatte sich Kate gegenüber Lawrence Langner und Theresa Helburn bereit erklärt, in dem neuesten Stück von Philip Barry mitzuwirken. «Unser Problem war die männliche Hauptrolle», erinnerte sich Langner. «Wir boten sie verschiedenen Stars an, aber keiner war bereit, neben Kate zu spielen. Insgeheim hofften wir, Spencer Tracy würde die Rolle übernehmen.»

Tracy war auch dazu bereit, nur lehnte ihn die Theatre Guild ab, da sie befürchtete, er könne die Tournee durch seinen Alkoholismus schmeißen. Die Rolle bekam also Elliot Nugent, der, wie sich erst später herausstellte, ein noch größerer Trinker als Tracy war.

Barrys Stück *Without Love* handelte von einem irischen Politiker, der wegen der Wohnungsnot in Washington bei einer jungen Witwe einquartiert wird. Um seine politische Mission zu schützen, gehen die beiden eine Scheinehe ein. Wie nicht anders zu erwarten wird aus dem Spiel schon bald ernst...

Am ersten Tag der Proben hatten Kate und Nugent eine Szene zu spielen, die mit einem Kuß endete. «Um das Eis zu brechen», wie Nugent es formulierte, küßte er Kate leidenschaftlich und heftig. «Küssen Sie Ihre Partnerinnen immer so bei der ersten Probe?» fragte sie ihn entsetzt. Und er lächelte nur. Die Beziehung zwischen Kate und Elliot war wie Hund und Katz.

Die Tournee startete am 26. Februar 1942 in New Haven. Zu den Problemen mit Nugent kam hinzu, daß Spencer es sich in den Kopf gesetzt hatte, Kate zu begleiten. Sie lebten in getrennten Hotels, verbrachten aber so viel Zeit wie möglich miteinander, doch immer darauf bedacht, niemals zusammen gesehen zu werden.

In den ersten Wochen rissen die Leute sich um die Karten. «Unser Presseagent erzählte mir, daß außer uns nur ein Zirkus mit einer Gorillalady namens Gargantua so erfolgreich war», erinnerte sich Kate. «Ihr schien dieser Name zu gefallen, denn in den nächsten Wochen nannte sich auch Kate so. Wahrscheinlich, weil der Affe bessere Kritiken als wir bekam», erzählte Nugent.

Zunächst sollte *Without Love* jeweils eine Woche in Boston, Baltimore und Washington gespielt werden und dann Ende März am Broadway herausgebracht werden. Doch nach den ersten vernichtenden Kritiken rief man in Washington eine Krisensitzung ein und entschied, weiter auf Tournee zu bleiben und nur den Broadway-Termin zu verschieben. Brooks Atkinson beschrieb Kates Spiel «als mechanisch», Langner dagegen betrachtete es als «extrem überzogen». «Da sie mit Nugent nicht zufrieden war, versuchte sie durch ihre Darstellung seine Mängel zu kompensieren. Doch dadurch schadete sie sich nur noch mehr.»

Audrey Christie, die die Kitty Trimble spielte, erzählte, daß «Kate mit ihrem Ford, den sie sich von Howard Hughes geliehen hatte, aufs Land fuhr und dort ihrer Verzweiflung und Frustration Luft machte in Form eines Schreis, Jahre, bevor man etwas von der Ur-Schrei-Therapie gehört hatte.»

Zu den Städten, in denen *Without Love* ausprobiert werden sollte, gehörten auch Pittsburgh und Hartford. Die nervliche Anspannung hatte bei Kate Spuren hinterlassen. In Pittsburgh zertrümmerte sie die Fotokamera eines Fans, in ihrer Heimatstadt weigerte sie sich, zusammen mit einem Mädchen, das zur vielversprechendsten Schauspielerin gekürt worden war, fotografiert zu werden. Ebenso lehnte sie die Interviewbitte eines Schülerzeitungsreporters der Hartford High School ab. Als Verehrer das Haus der Hepburns umlagerten, alarmierte sie die Polizei und forderte sie auf, das Gelände von Fans zu räumen, «um meine Privatsphäre zu schützen».

Spencer war inzwischen nach Hollywood zurückgekehrt und hatte mit den Dreharbeiten zu *Tortilla Flat* begonnen. Seine Versicherungen, er könne seine Partnerin Hedy Lamarr nicht besonders leiden, linderten Kates Eifersucht und Befürchtungen nicht.

Zur Premiere in Hartford kamen natürlich Mr. und Mrs. Hepburn und auch Kates Schwester Marion und deren Mann Ellsworth Grant. Peggy, die wenige Monate zuvor ihren Traummann Thomas Perry geheiratet hatte, war nach Elkton, Maryland, gezogen.

Kate hatte sich gegenüber den Bürgern von Hartford nicht sehr freundlich verhalten, dennoch erntete sie heftigen Applaus und sieben Vorhänge. In einer kleinen Ansprache bekannte sie, sie habe bereits zweimal in ihrer Heimatstadt auf der Bühne gestanden, sei aber nie mit so großer Sympathie wie heute empfangen worden. Ein Reporter, der von *Life* anläßlich der Premiere nach Hartford geschickt worden war, schrieb später: «Man hatte wirklich den Eindruck, daß sie all die netten Dinge wirklich meinte.» Über ihre Darstellung urteilte er: «Sie spielt ihre Rolle mit überlegenem Spiel und der kühlen Brillanz von fluoreszierendem Licht.»

Nach ihrer letzten Hartford-Vorstellung am 3. Mai erklärte die Theatre Guild in einer Presseerklärung, die Tournee und die Broadway-Premiere von *Without Love* werde so lange verschoben, bis «Miss Hepburn die Dreharbeiten ihres neuesten Films an der Seite von Spencer Tracy beendet» habe. Auch sollte Tracy in New York die männliche Hauptrolle übernehmen. Tracy aber, durch die Ablehnung der Guild gekränkt, weigerte sich.

Donald Ogden Stewart hatte Kate auf den neuen Bestseller von I. A. R. Wylie aufmerksam gemacht. Steven O'Malley wird von seiner Zeitung beauftragt, über den Tod des amerikanischen Nationalhelden Robert V. Forrest zu berichten. Da der Reporter mit zu seinen Bewunderern gehört hat, beschließt er, eine Biographie über Forrest zu schreiben. Seltsamerweise weigern sich jedoch die Vertrauten und Angestellten des Toten zu kooperieren ebenso wie dessen Witwe Christine. In O'Malley wächst der Verdacht, daß Forrest ermordet wurde. Bei seinen Nachforschungen entdeckt er, daß sich hinter der Fassade des treuen Amerikaners ein glühender Faschist verbarg, der die Gleichschaltung Amerikas vorbereitete.

Kate und Spencer gefiel der Roman, der unter dem Titel *Keeper of the Flame* (dt. *Die ganze Wahrheit*) verfilmt werden sollte. Stewart dagegen befürchtete, daß auf Grund seiner Linkstendenzen und der Ähnlichkeit von Forrest mit Mayers Freund William Randolph Hearst, dem Pressezar, L. B. niemals sein Einverständnis geben würde. Doch nach einem Gespräch mit Kate stimmte Mayer überraschend zu, «da er es für seine patriotische Pflicht hielt, die Amerikaner vor den Gefahren des Faschismus zu warnen».

Tracy, Hepburn und Stewart entschieden sich für George Cukor als Regisseur. Bald aber zeigte sich, daß die beiden Hauptdarsteller eine andere Vorstellung von der Umsetzung des Romans hatten als Stewart und Cukor.

Cukor: «Bei der ersten Besprechung schilderte Kate den Inhalt. Es klang alles sehr interessant und sehr faszinierend und ich verstand jetzt, weshalb Mayer seine Zustimmung gegeben hatte. Denn das, was sie erzählte, stand in keinerlei Verbindung zu Johns Drehbuch. ‹Wenn das der Film sein soll, lege ich die Regie nieder›, erklärte ich, nachdem Kate fertig war. Es entstand eine lange Pause. Endlich sagte Spencer: ‹Gut, dann laßt uns einmal das Drehbuch von John genauer anschauen.›»

Kate beteiligte sich zwar weiterhin an der Planung, machte aber in ihrem Bekanntenkreis keinen Hehl daraus, daß ihr das Drehbuch mißfiel. Über Umwege erfuhr auch Eddie Mannix in New York davon und bestellte George zu sich ins Büro. In knappen Worten erklärte er ihm, daß es wohl besser sei, die Dreharbeiten einzustellen. Als Vorwand nahm er zum einen Kates Unzufriedenheit, zum andern den Angriff auf Pearl Harbor. «Jetzt, wo wir in den Krieg eingetreten sind, braucht das Kino die Zuschauer nicht mehr vor dem Übel des Faschismus zu warnen», meinte Mannix. Was er aber verschwieg, war die Angst, daß die Hearst-Presse auf *Die ganze Wahrheit* mit ähnlichen Restriktionen reagieren würde wie einst bei *Citizen Kane*. «Ich glaube, das muß nun erst recht geschehen», antwortete Cukor. «Zumal die meisten blind sind und die Gefahren im eigenen Land nicht erkennen.»

Mannix überließ letztendlich Mayer die Entscheidung, der seine Sorgen nicht teilte und hoffte, den Wunsch des Publikums nach einem neuen Tracy–Hepburn-Film mit *Die ganze Wahrheit* zu befriedigen.

In der Zwischenzeit erfuhr auch Kate von Stewarts Verärgerung, und da sie noch nie eine Diskussion gescheut hatte, rief sie ihn an und bat um eine Aussprache. «Wir sprachen alle Aspekte durch und zu guter Letzt willigte Kate ein, den Film so zu machen, wie ich ihn geschrieben hatte.»

Bei ihrem ersten Auftritt kommt Kate mit leidensverzerrter Miene in einem weißen, fließenden Gewand in ihr Wohnzimmer und schmückt das Bild ihres verstorbenen Mannes mit weißen Lilien.

«Es wirkte alles so künstlich», erinnerte sich Cukor, «wie die Figuren in Madame Tussauds Wachsfigurenkabinett. Ein Fehler war auch, daß wir den Film im Studio und nicht draußen drehten. Und Kate verfiel wieder in ihre affektierten Manierismen wie einst bei RKO. Die Rolle der Christine war Gott sei Dank ihre letzte Glamour-Rolle. Ehrlich gesagt konnte ich sie in diesen Parts nicht besonders ausstehen. Die affektierte Art, dieser leidende, tränenschwere Blick, die dramatischen, überzogenen Gesten, einfach unmöglich. Dagegen war ich begeistert, wenn sie natürlich und voller Humor war und vergaß, eine Film-Queen zu sein.»

Dieses «Film-Queen-Syndrom» äußerte sich auch darin, daß Kate sich in alle Angelegenheiten einmischte und Cukor mit ihren Verbesserungsvorschlägen nervte. Obwohl sie nur in zwei Dritteln des Films gebraucht wurde, kam sie jeden Morgen ins Studio und «überwachte» die Dreharbeiten. Nach einer Szene von Spencer nahm sie George zur Seite und meinte: «Ich glaube, George, du hast da einen Fehler gemacht. Spence sollte besser sitzen, wenn er diesen

Text zu sprechen hat.» George sah sie nur schweigend an. Doch bereits am nächsten Tag meldete sich Kate erneut zu Wort und korrigierte, der Text eines Partners von Spencers müsse «leiser und weicher gesprochen werden». Auch diesmal unterdrückte Cukor einen Kommentar. Eine Woche später drehte er die Szene, in der Steven und Christine erfahren, daß die Hütte, in der die wichtigen Beweisdokumente lagern, in Brand geraten ist. «Schwachsinn!» rief Kate verärgert aus. «Es ist doch unsinnig, daß man den beiden noch einmal sagt, daß es brennt, wo sie doch den Rauch sehen müßten!» George platzte der Kragen. Langsam drehte er sich um und zischte freundlich: «Es muß einfach großartig sein, wenn man alles über die Schauspielerei und Feuer weiß!»

Als *Die ganze Wahrheit* im Dezember 1942 in die Kinos kam, erwarteten viele eine Komödie wie *Die Frau, von der man spricht* und wurden enttäuscht. Eingedenk der vierten Oscar-Nominierung für Tess Harding (diesmal verlor Kate an Greer Garson) nahmen die Kritiker den Film zurückhaltend freundlich auf, wenn auch der Gedanke laut wurde, daß Cukor nicht über die «Qualitäten eines Alfred Hitchcock» verfüge und MGM anscheinend falsch beraten war. Cukor zufolge war auch L. B. Mayer alles andere als erfreut: «Nach der Premiere verließ er das Theater wie von Furien gejagt. Der Filmtitel durfte die nächsten Monate in seiner Anwesenheit nicht genannt werden.»

Gegen Ende der Dreharbeiten von *Die ganze Wahrheit* erfuhr Kate, daß ihr Ex-Mann Ludlow Ogden Smith erneut die Scheidung eingereicht hatte. Dem Richter gegenüber begründete er seinen Entschluß damit, daß er Zweifel habe, ob die 1934 in Mexiko ausgesprochene Scheidung rechtsgültig sei. Auf seine Ehe angesprochen, erklärte er, seine Frau habe ihm gesagt, sie könne ihre Karriere nicht fortsetzen, wenn sie verheiratet wäre. Daß es sich bei dem Fall L. O. Smith gegen Katharine H. Smith um die bekannte Hollywood-Schauspielerin handelte, merkten der Richter und die Zuschauer erst, als Dr. Hepburn Connecticut als Hauptwohnsitz von Kate angab. Sie selbst nahm an der Anhörung nicht teil, weil sie befürchtete, die Presse würde daraus einen «Zirkus» veranstalten.

Zunächst vermuteten Kates Freunde, «Luddy» habe diesen letzten Schritt wegen Kates Beziehung zu Spencer vollzogen. Doch bald schon stellte es sich heraus, daß «Luddy» eine Frau gefunden hatte, die besser zu ihm paßte als Kate. Elizabeth Albers, geschieden, stammte aus Boston und war in ihrer Art das genaue Gegenteil von Kate. Bereits eine Woche nach der Scheidung, am 26. September 1942, heirateten «Luddy» und Elizabeth.

Kate brauchte Ablenkung und wollte wieder auf die Bühne zurückkehren. Barry hatte *Without Love* mehrmals überarbeitet und es schien wirklich besser geworden zu sein. Am 26. Oktober 1942 begannen die zweiwöchigen Proben, bevor das Stück am 10. November im St. James Theatre Premiere feierte. Elliot Nugent war immer noch ihr Partner, aber Kate machte von Anfang an klar, daß sie in New York keinerlei Unsinn wie bei der Tournee dulden würde. Kate lebte in ihrem Turtle Bay-Haus und genoß es, wieder in New York zu sein. Die Kritiker waren sich darüber einig, daß die Hauptschuld an dem langweiligen Stück den Autor und nicht die Hauptdarstellerin traf, der es zu verdanken war, daß in den nächsten vierzehn Wochen jede Vorstellung ausverkauft war. Kates Stimmung besserte sich, als Spencer nach New York kam. Zwar wohnte er im *Waldorf*, verbrachte aber dennoch die meiste Zeit mit ihr.

In den nächsten Wochen und Monaten entwickelte Kate zahlreiche Aktivitäten. In New York erreichte sie die Bitte von Eleanor Roosevelt, die Dokumentation *Women in Defense* zu kommentieren. Begeistert sagte Kate zu. Seit einiger Zeit interessierte sie sich auch für die vom American Theatre Wing betriebenen Kantinen, in denen Soldaten die Gelegenheit hatten, einen Imbiß einzunehmen und mit einem Star zu tanzen. Kate schaute gelegentlich in die «Bühnen-Kantine» in der 44th Street vorbei und wirkte auch in einem Film mit, dessen Gewinn zu 80 Prozent an diese Organisation ging. Bei *Stage Door Canteen* spielten 65 Stars mit, unter ihnen James Stewart, Helen Hayes, Gertrude Lawrence, Lynn Fontanne, Gypsy Rose Lee, Ethel Merman, Yehudi Menuhin, Merle Oberon, Johnny Weissmuller, Count Basie und Benny Goodman. Kate spielte sich selbst, wie sie einer jungen Kantinenangestellten (Cheryl Walker) Trost spendet, als diese von der Abreise ihres Verlobten erfährt. Die Dreharbeiten zu diesem Gastauftritt fanden in New

York statt. Als der Film 1943 in die Kinos kam, beschrieb Lawrence Perry Kates Auftritt als «rührend und ergreifend zugleich». Neben ihrer Arbeit widmete sich Kate im Winter 1942/43 hauptsächlich sozialen Aufgaben.

Viele von Spencers und Kates Bekannten meldeten sich freiwillig zur Armee. Dem Vorbild von James Stewart sollten auch George Cukor, Frank Capra, Garson Kanin und Clark Gable folgen, David Niven, Laurence Olivier und Vivien Leigh kehrten nach England zurück. Währenddessen saß Spencer zu Hause und verzehrte sich danach, ebenfalls seinem Vaterland zu dienen. Als er für wehruntauglich erklärt und ausgemustert wurde, begann er erneut zu trinken. Doch Kate überzeugte ihn, daß er auf andere Art seinem Land nützlich sein konnte. Sie arrangierte es, daß man ihm den Kommentar zu der Dokumentation *Ring of Steel* übertrug.

Im Frühjahr 1943 wirkten Spencer und Kate an einer Radiofassung von *Die Frau, von der man spricht* mit, die von CBS Radio ausgestrahlt wurde.

Der Krieg traf die MGM besonders hart. Während andere Studios nur einige Hauptdarsteller verloren, mußte Metro auf eine ganze Reihe männlicher Stars verzichten. Schnell avancierte Spencer zu einem der begehrtesten Schauspieler, gefolgt von Gene Kelly und Frank Sinatra. Projekte wie *Thirty Seconds over Tokyo, A Guy Named Joe* und *The Seventh Cross* nahmen ihn das ganze Jahr 1943 in Anspruch.

Kates berufliche Zukunft dagegen schien ungewiß. Die G.I.s bevorzugten Pin-up Girls wie Jane Russell, Betty Grable, Rita Hayworth und Lana Turner. Die Studios konzentrierten sich darauf, amerikanische Geschichten mit amerikanischen Gesichtern zu produzieren. *Grande Dames* wie Garbo, Dietrich, Shearer, Crawford und Hepburn wurden zu einem finanziellen Risiko, denn das Publikum wollte lachen und von seinen Problemen abgelenkt werden. Die Komödien, für die Kate der MGM geeignet schien, waren entweder zu anspruchsvoll oder für die Kriegszeit zu frivol.

Im Mai 1943 kehrte Kate nach Hartford zurück. Sie wollte erst einmal Abstand gewinnen, sich entspannen und über den Verlauf ihrer weiteren Karriere nachdenken. Sie spielte Tennis und Golf und arbeitete im Garten ihres Vaters. Vor allem aber liebte sie es «mit 90 000 000 Meilen in der Stunde mit meinem englischen Rennrad durch die Gegend von West Hartford» zu fahren.

Mitte Juni mußten die Dreharbeiten von *A Guy Named Joe* verschoben werden, weil Van Johnson einen Unfall erlitten hatte. Kate und Spencer nutzten die gewonnene Zeit für einen Kurzurlaub.

Kate hoffte auch nach ihrer Rückkehr, daß ihr nächstes Projekt sie wieder mit Spencer vereinigen würde. Doch das einzige Angebot, das sie erhielt, war die Hauptrolle in *Dragon Seed* (dt. *Drachensaat*), der auf dem Bestseller von Pearl S. Buck beruht.

Der Roman, wie auch der Film, handelte von der jungen Chinesin Jade (Kate), die ihr Leben und ihre Ehe aufs Spiel setzt, um ihr Volk aus der japanischen Knechtschaft zu befreien.

Ohne Zweifel ist *Drachensaat* ein politischer Film, zu dem Mayer sein Einverständnis aus zwei Gründen gab: zum einen hoffte er, so an den kommerziellen Erfolg von *The Good Earth* (ebenfalls eine Buck-Verfilmung), anzuknüpfen; zum andern zeichnete der Film die Japaner als Bösewichte. Nur so ist es zu erklären, daß Mayer einem Budget von 3 000 000 Dollar zustimmte. Allein 2 Millionen Dollar verschlang das chinesische Dorf, das 36 Meilen außerhalb von Los Angeles auf einer 120 Acre großen Farm im San Fernando Valley errichtet wurde. Der Perfektionswahn ging so weit, daß man Rohre verlegte und mit 5 Millionen Gallonen Wasser Reisfelder anlegte, einen Teil der Hügel terrassenförmig abtrug und die Gebäude von einem chinesischen Architekten entwerfen und erbauen ließ. Cederic Gibbons leitete diese «chinesische Disneyworld». In seiner Kolumne witzelte James Agee: «Nach der Fertigstellung dieser Anlage besiedelte man sie mit so charakteristischen Chinesen wie Walter Huston, Aline MacMahon, Akim Tamiroff, Agnes Moorehead, Turhan Bey und Katharine Hepburn.» Der Produktionsleiter war Pandro S. Berman, der ebenfalls wie Kate die RKO verlassen hatte und bei MGM unter Vertrag stand.

«Kate war wie eine Laus», erinnerte sich Berman. «Sie ließ nicht locker, bis sie das bekam, was sie wollte. Sie arbeitete nicht länger, als sie es für richtig hielt; bestand auf dreifacher Überzeit und befehligte das ganze Team. Ich meine das nicht negativ. Sie ist zäh, verlangt aber von anderen nichts, was sie selbst nicht zu geben bereit ist.»

Wegen ihrer schwierigen Maske mußte Kate jeden Morgen um 6 Uhr im San Fernando Valley sein. Das frühe Aufstehen bereitete ihr keinerlei Schwierigkeiten. Größere Sorgen machte sie sich um Spencer. Parallel zu *Drachensaat* hatten die Dreharbeiten zu *The Seventh Cross* begonnen. An Stelle von Alkohol trank Tracy ausschließlich Kaffee, der ihm Nacht für Nacht heftige Leibschmerzen verursachte. Anlaß zu Sorgen bot auch der Regisseur Jack Conway, der noch immer an Tuberkulose und schweren Fieberanfällen litt. Sicherheitshalber engagierte Berman Harold S. Bucquet, der Conway zur Seite stehen sollte. Nach wenigen Wochen mußte Conway schweren Herzens die Regie an Bucquet übergeben.

Zu Bermans Belustigung nahmen vor allem die chinesischen Nationalisten und Kommunisten regen Anteil an den Dreharbeiten. «In der Szene, in der die Chinesen gegen die Japaner kämpfen, bestanden beide Gruppen darauf, daß wir lediglich die Uniformen ihrer Soldaten verwenden sollten. Da ich aber keine von beiden ausstehen konnte, entschied ich mich für etwas Neutrales. Weil nun jedwede Abzeichen fehlen, ist eine genaue Einordnung der politischen Richtung unmöglich.»

Als *Drachensaat* im Juli 1944 in die Kinos kam, machten sich einige Kritiker über Jades «orientalischen New England-Akzent» und ihren «schlecht geschneiderten Pyjama» lustig. Andere glaubten, Kate sei «schwer als Chinesin zu akzeptieren», lobten aber ihre Darstellung. «Katharine Hepburn ist trotz des Make-ups niemand anderes als Katharine Hepburn», wußte Leo Mishkin zu schreiben. «Aber wenn man ihr die Gelegenheit dazu gibt, ist sie eine hervorragende Schauspielerin, die fähig ist, ihre eigene Persönlichkeit zugunsten einer glühenden, schillernden Darstellung aufzugeben.»

Kate dagegen scherzte in einem Interview: «Jetzt wird man von mir sicher behaupten, daß ich nicht einmal auf chinesisch meinen Mund halten kann!»

Der größte Fan von *Drachensaat* sollte aber L. B. Mayer sein, denn seine Rechnung ging auf: Der Film wurde einer der größten finanziellen Erfolge von MGM vor 1944.

Kate als *Sylvia Scarlett* (dt. *Sylvia Scarlett*), 1936, RKO

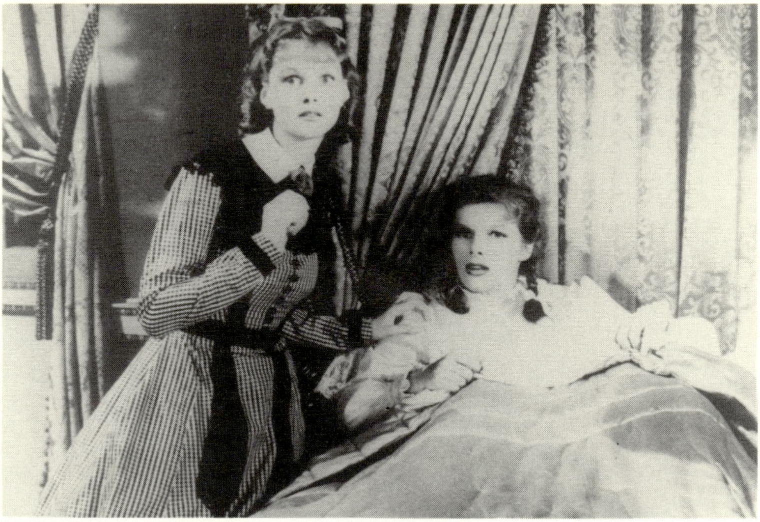

Oben: Kate und Elizabeth Allan in *A Woman Rebels* (dt. *Ein aufsässiges Mädchen*), 1936, RKO
Links: Franchot Tone und Kate in *Quality Street* (dt. *Quality Street*), 1937, RKO

Kate als Lady Babbie in
The Little Minister, 1934, RKO

John Beal und Kate in
The Little Minister, 1934, RKO

Während einer Drehpause von *The Little Minister*: Laura Harding, Kate, Regieassistent Ed Killy, Drehbuchautor Mortimer Offner, Regisseur Richard Wallace und Partner bei einem der beliebten Hepburn-Picknicks, MOH Pictures Collection

Mary of Scotland (dt. *Maria von Schottland*), 1936, RKO

Jean Dixon, Kate und Edward Everett Horton in *Holiday* (dt. *Die Schwester der Braut*), 1938, Columbia. Unten: Kate und Cary Grant in *Holiday*, 1938, Columbia

Während der Dreharbeiten von *Bringing up Baby* (dt. *Leoparden küßt man nicht*), 1938: Howard Hawks, Cary Grant und Kate, MOH Pictures Collection

Howard Hughes, 1927, MOH Pictures Collection

Howard Hughes, 1951, MOH Pictures Collection

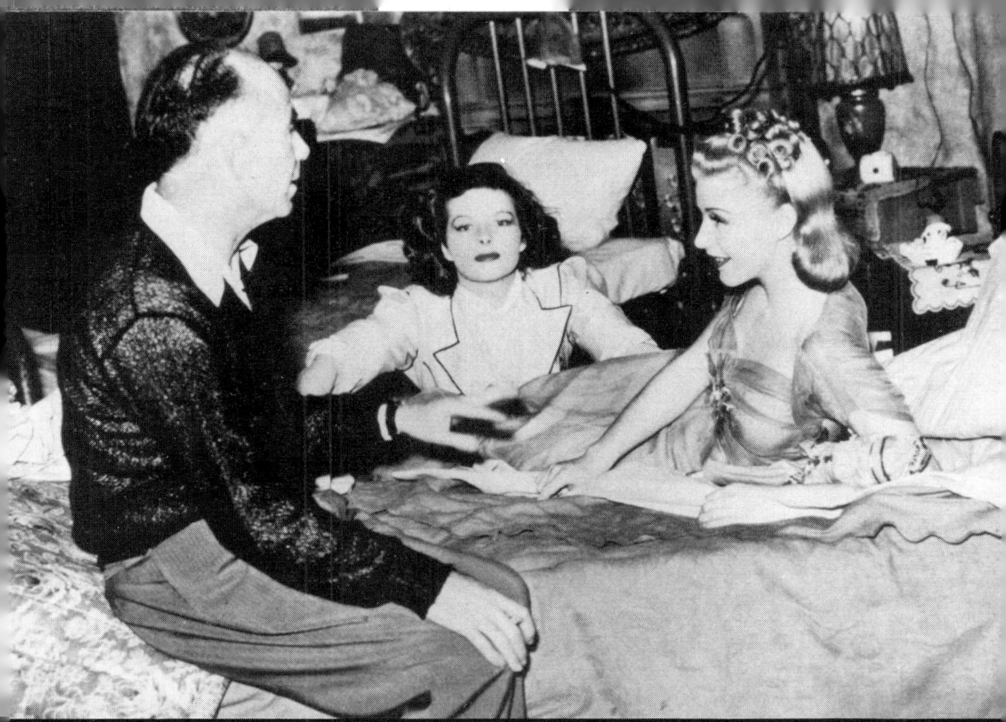

Regisseur Gregory La Cava, Kate und Ginger Rogers während einer Szenenprobe von *Stagedoor* (dt. *Bühneneingang*), 1937, MOH Pictures Collection

Kate in den berühmt-berüchtigten Lilien-Szenen mit «Heul-Ansatz», MOH Pictures Collection

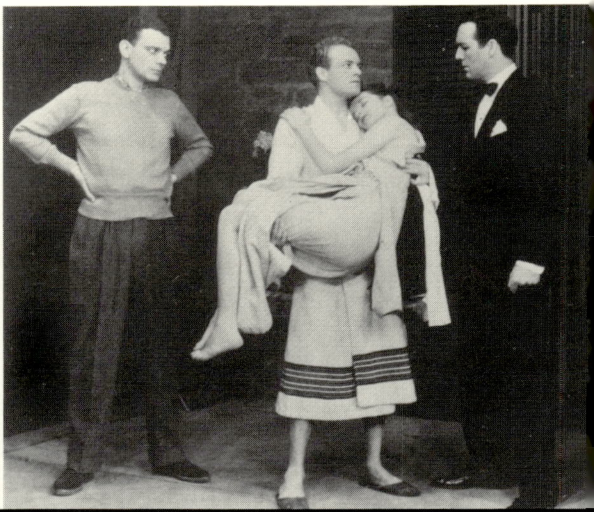

Oben links: Kate als Tracy Lord, 1939. Oben rechts: Joseph Cotten, Van Heflin, Kate und Dan Tobin in *The Philadelphia Story*, 1939. Unten: Kate und Van Heflin in der Theaterfassung der *Philadelphia Story*, 1939

Präsident Franklin Delano Roosevelt und seine glühende Anhängerin Kate Hepburn

McClelland Barclay und Kate am 15. Juni 1939. Barclay verwendete Kate als Modell für sein Gemälde «The Spirit of Intolerance», 1939

Kate, James Stewart und Ruth Hussey in *The Philadelphia Story* (dt. *Die Nacht vor der Hochzeit*), 1940, MGM. Unten: Die gleiche Szene während einer Probe. Im Hintergrund rechts George Cukor

Kate als Tess Harding in *Woman of the Year* (dt. *Die Frau, von der man spricht*), 1942, MGM

Links:
Spencer Tracy und Katharine Hepburn in *Woman of the Year*, 1942, MGM
Unten: «Tess Harding und Sam Craig», MGM

Oben: Spencer Tracy, 1939, MOH Pictures Collection. Unten links: Ein Tracy-Porträt von 1950, MOH Pictures Collection. Unten rechts: Spencer Tracy, 1959, MOH Pictures Collection

Spencer Tracy mit seiner Frau Louise und seinem Sohn John, 1934

Spencer und seine «Erzrivalin» Laura Harding, 1949

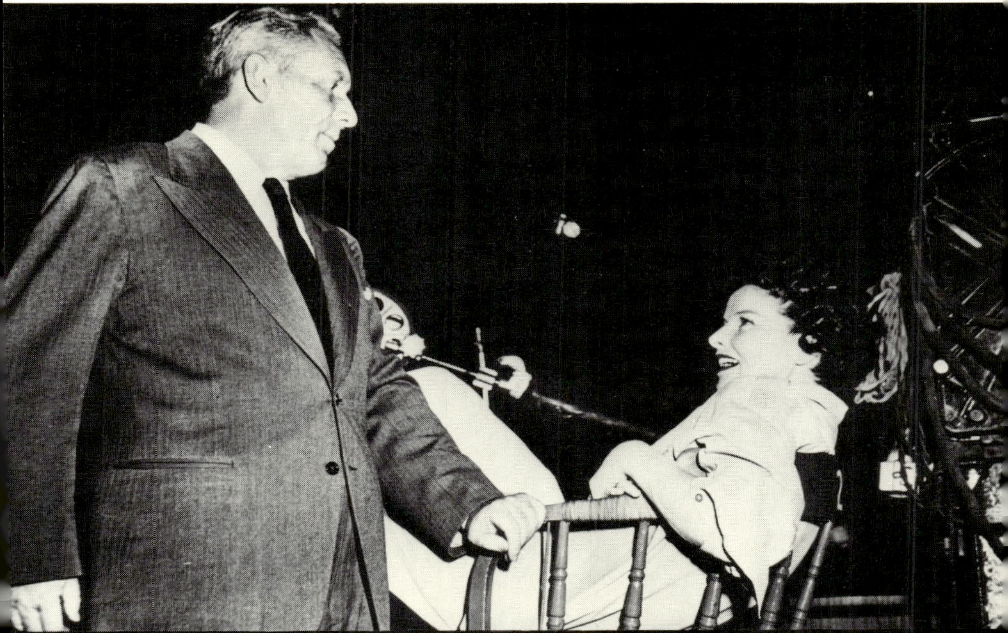

Oben: Spencer und Kate während einer Drehpause von *Adam's Rib* (dt. *Ehekrieg*), 1949, MOH Pictures Collection. Unten links: Kate und Spencer bei der Probe einer Radiosendung für Screen Guild of the Air Broadcast, 1943, MOH Pictures Collection. Unten rechts: Tracy, Cole Porter und Hepburn bei der Probe zu «Farewell, Amanda», MOH Pictures Collection

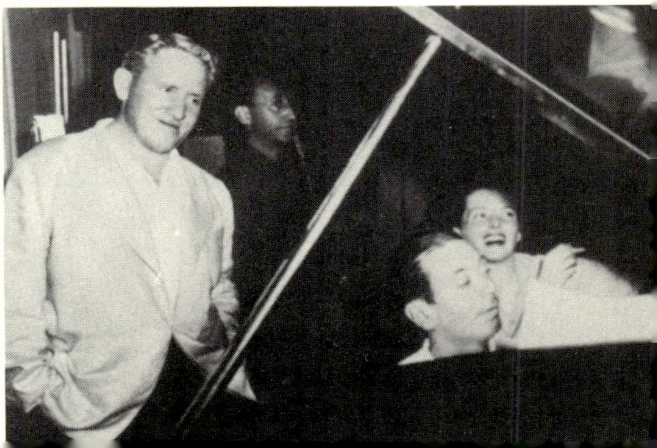

Oben: In einer Drehpause von *Keeper of the Flame* (dt. *Die ganze Wahrheit*), 1942, MGM. Unten: Kate und Spencer in *Woman of the Year*, 1942, MGM

4

Louis B. Mayer mochte Barrys Stück nicht besonders, doch Lawrence Weingarten überzeugte ihn davon, daß *Without Love* (dt. *Zu klug für die Liebe*) der geeignete Stoff für einen Tracy–Hepburn-Film sei. Donald Ogden Stewart schrieb also ein Drehbuch, eliminierte die politische Aussage Barrys und verwandelte Pat Jamieson in einen Wissenschaftler, der auf der Suche nach geeigneten Räumen für ein Laboratorium ist. Jamie Rowan (Kate), eine junge Witwe, möchte ihrem Land im Krieg hilfreich sein und stellte ihm ihr Haus zur Verfügung. Sie selbst zieht aufs Land. Doch bald entdecken die beiden, daß sie einander brauchen, wenn auch aus platonischen Gründen. Dafür, daß Jamie ihm assistiert, darf sie ihre kalten Füße an Pat wärmen. Natürlich verlieben die beiden sich dann doch noch ineinander...

Stewarts Skript übertraf Barrys Vorlage an Humor und spritzigen Dialogen. Die Besetzung der Nebenrollen mit Lucille Ball und Keenan Wynn trug weiterhin zum Erfolg des Films bei. Zunächst dachte man an George Cukor als Regisseur, doch da er anderwärts beschäftigt war, schlug Kate Harold S. Bucquet vor. Während der Dreharbeiten stellte sich heraus, daß Bucquet an Krebs litt. «Als überzeugter Anhänger der Christian Scientist weigerte er sich, sich operieren zu lassen», erinnerte sich Kate. «Ich war durch seinen frühen Tod, verursacht durch seine Religion, entsetzt.»

Obwohl sie und Spencer gut mit Bucquet auskamen, holten sie sich gelegentlich Rat bei George Stevens. «Ich bewunderte seinen Sinn für Komik und Timing, und aus diesem Grund bat ich ihn um seine Meinung, als wir Probleme mit einer Szene hatten, in der es ums Schlafwandeln ging. Es war vorgesehen, daß Spencer zu mir ins Bett steigt. George wies uns darauf hin, daß das nicht nur nicht komisch war, sondern auch gefährlich. Durch den Krieg hatten sich die Moralbegriffe geändert; man war prüder und versuchte, jede Andeutung von außerehelichem Verkehr zu vermeiden. Lustiger dagegen wäre es, wenn die Frau zum Mann ins Bett steigt. Das Problem lösten wir dann wie folgt: Ich hole gerade einen Krug Wasser, als Spencer sich in mein Bett legt – er schlafwandelt und weiß nichts davon. Ich komme zurück, lege mich ins Bett und erschrecke. Spence wacht auf und fragt entsetzt: ‹Was tun Sie in meinem Bett?› Nun ja, das klingt nicht besonders witzig, aber das muß man sehen.»

Über seine Hauptdarsteller sagte Bucquet in einem Interview: «Miss Hepburn benötigt Regieanweisungen, da sie dazu neigt, allzusehr zu schauspielern. Ihre Darstellung ist weniger sparsam als die von Mr. Tracy, aber sein Stil färbt auf sie ab. Das wichtigste aber ist, daß ich ihnen nicht in ihre Szenen hineinrede – sie kennen ihren Job gründlich und wissen zu Beginn einer Szene genau, wie sie sein soll und wie sie sie haben wollen.»

Während den Dreharbeiten befreundeten sich Kate und Spencer mit Lawrence Weingarten. «Schon vor Drehbeginn warnten mich die Leute, daß Kate versuchen würde, sich um alles zu kümmern», erinnerte sich Weingarten. «Doch ich erwiderte: ‹Wovor ich mich fürchte, ist, daß sie wirklich alles tun kann!› Und tatsächlich, sie war Produzent, Regisseur und Kameramann in einem. Sie kannte sich wirklich aus. Mir dagegen fehlte der Mut, sie in ihre Schranken zu weisen. Eines Abends jedoch sagte ich zu ihr: ‹Bevor du gehst, würde ich dich bitten, bei Buddy Gillespie in der Abteilung für Spezialeffekte vorbeizugehen und nachzusehen, was die Miniaturen machen.› Sie verstand den Wink.»

Als *Zu klug für die Liebe* im Mai 1945 in die Kinos kam, wurde es ein großer Kassenschlager. «Zunächst zeigte ich den Film den Studioangehörigen und alle applaudierten», erzählte Weingarten. «Die Voraufführung wurde ein noch größerer Erfolg und der Film war an den Kinokassen ein wirklich großer Hit. Es bot genau das, was die Zuschauer von einem Tracy–Hepburn-Film erwarteten.»

Spencer bestand auch diesmal darauf, daß sein Name vor Kate genannt werde. Als ihn Garson Kanin einmal daraufhin ansprach, fragte Spencer mit Unschuldsmine:

«Warum denn nicht?»

«Nun, schließlich ist Kate die Frau, der man üblicherweise doch den Vortritt läßt.»

«Das ist aber ein Film», murrte Tracy zurück, «und kein Rettungsboot.»

1944 lernte Kate bei einem Dinner, das George Cukor gab, Irene Mayer Selznick näher kennen. «Ich hatte Kate einige Male bei RKO getroffen, doch zum größten Teil kannte ich sie von Cukors Anekdoten und den Erzählungen meines Vaters. Er bewunderte sie. Er lobte ihren Charakter, ihre Art und ihre Intelligenz. Er war von ihr völlig eingenommen. Wenn sie es gewollt hätte, er hätte sie Regie führen oder einen Film produzieren lassen. Außerhalb des Studios trafen sie sich nie, und Vater wunderte sich, daß ich sie noch nicht kannte, zumal wir beide sehr eng mit Cukor befreundet waren. Es sollte auch in Georges Haus sein, daß ich sie näher kennenlernte. Zunächst saßen wir an seiner Seite, doch dann meinte er: ‹Ihr Mädchen seht mich ja die ganze Zeit›, und setzte uns ans andere Ende des Tischs. Kate spielte die Empörte. ‹Er hat wirklich Nerven, uns hierher zu setzen, so weit weg von dem Salz›, meckerte sie. Innerhalb der nächsten fünf Minuten wurden wir Freunde. Ja, man könnte sogar sagen, daß wir eine Verschwörung auf Lebzeiten schlossen.»

Im Frühjahr 1945 reiste Spencer zum erstenmal mit Kate nach Hartford, um ihre Eltern kennenzulernen. Spencer empfand das Treffen mit Kates Familie als «absolut unerfreulich». Seinem Freund Frank Capra vertraute er an: «Ich kannte ja meine Madame Do-Gooder, die sich für jeden Feuerhydranten einsetzt und sich nicht scheut, für die Rechte der dreizehigen Faultiere zu demonstrieren. Und weißt du was? Ihre Familie ist noch schlimmer als sie. Ultraliberale New England-Aristokratie, die sich abrackern für die Armen, aber in ihrem ganzen Leben noch keinen von ihnen gesehen haben. Nimm zum Beispiel ihren Vater. Kein Wohltätigkeitsbrief kommt in die New England-Post, ohne daß nicht sein Name darauf steht. Und ihre Mutter hilft Margaret Sanger mit den geschwängerten Mädchen, bzw. hilft sie denen, daß sie nicht schwanger werden oder bleiben. Und auch alle anderen Hepburn-Kinder haben ein soziales Engagement vorzuweisen. Nun, bei dem Dinner wurde mein Kopf sooo groß. Alle Hepburns sprachen auf einmal über die armen Neger, Puerto Ricaner, Heimatlosen, Abtreibungen, Hungernden, die Slums usw. Mir schwirrte der Kopf, und ich mußte aufstehen, um frische Luft zu holen.»

Weil Kate merkte, wie unwohl Spencer sich im Kreis ihrer Familie fühlte, reisten die beiden früher als geplant wieder ab. Das größte Problem zu dieser Zeit war für Spencer, daß er wehruntauglich war. Viktor Samrock erinnerte sich, «daß Spencer drei Angebote erhalten hatte, nach Übersee zu gehen. Einmal für die USO und ein anderes Mal für das Office of War Information. Spencer wollte es von ganzem Herzen, doch in letzter Minute sagte er ab. Ein anderes Mal landete er volltrunken in einer Ausnüchterungszelle in Chicago.»

Kate setzte nun alles daran, Spencer zu helfen. Da sie Präsident Roosevelt kannte, genügte ein Anruf. «Sie bat den Präsidenten, Mr. Tracy eine Aufgabe zu geben, die er trotz seines Leidens ausführen konnte», berichtete Laura Delano. Roosevelt willigte ein und schickte Spencer am 1. April 1945 einen persönlichen Brief, in dem er ihn zu einem privaten Gespräch einlud. Ohne zu zögern reiste Tracy in Begleitung von Kate nach Washington. Spencer willigte ein, nach Übersee zu gehen und verschiedene Truppenstützpunkte zu besuchen. Am Ende des Gesprächs bat Roosevelt ihn, einen Brief jemandem persönlich zu überreichen. Das Ganze sei *top secret* und er müsse sich auf Spencer verlassen können. Tracy fühlte sich geehrt und war zugleich über soviel Vertrauen ergriffen. Man vereinbarte, daß er den Brief kurz vor seiner Abreise erhalten sollte.

Am 12. April 1945 verstarb der Präsident. Tracys Reise wurde abgesagt. Während Garson Kanin davon sprach, daß «Spencer krank wurde», belegen Augenzeugenberichte, daß Spencer sich im *River Club* einschloß und bis zur Besinnungslosigkeit betrank. In den nächsten Monaten überlegte er, welche Mission er wohl zu erfüllen gehabt hätte. Erst nach einem Gespräch mit Bob Sherwood schien Spencer des Rätsels Lösung zu kennen. Tracy notierte: «Wahrscheinlich war die Sache ohne große Bedeutung. Der Präsident wollte lediglich, daß ich das Gefühl hatte, gebraucht zu werden.»

Seit Jahren wünschte sich Spencer, wieder auf die Bühne zurückzukehren. Als ihm Sherwood die Hauptrolle in seinem Kriegsdrama *The Rugged Path* anbot, gab Spencer Kates Drängen nach und erklärte sich einverstanden. Als Regisseur wurde Garson Kanin verpflichtet, der für die Produktion vorzeitig aus dem Militärdienst entlassen wurde.

Garson Kanin und seine Frau Ruth Gordon gehörte zu den engsten gemeinsamen Freunden. Kate war ihnen sogar behilflich gewesen, ein Haus in ihrer Nachbarschaft zu finden. Von ihrer Persönlichkeitsstruktur hingegen konnte es keinen größeren Gegensatz geben. Die Kanins führten ein sehr aktives Leben, das von «Extravaganzen erfüllt war, als ob sie ein Stück am Broadway für die nächsten 60 Jahre laufen hätten», wußte Beaton. «Sie sehen Filme nur in Privataufführungen... haben einen eigenen Chauffeur... speisen in den exklusivsten und teuersten Restaurants... und zahlen so gut wie keine Steuern... Sie glauben, daß Geld nur dann einen Nutzen hat, wenn es ausgegeben wird.»

Im Juni 1945 begannen die Proben zu *The Rugged Path*. Das Stück erzählt die Geschichte des ehemaligen Reporters Morey Vinion, der als Schiffskoch auf einem Zerstörer anheuert und sich bald zum Kämpfer entwickelt, sein Heldentum aber mit dem Leben bezahlt.

Spencer und sein Bruder Carroll zogen ins *Waldorf*, Kate wohnte in ihrem New Yorker Haus. Dank der Hilfe von Kate und Carroll rührte Tracy während den Proben keinen Tropfen an. Spencer war zuversichtlich, doch am Tag der Vorpremiere in Providence erkrankte er schwer. Trotz des hohen Fiebers bestand er darauf, aufzutreten, da er befürchtete, man nehme sonst an, er hätte wegen Alkoholschwierigkeiten die Vorstellung platzen lassen. Erschwerend hinzu kam sein «Lampenfieber».

«Jeder Schauspieler, der etwas taugt, hat Angst», erklärte Kate kategorisch. «Wenn es sich nun um jemanden wie Spence handelt, dann ist die natürlich dreimal so groß, da er ja auch dreimal so gut ist.» Das Publikum ehrte ihn mit einer *standig ovation* und auch die Kritiker lobten seine Darstellung. Unterschwellig jedoch war erkennbar, daß sie das Stück nicht mochten. Ähnlich waren auch die Besprechungen in Washington. Dennoch war die Truppe zuversichtlich und Sherwood machte sich daran, einige Szenen zu ändern.

Nächste Station der Probetournee war Boston. «Das war der größte Schock in meinem Leben», erinnerte sich Sherwood. Während der Pressesprecher der Produktion die Bostoner Kritiken als «gemischt» bezeichnete, korrigierte Tracy: «Die waren nicht gemischt! Sie waren mies!»

Spencer war frustriert. Im ersten Moment gab er vor allem Sherwood und Garson Kanin die Schuld. Kanin, der in seinen ansonsten so detailfreudigen Erinnerungen kein Wort über die Theaterproduktion verliert, räumte ein, daß «durch den Mißerfolg unsere Freundschaft mit Spence und Kate etwas getrübt wurde». Spencer war derart verletzt, daß er beschloß, die Rolle aufzugeben. Allein Kate gelang es, ihm sein Vorhaben auszureden. Doch drei Tage später wurde Tracy mit einen Kreislaufzusammenbruch in eine Bostoner Klinik eingeliefert. «Es stand wirklich schlecht um ihn», erinnerte sich Carroll. «Deshalb wurde auch Louise geholt. Doch nach zwei Tagen bestand er darauf, wieder aufzutreten. Die Ärzte erklärten das für Selbstmord, doch Spence war von seinem Vorhaben nicht abzubringen.»

Am 10. November 1945 fand schließlich die Broadway-Premiere im Plymouth Theatre statt. Tracy erklärte einem Reporter vom *New Yorker*: «Ich kann nicht sagen, daß ich es genieße. Ich bin dankbar über die Kritiken zu meiner Person, aber auch traurig, daß man das Stück nicht mag. Ich habe mir einmal die Besprechungen angesehen über Stücke, die trotz sogenannter Starbesetzung gescheitert sind, und ich muß sagen, kein ernst zu nehmendes Stück hat unter der Last derartiger Kritik, wie wir sie erhielten, lange überlebt.» Darauf angesprochen, wie lange er für die Rolle noch zur Verfügung stehe, antworte Spencer, er werde den Morey Vinion solange spielen, bis sein Sohn John das Stück und seinen Vater auf der Bühne gesehen hätte. Nach 81 Vorstellungen schloß *The Rugged Path* im Januar 1946. Obwohl Spencer erklärte, «ich würde gerne in einem anderen Stück von Robert Sherwood zurückkommen», wußten er, Kate und die Theaterwelt, daß er nie wieder Theater spielen würde.

Spencer begann wieder zu trinken. Die nächsten Monate zählten mit zu den schlimmsten Alkoholphasen seines Lebens. Nicht einmal Kate gelang es, ihn zur Vernunft zu bringen. Verzweifelt kehrte sie nach Los Angeles zurück und suchte sich durch Arbeit abzulenken. Als Mayer erkannte, daß diesmal das Problem ernster denn je war, bat er Whitey Hendry, das Problem zu lösen. Hendry, ehemaliger Polizeichef von Culver City, war von MGM engagiert worden, um durch seinen Kontakt zur Polizei Skandale zu verhindern. Nach einer längeren Suchaktion machten seine Leute Spencer in New York ausfindig.

«Ich besuchte meine Frau im Doctors Hospital in der Upper East Side von New York», erinnerte sich Don Taylor, der später mit Spencer in *Father of the Bride* und *Father's Little Dividend* zusammenarbeiten sollte. «Als ich meine Frau verließ war der Gang plötzlich voller MGM-Leute. Unter anderem sah ich auch Whitey Hendry. Ich fragte ihn: ‹Hendry, was zum Teufel macht ihr denn hier?›, doch er nahm mich nur zur Seite und flüsterte mir zu: ‹Junge, du hast besser nichts gesehen.› Doch das hatte ich. Es war Spencer, der gefesselt in einer Zwangsjacke in einem Rollstuhl saß. Sie brachten ihn zur Ausnüchterung und Entziehung in die Frauenstation, da niemand auf den Gedanken kam, ihn hier zu suchen.»

Um dem Alptraum zu entfliehen, erklärte sich Kate bereit, in *Undercurrent* (dt. *Der unbekannte Geliebte*) mitzuwirken. Kate wollte Cukor als Regisseur, doch Pandro S. Berman entschied, daß Vincente Minnelli Regie führen sollte. «Bei unserem ersten Treffen sagte sie: ‹Ich bin sicher, wir werden miteinander auskommen›», erinnerte sich Minnelli. «Es klang eher wie ein Befehl oder eine Drohung. Ich hatte noch niemanden mit so viel Selbstbewußtsein getroffen. Sie machte mich nervös.»

Der unbekannte Geliebte ist die Geschichte von Ann Hamilton (Kate), die den reichen Industriellen Alan Garroway (Robert Taylor) überstürzt heiratet. Erst später gesteht ihr ihr Mann, daß sein Bruder (Robert Mitchum), der wegen Mordes gesucht wird, eine ständige Bedrohung für ihn darstellt. Als Ann Michael kennenlernt, muß sie zu ihrer Überraschung feststellen, daß es sich um einen sehr sensiblen Mann handelt. Schon bald verliebt sie sich in ihn. Im Laufe der Zeit kommen ihr Zweifel an der Aufrichtigkeit ihres Mannes. Zu ihrem Entsetzen muß sie erkennen, daß er der eigentliche Killer ist.

Zu Beginn der Dreharbeiten sah es so aus, als ob die Produktion von Problemen überschattet werden würde. *Der unbekannte Ge-*

liebte war Robert Taylors erster Nachkriegsfilm. Für Kate, aber auch für Minnelli war das Ganze völliges Neuland. Minnellis größte Erfolge waren bisher Musicals gewesen. Kate hatte große Bedenken, da ihrer Ansicht nach das darstellerische Hauptgewicht darauf lag, den «richtigen erschreckten Ausdruck hinzukriegen». Sie wußte, daß ein derartiger Stoff besser von Alfred Hitchcock mit Ingrid Bergman in der Hauptrolle bewältigt werden konnte.

Als Ventil für ihre Aggressionen dienten ihr die Auseinandersetzungen mit Robert Mitchum. «Sie erklärte mir: ‹Sie wissen doch, daß Sie nicht spielen können und nur, weil Sie gut aussehen, zum Film gekommen sind? Ich bin es leid, mit Leuten arbeiten zu müssen, die nichts zu bieten haben!› Dennoch wurden wir später noch Freunde. Vor Beginn der meisten Szenen rief sie mir zu: ‹*Don't let them fuck you, Mitchum!*› Nun ja, das ist eben Katie Hepburn.»

Minnelli, der von den anfänglichen Spannungen seiner Stars nichts ahnte, räumte ein, daß ihn Kates Verhalten gegenüber Mitchum entsetzte. «Wir drehten eine Szene von Mitchum und Katie. Doch sie starrte immer nur geradeaus und sah ihn nicht an. ‹Können Sie mich sehen?› fragte er, und Katie antwortete: ‹So, als wenn Sie aus Luft wären.›»

Nach der Beendigung einer Szene kam Kate zufällig an Mitchums Garderobe vorbei und sah, wie sein Lichtdouble Boyd Coheen malte. Sie sah ihm über die Schulter und nach Begutachtung seines Werks meinte sie: «Sie wissen, junger Mann, daß Sie offensichtlich Talent haben. Sie sollten besser damit etwas anfangen als für einen Darsteller wie Mr. Mitchum zu arbeiten.» Boyd, der auch privat mit Mitchum befreundet war, entgegnete bissig: «Vielen Dank für Ihren Rat, Miss Hepburn. Aber jetzt habe ich eine Bitte an Sie. Sollte ich Sie überleben, würden Sie mir diese tolle Knochenkollektion überlassen?» Kate verließ kichernd den Raum. Später meinte sie zu Mitchum: «Wer solche treuen Freunde hat, kann gar nicht so verkehrt sein.»

In den nächsten Wochen besserte sich die Stimmung im Studio. Kate alberte mit Robert Taylor herum, der sie wegen ihrer Angewohnheit, während den Drehpausen ihr Haar in ein Handtuch einzuwickeln, aufzog.

Auch mit Vincente Minnelli freundete sich Kate an. Zur Zeit der

Dreharbeiten wurde Minnellis Tochter Liza geboren. Kate war sehr an der Entwicklung des Babys interessiert und lernte auch die junge Mutter, Judy Garland, kennen.

«Als Judy 1950 diesen schrecklichen Selbstmordversuch unternahm, war Katie uns eine große Hilfe», gestand Minnelli kurz vor seinem Tod. «Sie kam sofort. Ohne zu zögern bahnte sie sich einen Weg durch die wartenden Reporter. ‹Habt ihr nichts Besseres zu tun?› rief sie ihnen zu. ‹Weshalb geht ihr nicht an eure Arbeit zurück.› Im Haus ging sie sofort zu Judy ins Schlafzimmer. ‹Du gehörst mit zu den drei großen Talenten! Jetzt steh auf, verdammt noch mal, und zeig es ihnen. Du allein schaffst es.› Während der nächsten Tage stand Katie uns mit Rat und Tat zur Seite. Ihre Standpauken und ihr Humor halfen Judy ungeheuer. Es muß schrecklich gewesen sein, jedesmal sich einen Weg durch die Reporter zu erkämpfen. Die meisten folgten ihr den Sunset Boulevard hinunter und wollten wissen, wie es um Judy stand. Doch Kate schwieg. Als es ihr einmal zuviel wurde, sprang sie einfach über den nächsten Zaun. Es war Greta Garbos Haus, doch Gott sei Dank war sie nicht zu Hause.»

MGM brachte *Der unbekannte Geliebte* im November 1946 heraus, in der Hoffnung, der Film würde einige Oscar-Nominierungen erhalten. Hepburn-Fans werteten es als schlechtes Omen, daß der Film nicht in der Radio City Music Hall uraufgeführt wurde, wo in den letzten dreizehn Jahren jeder Hepburn-Film – mit Ausnahme von *Stage Door Canteen* – Premiere gefeiert hatte. Anknüpfend an den MGM-Slogan: «Bitte verraten Sie nicht den unerwarteten Schluß», witzelte ein Kritiker: «Das einzige, was unerwartet war, ist, daß bedeutende Stars in einem derartigen Film mitwirkten.»

Entgegen der Ankündigung, Kates nächster Film würde die Verfilmung von Elizabeth Goudges Roman *Green Dolphin Street* sein, brachte ihr nächstes Projekt sie wieder an die Seite von Spencer. Während der ganzen Zeit, in der Spencer in New York war, hatte Kate verzweifelt nach einem geeigneten Filmstoff für sie beide gesucht. Da sie nichts Passendes fand, bat sie Mayer, ihr die weiblichen Hauptrollen in den Projekten zu geben, die die MGM 1945 als nächste Tracy-Filme angekündigt hatte: *Cass Timberlane* und

The Sea of Grass (dt. *Endlos ist die Prärie*). Trotz aller Loyalität zu Kate konnte selbst Mayer sich die Hepburn nicht als jene junge Virginia Marshland vorstellen, die dem Richter Cass Timberlane den Kopf verdreht. *Cass Timberlane* und *Green Dolphin Street* wurden schließlich mit Lana Turner in der weiblichen Hauptrolle verfilmt. Bei *Endlos ist die Prärie* gab Mayer nach, obwohl zunächst Greer Garson für die Rolle vorgesehen war.

Bevor die Dreharbeiten begannen, wirkte Kate in David O. Selznicks *The American Creed* mit und kommentierte mit Spencer einen Kurzfilm der Amerikanischen Krebs-Gesellschaft.

Seit der Publikation von Conrad Richters Roman *The Sea of Grass* war Spencer ein begeisterter Verehrer des Buchs gewesen. In langen Diskussionen bat er MGM, die Filmrechte zu erwerben. Doch dem war bereits 20th Century-Fox zuvorgekommen, die diesen Film mit John Wayne verwirklichen wollte. Da Wayne das Angebot ablehnte, verkaufte Fox die Rechte für eine horrende Summe an MGM. Bei genauerer Betrachtung zeigte sich allerdings, daß die Geschichte des Viehbarons Colonel James Brewton und seiner Frau Lutie nur geringes dramatisches Potential besaß. Aus diesem Grund erfand Marguerite Roberts einen unehelichen Sohn, der aus einer Affäre Luties mit dem Erzfeind ihres Mannes Brice Chamberlain hervorgegangen war.

Regie führte Elia Kazan. Mayer hoffte, Kazan würde ein ähnliches Wunder vollbringen wie mit seinem Erstlingswerk *A Tree Grows in Brooklyn*. Doch es vergingen nur wenige Tage, bis man sich wegen der Produktion in den Haaren lag. Entgegen der MGM-Propaganda, die von den Schwierigkeiten bei den Außenaufnahmen und der Mühsal des Teams sprach, berichtete Kazan, daß der ganze Film im Studio entstand. «Ich wollte an Ort und Stelle in New Mexico drehen, doch kaum war ich angekommen, teilte mir Cedric Gibbons mit, der Film würde ausschließlich im Studio gedreht werden. Es sollte noch schlimmer kommen: die Kostüme waren zu schön, das Set zu groß und das Drehbuch bis zur Unkenntlichkeit verändert.»

Und Kazan verstand sich nicht mit Tracy. Kazan war ein Anhänger der Stanislawski-Methode, die dem Schauspieler vorschreibt, die Gefühle der Rolle erst selbst zu durchleben. Doch Spencer betrachtete dies als *mumbo jumbo*. «Es kam natürlich zu Diskussionen. Aber ich stand allein da. Tracy erzählte irische Geschichten und die Hepburn und der Rest lachten über sie. Ich kam mir vor, als würde ich versuchen, in einen privaten Club einzudringen. Sie bemühten sich zwar, daß ich mich zu Hause fühlte, aber ohne Erfolg.»

Kazan und Tracy gerieten während der Drehzeit oft aneinander. Kates Hauptaufgabe bestand darin, zu intervenieren und handgreifliche Auseinandersetzungen zu vermeiden. Kazan machte keinen Hehl daraus, daß er beide für absolute Fehlbesetzungen hielt.

«Zunächst wollte ich den Film mit völlig unbekannten Schauspielern verwirklichen. Mit Männern, deren Gesichter wie altes Leder aussahen. Tracys Gesicht dagegen wirkte wie eine überreife Melone, weich und süß. Zudem war er recht plump und faul, nicht gerade der Westerntyp, den er darstellen sollte. Auch verlor er das Interesse an einer Szene, wenn er sie mehrmals wiederholen sollte.»

Ähnlich negativ sind auch Kazans Erinnerungen an Kate: «Katharine Hepburn sollte eine Frau der Mittelschicht spielen. Nun ist sie nichts anderes als eine Göre aus der Oberschicht, die sich in den Kopf gesetzt hat, Hollywood-Star zu werden. Sie ist sehr intelligent und sehr dezent, aber jedesmal wenn sie auf die Toilette ging, kam sie in einem neuen Kostüm wieder. Die waren zwar alle recht nett, aber man merkte, daß noch niemand in ihnen gelebt hatte.»

Bei einer Abschiedsszene zwischen Douglas und Kate forderte Kazan sie auf, zu weinen – nicht ahnend, daß dies zu Kates Stärken gehörte. «Sie weinte hemmungslos und ich dachte: ‹Oh, wie wunderbar›, denn ich hielt sie für eine sehr gefühlskalte Person. Erst später entdeckte ich, daß sie dies auf Kommando konnte: zum Beispiel wenn ihre Eier kalt waren.»

Voll Stolz präsentierte er Mayer die Szene. Mayer war entsetzt und verlangte von Kazan, die Szene zu schneiden. «Er regte sich über den Stil ihres Weinens auf: ‹Manche Leute weinen mit ihrer Stimme, andere mit ihrem Hals, manche mit der Nase oder ihren Augen, aber Katharine weint mit allem. Und das wirkt übertrieben.›» Kates Erinnerungen an die Dreharbeiten sind eine «Mischung aus Ärger über Kazans schulmeisterhafte Art und Bedauern über Spences Frustration». Als Kazan Kate wiederholt wegen ihrer Sprechweise kritisierte, wies sie ihn daraufhin, daß sie gerade dafür im September 1945 einen Preis erhalten hatte und sie keineswegs gewillt war, sie wegen ihm zu ändern. (Der Preis war ihr von der *New York Times* verliehen worden, mit der Begründung, «daß ihre Sprache den Standard gehoben hat... Vor allem den Frauen, die einen östlichen Dialekt sprechen, dient sie als Vorbild. Miss Hepburns Aussprache ist klar und deutlich, selbst wenn sie 200 oder mehr Wörter in der Minute spricht. Frauen, die nuscheln und Silben verschlucken, sollten auf ihre Sprache hören.»)

Noch während den Dreharbeiten sagte Spencer voraus, daß der Film in dieser Form ein Desaster werden würde. Diese Ansicht vertrat auch L. B. Mayer und befahl Kazan, einige Szenen umzuschreiben und neu zu drehen. Als er sich weigerte, wurde das Projekt vorübergehend auf Eis gelegt.

Der Premiere am 25. April 1947 ging eine massive Werbekampagne voraus, die versprach: «Selten zuvor wurden auf der Leinwand ein Team von brillanten Stars in einer so dynamischen Story vereinigt, so daß wir Ihnen vorhersagen können, daß Sie den Film wieder und wieder sehen wollen!»

Die Hauptdarsteller wurden wie folgt geschildert:

> «Rauher TRACY (er lebte genauso brutal und rücksichtslos, wie er herrschte)!
> Romantische HEPBURN (ein Fehltritt kostete sie lebenslanges Glück)!
> Verwegener WALKER (er wurde ohne Name geboren und wurde zum Killer)!
> Erbarmungsloser DOUGLAS (er war der Intrigant, der unklug liebte)!»

Die Kritiker rätselten, warum Spencer «das Gras liebte und in einem derart langweiligen Schinken mitwirkte». Über Kate schrieb Bosley Crowther, «daß ihre Szenen – ob nun allein oder mit anderen – qualvoll und peinlich pompös» wirkten. *Time* führte das Interesse an Miss Hepburn «hauptsächlich auf die 30 Kostüme aus der Jahrhundertwende» zurück.

Während den Dreharbeiten von *Endlos ist die Prärie* zeigte Kate großes Interesse an Anita Loos' Broadway-Erfolg *Happy Birthday*. «Ich hatte das Stück eigens für Helen Hayes geschrieben, doch als Kate mir mitteilte, sie würde die Rolle gern in einer Verfilmung spielen, war ich enthusiastisch. Ich hielt sie für perfekt.»

Die Komödie handelt von einer altjüngferlichen Bibliothekarin, die nach einer durchzechten Geburtstagsnacht neben einem Mann aufwacht, der sich als ihr frischangetrauter Ehemann entpuppte. Doch die Motion Picture Association of America unter der Leitung von Eric Johnson erklärte das Projekt für «unrealisierbar und unmoralisch». «Wir diskutierten und diskutierten, aber es hatte keinen Sinn. Johnson lebte in der Vorstellung, daß wir alle alten Jungfern Amerikas in Alkoholikerinnen umwandeln wollten», sagte Kate. Statt in *B. F.'s Daughter* (MGM) oder *Sorry Wrong Number* (Paramount) mitzuwirken – beide Rollen gingen an Barbara Stanwyck –, entschied sich Kate für die Rolle der Clara Schumann in *Song of Love* (dt. *Clara Schumanns große Liebe*). Die Produktion und Regie übernahm Clarence Brown. Robert Walker spielte diesmal Johannes Brahms, den Schüler Schumanns (Paul Henreid), der wegen der Liebe zu Clara das Schumannsche Haus verläßt. Daß die Realität mit ihrem Drehbuch wenig zu tun hatte, schreckte die vier Autoren Robert Ardrey, Irmgard von Cube, Ivan Tors und Allen Vincent nicht.

Kates größte Leistung bestand darin, daß sie mehrere Stunden am Tag unter der Leitung der Rubinstein-Schülerin Laura Dubman ihr Klavierspiel perfektionierte. «Es ist unglaublich!» soll Rubinstein ausgerufen haben, als er Kate bei den Proben sah. «Wenn ich es nicht selbst gesehen und gehört hätte, ich würde es nicht glauben. Die Frau spielt beinahe so gut wie ich! Und wenn sie aufhört und ich beginne, dann bin ich der einzige, der den Unterschied bemerken kann.» – «Mit Mayer war vereinbart, daß Kate einfach auf dem Klavier herumhämmerte, während die Musik von Arthur Rubinstein stammen sollte. Als sie davon erfuhr, ging sie die Decke hoch. ‹Unsinn!› rief sie. ‹Ich werde wirklich Klavierspielen! Von mir aus kann Rubinstein die Sache nachsynchronisieren, aber ich werde selber spielen!› Sie trainierte und trainierte und schließlich war sie fast perfekt», erinnerte sich Clarence Brown.

Gelegentlich schaute Spencer, der gerade *Cass Timberlane* drehte, im Studio vorbei. Paul Henreid, der mit ihm befreundet war, berichtete: «Sobald Kate erfuhr, daß Tracy vorbeikam, war sie plötzlich wie ein Collegegirl. Sie rannte in die Garderobe, und wenn sie zurückkam, duftete sie wie eine Rose.»

War Kate bei den Dreharbeiten von *Endlos ist die Prärie* stets darauf bedacht gewesen, daß ihr Hals vorteilhaft gefilmt wurde, so wurde diese Sorge bei *Clara Schumanns große Liebe* zur Besessenheit. «Seit Anfang der vierziger Jahre wußte ich, daß mein Hals häßlich war. Weshalb sollte er dann auch noch in meinen Filmen häßlich gezeigt werden?» fragte Kate herausfordernd.

Harry Stradling wußte zu berichten, daß Kate ständig «durch hohe Kragen, Halstücher oder sonstige Utensilien ihren Hals verdeckte. Mußte sie dekolletiert spielen, rief sie mir zu: ‹Paß auf meinen Hals auf, Harry!› Ich tat ihr den Gefallen und legte die Schatten so, daß sie die kritischen Stellen verdunkelten.»

Wenn der Schumann-Film auch kein finanzieller Erfolg wurde, so lobten wenigstens die Kritiker Kates Darstellung. «Miss Hepburn stellt Clara mit Geschick und Gefühl dar. Es ist faszinierend, sie am Klavier zu beobachten, zumal sie den klauenähnlichen Stil des 19. Jahrhunderts benützt», urteilte *Time*.

Natürlich wußte jeder, daß der Film eine billige Schwarz-Weiß-Produktion war, aus der Kate das Beste gemacht hatte. Aus den Metro-Unterlagen ist ersichtlich, daß man 1946 und 1947 mit Kate nichts mehr anzufangen wußte. In New York stand sie auf der Abschußliste, und Mayer schien einer der wenigen zu sein, der an ihr festhielt. Doch auch Mayers Stern war im Begriff zu sinken.

Garson Kanin ahnte, daß MGM Kate los werden wollte, und riet ihr, das Studio zu wechseln. Doch sie winkte mit der Begründung ab, daß «niemand so zuvorkommend wie die Metro-Leute ist, wenn man in Chicago den Zug wechseln muß».

Die letzten Wochen des Jahres 1946 verbrachte Kate in New York. Durch ein Mißgeschick hatte ihr Chauffeur Charles Newhill das Haus in Turtle Bay in Brand gesetzt. Bis die Feuerwehr kam, waren einige Zimmer ausgebrannt.

Energiegeladen wie eh und je überwachte Kate die Renovierungsarbeiten und hoffte auf ein brauchbares Skript. Als sie erfuhr, daß bei Spencers nächstem Film, eine Polit-Komödie von Frank Capra, Claudette Colbert sein Co-Star werden würde, war sie über die MGM verärgert. Zum erstenmal in ihrer Karriere erwog sie ernsthaft den Gedanken, sich zur Ruhe zu setzen.

5

Am 22. März 1947 kehrte Kate nach Hollywood zurück und wirkte gemeinsam mit James Stewart und Cary Grant an einer Hörfunkfassung von *Die Nacht vor der Hochzeit* mit, die in der Reihe *Screen Guild of the Air* ausgestrahlt werden sollte. Bis zu diesem Zeitpunkt hatte Kate noch kein weiteres Filmangebot erhalten. Die großen Studios scheuten davor zurück, mit ihr ein neues Projekt zu beginnen, da Kate seit einiger Zeit als «kommunistisch angehaucht» galt.

Obwohl sie Demokratin war, machte sie nie einen Hehl daraus, daß sie eine leidenschaftliche Anhängerin von Präsident Roosevelt war. Da sie aber den Einsatz von Atomwaffen verurteilte und die Entfremdung zwischen den USA und der Sowjetunion nicht akzeptieren wollte, wechselte sie in das Lager der Progressiven über, deren Präsidentschaftskandidat der ehemalige Vizepräsident Henry A. Wallace war. Unterstützt wurde die Partei vor allem von der amerikanischen Labor Party und den Gewerkschaften. Die Gegner diffamierten Wallace als erzliberal und prokommunistisch und bezeichneten ihn und seine Anhänger als «Pinkos».

Als im Mai 1947 Wallace verweigert wurde, die Hollywood Bowl für eine politische Veranstaltung zu mieten, waren die meisten entsetzt. Die Veranstaltung fand schließlich im Gilmore Auditorium von Los Angeles statt, und zu den Stars, die an diesem Abend teilnahmen und ihre Loyalität zu Wallace bekundeten, gehörte auch Kate. Ohne Rücksicht auf eventuelle Folgen sprach sie sich energisch gegen die «Beschneidung der durch die Verfassung verbürgten Rechte» aus. Wirkungsvoller als ihre Worte aber war das Kleid, das sie trug. «Ursprünglich hatte ich vor, ein weißes Kleid zu tragen», erklärte sie den Anwesenden. «Doch dann dachte ich mir, daß ich nicht wie eine Friedenstaube aussehen wollte, und so entschied ich mich im letzten Augenblick für Pink.» Die meisten Klatschreporter waren sich darüber einig, daß dies «Miss Hepburns politisches Glaubensbekenntnis» war.

Wenige Tage nach ihrem «Sündenfall» traf sie L. B. Mayer auf dem Gelände der MGM. «Er war sehr erregt», erinnerte sie sich. «Er fragte mich, weshalb ich nicht zunächst mit ihm über die Rede gesprochen hätte. Ich sagte ihm, ich wußte, daß er versuchen würde, mich davon abzubringen, so erschien es mir überflüssig. Er war nicht wirklich wütend – er schrie nicht und stampfte auch nicht mit seinem Fuß auf –, er schüttelte nur den Kopf und wirkte traurig. Es war weniger Ärger als vielmehr Enttäuschung.» Freunden gegenüber sagte Mayer: «Wenn sie nicht hören will, muß sie durch Schaden lernen.»

1947 erreichte die Angst vor dem Kommunismus in Amerika seinen Höhepunkt. J. Parnell Thomas rief im Oktober 1947 das House Un-American Activities Committee (HUAC) ins Leben und dubiose Charaktere wie Joseph McCarthy und Richard Nixon verhalfen dem HUAC schon bald zu trauriger Berühmtheit.

Zunächst nahm man das Komitee in Hollywood nicht allzu ernst. Mit den Streiks und den Protesten der Arbeiter, die seit einiger Zeit die Selbstgefälligkeit der Studios erschütterten, glaubte man allein fertig zu werden. Doch die Situation änderte sich, als Kolumnisten wie Hedda Hopper, Jimmy Farantino, Westbrock Pegler und Victor Reisel die Filmstudios und Kinobesucher aufforderten, «Rote» zu boykottieren und J. Parnell Thomas um «Hilfe» baten. Thomas entsandte eine Abordnung nach Los Angeles, die mit der fixen Idee, Mitglieder der Kommunistischen Partei versuchten als Schauspieler, Autoren und Regisseure eine Revolution in Amerika anzuzetteln, sich zugleich auf Verfolgungsjagd begaben. «Die Studios waren verängstigt», erinnerte sich James Stewart. «Es existierten Schwarze Listen und einigen der talentiertesten und kreativsten Autoren und Regisseuren, aber auch einigen Schauspielern wurde die Arbeit verweigert, obwohl sie sich nichts hatten zuschulden kommen lassen. Mit einemmal wurde es riskant, ja sogar gefährlich, Demokrat zu sein.»

Als Kate sah, daß Hollywood sich dem Untersuchungsausschuß beugte und die Existenz vieler ihrer Freunde bedroht war, ergriff auch sie die Initiative. Wie dreihundert andere auch unterzeichnete sie eine Erklärung der Gegenbewegung, des Committee for the First Amendment. Im Oktober 1947 erklärte sie: «J. Parnell Thomas ist persönlich verantwortlich für die Verleumdungskampagne gegen die Filmindustrie. In seinen Bemühungen wird er unterstützt und gefördert von einer Gruppe Superpatrioten, die sich selbst die Motion Picture Alliance for the Preservation of American Ideals nennt. Ich für meine Person teile weder deren noch Mr. Thomas' Ideale. Der Künstler wurde seit Anbeginn der Zeit immer von den Menschen verehrt und bewundert. Er verkörperte ihre Träume. Bringt man ihn zum Schweigen, bringt man auch die sich Gehör verschaffende Stimme des Volkes zum Schweigen.»

Im November 1947 spitzte sich die Situation zu. Auf einer Konferenz der einzelnen Studioleiter wurde beschlossen, Position gegen alle «subversiven und illoyalen Elemente in Hollywood» zu beziehen. Die Betonung lag auf «illoyal» – eine willkommene Möglichkeit für Studios, unbequeme oder erfolglose Schauspieler und Arbeiter ohne größere Schwierigkeiten loszuwerden.

Mayer fürchtete um Kate nicht nur aus finanziellen Gründen. In einem langen Gespräch schilderte er ihr die Situation und «flehte sie inständig an, sich in den nächsten Monaten zurückzuhalten». Insgeheim hoffte er, daß es sich nur um einen Sturm im Wasserglas handeln würde und die Sache in kürzester Zeit ausgestanden sei. Doch der Spuk sollte noch sieben lange Jahre dauern.

Kate befolgte seinen Rat, wenn auch nur widerwillig. Um alles in der Welt wollte sie sich nicht die Chance entgehen lassen, zusammen mit Spencer zu arbeiten.

Spencer hielt nicht besonders viel von Claudette Colbert, die er «Froggie» oder «Frenchie» nannte.

Eigens für die Rolle der Mary Grant war für Miss Colbert von einem Modellschneider eine Garderobe im Wert von 15000 Dollar angefertigt worden. Jeder wußte, daß nach Drehschluß diese in ihren Besitz übergehen würde. Am Freitag, drei Tage vor Drehbeginn, erschien Claudette Colbert in Capras Büro und eröffnete ihm, ihr

Arzt (= ihr Mann) und ihr Agent (= ihr Bruder) hätten sie gewarnt, nicht länger als bis 17 Uhr zu arbeiten, da sie sonst zu müde und abgeschafft aussehen würde. Capra glaubte seinen Ohren nicht zu trauen und erklärte ihr, eine derartige Begünstigung sei unter keinen Umständen durchführbar. «Ich weiß auch nicht mehr, was dann in mich fuhr», erinnerte sich Capra. «Aber als sie drohte, sie würde aussteigen, falls ich mich nicht ihrem Willen beugen würde, sagte ich: ‹Gut, du bist gefeuert. Und bitte gib die gesamten Kostüme beim Pförtner ab.› Ich glaube, das traf sie am härtesten.»

Capra verständigte seinen Partner Sam Briskin, der wiederum L. B. Mayer von Colberts Ausscheiden in Kenntnis setzte. Unterdessen informierte Frank Spencer, da er befürchtete, auch Tracy würde seine Rolle niederlegen, wenn er von dem Vorfall von Dritten erfahren würde. «Verdammt», schnauzte Spencer ins Telefon, «ich werde dich bei der Actors Guild anzeigen.» Und dann lachte er: «Heißt das wirklich, daß Froggie zur Hölle gefahren ist?» («Man hatte wirklich den Eindruck, als könne Spence sich keinen besseren Witz vorstellen», sagte Capra.) Als Frank fragte, ob er einen Ersatz wisse, antwortete Spencer: «Natürlich. Die Madame. Sie hat die ganze Zeit die Colbert-Rolle bei unseren Proben übernommen. Es ist also für sie ein Leichtes, die Rolle zu spielen. Außerdem liebt sie es, sich für Leute, die in Schwierigkeiten geraten sind, aufzuopfern.» Danach gab er Kate den Hörer, und ohne zu zögern sagte sie zu.

«Ich war begeistert», jubelte Capra. «Kein Vertrag, keine Agenten, keine Frage nach der Gage. Wir waren in Schwierigkeiten und Katie kam gerannt.»

State of the Union (dt. *Der beste Mann*) wurde als Gemeinschaftsproduktion von MGM und Capras Liberty Films hergestellt. Im Gegenzug dafür, daß Metro Tracy und Hepburn an ihn auslieh, war Capra einverstanden, daß der Film von MGM verliehen wurde. Aber nicht nur Capra war über Kates Entschluß überglücklich, sondern auch L. B. Mayer. Seiner Ansicht nach konnte ein neuer Tracy–Hepburn-Film die negativen Schlagzeilen über Kate in Vergessenheit geraten lassen.

Der Film erzählt die Geschichte des Industriellen Grant Matthews (Tracy), der bestärkt durch seine Geliebte Kay Thorndyke (Angela Lansbury) für das Präsidentenamt kanditiert. Um den

Schein zu wahren, nimmt Grants Frau Mary (Kate) ebenfalls an den Wahlkampfveranstaltungen teil. Durch Mary erkennt er, daß er fast alle seine Ideale verraten hat, um die Wahl zu gewinnen.

«Rückblickend meine ich, daß Kate für die Rolle besser geeignet war als Claudette», sagte Capra. «Ich mußte ihnen keinerlei Anweisungen geben. Die beiden wußten, wie sie ihre Rollen anpacken mußten. Ich war von Kates Spiel derart begeistert, daß ich im Laufe der Dreharbeiten ihre Rolle ausbaute und vergrößerte. Sie war genau so, wie ich es mir vorgestellt hatte: eine Frau, die alles daran setzt, ihren Ehemann zu schützen vor den Leuten, denen er vertraute, die ihn aber nur benutzten.»

Zu Kates Partnern gehörte auch Adolphe Menjou, der vor dem HUAC mehrere Kollegen denunziert hatte. Obwohl Kate und er bereits in *Morgenrot des Ruhms* zusammengearbeitet hatten, war ihr Verhältnis äußerst gespannt. «Spencer und Kate haßten ihn, doch bei der Arbeit stellten sie ihre persönlichen Gefühle zurück. Ansonsten ließen sie Menjou links liegen.» Ihr Verhalten ärgerte ihn derart, daß er verkündete: «Kratz jemanden wie die Hepburn und sie schreit *Prawda*.» Als Spencer dies zu Ohren kam, antwortete er wütend: «Kratz jemand aus der Hepburn-Clique und man erntet einen Arsch voll Schrotkugeln.»

Der Presse schienen solche Kontroversen Freude zu bereiten. Capra erinnert sich, daß er alle Hände voll zu tun hatte, zu verhindern, daß die Reporter die beiden nicht gegeneinander aufstachelten.

Es war aber nicht Menjou, der Kate vor dem HUAC als Kommunistin denunzierte. Während den Dreharbeiten sagten Sam Wood und Leo McCarey aus, daß Kate geholfen hatte, für eine «spezielle Partei ... und es handelt sich mit Sicherheit hier nicht um die Pfadfinder» 87 000 Dollar zu sammeln. Obwohl jeder mit einer Vorladung der Hepburn rechnete, kam es nicht dazu.

Als *Der beste Mann* 1948 in die Kinos kam, wurde der Film als brisant und gefährlich eingestuft. Er handelte von Korruption und griff Truman in verschiedenen Szenen an. Außerdem wurden sowohl die Republikaner als auch die Demokraten in einem negativen Licht dargestellt, so daß das Gerücht aufkam, der Film diene der kommunistischen Propaganda. Vorwürfe, die sich für den heutigen Betrachter als absolut lächerlich erweisen.

Aus diesem Grund schreckten auch die meisten Kinobesucher vor dem Film zurück. Zu den wenigen Fans zählte zur Überraschung aller Präsident Truman, der den Film hin und wieder bei privaten Einladungen vorführen ließ. Die Premiere fand am 30. April 1948 in Washington statt. Kate und Spencer nahmen nicht an ihr teil.

Nach der guten Zusammenarbeit schlug Frank Capra Kate vor, auch in seinem nächsten Film, *Woman of Distinction*, die Hauptrolle an der Seite von Ray Milland zu spielen. Doch das Projekt konnte nicht mehr realisiert werden. Die angespannte Situation in Hollywood und drängende Finanznöte bewogen Capra, William Wyler und George Stevens 1948, Liberty Films zu verkaufen.

So beschloß Kate, auf George Cukors Angebot zurückzukommen. In der Verfilmung des Dramas *Edward, My Son* von Robert Morley und Noël Langley sollte sie Evelyn Boult spielen, die durch die Herrschsucht und Rücksichtslosigkeit ihres Mannes in den Tod getrieben wird. Spencer Tracy bekam die Rolle des Arnold Boult. Der Film sollte in England gedreht werden.

Dore Shary, der neu zu MGM gekommen war, teilte Kate im Mai 1948 mit, daß ihre Rolle mit Deborah Kerr besser besetzt sein würde und bat sie, von ihrem Vertrag zurückzutreten. Kate buchte ihre Passage auf der *SS Nieuw Amsterdam* von England nach Paris und verließ am 5. Juni 1948 Amerika.

Kate verliebte sich in die Seine-Metropole. Wie ein «Schulmädchen» durchstreifte sie Paris und erforschte es bis in die letzten, verborgenen Winkel. Das großartigste an diesem Urlaub aber war, daß niemand sie mit dummen Fragen oder Autogrammwünschen belästigte. Hier in Paris traf Kate Clark Gable, der zur gleichen Zeit in Frankreich weilte. Als ein Bild, das sie beim gemeinsamen Verzehr von Wein und Chips zeigte, in der Regenbogenpresse erschien, hatte Kate ihre liebe Not, Spencer davon zu überzeugen, daß dem Gerücht jegliche Grundlage fehlte.

Gable, der bei MGM in Ungnade gefallen war, da er sich weigerte, den Part des Marcus Vinicius in *Quo Vadis* zu spielen, schlug Kate vor, gemeinsam mit ihm die Komödie *Accent on Youth* zu verfilmen. Das Stück handelt von dem Broadway-Produzenten

Russel Ward, der sich in seine Sekretärin verliebt, dann aber doch wieder in den Armen seiner geschiedenen Frau Kathryn landet. Kate gefiel die Figur der Kathryn Ward, doch Dore Shary hielt das Projekt für unrentabel. Ende der fünfziger Jahre verfilmte die Paramount die Geschichte unter dem Titel *But Not For Me* mit Lilli Palmer an Gables Seite.

Gutgelaunt reiste Kate nach England, wo sie ein Zimmer im *Claridge's* gebucht hatte. Dann aber nahmen Kate und Spencer die Gastfreundschaft von Laurence Olivier und seiner Frau Vivien Leigh in Anspruch und wohnten in derem Heim, Notley Abby, das der kulturelle Mittelpunkt Englands in der Nachkriegszeit wurde. Kate war fest entschlossen, ihre Bekanntschaft und Freundschaft mit den Oliviers zu vertiefen.

«Larry» galt als einer der erfolgreichsten Regisseure und Shakespeare-Darsteller, während Vivien höchstes Lob für ihre Australien-Tournee erntete. Doch mit Schrecken stellte Kate fest, daß die Wirklichkeit des «idealen, goldenen Paares» anders aussah: Hilflos stand Olivier der Tatsache gegenüber, daß Vivien manisch-depressiv war. Bei ihren hysterischen Anfällen verlor sie jegliche Hemmungen. Wenn Olivier sie trösten wollte, beschimpfte sie ihn und wurde sogar handgreiflich.

Spencer bedrückte die Stimmung in Notley Abby. Auch war ihm klar, daß er für die Rolle des Arnold Boult eine Fehlbesetzung war. Zudem erlebte England, das sich vom Krieg noch immer nicht erholt hatte, 1948 einen der strengsten und kältesten Winter. Lebensmittel, Wasser, Elektrizität, Kohle und Gas waren noch immer rationiert. Spencer haßte Kälte und schlechtes Essen und setzte alles daran, den Film so schnell wie möglich hinter sich zu bringen, um wieder nach Amerika zurückkehren zu können.

Wieder in Hollywood trafen Kate und Spencer veränderte Bedingungen an. Die Streiks, die Hollywood seit 1947 erschütterten, kosteten die Filmstadt 78 Millionen Dollar. Weit größere Verluste entstanden den einzelnen Studios aber durch «ein plötzlich erwachtes Desinteresse an der Filmunterhaltung». MGM lag mit der Spielzeit 1947/48 mit 6 500 000 Dollar im Minus.

Als Hauptgefahr sahen einige Studiobosse die ausländischen

Filme an, die von kleineren Verleihfirmen nach Amerika importiert wurden. Hierbei übersah man aber, daß diese Filme, zum Beispiel von Fellini und Sir Laurence Olivier, sich zwar großer Beliebtheit bei den Kritikern und einem kleinen Besucherkreis in den Großstädten erfreuten, die Kinobesitzer auf dem Land aber nicht an ihnen interessiert waren und sie auch nicht aufführten.

Die zweite große Gefahr wurde durch das Fernsehen ausgemacht. Ein ebenso lächerliches Feindbild. 1948 kam in Amerika auf 250 Haushalte ein Fernsehgerät. Die meisten scheuten die Anschaffung, da die Fernsehprogramme, die dreimal wöchentlich zu einer bestimmten Fernsehzeit ausgestrahlt wurden, neben Nachrichten, Boxen und Ringen nur den Cartoon *Felix, the Cat*, die *soap opera Dagmar* und *The George Burns Show* zu bieten hatte. «Eine weit größere Gefahr als das Fernsehen war die Begeisterung für Canasta und Gin Rummy», witzelte Bob Hope. (Einige Jahre später entdeckten die Studios, daß dieses Medium für sie ein Segen war: konnte man ihm doch die Lizenzen an alten Filmen gewinnbringend verkaufen. Ja, einige Studios bewahrten speziell fürs Fernsehen produzierte Filme und Serien vor dem bevorstehenden Ruin.)

Eine weitere Schuldzuweisung traf die Regierung. Seit 1937 war der Oberste Gerichtshof damit beschäftigt, zu prüfen, ob die geläufigen Filmverleihpraktiken nicht gegen das Monopolgesetz verstießen. Bisher war es üblich, daß jemand, der ein Kino eröffnen wollte, sich an ein Studio (z. B. MGM) wendete und es um finanzielle Unterstützung bat. Das Studio kam für die Baukosten des Kinos auf und verlangte im Gegenzug, daß zukünftig nur MGM-Filme in diesem Kino aufgeführt werden würden. Das Filmtheater trug den Namen des Studios oder verwies bei eigener Namensnennung darauf, zu welcher Gesellschaft es gehörte. Auch durfte der Besitzer nur Pakete erwerben: neben einem erfolgversprechenden Film wie zum Beispiel *Gone With the Wind* mußten auch zwölf B-Produktionen oder Flops mit übernommen und gezeigt werden. Sollte der Besitzer gegen diese Vereinbarung verstoßen, konnte er zur Aufgabe des Kinos gezwungen werden. Auf diese Weise hatte jedes Studio eine Kette von Filmtheatern an der Hand, die ausschließlich seine Produktionen, gleich welcher Qualität, spielte.

1948 entschied das Gericht, daß derartige Praktiken illegal seien.

Die Studios wurden aufgefordert, sich von ihren Lichtspieltheatern zu trennen. Die Kinobesitzer konnten von nun an frei entscheiden, welchen Film sie von welchem Studio zeigen wollten.

Doch die genannte Frist, zu der sämtliche Kinos verkauft sein mußten, wurde von der MGM, der RKO, Warner Brothers, Paramount und 20th Century-Fox geschickt umgangen. Metro verkaufte 1958 sein letztes Filmtheater, während Warner sich erst 1961 von seinem letzten Kino trennte.

Die wahren Ursachen für die Verluste wollten die meisten Studiochefs nicht erkennen. Sie vertrauten alten Erfolgsrezepten und dem Werbeslogan der MGM: *«Movies are better than ever.»* Doch das Gegenteil war der Fall. Nach dem Zweiten Weltkrieg lebte man in Hollywood in der illusorischen Vorstellung, man würde zu dem Zustand vor dem Krieg zurückkehren. Dementsprechend waren die Filme nach den bewährten Vorkriegsschemen konzipiert. Doch das Bewußtsein der Frauen, die in den Kriegsjahren die Arbeit der Männer übernommen hatten, aber auch das der heimkehrenden Soldaten hatte sich geändert: Die «süße Traumwelt Hollywoods» war durch die erlebten Schrecken und Entbehrungen ad absurdum geführt worden.

Die Filmmogule hofften, daß die Menschen, dem steigenden Einkommen entsprechend, verstärkt ins Kino gehen würden. Aus diesem Grund verdoppelten sie die Produktionszahlen. Als es schon zu spät war, die Katastrophe derartiger Überproduktion zu stoppen, enthüllte eine Untersuchung des amerikanischen Konsumverhaltens, daß nun hauptsächlich Geld für den Aufbau einer Familie, den Erwerb eines Hauses und eines Autos, für Nahrung und Kleidung ausgegeben wurde. Der Besuch eines «Lichtspielhauses» rangierte mit an letzter Stelle. Und weil die sogenannten «Erwachsenenfilme» nicht dem Bedürfnis nach realistischen, kritischen und gegenwartsbezogenen Themen entsprachen, sank das Durchschnittsalter der Kinobesucher auf 21 Jahre und jünger. Diese aber besuchten verstärkt Billigproduktionen mit June Allyson, Dick Powell, Elizabeth Taylor, Ethel Merman und Van Johnson in den Hauptrollen.

Den wenigen, die den neuen Publikumsgeschmack erkannten, wie etwa John Huston und Henry Hathaway, verweigerte man die

Realisation von Projekten, die die Rettung bedeutet haben könnten. Bill Grady erinnerte sich, daß «es Jahre dauerte, bevor man ihrem Drängen nachgab und wieder Millionen mit einem einzigen Film verdienen konnte».

Am 1. Juli 1948 verpflichtete L. B. Mayer Dore Shary als neuen Produktionschef in der Hoffnung, er würde ein ähnliches Wunder vollbringen können wie einst Irving Thalberg. Während Spencer, James Stewart, Myrna Loy und Lionel Barrymore mit zu Dore Sharys Favoriten gehörten, machte er keinen Hehl daraus, daß er für Stars wie Clark Gable, Lana Turner, Claudette Colbert und Katharine Hepburn keine Zukunft bei MGM sah. L. B. mußte seinen ganzen Einfluß geltend machen, damit auch diese weiterbeschäftigt wurden. Die meisten der «ungeliebten Stars» erkannten die Zeichen der Zeit und verließen MGM in den folgenden Jahren. Am 31. August 1951 trat Mayer schließlich selbst von seinem Posten zurück.

Kate und Spencer waren enttäuscht, daß das Studio kein geeignetes Filmprojekt für sie beide gefunden hatte. Um so überraschter waren sie, als sie ein Anruf von Garson Kanin erreichte. Die Beziehung zu den Kanins war nach *The Rugged Path* völlig abgebrochen. In der «Zeit des großen Schweigens» verfaßte und inszenierte Kanin seinen größten Broadway-Erfolg *Born Yesterday* mit Judy Holliday, Florence Eldridge und Fredric March in den Hauptrollen. Gleichzeitig schrieb er mit seiner Frau Ruth Gordon das Drehbuch *He and She*. Dieses orientierte sich zum einen an Kate und Spencer und basierte zum andern auf der Ehe von Raymond Massey und seiner Frau Adrianne Allen Massey. Als sich deren Freunde William Dwight Whitney und seine Frau Dorothy voneinander scheiden ließen, regelten die Masseys nicht nur die rechtliche Seite, sondern trennten sich ebenfalls und heirateten die frisch geschiedenen Whitneys.

Die Geschichte *He and She* handelte von dem Anwaltehepaar Madeleine und Adam Bonner. Eines Morgens beschließt Madeleine, eine Frau, die für die Emanzipation eintritt, eine Ehefrau zu verteidigen, die ihren Mann in den Armen der Geliebten überraschte und niederschoß. Ironischerweise vertritt Adam die Anklage. Während sie den Prozeß gewinnt, gefährden ihre «weiblichen Methoden» ihre Ehe mit Adam. Erst durch einen «weiblichen Trick» gelingt es Bonner, den Ehefrieden wiederherzustellen.

«Niemand außer Spence und Katie schien uns für die Rollen geeignet zu sein», berichtete Ruth Gordon. «Also beschlossen wir, den ersten Schritt zu machen.» Garson rief bei ihnen an und lud die beiden zum Abendessen in ein hervorragendes Restaurant in Los Angeles ein. Spencer ging hin, während Kate sich entschuldigen ließ: sie esse nie in der Öffentlichkeit.

Zunächst verlief das Wiedersehen kühl und reserviert. Mit einigen Schmeicheleien brach Kanin das Eis. Den endgültigen Durchbruch erreichte er, als er Spencer gestand, ursprünglich daran gedacht zu haben, die Eldrige–March-Rollen ihm und Kate anzubieten. Begeistert sprang Spencer auf und drängte die Kanins, dies Kate persönlich zu sagen. Der restliche Abend verlief in Hochstimmung. Der Alptraum war vergessen; man hatte sich wieder.

Wenige Tage später schickten die Kanins das Drehbuch. Spencer gefiel es, doch Kate sah darin eine «Verletzung ihrer Privatsphäre». Dennoch gestand sie ein, daß auch sie das Buch faszinierend fand.

Lawrence Weingarten erinnerte sich, daß auch die MGM von dem Werk begeistert war. «Es war wohl das erste Mal in 30 Jahren, daß uns ein Drehbuch angeboten wurde, das ohne größere Änderungen sofort verfilmt werden konnte.» MGM zahlte den Kanins 175 000 Dollar und verpflichtete George Cukor als Regisseur. «Es gibt nur wenige Filme, bei denen ich nicht aufheule, wenn ich sie mir einmal wieder anschaue», gestand Cukor. «*Adam's Rib* zählt dazu.»

Die MGM entschied sich für den Titel *Adam's Rib* (dt. *Ehekrieg*), weil man befürchtete, bei dem ursprünglichen Titel könnten die Zuschauer auf andere Gedanken gebracht werden.

Parallel zu der Besetzung von *Ehekrieg* verhandelt Kanin mit Harry Cohn über die Verfilmung von *Born Yesterday*. Kanin wollte unbedingt, daß Judy Holliday ihre Broadway-Rolle wiederholte, doch Cohn lehnte jegliche Probeaufnahmen ab, weil sie ihm zu fett war. (Ebenso mißfiel ihm der Gedanke, Kate und Spencer für den Film zu verpflichten.)

Als Kanin ihnen von seinem Gespräch mit Cohn erzählte, meinte Kate: «Wäre sie nicht einfach wunderbar in der Rolle der Ehefrau?» – «Das ist eine zu kleine Rolle», erwiderte Garson. «Judy ist ein Broadway-Star. Warum sollte sie sie spielen?»

«Weil das besser ist als jede Probeaufnahme, du Dummkopf», rief Kate. Doch als Judy die Rolle angeboten bekam, lehnte sie ab. Erst nach endlosen Telefonaten vertraute sie Kate den wahren Grund an:

«In einer Szene sagt jemand ‹Fatso› zu mir.»

«Mein Gott, ist das alles?» fragte Kate. «Ein Wort, das nur einmal gesagt wird?»

«Aber es wird gesagt», entgegnete die Holliday.

Kate versprach ihr, daß die Stelle umgeschrieben werden würde. Die Holliday sagte zu.

Damit der Film wirklichkeitsnah und glaubhaft in Szene gesetzt werden konnte, besuchten Kate und Cukor einen Prozeß gegen eine Frau, die ihren Mann umgebracht hatte. «Zum erstenmal merkte ich, daß ein Richter nichts anderes als ein Regisseur ist», bemerkte Cukor. «Er leitet die Geschworenen und wacht darüber, daß sie die richtige Entscheidung treffen.» Kate aber war es am wichtigsten, daß der Film für Judy ein Erfolg werden würde. «Kate wies mich an, hauptsächlich über ihre Schulter zu filmen, so daß Judys Gesicht im Mittelpunkt der Leinwand war.» Gestärkt durch die vorteilhaften Kostüme und Aufnahmen erklärte sich Judy Holliday schließlich doch noch bereit, den einst umkämpften Satz (*«Shut up, Fatso»*) über sich ergehen zu lassen.

Die Bemühungen hatten den erhofften Erfolg. Harry Cohn war von Judy Holliday begeistert und verpflichtete sie für *Born Yesterday*. 1951 erhielt sie für die Rolle ihren ersten Oscar.

Was Wunder, daß Hollywood von Kates Großzügigkeit erstaunt war, galt sie doch als eitel und war als egozentrische Person verschrien.

«Zum Teufel noch mal, das war doch gar nichts», wehrte Kate ab. «Als ich anfing wurde mir auch geholfen. Ich denke da an George [Cukor], John Barrymore, Jane Cowl, Billie Burke, Mary Boland, um nur einige zu nennen. Man hat selten eine Chance, demjenigen zu helfen, der einem einmal geholfen hat. Und so zahle ich eben zurück, in dem ich damals und heute Anfängern – und bitte verstehen Sie das nicht im negativen Sinn – helfe.»

Mit zu den amüsantesten Nebenfiguren gehört der Komponist Kip Lurie, dargestellt von David Wayne. Kip, ein Nachbar der Bonners, ist seit Jahren hinter Madeleine her, «weil es so bequem ist, sie nach Hause zu bringen». Kanin sah nun vor, daß er für sie ein Lied komponierte. «Ich hatte selbst einen Song geschrieben, doch keiner war davon begeistert. Spence vertrat sogar die Ansicht, daß er ausgesprochen schlecht sei.» Kate schlug als neuen Komponisten Cole Porter vor, doch dies erschien den anderen ein Ding der Unmöglichkeit.

«Was Gar und die anderen nicht wußten, war, daß ich Cole von früher kannte. Einmal war ich bei ihm zum Dinner eingeladen. Ich stand vom Tisch auf und richtete einen Vorhang, der irgendwie schief war. ‹Du bist schlimmer als ich›, kommentierte Cole meine Tat. ‹Aber laß dir eines gesagt sein: Erst wenn ein Perfektionist anfängt, seine Fußabdrücke auf einem Weg auszuwischen, dann fängt die Sache an gefährlich zu werden!›»

Kate schaute bei Porter am Rockingham Drive vorbei, doch er lehnte ab, mit der Begründung, man könne unmöglich einen Reim auf «Madeleine» finden, geschweige denn einen Song.

«Als wir unser Dinner beendet hatten, läutete das Telefon. Ich hob den Hörer ab und hörte: ‹Amanda!›» erinnerte sich Kanin.

«‹Tut mir leid, hier ist niemand, der so heißt›, sagte ich.

‹Amanda!› wiederholte die Stimme. ‹Hier ist Cole. Wer spricht?›

‹Amanda›, sagte ich.»

Zusammen mit den Kanins fuhren Kate und Spencer in Porters Haus und hörten zum erstenmal den Evergreen *Farewell, Amanda. Adios, addio, adieu...*

Kanin biß in den sauren Apfel und änderte den Namen seiner Titelheldin. Später nörgelte ein Kritiker von *Time*, Porter müsse das Lied komponiert haben, «während er auf den Bus wartete».

MGM hoffte, mit *Ehekrieg* endlich wieder einige Oscars zu gewinnen. «Der lustigste Film der letzten zehn Jahre», verkündete ein Werbeslogan, und diesmal schien es so, als ob die Versprechungen erfüllt werden würden. Zum erstenmal seit Jahren bekam das Publikum von Kate und Spencer das geboten, was es sich wünschte, und die Kritiker bejubelten die beiden als die «ideale Verkörperung des amerikanischen Mr. und Mrs. der gehobenen Mittelschicht».

Vor allem der Schluß begeisterte das Publikum: Um Amanda wieder für sich zu gewinnen, setzt Adam einen der ältesten «femininen» Tricks ein: Tränen, «die stärker als Säure sind».

Obwohl *Ehekrieg* ein finanzieller Erfolg wurde, wurden seine beiden Hauptdarsteller nicht für den Oscar nominiert. Auch Ruth Gordon und Garson Kanin verloren, denn 1950 ging der Oscar für das beste Drehbuch an den Wilder-Film *Sunset Boulevard*.

Nachdem *Ehekrieg* innerhalb von 37 Tagen in der Halle 5 abgedreht worden war, wurde es still um Kate und Spencer. Widerwillig nahmen beide an einem Fototermin teil, der anläßlich des fünfundzwanzigjährigen Jubiläums von MGM 58 Stars, aufgereiht in alphabetischer Reihenfolge, als «glückliche Mitglieder der Metro-Familie» präsentierte. In dem Vierzig-Minuten-Trailer *Some of the Best* war Kate mit Ausschnitten aus *Die Nacht vor der Hochzeit* vertreten. Insgesamt stellte man zwei Dutzend «Klassiker» vor sowie achtzehn neue Produktionen von 1949, darunter auch *Ehekrieg*.

Die Beziehung zwischen Spencer und Kate wies zu dieser Zeit die ersten Spannungen auf, die zwar durch die Arbeit an *Ehekrieg* zwar gemildert, aber nicht beseitigt wurden. Erschwerend hinzu kam, daß am 8. Juni 1949 HUAC eine Namensliste veröffentlichte, die mehrere hundert Schauspieler, Regisseure und Drehbuchautoren beschuldigte «Mitglieder bzw. Sympathisanten der Kommunistischen Partei über einen längeren Zeitraum hinweg gewesen zu sein». Neben Pearl S. Buck, Eleanor Roosevelt, Lena Horn, Maurice Chevalier, Frank Sinatra und Ring Lardner Jr. war auch Katharine Hepburn aufgeführt.

Während die meisten sich gegen die Denunziation mit einer Erklärung zu wehren versuchten, ließ Kate durch einen Pressesprecher den Zeitungen mitteilen, sie «weigere sich, die un-amerikanische Anklage mit einer Antwort zu würdigen».

Den Sommer verbrachten Kate und Spencer in Trancas, wo sie ein Haus in der Nachbarschaft von Spencers Freunden Sally und Chester Erskine mieteten. Obwohl er längere Reisen haßte, überzeugte Kate ihn, sie auf einer Europa-Reise zu begleiten. «Sie schleppte mich von einem Museum ins andere und dann besuchten wir die Galerien und was es sonst noch gab.» Spencer murrte zwar die meiste Zeit, war aber von Paris, Amsterdam und London begeistert.

Während der Europa-Reise stand Kate im Briefwechsel mit Lawrence Langner, der sie erneut drängte, endlich einmal Shakespeare zu spielen. Seit 1938 versuchte er sie davon zu überzeugen, in *Wie es euch gefällt* die Rosalind darzustellen. Kate hatte aber damals meistens keine Zeit. Auch jetzt drängte er sie, die Rolle zu übernehmen, doch Kate verängstigte der Gedanke, daß sie im Alter von 41 Jahren ein junges Mädchen spielen sollte. Sie fragte Spencer um Rat. Er fand den Gedanken lächerlich und riet ihr, sich nach einem anderen Stück umzusehen. Seit einigen Jahren faszinierte sie das Drama *Hedda Gabler*. Da Kate unentschlossen war, suchte sie nach ihrer Rückkehr Fanny Brice auf. «Ich ging öfters mit meinen Drehbüchern zu Fanny und las sie ihr laut vor. Wenn sie sie nicht mochte, wußte ich, daß etwas schiefgehen würde, denn ihr Instinkt täuschte sie so gut wie nie.» Miss Brice gab Kate zu bedenken, daß die Figur der Hedda vielleicht zu neurotisch und dekadent war, als daß Kate mit ihr ohne Probleme zurechtkommen würde. Sie riet ihr aber, die Rosalind zu spielen.

In einem Telegramm an seine Partnerin Theresa Helburn schrieb Langner: «Dies bedeutet vielleicht den Beginn einer Serie von bedeutenden Aufführungen. Kat sagte: ‹Sei nicht zu knauserig – wir leben nur einmal›, worauf ich ihr antwortete: ‹Sei du nun mal nicht zu extravagant – das Leben ist kürzer als man denkt!›»

6

Zu Beginn der fünfziger Jahre schien für Spencer Tracy sowohl privat als auch beruflich eine vielversprechende Zeit anzubrechen. Die MGM plante die Verwirklichung einiger Projekte mit ihm in der Hauptrolle, darunter die Familienkomödie *Father of the Bride*.

Tracys Frau Louise wurde für ihre Arbeit und ihr Engagement zur «Frau des Jahres» erklärt und ihr Sohn John hatte Dank ihrer Hilfe sprechen gelernt und konnte von den Lippen lesen. Nach seiner Ausbildung bekam er eine Stellung als Zeichner bei den Disney-Studios und heiratete kurze Zeit später. 1955 wurde Spencers Enkel Joseph Spencer Tracy geboren. Tracy war stolz auf John, wenn ihn auch gleichzeitig ein schlechtes Gewissen plagte. Alles was John erreicht hatte, verdankte er allein seiner Mutter.

Trotz all der guten Aussichten wurde Spencer immer unsicherer. Die Studios stellten sich darauf ein, daß er wenige Tage vor dem angesetzten Drehbeginn seine Rolle niederlegte und aus dem Projekt aussteigen wollte. Erst nach langen Gesprächen, die meistens Kate mit ihm führte, war er bereit, den Film zu machen.

Auch bei *Father of the Bride* sagte Spencer zunächst zu, doch als er erfuhr, daß Elizabeth Taylor mitspielt, sagte er ab.

Regisseur Vincente Minnelli: «Ich rief Kate an und sie lud mich zum Dinner ein. Ich erklärte Spence: ‹Mit dir wird der Film ein Komödien-Klassiker. Ohne dich wird er nichts!› Dies gefiel ihm und er sagte erneut zu.»

Die Dreharbeiten zu *Father of the Bride* begannen im Januar 1950. Wenige Tage später ging ihm die Taylor mit ihrem «kindischen Getue» auf die Nerven. Wenn er sich ihr gegenüber auch immer freundlich und zuvorkommend verhielt, so belustigte er die Crew hinter ihrem Rücken mit einer perfekten Imitation ihres affektierten Wesens.

Vor allem die «lebenswichtige Entscheidung», ob sie sich von Conrad Nicholson Hilton scheiden und den Schauspieler Michael Wilding heiraten sollte, lieferte genügend Stoff für Spencers grausame Scherze.

Da Kate sich mit dem Bühnenstück *Wie es euch gefällt* auf einer neunwöchigen Vortournee befand, war sie über Spencer beunruhigt. Sie ahnte, daß ihm die Belastung des Films zu schaffen machen würde und befürchtete, er würde plötzlich verschwinden. Zudem hatte sie erfahren, daß Spencer wieder zu trinken begonnen hatte. Um ihn zu sehen, schlug Kate ihm vor, er solle heimlich nach Cleveland kommen. Wie in einem Spionagethriller wurde Tracys Ankunft vor den übrigen Mitgliedern der Theatertruppe geheimgehalten.

Während der Vorbereitung von *Wie es euch gefällt* trieb Kate den Kostümdesigner James Bailey an den Rand des Wahnsinns. «Sie hatte ihre Hausaufgaben sorgfältig erledigt und wußte bald mehr als ich über die Kleidung der Zeit Shakespeares. Und in keiner anderen als dieser wollte sie auftreten. Als ich ihr erklärte, sie würde Bein zeigen müssen, war sie entsetzt. ‹Die sind doch so krumm; jeder wird darüber lachen!› jammerte sie mir die Ohren voll, aber ich blieb hart», sagte Bailey.

Der große Erfolg der Vortournee wiederholte sich auf wundersame Weise auch am Broadway, wo das Stück am 22. Januar 1950 zum erstenmal aufgeführt wurde und 180 Vorstellungen lang ausverkauft war. Die Kritiker räumten zwar ein, daß es einige Schwierigkeiten bereite, sich Kate als «junge Maid» vorzustellen, rühmten sie aber gleichzeitig als «überragende», «ehrliche», «verzaubernde», «überwältigende» und «unvergleichliche» Schauspielerin.

Das größte Aufsehen allerdings verursachten ihre Beine. John Chapman schrieb: «Diese Beine sind vielsagend!» Und in *Life* war im Februar 1950 zu lesen: «Nach siebenjähriger Abwesenheit kehrte Katharine Hepburn letzten Monat an den Broadway zurück, um mit *Wie es euch gefällt* Poesie zu rezitieren. Überdies offenbarte sie zur Überraschung aller, daß ihre geheimen Waffen genausogut wie ihre Jamben sind.»

Kate, die «mit Würde über derartig erniedrigende Äußerungen» hinwegsah, erklärte in einem Interview: «Ich wußte, daß ich mit dieser Rolle meinen Kopf riskierte. Aber allein die persönliche Befriedigung rechtfertigte das Risiko... Die Rolle ist ein guter Test, um herauszufinden, wie gut man als Schauspielerin wirklich ist. Und vor allem dies wollte ich.»

Obwohl alles gutzugehen schien, war dies keine glückliche Zeit für Kate. Nach Beendigung des Films *Father of the Bride*, der innerhalb von 28 Tagen abgedreht worden war, entschloß sich Spencer, mit dem Flugzeug nach New York zu kommen. Von panischer Angst ergriffen, die Maschine könne abstürzen, trank er sich zusammen mit seinem alten Freund James Cagney Mut an. Dementsprechend traf er in New York ein. Mit einer Stewardess kam es zu einer häßlichen Szene. Es bedurfte Kates Einfluß ebenso wie des der MGM, um den Vorfall aus den Schlagzeilen zu halten. Außer einer kurzen Notiz verlor man kein Wort darüber. «Daß die Presse so sanft mit Spence umging», lobte Bill Grady, «war hauptsächlich Kate zu verdanken. Wissen Sie, sie war bei den Reportern sehr beliebt, obwohl sie sich ihnen gegenüber oft unmöglich aufführte. Keiner wollte etwas bringen, was ihr weh tun würde. Und so schonten sie auch Spence.»

Kate versuchte alles, um Spencer zu einer weiteren Entziehungskur zu bewegen, doch nichts half. «Nacht für Nacht schaute er bei Kate in volltrunkenem Zustand vorbei, und wenn sie ihn ins Hotel schickte, ging er statt dessen in die nächste Bar. Die meisten Nächte endeten damit, daß ein Wirt das Studiomanagement verständigte und wir ihn ins Hotel brachten, nachdem wir dem Lokalbesitzer ein Schweigegeld gezahlt hatten», erinnerte sich ein MGM-Mann aus New York. Als Kate die Belastung durch Spencers Eskapaden zuviel wurde, kam es zu einer ersten heftigen Auseinandersetzung. Beleidigt zog Tracy sich nach Kalifornien zurück.

In den nächsten Wochen stand Kate achtmal in der Woche auf der Bühne. Um sich von ihren privaten Problemen abzulenken, spielte sie Tennis oder Golf und joggte im Central Park. Gelegentlich wurde sie hierbei von Greta Garbo begleitet. «Das war herrlich», erzählte sie lachend. «Bis vor zwei Jahren haben wir das getan. Doch heute ist es unmöglich.»

Bevor Kate mit *Wie es euch gefällt* erneut auf Tournee ging, verbrachte sie ihren Urlaub in Kalifornien im Haus von Irene Mayer Selznick. Kate setzte alles daran, ihre Probleme mit Spencer auszudiskutieren.

MGM hatte immer noch kein geeignetes Drehbuch für sie gefunden. Spencer dagegen standen gleich drei Filmprojekte in Aussicht. L. B. Mayer wußte, daß auch seine Tage bei MGM gezählt waren, so sagte er ihr, er habe nichts dagegen, wenn sie als freie Schauspielerin ein Projekt für eine andere Gesellschaft machen würde. Sollte MGM einen passenden Stoff für sie finden, würde er sich freuen, wenn sie zum Studio zurückkehren würde.

Wenige Tage nach diesem Gespräch erreichte Kate ein Anruf von Sam Spiegel, der sie fragte, ob sie Interesse hätte, zusammen mit John Huston und Humphrey Bogart in *The African Queen* mitzuwirken.

Spiegel liebäugelte seit Jahren mit dem Gedanken, C. S. Foresters Roman *The African Queen* zu verfilmen. Seit der Erstveröffentlichung 1935 faszinierte ihn die Geschichte der Missionarsschwester Rose Sayers, die nach der Ermordung ihres Bruders einen heruntergekommenen Flußbootkapitän namens Charlie Allnut bittet, sie aus dem von Deutschen okkupierten Ost-Afrika herauszubringen. Da Spiegel wußte, daß er das Projekt nur mit großen Namen verwirklichen konnte, gab er gegenüber seinen Geldgebern an, er habe bereits Kate, Bogart und Huston unter Vertrag. Danach rief er bei Kate an und versicherte ihr, Bogart und Huston hätten bereits zugesagt, es fehle nur noch ihr Einverständnis. Das Spiel wiederholte er bei Bogie und Huston.

Nachdem die ersten Verträge unterzeichnet waren, erreichte Kate ein Anruf von Huston. «Ich fragte sie, ob sie Lust hätte, mit mir und Bogie Essen zu gehen. ‹Tut mir leid›, meinte sie, ‹ich esse niemals in einem Restaurant. Es würde mich aber freuen, wenn Sie bei mir vorbeischauen würden.› Also statteten wir am nächsten Morgen unserer Herzogin einen Besuch ab.»

Bogart schrieb in einem Artikel, der im April 1952 im *Coronet* veröffentlicht wurde: «Wir kannten alle Stories über sie. Wie sie mit ihrem Yankee-Getue den Produzenten das Leben schwermachte, daß sie Hollywood als notwendiges Übel betrachtete, daß ihr wahres Interesse bei der Bühne und ihrem Haus in Connecticut lag; daß sie sich weigerte, Autogramme zu geben und die Öffentlichkeit haßte. Wir wußten aber auch, daß sie von verschiedenen Stücken gefeuert wurde, weil sie versuchte, selbst Regie zu führen und heute darauf bestand, die Aufnahme und den Schnitt ihrer Filme zu überwachen. Wenn sie wollte, konnte sie verdammt schwierig sein. Und dann kannten wir auch diese verrückte Seite von ihr, die die Berichte über ihre Scheu und Schüchternheit Lügen zu strafen schien. Die fünf Bäder, die sie täglich nahm, angeblich, um besser denken zu können. Die Geschichte, daß sie immer am Boden saß, wobei sie die Knie auf Kopfhöhe hochzog; sie sagte *‹Yah›* statt *‹Yes›*, *‹rally›* statt *‹really›*, süßte ihren Tee mit Erdbeermarmelade und brachte ihr sommersprossiges Gesicht durch Alkohol zum Glänzen. Außer Lippenstift trug sie niemals Make-up und auch keinen Schmuck und Juwelen oder Parfum.»

Kate erklärte ihnen offen, daß ihr das Filmprojekt vor allem deshalb gefiel, da sie plante, ihre Autobiographie zu schreiben, und sie davon überzeugt war, «daß dieser Film ein farbenprächtiges Kapitel abgeben würde». «Ich antwortete ihr: ‹Ah, das Buch wird wahrscheinlich nach Ihrem Tod veröffentlicht werden und Ihnen fehlt noch genügend Stoff, damit die Sache nicht zu dürftig ist›», erzählte John Huston. «Ich erntete nur einen tödlichen Blick. Völlig benebelt gingen Bogie und ich hinterher essen. Katie hatte irgendwann erklärt, daß ‹unattraktive Frauen mehr über Männer wissen als Schönheiten›. Bogie griff diesen Satz auf und murrte: ‹Sie ist so eine alte Krähe, daß sie alles wissen muß.› Nun, wir waren uns darüber einig, daß die Dreharbeiten ein Abenteuer werden würden. Vor allem ihretwegen.»

Abenteuerlich war bereits die Beschaffung der Rechte. Die Filmrechte lagen bei Warner Brothers, die den Film mit Bette Davis in der Hauptrolle verwirklichen wollten. Aus diesem Grund hatte Jack Warner die Rechte der Columbia abgekauft, die das Projekt zuvor mit Elsa Lanchester und Charles Laughton realisieren wollten. Warner forderte von Spiegel 50000 Dollar in bar, die dieser nicht besaß. In letzter Minute überredete er den Sound Service, ihm das Geld zu leihen, indem er ihnen versprach, bei den Dreharbeiten nur von ihnen die technischen Geräte zu leihen. Kaum war dieses Problem überwunden, kündigten die Banken an, sie würden von der Finanzierung des Projekts Abstand nehmen. «Wir ahnten von Sams Balanceakt nicht das geringste. Während er mich nach Afrika schickte, ging Kate wieder auf Tournee und Bogart machte einen neuen Krimi. Wir lebten in der Illusion, daß alles in schönster Ordnung sei.»

Kate drängte Spencer, sie bei der Tournee zu begleiten. Doch Spencer wurde im September 1950 in Hollywood gebraucht, wo er nun in der Fortsetzung von *Father of the Bride* mit Joan Bennett und Elizabeth Taylor vor der Kamera stand. *Father's Little Dividend* war zwar innerhalb von 22 Tagen abgedreht, doch Spencer zog es vor, in Beverly Hills zu bleiben. Freunde hatten den Eindruck, daß er Kates Abwesenheit genoß. Er ließ sie im Zweifel, wann und ob er zu ihr kommen würde.

Auf der Tournee geriet Kate wegen einer Geschwindigkeitsübertretung erneut in die Schlagzeilen. In Tulsa, Oklahoma, mußten sie und Charles Newhill sich dafür verantworten, mit 80 Meilen die Stunde durch eine geschlossene Ortschaft gefahren zu sein. Kate bestand darauf, sich selbst zu verteidigen, obwohl der Richter ihr einen Pflichtverteidiger angeboten hatte. Innerhalb kürzester Zeit verwandelte sie den Gerichtssaal in ein Kasperletheater, wobei sich viele der Zeugen an den Film *Ehekrieg* erinnert fühlten. Den Polizisten sprach Kate jegliche Befähigung zur Ausübung ihres Berufs ab. «Andernfalls hätten sie uns gewarnt!»

Mit der Begründung, sie sei eine finanzschwache Schauspielerin, weigerte sich Kate, das Bußgeld von 10 Dollar zu bezahlen. Bei ihrem Plädoyer kam Kate in die Nähe eines elektrischen Heizlüfters und ihr Nerzmantel fing Feuer. Kate löschte den Brand und begutachtete sofort den entstandenen Schaden.

«Ich hoffe, Miss Hepburn, der Tausend-Dollar-Mantel hat nicht allzusehr gelitten», sagte der Richter mitleidig.

«1000 Dollar», antwortete sie schnippisch. «Das Ding hat 5500 Dollar gekostet.»

«Nun, dann können Sie wohl die Strafe bezahlen», schnaubte der Richter. «Und ich rate Ihnen, dies gleich zu tun, bevor ich mir die Höhe des Bußgeldes noch einmal durch den Kopf gehen lasse.»

Die Tournee endete sechs Wochen bevor Kate via London und Rom nach Afrika reisen sollte. Völlig erschöpft fuhr Kate zunächst nach West Hartford, um sich bei ihrer Familie zu erholen. Obwohl alle ihre Geschwister außer Haus lebten, hatte sich das Leben hier nicht geändert. Auch im Alter von 72 Jahren praktizierte ihr Vater noch immer und «Kit» Hepburn propagierte engagierter denn je Geburtenkontrolle und widmete sich ihren vierzehn Enkelkindern. Zwar hatte sie vor einigen Monaten einen leichten Herzanfall erlitten, aber ihr Lebenswille schien ungebrochen.

Am St. Patrick's Day, es war Samstag, 17. März 1951, bereitete «Kit» Hepburn wie gewöhnlich den Nachmittagstee vor. Da Kate und ihr Vater sich noch auf einem Spaziergang befanden, beschloß Kit, da sie sich unwohl fühlte, sich etwas auszuruhen. «Als Dad und ich zurückkamen, fanden wir den Tee frisch aufgebrüht vor. Das Haus aber war irgendwie unnatürlich ruhig. Wir sahen uns nur an, und ohne ein Wort zu verlieren rannten wir nach oben in Mutters Schlafzimmer. Wir wußten, was wir vorfinden würden. Sie lag auf ihrem Bett, als ob sie schlief. Den Schlaf, aus dem es kein Erwachen gibt. Es war zwar ein Segen, daß es so schnell ging, aber dennoch, verdammt...»

«Ich bin nicht sicher, daß meine Mutter die Dinge, die ich getan oder gespielt habe, gut hieß. Ich wünsche mir das natürlich, bin mir aber nicht sicher. Sie kam und sah sich alles von mir an und sagte dann hinterher auch nette Dinge. Aber ich merkte, daß es bei ihr einen Unterschied gab, wenn sie von meiner Arbeit und der künstlerischen Arbeit anderer sprach. Wissen Sie, es hängt viel davon ab, wie lange man von etwas spricht. Mutter sprach nur immer sehr kurz über meine Arbeit und wechselte dann das Thema. Bei anderen ging sie mehr ins Detail. Nicht daß sie überkritisch war, aber ich glaube, die meisten Dinge, die ich tat, waren in ihren Augen la-di-da. Ihrer Meinung nach mußte man bis über die Ohren im Leben stehen. Die Barry-Stücke und die Filme von mir dagegen hatten nichts damit zu tun, was für die Welt wirklich von Bedeutung ist. Ich glaube, allein die Shakespeare-Stücke hätten ihr gefallen. Und das ist der Grund, warum ich sie wahrscheinlich gespielt habe. Schade, daß sie mich in keinem von ihnen sah.»

In den nächsten Tagen versammelte sich der Hepburn-Clan in der Bloomfield Avenue. Spencer wagte sich nicht in die «Höhle des Löwen» und blieb in Kalifornien.

«Im Laufe eines Lebens ereignen sich schwierige und schreckliche Sachen», erklärte Kate einem Reporter. «Das wichtigste ist, daß man sie überlebt. Du mußt weiterleben, damit zurechtkommen und hart sein. Hart nicht in der Bedeutung, daß man anderen Menschen gegenüber unfair ist, sondern bezogen auf sich selbst; daß man nie aufgibt.»

Dennoch schmerzte es Kate, als sie später während der Dreharbeiten von *«African Queen»* erfuhr, daß ihr Vater Madeleine Santa Croce geheiratet hatte. «Wenn man 45 Jahre lang eine Frau gehabt hat, kann ich mir es sehr problematisch vorstellen, ohne eine solche auszukommen. Ich mag Santa – sie ist richtig für Dad –, und wir müssen ihr dankbar sein, denn sie lädt sich Probleme auf.»

In Hollywood verbrachte Kate einige Tage mit Spencer, bevor sie nach New York reiste und von dort mit Constance Collier das Schiff nach London nahm. Nach achttägiger Überfahrt auf der *Medea* erreichten sie am Samstag, 13. April 1951, Liverpool. Spiegel ließ sie mit einem Rolls-Royce abholen. Die Mitglieder seines Teams hatte er im *Claridge's* untergebracht. «Es war eine verdammt schwere Zeit in London. Ich wußte, daß Sam sich alles zusammengepumpt hatte und daß es ziemlich unsicher war, ob er überhaupt die Rechnung für unsere Hotelzimmer bezahlen konnte. Ich und mein New England-Gewissen. Ich machte kein Auge mehr zu und sah uns schon in der Küche die Rechnungen abarbeiten.»

Als Honorar war mit Spiegel eine zehnprozentige Beteiligung am Gewinn sowie jeweils 65 000 Dollar bei Vertragsunterzeichnung und Drehbeginn vereinbart worden. «Doch die 65 000 Dollar hatte ich ebensowenig zu Gesicht bekommen wie ein fertiges Drehbuch.»

Um Kate abzulenken, ließ Spiegel sie die Kostüme auswählen. Inzwischen trafen Humphrey Bogart und seine Frau Lauren Bacall aus Paris ein und John Huston kehrte von seiner Motivsuche aus Afrika zurück.

Am Montag fand eine gemeinsame Pressekonferenz statt, auf der Kate überaus charmant war. «Ich bin groß, dünn (117 Pfund), habe viele Sommersprossen und kann einfach nicht aufhören zu wachsen», plauderte sie. «Erst letztes Jahr wuchs ich um 3 Zentimeter. Das kommt sicher daher, weil ich Shakespeare spielte. Immer dann, wenn ich etwas tue, was mir gefällt, wachse ich über mich hinaus. Man könnte mich als Antilope bezeichnen: schnell, schlank, graziös – hoffentlich – und gefleckt.»

Bogart dagegen verkündete: «Zunächst ist Katie eine Missionarin, doch nachdem sie mit mir den Fluß hinuntergefahren ist, endet sie als Frau.» Kate dementierte: «Ich würde eher sagen, ich beginne als Frau und Ende als Missionarin, die versucht, Bogart zu retten.» Während Kate von der Ambition des Films sprach, rief Bogart einem befreundeten Reporter zu: «In dem Film wird es von ihr eine herrliche Nacktszene geben. Einfach wunderbar, ich hoffe nur, daß die Zensur sie erlauben wird.» Wütend und errötend zischte Kate Bogart an, der nur unverschämt zurückgrinste.

Nach dieser ersten gemeinsamen Konferenz zog es Kate vor, zukünftig die Reporter allein zu empfangen. «Ich spiele nicht die African Queen. Nein, das ist ein Schiff», erläuterte sie geduldig. «Sollte jemand nach mir suchen, der Name ist Katie Hepburn, Belgisch-Kongo.»

Kate löcherte Huston vor allem wegen des Drehbuchs. Es existierte zwar eine Fassung von John Collier, doch die war unverfilmbar. James Agee hatte während der Überarbeitung einen Herzinfarkt erlitten, so daß das Drehbuch erst kurz vor Drehbeginn in Afrika von Peter Viertel fertiggestellt wurde. Huston wußte das, vertröstete Kate jedoch von einem Tag auf den andern.

«Wahrscheinlich war ich damals ein bißchen übereifrig. Aber ich bin eben ein Typ, der sich ständig Sorgen macht. Also führte ich mit Bogie eine ernste Unterhaltung. Da er schon zuvor mit John zusammengearbeitet hatte, beruhigte es mich, zu hören, daß es immer so chaotisch zuging. Damals war Christopher Mann mein Agent. Ich bat ihn, dafür zu sorgen, daß Spiegel, wenn das Projekt platzen sollte, wenigstens mein Hotelzimmer bezahlte. Ansonsten würde ich den Film mit oder ohne Gage machen, nur wollte ich davon nun endgültig nichts mehr hören. Von Dad ließ ich mir 10000 Dollar schicken, so daß ich jederzeit aus Afrika wieder abreisen konnte, wenn mir die Sache über den Kopf wachsen sollte.»

Während Viertel und Huston nach Afrika abreisten, flogen die Bogarts und Kate nach Italien. Constance Collier und ihre Sekretärin Phyllis Wilbourn blieben in London. Kate war in Hochstimmung, zumal sie Spencer dazu überredet hatte, mit dem Schiff nach Neapel zu kommen. Ihre alte Freundin Fran Rich holte Kate vom Flughafen Ciampino ab und zeigte ihr in den nächsten Tagen die Schätze Roms. «Es war überwältigend. Zweitausend Jahre Geschichte. Unvorstellbar.»

Spencer war von der stürmischen Überfahrt angeschlagen. Als er den Fiat Giardinetta von Fran Rich sah, erklärte er Kate für verrückt. «Natürlich nahmen wir dann die Limousine, die das Studio geschickt hatte, während irgend jemand anderes mit unserem Fiat hinterherfuhr.» Während die Paparazzis sich auf Tracy stürzten, gelang es Kate und Fran wie durch ein Wunder, ihre Anwesenheit geheimzuhalten. «Wir verlebten eine herrliche Zeit», erinnerte sich Kate. «Spence liebte Rom.» Gleichwohl reiste er einen Tag vor Kates Abflug nach London. «Warum... nun, das ist und war die ewige Frage. Entweder er langweilte sich oder er konnte es nicht ertragen, Lebwohl zu sagen.»

Während die Bogarts von der Presse am Flughafen verfolgt wurden, flüchtete Kate an Bord der Maschine und versteckte sich in der

Toilette. «Als ich Kate vermißte, raunte mir Bogie zu, ich solle einmal auf dem Klo nachsehen», erzählte Lauren Bacall. «Und wirklich: dort saß Kate und lachte darüber, daß sie die Presse ausgetrickst hatte.»

Nach einer «problembeladenen Nacht im Flugzeug» landete die Maschine in Léopoldville, von dort aus ging die Reise am nächsten Morgen mit einem Floß nach Stanleyville weiter. Peter Viertel erwartete sie. Huston war eine Stunde vor ihrer Ankunft mit einer Privatmaschine in das Camp geflogen. Kate wunderte sich darüber, daß John es so eilig gehabt hatte. «Nun, das Drehbuch war noch nicht fertig», sagte er lachend. «Besser gesagt, wir hatten noch keine einzige Zeile geschrieben. Da ich ein schlechter Lügner bin, ließ ich Peter zurück, der Kate Glauben machte, alles sei mit dem Skript in Ordnung. Ich befürchtete nämlich, sie würde sonst auf der Stelle umdrehen.» Viertels größter Pluspunkt war, daß seine Geduld keine Grenzen zu haben schien. «Allein ihm war es zu verdanken, daß ich in Afrika nicht verrückt wurde», erinnerte sich Kate.

Viertel räumte ein, daß ihm Kate zunächst «ausgesprochen schwierig» zu sein schien. Kaum angekommen, fand Kate heraus, daß das Zimmer der Bogarts größer, freundlicher und sauberer war. Ohne zu zögern bestand sie auf einem neuen Zimmer, und als sie dieses nicht bekommen konnte, warf sie zwei Mitglieder des Drehteams aus deren Räumen hinaus. In den nächsten Tagen ging Kate auf Einkaufstour, was Viertel vor das Problem stellte, wie die Speere, Schilde und anderen Dinge nach New York zu schicken seien.

Drei Tage später brach das Team auf. Nach einer achtstündigen Zugfahrt durch den Dschungel erreichte man Ponthierville. Bei den anschließenden 40 Meilen Fahrt durch den Dschungel kreisten Kates Gedanken nur um das «verdammte Drehbuch». Als sie schließlich das Camp erreichten, wurden sie von einem freudestrahlenden Huston begrüßt. «Doch das Strahlen verschwand sofort, denn ich Idiotin fragte ihn sofort: ‹Was ist mit dem Drehbuch?›» Huston versprach, später mit ihr darüber zu reden und ließ sie stehen.

Zum erstenmal ohne einen Freund auf Reisen, begann Kate sich bald schon allein und einsam zu fühlen. «Ich kann meine Gefühle nicht beschreiben. Die Bogarts schienen nett zu sein, aber ich kannte sie nicht näher. Huston und Viertel kannte ich ebensowenig, nun, ich kannte Peters Mutter, aber nicht ihn. Die Leute waren Fremde für mich. Niemand, mit dem ich reden oder dem ich trauen konnte.»

«Sie verzapfte ganz schön viel Unsinn in den ersten Tagen», schrieb Bogart. «Schließlich fragten wir uns, wie affektiert man noch im afrikanischen Dschungel sein konnte. Sie fand alles ‹göttlich›. Man wußte wirklich nicht, ob sie alles spielte oder es ernst meinte.»

«Mein erster Eindruck von Kate war, daß sie alles meistern konnte. Daß sie alles über Männer wie Johnny und Bogie wußte. Jedenfalls versuchte sie so zu wirken», erinnerte sich Lauren Bacall. «Erst später entdeckte ich, wie verletzlich und unsicher sie in Wirklichkeit war. Aber lassen Sie es sich gesagt sein: wenn es auch am Anfang nicht so aussah, zu guter Letzt zwang sie den beiden Kerlen doch noch ihren Willen auf.»

Und John Huston gestand: «Bogie und ich ärgerten sie unbarmherzig. Sie hielt uns für Raufbolde, Säufer und üble Kerle, und wir beide taten alles, um sie in dieser Ansicht zu bestärken. Wir gaben vor, betrunken zu sein und schrieben mit Seife dreckige Wörter auf ihren Spiegel. Doch schließlich durchschaute sie unser Gehabe und lernte es, uns als Freunde zu sehen und uns zu trauen.»

Am ersten Drehtag sollte die Bestattung von Rose Sayers Bruder gedreht werden. Doch an diesem Morgen regnete es. Während Spiegel sich sorgte, er könne in eine Regenperiode gekommen sein, diskutierten Bogart, Huston, Viertel und Kate zum erstenmal die Figuren und das Drehbuch. Bedingt durch die hohe Luftfeuchtigkeit begannen die Kostüme zu schimmeln. Der Lehmboden des Camps war aufgeweicht und glitschig. Doch Kate war fröhlicher denn je.

Nachdem der Regen aufgehört hatte, tuckerte das Team mit der *African Queen* zweieinhalb Meilen den Ruiki stromaufwärts, um die Beerdigungsszene zu drehen. Mit an Bord war ein lebensgroßer Spiegel, auf den Kate bestanden hatte. «Der Spiegel zerbrach schon bald in zwei Teile und ich hoffte, daß Katie ihn nicht mehr benutzen würde. Doch sie bestand darauf, daß er repariert wurde. Am Ende waren es nur noch handgroße Stücke, die wir immer wieder zusammensetzten», erzählte Huston.

«Ich wuchs in einem Männerhaushalt auf, wo Spiegel verpönt waren», berichtete Kate. «Aber nichtsdestotrotz wurden sie benutzt. So war es auch hier. Kaum hatte ich mich durchgesetzt, wurde er von allen verwendet. Vor allem von Bogie.»

Auch eine Garderobe für Kate wurde mitgeschleppt. Huston hatte sie auf leeren Fässern errichten lassen und an das Boot gehängt. Doch kaum hatte Kate ihren Willen durchgesetzt, verlor sie das Interesse an der Garderobe und zog es vor, sich im Dschungel umzuziehen.

Die Probleme schienen kein Ende zu finden. Eines Morgens entdeckte Huston, daß das Schiff gesunken war. Danach wurde das Lager von Wanderameisen überfallen. Kate jedoch ließ sich von nichts erschüttern. Bogart dagegen begann Afrika zu hassen. «Während ich litt, war Kate in Hochstimmung. Mit ihrer Kleinbildkamera durchstreifte sie den Dschungel, rang ihre Hände in Ekstase und rief begeistert aus: ‹Was für eine göttliche Natur! Was für eine göttliche Fauna!› Von allem, was da wuchs, kroch, flog, schwamm oder herumrannte, wollte sie den lateinischen Namen wissen. Während ich nichts lieber wünschte, als so schnell wie möglich aus dem verdammten Dschungel herauszukommen, schien sie die Leiden zu genießen. Es schien, als wolle sie Livingstone übertreffen.»

Kate war immer mit Utensilien bepackt. Neben ihrer Kamera hatte sie einen Recorder, ein Schmetterlingsnetz, Behälter für Pflanzen usw. mit sich. Als Bogie sie einmal so sah, sagte er bissig: «Ich glaube, dir würde es nichts ausmachen, auch noch meinen Schminkkoffer zu tragen.»

Waren Bogarts Gefühle Kate gegenüber gemischt, so verehrte sie ihn im geheimen vom ersten Augenblick an. «Er war ein wirklicher Mann, überhaupt nichts Feminines an ihm. Nur ein wenig nörglerisch wegen der Umstände. Aber sonst wirklich in Ordnung.»

In der ersten Zeit ließ John Kate die Rolle spielen, so wie sie es wollte. «Die ersten Rollen erinnern an einen Film, der den Titel ‹Tess Harding erobert Afrika› oder ‹Tracy Lord im Dschungel› haben könnte. Ich merkte, daß Kate unsicher war, wie sie die Rolle anlegen sollte. Andererseits wußte ich aber auch, daß sie sich gegen jegliche Regieanweisungen sperrte.»

Eines Morgens suchte er Kate auf. Offen gestand er, daß er befürchtete, ihre Darstellung würde dem Film schaden. «Hast du einmal Bilder gesehen, wie Eleanor Roosevelt Kranke besuchte? Gut, so stelle ich mir Rosie ungefähr vor.» – «Er gab mir einen Tip, nicht mehr, und das war sehr, sehr clever.»

Nach Beendigung der Arbeiten am Ruiki fuhr das Team zurück nach Ponthierville. Auf der Fahrt ließ Kate anhalten. «Sie stieg aus und besichtigte einen Bambuswald», erinnerte sich Lauren Bacall. «Ich dachte, Bogie würde jeden Augenblick explodieren. ‹Zum Teufel, wenn ich nun schon in Afrika bin, dann werde ich mir doch noch einen Bambuswald ansehen können! Wann werde ich jemals wieder die Chance dazu haben?› rechtfertigte sie sich.»

Da kein Telefon in der Nähe war, schrieb Kate an Spencer lange und detaillierte Briefe, die, bevor sie abgeschickt werden konnten, erst nach Biondon, Ponthierville und schließlich nach Léopoldville gebracht werden mußten.

In Butiaba wurde ein Dorf und Sayers Kirche errichtet, zu dem einzigen Zweck, niedergebrannt zu werden. Als Statisten verpflichtete Huston an die hundert Eingeborene, doch am ersten Drehtag erschien niemand. Erst später stellte sich heraus, daß die Leute die Sache für eine Falle hielten, und da Kannibalismus in dieser Gegend keine Seltenheit war, glaubten sie, Huston wolle nur seine Vorräte auffüllen.

Während man sich erfolgreich gegen schwarze Mambas, 16 Meter lange Pythons und Insekten wehrte, befiel die meisten Mitglieder des Teams in Butiaba die Ruhr. «Ich war eine Idiotin», räumte Kate ein. «Bogie und John tranken meiner Ansicht nach zuviel Schnaps. Ich wollte sie beschämen und trank nur Wasser – und das in reichlichen Mengen. Damals ahnte ich noch nicht, daß darin aber gerade die Erreger der Ruhr waren. Nun, sie blieben gesund und ich starb beinahe.»

Überschattet wurden die Dreharbeiten von der Nachricht, daß Bogarts dritte Ehefrau Mayo Mathot an den Folgen ihrer Alkoholsucht gestorben war. Und auch Kate blieb von schlechten Nachrichten nicht verschont. Kurze Zeit nach der zweiten Heirat ihres Vaters erfuhr sie, daß ihre Freundin Fanny Brice gestorben war. «Doch die Sorgen schweißten uns noch mehr zusammen. Wir lachten zusammen, und so gelang es uns, dem Film mehr Komik und Humor zu geben, als der Roman je hatte.»

In Butiaba lebte das Team auf dem alten Flußdampfer *Lugard II*, der ihnen auch bei ihrer letzten Station, den Murchison-Fällen, als Behausung diente. Kameramann Ted Scaife erzählte: «Kate mußte eine Szene im Wasser drehen. ‹Wimmelt es hier nicht von Krokodilen?› fragte sie Huston besorgt. Doch John erklärte tröstend: ‹Ich habe Unterwassermunition hochgehen lassen. Die Tiere sind von dem Lärm verschreckt und werden dir nichts tun.› – ‹Schön und gut›, antwortete Kate, ‹aber was ist mit denen, die taub sind?›»

Das Wasser der Murchison-Fälle war zudem verseucht. «Im Wasser lebten kleine Würmer, die durch die Haut dringen und 30 Jahre im Körper bleiben und leben können. Sie schädigen die Leber und verursachen einen langen, qualvollen Tod. Bei den letzten Dreharbeiten mußte jeder mindestens einmal ins Wasser. War die Szene abgedreht, wurde er sofort trocken gerieben und desinfiziert.»

In Ponthierville mußten noch einige Schlußszenen gedreht werden. Die meiste Zeit verbrachte Huston hier aber auf der Jagd. «Er wollte immer den Eindruck erwecken, er sei ein großer Jäger», erinnerte sich Kate. «Dabei traf er nicht einmal eine Blechdose aus 20 Meter Entfernung.»

Kate wunderte sich: «Ich verstehe nicht, wie du diese herrlichen Geschöpfe töten kannst. Oder bist du in Wirklichkeit ein verkappter Mörder?»

«Da ich nicht wußte, wie ich es ihr erklären sollte, schlug ich ihr vor, mich zu begleiten.» Kate willigte ein. «Eines Tages befanden wir uns plötzlich in einer Herde Elefanten. Nachdem sie uns gewittert hatten, brachen sie in Panik aus. Es fehlte nicht viel und wir wären totgetrampelt worden. Doch wie durch ein Wunder rannten sie an uns vorbei. Mir zitterten die Knie, doch Katie stand da, so als ob nichts passiert wäre. Ja, sie baute in Seelenruhe ihre Kamera auf und begann die Tiere zu filmen.

Eine Elefantenkuh mit ihrem Jungen schien es ihr besonders angetan zu haben. Kate ging näher und näher, und als ich es bemerkte, war die Kuh gerade im Begriff, Kate umzurennen. Sie war so nahe, daß ich sie nicht einmal mehr durch einen Herzschuß hätte töten können. Im letzten Moment drehte sie bei und schloß sich wieder

der Herde an. Als ich Kate erklärte, wie gefährlich Elefantenmütter seien, strahlte sie mich an und sagte: ‹Oh, ich hatte doch kein Gewehr dabei, das ist nur eine Kamera.›»

Doch trotz aller Probleme und Schwierigkeiten wurden die Afrika-Aufnahmen von «*African Queen*» mit nur zweitägiger Verspätung am 17. Juli 1951 fertiggestellt.

In London ging das Gerücht um, Kate und John hätten eine leidenschaftliche Affäre hinter sich. «Wir saßen oft zusammen auf dem Deck unseres Dampfers und redeten miteinander. Wir sprachen über alles und jeden. Doch da war nie der Hauch von einer Romanze zwischen uns. Spencer Tracy war für Kate der einzige Mann in ihrem Leben», erklärte Huston.

Spencer, der nach London gekommen war, war über derartige Schlagzeilen verärgert und spielte den Beleidigten. Noch abgespannt von den Strapazen fehlte Kate die nötige Ruhe, um ihn vom Gegenteil zu überzeugen. Ohne die Sache geklärt zu haben, reiste Tracy nach wenigen Tagen zurück nach Amerika. Kate und der Rest des Teams blieben in London und drehten innerhalb der nächsten sechs Wochen noch einige abschließende Szenen.

Bepackt mit ihren Erinnerungsstücken traf Kate Anfang September 1951 in New York ein. Auf der Zugfahrt nach Hollywood wurde sie von Ruth Gordon und Garson Kanin begleitet, die in der Zwischenzeit ein neues Drehbuch für Kate und Spencer verfaßt hatten. Durch irgendein Versehen war Kates Schlafwagenreservierung nicht berücksichtigt worden. Dank der Hilfe eines Schaffners trat jedoch ein Mann sein Abteil an Kate ab. «Ich wollte mich natürlich bedanken. Beim Essen ging ich an seinen Tisch und sagte ihm, wie nett ich seine Geste finde. Und was sagt diese Laus zu mir? ‹Oh, Miss Hepburn, da gibt es nichts zu danken. Ich bin Reporter der *Daily News* und hoffe, daß mein Herausgeber mir die Geschichte abkauft, die den Titel tragen wird: *Warum Katharine Hepburn am 12. September die Nacht in meinem Bett verbrachte*. Wissen Sie vielleicht einen passenden Untertitel dazu?› Ich sah ihn nur an, denn das, was ich sagen wollte, wäre nicht druckbar gewesen.»

Auf der dreitägigen Reise las Kate den Kanins aus ihrem Tagebuch vor, das sie während den Dreharbeiten geführt hatte. «Ruth und ich drängten sie, das Buch zu veröffentlichen. Kate willigte ein, doch als wir sie nach einigen Wochen fragten, was damit sei, eröffnete sie uns, daß sie es beim Umzug verlegt hätte und nun nicht mehr finden konnte.»

Kate wohnte zunächst wieder im Haus von Irene Mayer Selznick am Summit Drive 1050, doch schon bald verliebte sie sich in ein Haus, das von Charles Boyer im Stil eines französischen Landhauses in den Hügeln Hollywoods gebaut worden war. Als diesen Steuerschwierigkeiten zwangen, das Haus zu verkaufen, erwarb es RKO. Kate mietete es nun. Die Leute von RKO schüttelten nur den Kopf, denn das Haus war unmöbliert. Innerhalb von zwei Tagen war es jedoch geschmackvoll eingerichtet. Daß die Möbel zum größten Teil aus dem Fundus der MGM und der RKO stammten, störte niemanden.

Auf der Einweihungsfeier nutzte Kate die Chance und führte ihren Gästen all ihre Afrika-Dias vor. Cary Grant und seine Frau Betsy Drake gehörten ebenso zu den Opfern wie die Kanins und Spencer. Die Vorführung übernahm ein Gärtner. «Die meisten Bilder waren überbelichtet, doch Kate bestand darauf, daß in Afrika das Licht eben so sei und es so aussah. Wir waren alle erleichtert, als der Projektor seinen Geist aufgab, doch Kate bestand darauf, daß wir die Dias dann eben gegen das Licht hielten», erzählte Cary Grant.

Nur wenige Tage später beschloß Kate, den Abend zu wiederholen. Diesmal übernahm ein Profi mit einem «Profiapparat» die Vorführung. Grant sagte in letzter Minute ab und gab vor, Betsy habe Kopfschmerzen. «Ich glaube, ich bekomme auch gleich welche», tönte Spencer. «Das wirst du nicht», drohte Kate. Nun, Spencer verbrachte den restlichen Abend damit, zu erklären, nach was die Bilder seiner Ansicht nach aussehen würden, was Kate nicht besonders witzig fand. Die Stimmung zwischen Kate und Spencer war noch immer angespannt. Dies merkten auch die Kanins, doch unter allen Umständen wollten sie ihr Projekt mit Spencer und Kate verwirklichen.

Während der Vorbereitungszeit von *Pat and Mike* (dt. *Pat und Mike*) kam *«African Queen»* in die Kinos. Erneut legte man den Verleihstart so, daß der Film noch für die Oscars nominiert werden konnte. Die Kritiker waren hocherfreut, hatte man den Film doch schon als Desaster vorverurteilt. *Time* etwa fand Kates Darstellung «exzellent». John Huston schrieb über Kate und Bogart: «Einer forderte die Vorzüge des anderen heraus. Die Kombination aus beiden Darstellungen brachte den Humor dramatischer Situationen zum Vorschein, wo ursprünglich keiner von uns es für möglich gehalten hatte. Erst die Kombination Hepburn–Bogart brachte den komödiantischen Effekt zum Vorschein.»

Gefragt, wie er die Hepburn als Frau finden würde, sagte Bogart nach der Premiere: «In den Achthundert-Dollar-Kleidern, die Katie wie Lumpen behandelt, wirkt niemand so sexy wie sie. Sie hat Beine wie Marlene Dietrich, und auch die Behauptung, man könne einen Hut nach ihr werfen und er würde überall dort hängen bleiben, wo er gerade trifft, ist eine böswillige Verleumdung.»

Kate war überaus erbost, als sie sich auf dem Kinoplakat als «vollbusigen Rotschopf» wiederfand. «Das Bild erinnerte mehr an eine Sexbombe als an mich», maulte sie. Aber da waren die Plakate bereits gedruckt.

Zum erstenmal seit neun Jahren war Kate wieder für einen Oscar nominiert, wie auch Bogart, Huston und das Drehbuch. Doch nur Bogart wurde für seine Leistung mit dem Academy Award ausgezeichnet. Kate verlor an Vivien Leigh.

Die Besetzung einer Nebenrolle in *Pat und Mike* lieferte Hollywood neuen Gesprächsstoff. Kanin und auch Cukor, der wieder einmal Regie führen sollte, waren sich darin einig, daß Russell Nype geradezu ideal für die Rolle von Pats Verlobten war. Nype hatte nach dem Broadway-Erfolg von *Call Me Madam* einen Vertrag mit MGM unterschrieben, doch bereits bei den Dreharbeiten zu seinem ersten Film stellte sich heraus, daß er für die Leinwand völlig ungeeignet war. MGM hoffte, ein Arrangement mit ihm treffen zu können, so daß er auf die Filmrolle verzichtete, doch Nype und sein Agent bestanden auf der Realisierung des Projekts und die volle Gage. Es gab kein anderes Gesprächsthema als die Nype-Sache und alle Augen waren auf Dore Shary, den neuen Leiter des Studios, gerichtet. Gespannt verfolgte man, wie er die Sache lösen würde. Bei der ersten Besprechung, die Kate mit Shary hatte, tauchte natürlich die Frage nach der weiteren Besetzung auf. Ohne zu zögern erklärte Kate: «Ich habe da eine wunderbare Idee, wer meinen Verlobten spielen könnte: Ich dachte da an Russell Nype.» Die Besprechung wurde auf den nächsten Tag verlegt. Freunden gegenüber gestand Kate später, sie wollte nur Sharys Flexibilität und Belastbarkeit testen.

In *Pat und Mike* spielte Kate die Sportlerin Pat Pemberton, die immer dann entscheidende Wettkämpfe verliert, wenn ihr Verlobter Collier Weld zusieht. Um es sich selbst zu beweisen, geht sie mit dem etwas dubiosen Sportmanager Mike Conovan (Tracy) einen Vertrag ein. Alles geht gut bis zu dem Zeitpunkt, da Weld wieder auftaucht. Als er Pat und Mike vermeintlich in flagranti ertappt, löst er seine Verlobung. Doch Pat merkt bald, daß dies nicht zu ihrem Nachteil war und Mike besser zu ihr paßt.

«Daß der Film wie auch der letzte Hepburn–Tracy-Film ein so großer Erfolg wurde, lag wohl daran, daß wir uns und alles andere bei den Dreharbeiten nicht allzu ernst nahmen», vermutete Cukor. «Wir warfen mit Ideen wie Tennisbällen herum und erfühlten den Text und die Situationen. Vor allem bei *Pat und Mike* war dieses Kribbeln zu spüren, das die beiden bei dem anderen auslösen konnten. Ich denke da an die Szene, in der Spence Kates Bein massiert. Völlig unschuldig, aber doch sehr, sehr sexy.»

«Sie war eine tolle Frau», geriet Aldo Ray, der den beschränkten Boxer Davie Hucko spielte, ins Schwärmen. «Eines Tages mußte ich sie in einer Szene die Treppe hinauftragen und auf ein Sofa legen. Dann wisperte ich ihr ins Ohr: ‹Und jetzt werde ich dich ficken!› Doch sie schüttelte nur den Kopf und antwortete im Schulmeisterton: ‹Sie werden nichts dergleichen tun! Wenn Sie es tun, werde ich es Spencer sagen und dann gnade Ihnen Gott!›»

Spencer war überglücklich, wieder mit Kate zusammenarbeiten zu können. Während ihrer Abwesenheit hatte er nur einen Film gemacht. Die übrige Zeit verbrachte er meistens zu Hause, beschimpfte Nachbarn und fuhr betrunken Auto. Kate setzte bei den Dreharbeiten, die im Januar 1952 begannen, alles daran, ihn an Kaffee zu gewöhnen. Da er sich weigerte, ein Korsett zu tragen, aber mindestens 20 Pfund zugenommen hatte, kochte Kate Diät und verordnete ihm lange Spaziergänge. Außerdem überredete sie ihn, mit ihr täglich Schwimmen zu gehen.

MGM drängte Cukor, *Pat und Mike* so schnell wie möglich fertigzustellen, damit er noch in die Kinos gebracht werden konnte, solange «*African Queen*» im Gespräch war. Im Eiltempo fertiggestellt, kam der Film am 13. Juni 1952 in den Verleih. Shary glaubte zwar an keinen Erfolg, doch *Pat und Mike* wurde ein Renner und übertraf sogar noch *Ehekrieg*. «Miss Hepburn war schon immer als Schauspielerin bekannt, deren Handhabe einer Zeile oder einer dramatischen Situation für eine Überraschung gut war. Doch diesmal beweist sie uns zum erstenmal – auf der Leinwand –, daß sie auch mit einem Golf- und Tennisschläger und Pointen umgehen kann», schrieb Bosley Crowther.

Die MGM nutzte eine Textstelle für die Werbung von *Pat und Mike*, in der Mike erklärte: «Nicht viel dran, aber was sie hat ist erstklassig!»

Spencer blieb in Hollywood und drehte seinen ersten Farbfilm – *The Plymouth Adventure*. Kate reiste zusammen mit Constance Collier und deren Sekretärin Phyllis Wilbourn nach London. Denn Kate hatte sich entschlossen, die Hauptrolle in Shaws *Die Millionärin* auf der Bühne zu spielen. «Meine Mutter bewunderte das Werk von Shaw. Und auch mein Vater. 1939 fragte mich Gabriel Pascal, ob ich Lust hätte, die Hauptrolle in der Shaw-Komödie zu übernehmen. Ich las das Stück und fand den ersten Akt sehr gut, den zweiten etwas schwächer und den dritten verwirrend. Mein Gott, ich lehnte ab. Es war ein Fehler. Stellen Sie sich vor, ich hätte damals nach England gehen und mit dem alten Jungen reden können. Das war genauso, als ich eine Einladung von Mary Pickford zum Essen ausschlug, nur weil ich immer eine schnelle Antwort parat haben muß. Man läßt sich dadurch so verdammt viel entgehen. Nun, während ich *Wie es euch gefällt* am Broadway spielte, las ich *Die Millionärin* erneut und war begeistert. Ich wußte auch, wer die Sache gut machen konnte: Michael Benthall. Auch er war der Ansicht, daß das Stück ein sensationeller Erfolg werden würde. Während ich in London war, trafen Michael und ich ‹Binky› Beaumont und versuchten ihn dazu zu überreden, das Stück zu produzieren. Als er zum erstenmal hörte, um welches Stück es sich handelte, wurde er beinahe ohnmächtig. Schließlich war es ein großer Flop gewesen, als er es mit Edith Evans produzierte.»

Die Kritiken in Malvern waren 1938 so schlecht, daß das Stück erst gar nicht im West End herausgebracht wurde. Shaw hatte die Hauptfigur als «schreckliche und unmögliche Frau» angelegt, die sehr an Lady Nancy Astor erinnerte. Bei genauerer Betrachtung fand Beaumont Kate für die Rolle der dominanten und egozentrischen Epifania Ogni Santi besser geeignet als Edith Evans und erklärte sich bereit, das Stück herauszubringen.

Epifania erbte von ihrem Vater 30 Millionen Pfund Sterling und den guten Rat, erst dann zu heiraten, wenn sie einen Mann gefunden hat, der es schafft, innerhalb von sechs Wochen 150000 Pfund in 50000 Pfund zu verwandeln. Sie trifft auf einen ägyptischen Arzt, der sich sofort in ihren Pulsschlag verliebt. Er fordert sie heraus und Epifania willigt ein, sechs Monate lang mit nur 200 Piastern ihren Lebensunterhalt zu bestreiten. Bevor die Zeit verstrichen ist, hat sie auch diesen Betrag in ein stattliches Vermögen verwandelt. Wenn der Vorhang fällt, will sie gerade den Arzt heiraten.

Epifania war eine der typischen Shawschen «Überfrauen», eine erwachsen gewordene Tracy Lord, die noch immer arrogant, selbstbewußt und ungebrochen durchs Leben schritt.

Als Shaw erfuhr, daß Kate die Rolle spielen wollte, fragte er besorgt: «Ist sie eine gute Athletin?» Beaumont konnte die Frage bejahen und Shaw war sichtlich zufrieden. «Dann muß sie nur aufpassen, daß sie in den Jiu-Jitsu-Szenen ihren Partner nicht ins Jenseits befördert.» Beaumont erinnerte sich, daß Shaw Kate gerne kennengelernt hätte. Doch kurz vor dem vereinbarten Treffen verstarb er.

Spencer hielt die Idee für «Humbug» und weigerte sich, Kate nach England zu begleiten. Zudem drehte er gerade *The Actress*. So war es wieder einmal Constance Collier, die Kate begleitete. Da Beaumont ihr nur zwei Tickets geschickt hatte, Kate aber darauf bestand, daß auch Phyllis sie begleiten sollte, tauschte sie kurzerhand die Tickets um gegen drei Passagen auf dem billigeren Liner *America*. Die Reise sollte ursprünglich acht Tage dauern, doch während der Überfahrt kam ein Sturm auf. «Wir wurden hin und her geschleudert und waren die meiste Zeit der Überfahrt krank. Nach elf Tagen kamen wir schließlich völlig erschöpft in England an.»

Beaumont schien keine Kosten zu scheuen: Kate, Constance und Phyllis wohnten während der Spielzeit im *Claridge's*. Verschwenderisch war auch die Ausstattung der Produktion. Für Kates Kostüme wurde der französische Modedesigner Pierre Balmain verpflichtet.

Die Presse war darauf versessen, Kate in Haute Couture zu sehen. Nach längeren Diskussionen willigte Kate ein, Reporter im Salon Balmain zu empfangen, aber nur unter der Bedingung, daß sie ihre eigene Kleidung tragen durfte. «Und sie kam tatsächlich in einer viel zu weiten Hose und einem ausgeleierten Rollkragenpulli, dessen Kragen hinten mit einer Sicherheitsnadel zusammengehalten wurde. Monsieur Balmain wurde beinahe ohnmächtig, zumal er für sie ein so herrliches Kostüm entworfen hatte, das ihr auch zu gefallen schien», erinnerte sich Balmains Assistentin Ginette Spanier.

Aus den Entwürfen wählte Kate einen schwarzen Samtmantel und ein Organzakleid aus. Als Beaumont davon erfuhr, kamen ihm Bedenken. «Ich rief sie an und sagte: ‹Mein Gott, Kate, Organza, der empfindlichste Stoff, den es gibt. Wie soll der die ganze Spielzeit überstehen?› Doch sie ließ sich nicht beirren. ‹Ich werde darauf acht geben›, antwortete sie in ihrer typischen Art, die keinen Widerspruch duldete.»

Nach einer kurzen Tournee durch die englische Provinz feierte *Die Millionärin* am 26. Juni 1952 Premiere im New Theatre, St. Martin's Lane. «Es war der heißeste Tag des Jahres und das Theater hatte keine Klimaanlage. Doch Dank einer kalten Dusche in der Pause überstand ich das Ganze ohne zu schmelzen.»

Kate war überglücklich. Zum erstenmal in seiner Geschichte wurde das Stück ein Erfolg. Kate spielte in 96 ausverkauften Vorstellungen, bevor sie nach Amerika zurückkehrte.

Kates Enthusiasmus schien keine Grenzen zu kennen. «Als Adrain Blenderbland war ich das Opfer ihrer Jiu-Jitsu-Attacken», klagte Cyril Ritchard. «Kate war so begeistert, mich in der Luft herumzuwirbeln und die Treppe hinabzustoßen, daß ich eines Abends meine Knochen knacken hörte. Ich humpelte während der gesamten Spielzeit.»

Und Robert Helpmann, der den ägyptischen Arzt spielte, gestand: «Kate Hepburn ist die einzige Person in meinem Leben gewesen, mit der ich morgens bis abends zusammen sein konnte, ohne gelangweilt zu werden. Die einzige Person, mit der ich mir vorstellen konnte, verheiratet zu sein.»

Wenige Tage nach Kates letztem Auftritt im New Theatre kehrten Miss Collier und Phyllis auf der *Nieuw Amsterdam* nach Amerika zurück. Kate dagegen flog zusammen mit Irene Mayer Selznick nach Jamaika und machte Urlaub. Wieder versuchte Irene, Kate zu überreden, in *The Chalk Garden* die Rolle der Miss Madrigal zu spielen.

Zwei Wochen bevor das Shaw-Stück am 17. Oktober 1952 im Schubert Theatre herauskam, kehrte Kate nach New York zurück. Die New Yorker Besprechungen stimmten darin überein, daß Kate «Hervorragendes leistete».

Noch während die Londoner Inszenierung in New York lief, planten die Kanins und Cukor einen neuen Film für Spencer und Kate: Die Kriminalkomödie sollte in einem Zugabteil beginnen. Eine schwarz gekleidete Witwe, die sich später als Chef einer Schmugglerbande (Spencers Rolle) entpuppt, sucht den Verfolgern durch diverse Verkleidungen zu entkommen. Auch eine Agentin des State Departements (Kate), die den Gangster der Gerechtigkeit übergeben möchte, macht Jagd auf den Ganoven-Boss. Doch als sie ihn mit weiblicher List stellt, muß sie erkennen, daß sie in ihn verliebt ist...

Kate war von dieser Idee begeistert, doch Spencer lehnte das Projekt, das er als «kindisch und albern» bezeichnete, energisch ab. Als auch eine Verwirklichung mit Cary Grant in der männlichen Hauptrolle scheiterte, schmiedete Kate neue Pläne und wollte das Shaw-Stück verfilmen. Doch kein Studio ließ sich für das Projekt begeistern. Also erwarb sie von ihrem eigenen Geld die Filmrechte von Gabriel Pascal. Für das Drehbuch wählte sie sich Preston Sturges aus. Aus eigener Tasche zahlte sie ihm ein Honorar von 5000 Dollar – unter der Bedingung, daß er während des Schreibens nicht trinkt. Denn Sturges, dessen geschliffene Hollywood-Komödien zu dieser Zeit keinen Abnehmer fanden, hatte begonnen, seinen Kummer in Hochprozentigem zu ertränken.

Innerhalb von sieben Wochen verfaßte Preston Sturges ein vorzeigbares Drehbuch. Da Spencer nicht die Rolle des Arztes spielen wollte, schickte Kate das Skript an Alec Guinness. «Ich fühlte mich sehr geschmeichelt, daß Miss Hepburn an mich dachte», sagte Sir

Alec. «Aber leider hatte ich Peter Glenville versprochen, in der Verfilmung von *The Prisoner* mitzuwirken. Schließlich verblieben wir so, daß ich, sobald sie eine Produktionsfirma gefunden hatte, die Rolle spielen würde.»

Eine Zeitlang sah es so aus, als ob die Gebrüder Wolff, die auch *«African Queen»* finanziert hatten, an dem Projekt interessiert seien. Doch als Kate im Januar 1954 mit Sturges und Lester Cowan nach London zu Vertragsverhandlungen flog, ließen die Gebrüder sich am Telefon verleugnen. Instinktiv ahnte sie, daß das Geschäft geplatzt war. Verzweifelt versuchte Kate, in den nächsten Tagen einen Produzenten oder Geldgeber zu finden. Ohne Erfolg. Obwohl es sie große Überwindung kostete, rief sie auch Howard Hughes an. Noah Dietrich erinnerte sich, daß Hughes Kate gern geholfen hätte, wäre da nicht die Beziehung mit Tracy gewesen. Zudem war Hughes damals mit Jean Peters liiert, in deren Gegenwart der Name Katharine Hepburn nicht genannt werden durfte.

«Ich lese noch heute öfters in Sturges' Skript und bedauere, daß es nie verfilmt wurde. Ich selbst sehe die Sache als die größte Enttäuschung meines Lebens an», sagte Kate.

Kate mußte schwere und glücklose Monate durchleben. Flecken in ihrem Gesicht hatten sich als Hautkrebs erwiesen. Am 6. August 1953 war sie zum erstenmal operiert worden und mehrere Nachoperationen folgten noch. Auch ihre Beziehung zu Spencer geriet in eine schwierige Phase und drohte zu scheitern.

«Zu dieser Zeit waren Betsy und ich einmal bei Kate zum Essen eingeladen», erinnerte sich Cary Grant. «Die Spannung zwischen ihr und Spence war förmlich zu spüren. Als die Rede auf die Shaw-Verfilmung kam, fragte sie Spence, der während des Gesprächs schweigend in seinem Sessel saß, nach seiner Meinung. ‹Nun, anscheinend haben alle außer dir erkannt, daß du einfach zu alt für die Rolle bist›, antwortete er bissig. Kate war wie gelähmt.»

Natürlich wußte Kate, daß sie dem Rollenfach der «jungen Maid» und des «High Society Girl» entwachsen war. Aber anders als für Männer war das Rollenangebot für Frauen im «mittleren Alter» nur beschränkt. «Was konnte man schon spielen? Mütter, Irre und alte Jungfern, also – sagen wir es vornehmer – Charakterrollen.»

Eine solche Charakterrolle sollte Kate auch in Hustons neuestem Projekt spielen. *Miss Hargreaves* handelte von einer vitalen Siebzigjährigen, die mit ihren fortschrittlichen Ideen in einer kleinen, erzkonservativen Gemeinde für einen handfesten Skandal sorgt. Doch die Dreharbeiten wurden aus finanziellen Gründen und wegen Schwierigkeiten mit dem Drehbuch auf unbestimmte Zeit verschoben. Kate stand erneut vor dem Problem, ein vernünftiges Drehbuch mit einer für sie passenden Rolle zu finden. «Ende 1953 war ich sogar soweit, in Douglas Sirks' *soap opera The Magnificent Obsession* mitzuwirken. Doch in letzter Minute erreichte mich ein Angebot von David Lean, die Hauptrolle in der Verfilmung des Theaterstücks *The Time of the Cuckoo* von Arthur Laurents zu spielen.»

Als Spencer erfuhr, daß Kate erneut eine «alte Jungfer» spielen wollte, war er entsetzt. Er liebte sie als Tess Harding-Frau, die wie Tracy Lord ihren Mann stand und wie Pat am Ende in seinen Armen landete. Filme wie *African Queen* dagegen bereiteten ihm körperliche Schmerzen.

Mit *Pat und Mike* schloß Kate das zweite Kapitel in ihrer schauspielerischen Entwicklung ab. *Summertime* (dt. *Traum meines Lebens*) eröffnete einen Reigen von Filmen, in denen die Titelheldin, eine alleinstehende Frau um die Vierzig, sich nach nichts anderem zu sehnen scheint, als nach der Befriedigung ihrer heterosexuellen Wünsche durch einen für sie unerreichbar scheinenden Mann, verbunden mit einer Reihe von schmerzlichen Demütigungen und Erniedrigungen. Daß diese Produktionen nicht als antifeministische und frauenverachtende Machwerke endeten, ist allein Kates innerer Stärke und Ausdruckskraft zu verdanken gewesen.

7

Von den Wechselbädern der Geschichte, dem Aufstieg und Fall von Imperien, von Invasionen, Überschwemmungen und Heerscharen von Touristen sind die Bewohner Venedigs derart abgehärtet, daß ihnen nichts ihre Ruhe und Gelassenheit rauben kann. Mit einer

Ausnahme: sobald ein Filmteam in der Lagunenstadt seine Zelte aufschlägt, dominiert dieses Ereignis auf eine Weise, daß es die Aufmerksamkeit der Venezianer, angefangen beim Patriarchen bis hin zu den Gondolieri und den Kommunisten im Stadtrat vollkommen absorbiert. Voll Sehnsucht scheint die Stadt und ihre Bewohner nach Filmgesellschaften, die ihr Interesse an einer Drehgenehmigung anmelden, zu hungern.

Der Sommer 1954 versprach in dieser Hinsicht besonders große Abwechslung. Nicht nur daß Sophia Loren, Liebling der Nation, zusammen mit Vittorio De Sica und Dino Risi einige Szenen für *Il Segno di Venere* am Markusplatz drehen wollten, auch Vincent Korda und David Lean hatten sich für die Monate Juni bis September angekündigt. Star in *Traum meines Lebens* sollte niemand anderes als Katharine Hepburn sein.

Während die Venezianer das Drehteam mit und um Sophia Loren mit offenen Armen empfangen hatten, begegnete man Vincent Korda mit äußerster Zurückhaltung und erheblichen Bedenken. Zunächst befürchtete man, daß durch ihn und seine Crew der Tourismus leiden könnte, weswegen die Gondolieri einen Streik planten. Den Patriarchen dagegen versetzte das Gerücht in Angst und Schrecken, Leans Film handle von «freier Liebe» und enthalte einige «das Anstandsgefühl der Venezianer verletzende Szenen». Eiligst reiste Korda vor seinem Team nach Venedig und besänftigte die Gondolieri, indem er eine ganze Flottille von Gondeln, Lastkähnen und *motoscafi* mietete. Den Widerstand und die Bedenken des Patriarchen zerstreute er mit großzügigen Spenden für die Instandhaltung des Markus-Doms. Vorsichtshalber aber bestimmte der Patriarch einen Monsignore, der die Dreharbeiten nicht aus den Augen lassen und jede Unschicklichkeit verhindern sollte. Nach einem gemeinsamen Abendessen und dem anschließenden Besuch im weltberühmten Weinkeller des Patriarchen versprach Vincent, daß es «an oder in der Nähe von geweihten Orten weder nackte Arme noch kurze Röcke geben» werde.

So herrschte wieder eitel Sonnenschein, als Kate in der Begleitung von Constance Collier und Phyllis Wilbourn in Venedig eintraf. Der polyglotte Korda, der auch bei seinem Team für *good wetters* sorgen wollte, brachte die Mitglieder je nach Rang, Bedeutung und Extrawünschen in verschiedenen Hotels unter: David Lean im *Danieli*, Signore Brazzi im *Gritti Palace*, sich selbst im *Grand Hotel* und die übrigen in kleineren Pensionen und Hotels, «wobei insbesondere die Gewerkschaftsmitglieder erstklassige Unterkünfte» bekamen.

Kate und ihr Gefolge quartierte Korda im *Bauer Grünwald* ein, da dieses das einzige Hotel Venedigs mit Klimaanlage und modernen Installationen war. Gleichwohl startete Kate kurz nach ihrer Ankunft einen gründlichen Großputz und präsentierte Korda stolz beim Abendessen acht tote Kakerlaken.

Kaum hatte sich herumgesprochen, daß Katharine Hepburn eingetroffen war, drängten sich die Bewohner Venedigs vor ihrem Hotel, um sie anzustarren und sich zuzuraunen, wie ausgemergelt und flachbrüstig sie im Vergleich zu Sophia Loren aussähe. «Auch dem Patriarchen genügte ein Blick auf mich, um Gewißheit zu haben, daß es sich hier um keinen erotisch angehauchten Film handeln würde», erinnerte Kate sich lachend.

Die Standfotos belegen, daß im Sommer 1954 Kate elend und mitgenommen aussah. Entgegen den Versicherungen ihres Arztes waren die kleinen Narben, die die operative Entfernung des von Krebs befallenen Gesichtsgewebes hinterließen, noch sichtbar, wenn Kate kein Make-up trug. Auch meldete sich ihre «persönliche Erinnerung an Afrika» – die Ruhr – wieder. Nachdem diese Dank des «Wundermittels eines italienischen Arztes endgültig auskuriert war», plagten sie ständige Übelkeit und ein ziehender Schmerz im Unterleib. Zunächst gab sie die Schuld der italienischen Küche, doch als die Beschwerden nach einer strikten Salat-Steak-Diät sich nur noch verschlechterten, ahnte sie, daß die «Wurzel des Übels an anderer Stelle zu suchen sei».

Trotz ihres Streits telefonierten Kate und Spencer täglich. Für ihn war es inzwischen zur absoluten Gewißheit geworden, daß es neben Louise nur noch Kate in seinem Leben gibt. Da Spencer aber unfähig war, seine Gefühle Kate gegenüber auszusprechen, blieb Kate darüber in Ungewißheit. Irritationen schafften auch die Gerüchte in der europäischen Presse, daß Grace Kellys neuestes Opfer niemand anderes als Spencer Tracy sei. Kate, die von Graces «Vorliebe» für ältere Männer wußte und der die Romanzen mit Gary

Cooper, Ray Milland, Bing Crosby und Clark Gable noch gut in Erinnerung waren, versuchte sich in den stundenlangen Überseegesprächen Klarheit über den Wahrheitsgehalt der Behauptungen zu verschaffen. Spencer aber versicherte ihr, daß die Beziehung zu Grace mehr auf geschäftlicher als auf freundschaftlicher und sexueller Basis beruhen würde. Um aber Kates Bedenken aus der Welt zu schaffen, wollte Tracy für zwei Wochen nach Venedig kommen.

Doch das von Kate herbeigesehnte Treffen verlief anders als erwartet. Spencer machte keinen Hehl daraus, daß er von der Kelly beeindruckt war. Als er Kate schließlich erzählte, sie sei die Partnerin in seinem neuesten Film *Tribute to a Bad Man*, sagte Kate: «Dann wird es wohl besser sein, du reist wieder zurück und bereitest dich auf deine Rolle mit ihr vor!»

Wütend packte Spencer noch am gleichen Abend seine Koffer und verließ Venedig. In der restlichen Zeit seines Italien-Aufenthalts besuchte er Mailand, Rom und Florenz. Vor allem Florenz faszinierte ihn. In den nächsten Monaten erwog er ernsthaft, hier eine Villa zu kaufen und sich zur Ruhe zu setzen.

In der Zwischenzeit kamen in Amerika öffentliche Debatten auf, ob Kate nicht völlig ungeeignet für die Rolle der Jane Hudson sei. Schon rein äußerlich war sie das genaue Gegenteil zu Shirley Booth, die die Rolle in der Broadway-Inszenierung gespielt hatte.

Laurents' Stück handelt von Leona Samish (im Film in Jane Hudson umbenannt), eine einfache Sekretärin, die nach Venedig reist, um ein «wundervolles, mystisches, magisches Wunder» zu erleben. Doch in der Lagunenstadt trifft sie nur auf einen verheirateten Italiener in mittleren Jahren, der sich nicht einmal einen Drink leisten kann. Ohne zu zögern bietet er ihr seine Gesellschaft an, Miss Samish aber stellt ihre Sehnsüchte hintan und macht ihre moralischen Bedenken zum Bollwerk gegen seine Avancen.

Hatte Miss Booth ihre «Miss Lonelyhearts» als emotionalen Krüppel dargestellt, deren Selbstmitleid, Bitterkeit und Gehässigkeiten oft zu peinlichen Szenen führten, so verlieh Kate in *Traum meines Lebens* ihrer Rolle Würde und Stärke. Beide Interpretationen der Rolle waren beeindruckend, doch das Publikum zog die der Hepburn vor, da sie dem Zuschauer allzu große Peinlichkeiten, die die Rolle barg, ersparte.

Kameramann Jack Hildyard erinnerte sich, daß die Dreharbeiten in Venedig zuweilen einige Schwierigkeiten bereiteten: «Nicht nur, daß ihr die Bewohner Venedigs überallhin folgten, es schien als ob auch jeder Tourist hinter ihr herliefe.»

Endlos waren die technischen Probleme. Wegen falsch ausgestellter Begleitpapiere beschlagnahmte der italienische Zoll einen Teil der Tonausrüstung. Als man diese endlich freibekam, stellte Lean fest, daß der Lärm der Stadt und die Geräusche der Zuschauer die meisten Szenen ruinierten, so daß der ganze Film in England nachsynchronisiert werden mußte. Auch kam er und die restliche Crew nur schwer mit der Arbeitsmoral ihrer italienischen Kollegen zurecht.

Obwohl Kate sonst begeistert war, wenn das Leben um sie herum pulsierte, räumte sie ein, daß die Dreharbeiten im hektischen Treiben Venedigs sie mehr als erschöpften. Nachdem Constance Collier abgereist war, weil ihr das Klima der Lagunenstadt gesundheitlich abträglich schien, erforschte Kate die Stadt inkognito – in Hosen und das Haupt umhüllt mit dem «schlampigsten Hut, den Venedig je gesehen hat».

Venedig sah aber auch eine Kostprobe ihrer ungebrochenen Besserwisserei – auf einer Gondelfahrt mit Vincent Korda: «Ohne lange zu zögern, erklärte sie dem Gondoliere, daß er alles völlig falsch mache, sprang auf und versuchte ihm die richtige Ruderart zu demonstrieren. Daß wir nicht mit einem anderen Boot kollidierten und ertranken war mehr Gottes Fügung als Katharines Talent zuzuschreiben.»

Kates «maritime» Leidenschaft wurde erst während der Dreharbeiten zu einer Szene gestillt, die heute zu den bekanntesten der Filmgeschichte gehört: Um den Laden von Renato Di Rossi (Rossano Brazzi) besser filmen zu können, tritt Jane Hudson (Kate) einige Schritte zurück und fällt in einen Kanal.

Als die Gesundheitsbehörde von dieser Szene erfuhr, verweigerte sie die Dreherlaubnis. Sie befürchtete, daß die Berührung mit dem Wasser der Kanäle, eine faulige Mischung aus Schlamm, Fäkalien und Abfällen, bei Miss Hepburn Typhus oder zumindest eine Hauterkrankung verursachen könnte. Korda soll die Szene besser an einem Swimmingpool oder im Studio drehen. Nachdem sie das

Wasser des Kanals in Augenschein genommen hatte, war auch Kate keineswegs begeistert von dem, was ihr da bevorstand, lehnte aber ein Double ab. Schließlich einigte man sich darauf, daß die betreffende Stelle des Kanals mit versenkten Plastikbahnen abgeschirmt und das Wasser mit chemischen Mitteln steril gemacht werde.

Am Drehtag streuten die Mitglieder des Filmteams Chemikalien in den Kanal, «wie Hochzeitsgäste das Brautpaar mit Konfetti bewerfen». David Lean, Vincent und Michael Korda und der allgegenwärtige Monsignore beobachteten die Aktion. Kate saß vor ihrem Ständer mit mehreren identischen Kleidern, da niemand ihr sagen konnte, wie oft die Szene wiederholt werden mußte, bevor Lean zufriedengestellt war.

«Während die anderen das Zeug in den Kanal streuten, probten wir mit Katharine immer wieder den Sturz und wie viele Schritte dem Sturz vorauszugehen hatten. Sie wiederholte es so lange, bis sie mathematisch perfekt war. Denn ein falscher Schritt», sorgte sich Korda, «hätte einen schrecklichen Unfall zur Folge haben können. Aber Katharine machte sich keine Sorgen um den Fall, eher um die Beschaffenheit des Wassers. Und außerdem tröstete sie uns damit, daß sie eine perfekte Schwimmerin sei.»

Während der Proben begannen die Zuschauer plötzlich zu johlen und zu applaudieren. Das verdutzte Team mußte mitansehen, wie die Chemikalien den Kanal in ein blubberndes Schaumbad verwandelten. «Eine ganze Armada von Sightseeing-Booten wurde von der Wasserpolizei zurückgehalten, während die Lastkähne und Gondeln einen weißen Schaumsee umringten, der langsam anstieg, höher und immer höher, bis er die Bootsränder erreichte, wobei der Wind nun Schaumflocken über den Campo San Barnabà trieb», erinnerte sich Michael Korda.

«Wenn Sie glauben, daß ich da reingehe, sind Sie verrückt», protestierte Kate. Korda, über den Erfolg seiner Aktion wenig glücklich, klopfte seine Pfeife aus und mahnte zur Geduld. «Schließlich umhüllte der irisierende Schaum bereits die Gondeln, so daß nur noch die geschnitzten Vordersteven und die bebänderten Hüte der Gondolieri undeutlich sichtbar waren.»

Als der Schaumteppich den Campo San Barnabà erreichte, entschied Korda: «Ich brauche Windmaschinen!»

Nachdem zwei Windmaschinen herbeigeschafft waren, die mit heulenden Motoren die wunderbare Schaumvermehrung kanalabwärts bliesen, war alles drehbereit. Kate machte einige Schritte rückwärts und fiel in den Kanal. Ein Gondolieri zog sie aus dem Wasser, und während sie hinter einen Wandschirm verschwand, um sich ihr Haar zu fönen und eines der trockenen Ersatzkleider anzuziehen, warf Lean einen Blick durch seinen Motivsucher und entschied, daß die Szene wiederholt werden müßte.

«Es schmeckt gräßlich», stöhnte Kate und spülte sich den Mund aus. «Wie ein Swimmingpool in Kalifornien, mit alldem Chlor.»

«Aber wenigstens ist es jetzt nicht mehr gefährlich», sagte Lean.

«Wer weiß?» entgegnete sie und machte ein skeptisches Gesicht. «Aber sehen wir zu, daß die Sache endlich in den Kasten kommt, bevor ich ertrinke oder an einer Chlorvergiftung sterbe.»

Nach drei weiteren Versuchen war David Lean endlich zufrieden.

In der Nacht begannen Kates Augen zu jucken und zu tränen. «Da ich wußte, wie dreckig das Wasser war, hatte ich verschiedene Sicherheitsmaßnahmen ergriffen – ich spülte meinen Mund mit einem Antiseptikum aus, trug wasserundurchlässige Schuhe, schützte meine Haut mit Vaselin, das ich sogar in meine Haare schmierte –, doch ich vergaß meine Augen. Wenn ich falle, habe ich meine Augen weit aufgerissen... Nun, das Wasser war eine einzige Kloake, trotz all der Chemikalien. In der Nacht begannen dann meine Augen zu tränen. Seither tränen sie noch immer. Ich holte mir eine der entsetzlichsten Bindehautentzündungen, die man sich vorstellen kann, und ich bin sicher, die werde ich erst mit meinem Tod wieder los. – Wenn die Leute mich fragen, warum ich in meinen Filmen immer einen tränenverhangenen Blick habe, antworte ich nur geheimnisvoll: ‹Die Kanäle von Venedig...›»

Abgesehen von einem fünftägigen Besuch von Noël Coward Anfang August bot sich Kate in ihrer Freizeit nur wenig Abwechslung. Zu sehr hatte sie sich gleich zu Beginn von der übrigen Crew wegen ihrer Sorgen und Probleme distanziert.

«Niemand lud mich zum Essen ein», beklagte sich Kate später. «Sie gingen aus und ließen mich allein. Darüber war ich sehr verärgert. Schließlich wanderte ich allein durch Venedig und fühlte mich sehr, sehr einsam und vernachlässigt. In dieser Stimmung setzte ich mich an den Rand des Kanals und schaute ins Wasser. Und während ich so da saß, kam ein Mann zu mir herüber und fragte mich ähnlich wie Mr. Brazzi im Film: ‹Darf ich mich zu Ihnen setzen und mit Ihnen reden?› Doch diesmal war es ein Klempner aus Frankreich. Ich war so froh, mich endlich mit jemandem vernünftig unterhalten zu können, und so machten wir zusammen einen langen Spaziergang durch Venedig. Ich glaube, die anderen dachten, ich hätte so viele interessante Dinge zu tun, daß ich sie überhaupt nicht brauchen würde.» Und nach einer längeren Pause fuhr Kate fort: «Daß die Leute sich oft vor mir zurückziehen ist allein meine eigene Schuld. Ich wirke herb. Mein Gesicht wirkt hart und meine Stimme schrill. Wenn ich telefoniere, schnauze ich oft die Leute an. Ich glaube, das verängstigt sie.

In Venedig wurde mir aber auch zum erstenmal bewußt, daß es eine ziemlich demütigende Sache ist, Schauspieler zu sein. Demütigend, weil man sein Gesicht, seine Persönlichkeit und oft auch sein Privatleben an eine breite Masse verkaufen muß. Je älter man wird, desto demütigender wird das Ganze, da man immer weniger zu verkaufen hat.»

Jack Hildyard dagegen glaubte, «daß Katharine im Laufe der Zeit ihrer Rolle immer ähnlicher wurde. Sie bekam den traurigen Mund von Jane Hudson, ihr Lachen mit dem in den Nacken zurückgeworfenen Kopf, träumte von den Wundern der Liebe mit wissenden Augen, verlieh den Schneiderkostümen ihren persönlichen Chic. Auch bei ihr schien diese puritanische Leidenschaft für die Stadt und ihre Bewohner zu erwachen. Sobald Kinder sie belagerten, behandelte sie sie so, wie Katharine auch mit Gaitano Audiero umging. [Gaitano spielte den kleinen Jungen, der Jane Venedig zeigt.] Und auch ihre Einsamkeit gehörte dazu. Sie wollte einsam sein, um Jane besser verstehen zu können.» – Eine Ansicht, die auch David Lean teilte. «Daß Katharine sich einsam fühlte, erfuhr ich erst Jahre später. In Venedig dachte ich immer, es gehöre zu der Rollenerfahrung.»

Lean diskutierte mit Jack Hildyard jedes kleinste Detail durch und probierte verschiedene Einstellungen aus, um den Zauber Venedigs einfangen zu können. Nachdem die Dreharbeiten abgeschlossen waren – sie dauerten den ganzen Sommer –, zog Lean sich für sechs Monate nach England zurück, wo er den Film in seine endgültige Form schnitt.

Als Kate die verleihfertige Fassung von *Traum meines Lebens* sah, war sie wie verzaubert: «David und Jack war es gelungen, den Reiz Venedigs auch im Film einzufangen. Dieses goldene Licht, der Lärm, die läutenden Glocken, die Tauben, die geheimnisvollen Gassen mit ihren dunklen Echos, das grünschimmernde Wasser der Kanäle, die gleitenden Gondeln und die unterschwellige Erotik. Ohne zu zögern, gestand ich, daß ich den Film bewunderte.»

In *Traum meines Lebens* war Kate die erwachsen gewordene Alice Adams, die nun als alte Jungfer schrecklich einsam war, aber dennoch auf ein Wunder hoffte, daß ihre Träume erfüllt würden. Kate, die seit den frühen dreißiger Jahren emanzipierte Frauen dargestellt hatte, erreichte mit der Verkörperung der Jane Hudson einen weiteren Höhepunkt in ihrer schauspielerischen Entwicklung: nichts war überflüssig, überzogen und unecht.

Daß ihre Charakterisierung perfekt war, erkannten auch die Kritiker und das Publikum, die *Traum meines Lebens* zum erstenmal am 29. Mai 1955 während der Film-Festspiele in Venedig zu sehen bekamen. Das *New York Times Magazine* riet seinen Lesern: «Wenn Sie nach Venedig reisen, verhalten Sie sich dort wie Katharine Hepburn.»

Acht Tage bevor Kate aus Venedig abreiste, vereinbarte sie einen Termin bei einem befreundeten Internisten. Seine Diagnose bestätigte Kates Befürchtungen – eine Operation war unumgänglich –, doch um Spencer und ihrer Familie Sorgen zu ersparen, behielt sie den Befund für sich. «Meine Hauptsorge war nun, Spencer aus dem Weg zu räumen, da sein Verhalten Kranken gegenüber die ganze Sache nur noch verschlimmert.»

Geschickt fädelte Kate es ein, daß zum Zeitpunkt ihrer Operation Spencer sich auf einem Schiff in Richtung Europa befinden würde. Zunächst sah es so aus, als ob sie beide ihren Freund Garson Kanin und dessen Frau Ruth Gordon besuchen würden, die sich in St. Jean-Cap-Ferrat von der Theatersaison in England erholten. Spencer, der von dieser Reise alles andere als begeistert war, mußte von Kate mit Engelszungen überredet werden. In «allen erdenklichen Farben schwärmte ich von dem herrlichen Meer und dem sonnigen Klima und erzählte von der gemieteten Villa, die einst Paris Singer für die Tänzerin Isadora Duncan entworfen und erbaut hatte». Schließlich überzeugte ihn Kates Argument, daß sie sich dort von dem Ärger und der Anspannung erholen könnten, die den Dreharbeiten von *Tribute to a Bad Man* vorausgegangen waren.

Während Tracy wegen seiner Flugangst Schiffspassagen auf der *SS Constitution* buchte, arrangierte Kate den Termin ihrer Operation in Hartford. Zwei Tage vor Ablegen des Schiffs erfuhr Kate «rein zufällig von einem unaufschiebbaren Termin».

Am Morgen der Abreise brachte sie Tracy zum Schiff und versprach, mit dem Flugzeug nachzukommen. «Ich scherzte, daß ich wahrscheinlich eher als er am Ziel ankommen würde, da das Schiff zehn Tage für die Überfahrt benötigte.»

Für den Fall, daß etwas schiefgehen würde, weihte Kate in letzter Minute die Kanins ein.

«Wir folgten ihren Anweisungen bis ins kleinste Detail. Zehn Tage später holten wir Spencer in Cannes ab. Entnervt und wütend, daß Kate noch nicht eingetroffen war, sprach er auf der ganzen Fahrt kein einziges Wort. Erst nach einem Bad in unserer Bucht schien er sich wieder besser zu fühlen», erinnerte sich Ruth Gordon.

Tracy aber war so sensibel für seine Umwelt, daß es nicht lange dauerte, bis er aus Ruth das Geheimnis herauspreßte. «Die Wahrheit um Kate, die inzwischen alles ohne Komplikationen überstanden hatte, versetzte ihn in Panik. Ja, er war sogar soweit, mit einem Flugzeug nach Amerika zurückzufliegen. Doch bei ihren täglichen Telefonaten überzeugte ihn Kate, daß er besser bei Garson und mir aufgehoben sei. Ich glaube, er nahm es uns lange übel, daß wir etwas vor ihm geheimgehalten hatten.»

Als Kate so weit wieder genesen war, daß sie reisen konnte, flog sie nach London und nahm gewohnheitsgemäß das *Connaught's Hotel*. Spencer, der aus Nizza an die Themse gekommen war, bevorzugte das *Claridge's*.

Kate nutzte ihren England-Aufenthalt auch dazu, alte Freundschaften wieder aufzufrischen. So traf sie sich mit Noël Coward, Hugh Beaumont, Robert Helpmann und Michael Benthall.

Benthall, der gerade eine Shakespeare-Tournee für Australien zusammen mit Robert Helpmann vorbereitete, erzählte Kate von seinen Plänen und bot ihr spontan drei weibliche Hauptrollen an. Obwohl sie von dem Gedanken zurückschreckte, Spencer erneut einen längeren Zeitraum allein zu lassen, war die Versuchung dann doch größer, wieder in verschiedenen Shakespeare-Rollen auf der Bühne zu stehen. Auch gehörte Australien zu den Ländern, die auf Kate seit jeher einen besonderen Reiz ausgeübt hatten. «Der Grund für dieses Interesse lag wohl auch darin begründet, daß meine Filme dort kein großer Erfolg waren. *Pat und Mike* war zum Beispiel schon nach drei Tagen wieder aus den australischen Kinos verschwunden. Andere wurden erst gar nicht gestartet.»

Nach einer Bedenkzeit sagte Kate zu. Zusammen mit Benthall suchte sie drei Shakespeare-Stücke aus, die das ursprüngliche Repertoire ergänzen sollten: *Der Widerspenstigen Zähmung*, *Maß für Maß* und *Der Kaufmann von Venedig*.

Der Gedanke, auf Tournee zu gehen, begeisterte Kate ebenso wie die Aussicht, wieder mit Robert Helpmann zusammen zu spielen, mit dem sie bereits in Shaws *Die Millionärin* Theatererfolge gefeiert hatte.

Da Frances Robinson-Duff, die Kate auf ihre Theaterauftritte vorbereitet hatte, 1951 gestorben war, dachte Kate zunächst daran, sich von ihrer Freundin Constance Collier unterrichten zu lassen. Doch Miss Colliers Gesundheitszustand verschlechterte sich zusehends, so daß schließlich Alfred Dixon es übernahm, Kate auf die Australien-Tournee vorzubereiten. Vor allem plagte Kate die Sorge, daß der Husten und die Stimmprobleme, die ihr bei *Die Millionärin* große Schwierigkeiten bereitet hatten, wieder auftreten würden. Dixon war nun aber gerade dafür bekannt, gegen derartige Beschwerden ein «Heilmittel» zu besitzen, das wahre Wunder bei Mary Martin und Noël Coward vollbracht hatte. Das Geheimnis seines «Heilmittels» war die eigentümliche Art seiner Stimmschulung: «Dixon verlangte von einem, daß man mit geschlossenen Lippen einen Laut erzeugte, der dem Muhen einer Kuh nicht unähnlich war. Man begann in einer tiefen Lage und ‹muhte› sich langsam nach oben und wieder zurück. Dies machte man so lange, bis man Luft holen mußte. Die Übungen hielt er in der Carnegie Hall ab, und manch einer mußte glauben, daß darin eine Viehauktion stattfand.» Anders als Miss Robinson-Duff und Constance Collier vertrat Dixon die Ansicht, daß ein Schauspieler niemals tief Luft holen sollte. «Sein Luftvorrat sollte immer minimal bemessen sein. Durch das mehrmalige Luftholen wurde die Gefahr kleiner, daß die Stimme brach oder umkippte.»

Während Kate sich der Vorbereitung ihrer drei Rollen widmete, tauchten auch in der amerikanischen Presse Gerüchte auf, daß Spencer mehr als nur berufliche Interessen mit Grace Kelly verbinden würden. Obwohl er seine «Unschuld» beteuerte, verfolgte Kate ihn mit mißtrauischen Fragen derart, daß er eines Morgens Hollywood ohne Zielangabe verließ.

Wenige Tage später, am 25. April 1955, starb Constance Collier. Kate regelte zusammen mit Phyllis Wilbourn alle formellen Angelegenheiten.

Seit dieser Zeit ist Miss Wilbourn der «gute Geist» in Kates Leben. Sie erledigt die «unangenehmen Sachen, wie Rechnungen und Reporter» und steht Kate mit Rat und Tat zur Seite. «Während ich mich oft nicht erinnern kann, wann und in welchem Film ich mitgespielt habe, weiß Phyllis das kleinste Detail: Dialoge, Partner, Drehbeginn, Laufzeit, technische Details, Verleihfirmen und -jahr, all das macht ihr keine Schwierigkeiten.»

Von Garson Kanin als «wahrer Schatz» und von Anita Loos als «eine Frau, Jane Austen ähnlich» geschildert, wirkt sie ruhig, zuverlässig, gerecht und aufmerksam im Hintergrund. Ursprünglich war Phyllis Wilbourn Schauspielerin, doch auf Drängen von Constance Collier gab sie ihren Beruf auf und gründete mit ihr eine Schauspielschule. Bald schon wurde sie Miss Colliers Vertraute und blieb auch bei ihr, als diese ihre Lehrtätigkeit aufgab. 1955 wollte Miss Wilbourn diese Schule wieder ins Leben rufen und wies so alle Stellenangebote entschieden zurück. Kates Angebot überraschte sie aber «derart, daß ich ohne zu überlegen zusagte».

Nach einem kurzen Zwischenstop in Amerika bestiegen Kate, Robert Helpmann, Michael Benthall und die restlichen Mitglieder des Tournee-Ensembles am 5. Mai eine Maschine der Qantas Airlines und flogen nach Sydney.

Da der Drehbeginn von *Tribute to a Bad Man* auf den 1. Juni 1955 festgesetzt war, konnte Spencer sie nicht auf «dieser hirnverbrannten Schwachsinnstour» begleiten. Verletzt durch Kates Sturheit begann er am 5. Mai sich sinnlos zu betrinken.

Trotz der Sorgen um Spencer war Kate während der Australien-Tournee stets gut gelaunt. Auf Helpmanns Wunsch hin war die Maschine mehrmals über Botany Bay gekreist, bevor sie in Sydney landete. «Bob war vor 25 Jahren ausgewandert, und als er jetzt, nach all dieser Zeit, seine Heimat wiedersah, liefen ihm die Tränen die Wangen herunter.»

Offen gestand Kate, daß die 150 Fans, die auf dem Flughafen auf sie warteten, ihr einfach zu wenig waren. Harald Bowden, dem der australische Theatermanager J. C. Williamson die Betreuung von Miss Hepburn anvertraut hatte, entschuldigte dies damit, man habe die Ankunft ihrer Maschine geheimgehalten.

Am Abend ihrer Ankunft gab Kate eine ihrer seltenen Pressekonferenzen, wobei sie versuchte, auch der dümmsten Frage mit einer charmanten Antwort zu begegnen. So wollte man wissen, warum sie sich nicht besser kleiden würde. Kate antwortete: «Dorothy Gish machte einmal eine Bemerkung, die genau meine Meinung widerspiegelt. Sie sagte: ‹Ich werde dafür bezahlt, mich während meiner Arbeitszeit herauszuputzen. Warum soll ich mich dann auch noch damit während meiner Freizeit belasten.›»

Die Truppe gastierte im Tivoli Theatre. Kate wanderte oft durch die Stadt und genoß das milde Klima. Zusammen mit Helpmann suchte sie vierblättrigen Klee im Botanischen Garten. «Wir schlossen Wetten ab. Als wir uns wieder trafen, fühlte ich mich schon als Sieger, doch dann meinte Bobby verschmitzt lächelnd: ‹Ich weiß, du wirst mich dafür hassen...› und hielt mir ein sechsblättriges Kleeblatt entgegen.»

Obwohl lokale Kritiker wie Josephine O'Neill und Lindsay Browne die schauspielerische Leistung der Truppe verrissen, waren die Aufführungen ausverkauft. Am meisten ärgerte sich Kate darüber, daß man sie mit Vivien Leigh verglich, die drei Jahre zuvor ebenfalls bei einer Shakespeare-Tournee des Old Vic Theatre mitgewirkt hatte. Zwar räumte man ein, daß Kate über den gleichen Reichtum und Ausdruckskraft der Leigh verfügte, aber man störte sich vor allem an «der amerikanischen Intonation ihrer Sprache». Die Zuschauer dagegen waren begeistert von Kates Spiel: In *Maß für Maß* verkörperte sie Isabella als vehementes und überwältigendes Geschöpf. Dagegen wandelte sich ihre Portia vom leichtsinnigen, sorglosen Mädchen in eine harte, nüchterne und disziplinierte Frau. Als Katharina fegte Kate lustig, jähzornig, bezaubernd über die Bühne, bis ihr von Robert Helpmanns unbeschwertem Petruchio ihre Grenzen aufgezeigt wurden.

Als die Truppe nach neun Wochen zum letztenmal in Sydney auftrat, warfen die Zuschauer bunte Bänder auf die Bühne. Nach Helpmann hielt auch Kate eine kleine Rede und erzählte dem Publikum, wie fasziniert sie von Bondi Beach und dem Hafen war, und wie sie mit Helpmann um die Wette Kleeblätter gesammelt hatte.

Am nächsten Morgen reiste die Truppe nach Brisbane, wo man neue Triumphe feierte, dann nach Perth, Adelaide und – zum Abschluß der Tournee – nach Melbourne.

Auch in Australien erreichten Kate beunruhigende Nachrichten über Spencer. Howard Strickland telefonierte regelmäßig mit Kate, und so war auch er es, der ihr von Dore Sharys Entscheidung, Spencer zu feuern, weil er einen anderen Regisseur gefordert hatte, als erster berichten mußte. Spencer dagegen gab sich bei Kates Anrufen einsilbig. «Er war immer noch gekränkt, daß ich mich für die Tournee entschieden hatte. Als ich ihn auf seine Kündigung ansprach, sagte er gelassen: ‹Ich hatte sowieso die Arbeit bei Metro satt, seit L. B. Mayer zur Ruhe gesetzt wurde. Nimm's nicht so tragisch, Kath, es geht schon weiter!› Wirklich, es klang so, als ob man mich rausgeworfen hätte und er mich nun trösten müßte. Schließlich wurde es mir einfach zu bunt, und als es in Melbourne Probleme gab, war ich eigentlich froh, daß ich mich nun wieder mit mir selbst beschäftigen mußte.»

Melbourne bereitete der Truppe einen schlechten Start. Am Tag nach der Premierenvorstellung verkündete ein Artikel in einer Lokalzeitung, daß «die einzige Erklärung, warum Miss Hepburn sich entschieden hat, nach Melbourne zu kommen, darin zu suchen ist, daß ihre Karriere als Filmschauspielerin vorüber ist».

Nach diesem «beleidigenden Bericht» entschloß sich Kate, ihre

Aufmerksamkeit «schöneren Dingen» zu widmen: «Ich entschied mich, mich umzusehen; etwas, woran Bobby nur sehr wenig Interesse hat. Ich dagegen bin immer neugierig, was ein Land an Tieren, Pflanzen und Vögeln zu bieten hat. Zusammen mit einem Fahrer wollte ich mir Sherbrook Forest anschauen, der 20 Meilen außerhalb von Melbourne liegt. Ich war erstaunt, als ich herausfand, daß es sich um einen Regenwald handelte. Dort angekommen drückte man mir eine Landkarte in die Hand und erklärte mir, daß es sehr schwierig sei, den richtigen Weg wieder zu finden, wenn man sich verirrte. Da ich keine Vorstellung verpassen wollte, war ich also vorsichtig. Außerdem entdeckte ich einen kleinen Fluß, an dem ich mich orientieren konnte. Auf einer Lichtung sah ich einige Picknicktische und ruhte mich ein bißchen aus. Während ich so dasaß, tauchten plötzlich einige Kinder auf, neun oder zehn Jahre alt, und zusammen mit ihnen lauschte ich den Vögeln. Plötzlich war da dieser seltsame Laut! Ich war wie elektrisiert, denn ich glaubte, es handelte sich um einen Leierschwanz, von dem ich schon viel gelesen, aber nie selbst gesehen hatte. ‹Gibt es hier Leierschwänze?› fragte ich einen der Jungen. ‹Das kann schon sein›, antwortete er und dann nahm er mich an der Hand und wir machten uns auf die Suche. Schließlich fanden wir einen kleinen Hügel, auf dem dieser wunderbare Vogel tanzte und unvorstellbare Locklaute ausstieß. Es war ein unbeschreibliches Ereignis.

Schließlich mußte ich gehen, da ich zurück ins Theater mußte. Dort angekommen, ging ich sofort in Bobbys Garderobe und erklärte ihm: ‹Du hast soeben das größte Erlebnis meines Lebens verpaßt. Ich bin absolut hingerissen! Ich glaube kaum, daß ich mich heute abend an irgendeinen Text erinnern kann.› Bobby war sichtlich erschrocken.»

In der Folgezeit beschäftigte sich Kate ausgiebig mit dem Leben der Leierschwänze. «Unbedingt wollte ich Bobby diesen Vogel zeigen, doch wir hatten kein Glück. Eines Tages sagte er: ‹Langsam glaube ich, daß du selbst nie einen dieser Vögel gesehen hast.› Ich aber liebte es, wieder und wieder in den Regenwald zurückzukehren, in sein grün-bräunliches Licht, das alles so sonderbar erscheinen läßt. Doch ich sah keinen einzigen Leierschwanz mehr. An unserem letzten Tag in Melbourne sagte ich zu Bobby: ‹Heute ist zwar nicht das richtige Wetter dazu, aber laß es uns noch einmal versuchen.›

Also fuhren wir los. Irgendwie wußten sie es, und es schien, als wollten sie unsere Bemühungen belohnen. Wir sahen nicht nur einen, nein, wir sahen an die 50 Vögel, die alle zusammen tanzten. Es war außergewöhnlich! Sie bewegten sich, als ob sie nach Strawinskys Musik tanzen würden. Der Klang ihres Gesangs war ein seltsames, faszinierendes Muster von verschiedenen kleinen Schreien.»

Helpmann war von diesem Schauspiel so sehr ergriffen, daß er Jahre später ein Leierschwanz-Ballett komponierte und es Kate widmete.

«Das Ballett beruhte auf einem Traum», erinnerte sich Helpmann. «Ich träumte, Kath belog mich vorsätzlich. Sie wollte unbedingt verhindern, daß ich die Leierschwänze zu sehen bekam. Heimlich ging sie in den Regenwald und verscheuchte die Vögel. Eines Tages aber konnte ich sie überlisten und ging allein in den Regenwald. In meinem Traum erkletterte ich einen Hügel und auf dessen Gipfel saß an einem schattigen Plätzchen Kate. Sie war völlig nackt und um sie herum tanzten Hunderte von Leierschwänzen!»

8

Bereits vor ihrer Abreise nach Australien hatte Kate sich für zwei Filmprojekte, von denen sie sich einiges versprach, entschieden: *The Iron Petticoat* (dt. *Der eiserne Unterrock*) und *The Rainmaker* (dt. *Der Regenmacher*).

Hal Wallis hatte ihr *Der Regenmacher* angeboten. Nun konnte sie gleich nach ihrer Ankunft im Oktober 1955 in Hollywood den Vertrag unterzeichnen. Kate fiel die Entscheidung leicht, zumal Spencer zur gleichen Zeit bei Paramount *The Mountain* drehte. Doch zuvor «machten wir erst einmal einen längeren Urlaub, bei dem vieles klargestellt und ausdiskutiert wurde».

Zu diesem Zeitpunkt ahnte Kate noch nichts von Spencers gesundheitlichen Problemen. Eines Morgens erreichte sie ein Anruf von seinem Arzt, der sie bat, zu einem Gespräch vorbeizukommen.

Er informierte Kate offen über Spencers Gesundheitszustand: Sein Herz war schwach und durch den ständigen Alkoholkonsum war seine Leber geschädigt. Sollte er nicht innerhalb kürzester Zeit seinen Lebenswandel umstellen, würde er nur noch zwei bis drei Jahre zu leben haben.

Dieses Gespräch veränderte ihre Einstellung zu Spencer völlig: Sie achtete darauf, daß er Diät lebte und sich das Rauchen abgewöhnte. Sie ging regelmäßig mit ihm spazieren und reduzierte seinen Alkoholverbrauch. Auch nahm sie sich vor, nicht für längere Zeit von ihm getrennt zu sein, und plante ihre Projekte so, daß sie Tracy zu seinen Dreharbeiten begleiten konnte.

Nie zuvor, nicht einmal zu Beginn ihrer Beziehung, waren die beiden so eng zusammen, obwohl sie noch immer in getrennten Häusern lebten.

Abgesehen von diesen Überlegungen hatte Kate sich für den Film *Der Regenmacher* entschieden, weil sie in der Rolle der Lizzie Curry fast immer Hosen und Hemden tragen konnte. Darüber hinaus gefiel ihr das Drehbuch von Anfang an.

Lizzie Curry, eine alte Jungfer, sträubt sich innerlich dagegen, sich immer nur um ihren Vater und ihre Brüder kümmern zu müssen. Die Kleinstadt, in der sie lebt, ist ebenso deprimierend und eintönig wie ihr Leben. Eines Tages trifft sie Starbuck (dargestellt von Burt Lancaster), ein Prachtexemplar der Gattung Mann. Seine physische Stärke und sein männlicher Charme durchbrechen Lizzies harte Schale. Den Farmern des Landes, deren Existenz von der Dürre bedroht ist, verspricht er, auf Bestellung Gewitterwolken und Regen zu liefern. In der Nacht, da er sich Lizzies Nöten annimmt, brechen auch die Dämme des Himmels: der sehnlichst erwartete Regen fällt. Doch als er sie bittet, seine Frau zu werden, entscheidet Lizzie sich gegen ihn. In Anspielung auf jene Situation, in der Starbuck ihr riet, sich Melisande zu nennen, erklärt sie: «Melisande... das ist ein Name für eine Nacht! Aber Lizzie, das ist einer für das ganze Leben.»

«Als ich N. Richard Nashs Stück zum erstenmal sah, wußte ich gleich, daß dies eine Filmrolle für Katharine ist», erinnerte sich Hal Wallis. «Gewiß, sie ähnelte der Rolle von *Traum meines Lebens*, aber der Unterschied besteht doch darin, daß er ein Liebesfilm war, unser Projekt dagegen eine Komödie. Ich war schließlich so auf Katharine fixiert, daß ich den Film niemals mit einer anderen Schauspielerin produziert hätte.»

Als Regisseur wählte Wallis den scheuen und reservierten Joseph Anthony, der bereits bei der Theaterinszenierung Regie geführt hatte. Anthony gestand, daß er all das, was er bei Geraldine Page, die ursprünglich die Lizzie spielte, vermißt hatte, bei Kate wiederfand. «Immer wieder drängte ich ‹Gerry›, gerade heraus, offen sehnsüchtig zu spielen. Doch sie zog es vor, mit den Augen zu rollen und ZaSu Pitts zu imitieren. Kath dagegen tat genau das, was man von ihr erwartete. Sie war wirklich professionell.»

Schwieriger gestaltete sich die Arbeit mit Burt Lancaster. «Schon vor Beginn der Dreharbeiten war Lancaster äußerst unkooperativ», erinnerte sich Joseph Anthony. «Bevor wir uns das erste Mal trafen, verhielt er sich am Telefon sehr widersprüchlich. Und auch das erste Gespräch verlief anders als erwartet. ‹Dieses Stück ist ein Haufen Scheiße›, erklärte er. ‹Der Autor hat keine Ahnung vom Leben auf dem Lande und was es heißt, wenn die Dürre die Ernte vernichtet und das Vieh im Stall verhungert.› Ich versuchte ihm zu erklären, daß die Dürre ein Symbol für Lizzies Sexualleben sei, doch er konnte oder wollte einfach keine Verbindung zwischen beidem sehen. Es waren nicht gerade ideale Voraussetzungen für den Beginn eines Films. Auch konnte er sich nicht zurückhalten oder beherrschen. Ständig mischte er sich in Dinge ein, die ihn wirklich nichts angingen. Er führte Regie, gab dem Kameramann gute Ratschläge und verärgerte die Beleuchter mit seinen Änderungswünschen. Wenn er sich nicht in alles einmischte, war er nicht glücklich.»

Kate und Anthony trafen sich zum erstenmal bei einem von Hal Wallis arrangierten Mittagessen. «Ich verhielt mich sehr ruhig und war durch ihre direkte Art etwas eingeschüchtert», gestand Anthony. «Als eine Cousine von Wallis zusammen mit ihrer Mutter oder Tante an unseren Tisch kam und Miss Hepburn um ein Autogramm bat, schnauzte sie das Kind an: ‹Ich gebe niemals Autogramme! Fang erst gar nicht mit diesem Blödsinn an!› Völlig verwirrt zogen sich die Tante und das Kind zurück. Ich fand diese Weigerung sehr grausam. Aber erst später verstand ich Miss Hepburns Gefühle. Sie vertrat die Ansicht, daß sie allein aus geschäftlichen und beruflichen Gründen hier war. Sie wollte beim Mittagessen ihren Regisseur und Produzenten kennenlernen und keinesfalls etwas Schwachsinniges tun, wie etwa Autogramme geben.»

Kate fand Anthony sehr sympathisch und nahm ihn schon bald in ihren engeren Bekanntenkreis auf. Anthony «revanchierte» sich dafür, indem er zusammen mit Kameramann Charles Lang Jr. durch Schatten Kates «schwierigste Fläche» schützte: ihren Hals, von dem sie sagte, «daß man an ihm mein Alter wie aus meiner Geburtsurkunde ablesen konnte».

Weniger harmonisch war das Verhältnis zwischen Kate und Burt Lancaster: Bereits zur ersten Leseprobe beherrschte Kate ihren gesamten Text; Lancaster hingegen lernte seine Szenen immer erst in der Nacht bevor sie gedreht wurden. Dies machte eine plötzliche Umstellung unmöglich. Als Lancaster am ersten Drehtag dann auch noch zu spät im Studio erschien, spitzte sich die Lage zu. Kate und die restliche Crew standen um 9 Uhr 30 bereits drehfertig in der Dekoration, als Burt mit 25 Minuten Verspätung eintraf. Bis er sich umgezogen und geschminkt hatte, verging eine weitere halbe Stunde. Als er endlich am Drehort erschien, hielt ihm Kate vor dem versammelten Team eine Standpauke: «Mr. Lancaster, wir alle waren bereits um 9 Uhr 30 hier, mit Ausnahme von Ihnen! Sollten Sie das auch für die restliche Drehzeit vorhaben, wäre es sehr nett von Ihnen, dies uns wissen zu lassen, so daß auch wir erst um 10 Uhr 25 erscheinen müssen. Ansonsten erwarte ich von Ihnen, daß Sie, wie alle anderen auch, pünktlich sind!»

«Danach kam Burt immer rechtzeitig», erinnerte sich Hal Wallis. «Sie hatte ihn vor allen Leuten gerügt, etwas, das meines Wissens noch nie jemand gewagt hatte. Kath legte ihre Stellung klar dar: sie würde keine Art von Allüren während dieser Produktion dulden. Sie erwartete von niemandem etwas, was man nicht auch von ihr erwarten konnte. Von diesem Tag an klappte die Zusammenarbeit zwischen ihr und Burt etwas besser.»

Lancaster lobte, daß Kate sich ihm gegenüber «immer sehr aufmerksam und zuvorkommend» verhielt, «wenn ich auch gestehen muß, daß mich ihre Tüchtigkeit und ihr Können etwas erschreckte». Aber auch Anthonys großes Problem bestand darin, Kates Eifer, enorme Energie und Lebhaftigkeit zu zügeln. «Einmal schrie ich eine überaktive Schauspielerin an: ‹Stehen Sie endlich einmal still und tun Sie nichts.› Ich hasse überaktives Spiel. Nicht, daß Miss Hepburn übermäßig agiert hätte, aber ich stand bei *Der Regenmacher* vor dem Problem, ihren Stil mit der erdverbundenen Art von Lancaster in einen Ausgleich zu bringen. So wiederholte ich oft Einstellungen nur, um sie zu erschöpfen. Doch Miss Hepburn sah auch noch nach der achtzehnten Wiederholung so frisch und ausgeruht aus wie bei der ersten Einstellung. Wir diskutierten oft endlos. Aber schließlich wurde die Rolle dann doch so realistisch, wie ich es mir schon immer vorgestellt hatte.»

Weniger realistisch dagegen war die Kulisse des Films, der ausschließlich in Hollywood gedreht wurde. «Im Studio erreicht man niemals die natürliche Farbe, die Außenaufnahmen so reizvoll machen. Was Wunder, daß unser Kansas eher wie Munchkin-Land aussah und ich jeden Moment erwartete, daß Dorothy und Toto um die Ecke bogen», erzählte Kate.

Kurz vor Weihnachten 1955 waren die Dreharbeiten zu *Der Regenmacher* abgeschlossen. Während die Kritiker das Dürre-Epos freundlich beurteilten, blieb das Publikum ungerührt.

Bosley Crowther schrieb in der *New York Times* über Kate: «Obwohl ihre Art viel zu affektiert für ein Kornfeld ist und ihre Sprache mehr an Bryn Mawr erinnert, schlägt sie sich doch tapfer gegen einen Haufen alberner Clowns und bleibt sich und ihrem Stil treu.»

Auch Spencer, der den Film bei einer Voraufführung sah, störte sich an Kates New England-Akzent. «Er fand mich zu schulmeisterhaft und beklagte sich darüber, daß ich schon wieder eine alte Jungfer gespielt hatte. ‹Langsam könnte man denken, du seist wirklich eine›, flüsterte er mir ins Ohr. Oh, wie das mich traf, denn damit berührte er eine offene Wunde, eine innerste Angst. Wirklich, er haßte mich in all diesen ‹Späten-Mädchen-Rollen›.»

Wie Lancaster stieß auch Tracy sich an der unrealistischen Darstellung des Landlebens. «Was man hier sieht», notierte er, «ist das süße Zuckerbild eines idyllischen Klischees.» Dennoch war Spencer davon überzeugt, daß Kate zum siebtenmal für den Oscar nominiert werden würde – und behielt recht. Aber es blieb nur bei der Nominierung.

Weihnachten 1955 begleitete Spencer Kate widerwillig nach Fenwick. Er wußte, daß die Hepburns ihn noch immer als Eindringling betrachteten. Die enge Vertrautheit, die Dr. Hepburn und seine zweite Frau mit Kates Ex- und Ehemann Ludlow Ogden Smith verband, entwickelte sich nie zwischen ihnen und Tracy. Zu sehr mißtraute man einander.

«Ich erinnere mich da an ein gemeinsames Abendessen, draußen in Fenwick», erzählte Tracy. «Wir saßen an diesem großen Tisch und um mich herum lauter Hepburns, die heftig diskutierten. Schließlich begann Dr. Hepburn eine seiner großen Tiraden und führte aus, wie oft die Rechte des kleinen Mannes vergewaltigt worden seien; wie er ausgebeutet wird, indem er zum Beispiel für miese Unterkünfte überteuerte Mieten bezahlen müßte und daß nun endlich die Zeit gekommen ist, die sogenannte Demokratie zu ... Plötzlich stoppte er mitten im Satz, ja, es war sogar mitten in einem Wort, und sah aus dem riesigen Eßzimmerfenster hinunter an den Strand, wo ein Mann spazierenging. Dr. Hepburn fragte: ‹Wer zum Teufel treibt sich da draußen herum?› und die ganze Familie stürzte ans Fenster. Doch niemand kannte den Mann. Also riß Dr. Hepburn die Balkontür auf, rannte auf die Veranda und schrie: ‹He, Sie da! Verschwinden Sie! Das hier ist Privatbesitz!› Und mit einemmal rannten alle Hepburn-Kinder zum Strand hinunter, um den armen Kerl zu verscheuchen. Nun, als er sie kommen sah, nahm er seine Beine unter die Arme und rannte los, als wäre der Leibhaftige hinter ihm her. Aber es kommt noch besser: Nach einiger Zeit kamen sie wieder zurück, und setzten sich, völlig außer Atem, an ihre alten Plätze und Dr. Hepburn begann genau an der Stelle fortzufahren, an der er zuvor aufgehört hatte, und verfocht weitere zehn Minuten die Rechte des einfachen Mannes.»

Gleichwohl gab Kates Vater niemals die Hoffnung auf, daß sie ihre Beziehung durch eine Eheschließung legalisieren würden.

«Wenn man mich fragt, warum unsere Beziehung so erfolgreich war, so kann ich nur sagen, daß sie auf der natürlichen und ehrlichen Erfüllung von Bedürfnissen beruhte», sagte Kate. «Ich wußte, daß Spence immer die Antwort auf meine Fragen wissen würde. Ich drängte ihn niemals zu etwas. Ich wußte, er würde genau das tun, was das Beste für uns beide sein würde. Er war ein Mann unter Männern. Niemals bedauerte ich meine Beziehung zu ihm. Für mich war er mein Fels in der Brandung und mein Beschützer.»

Spencer Tracy zeichnete in seinen Tagebüchern dagegen ein anderes Bild von sich und Kate. Selbstkritisch beschreibt er sich als «instabil», «voll Selbstmitleid», «schwach in bezug auf Alkohol», «ständig in Sorge» und «egoistisch». Kate dagegen war «in unserem Team die Stärkere», «fähig, sich kritisch mit Problemen auseinanderzusetzen und sie zu aller Zufriedenheit zu lösen», «diszipliniert» und ständig darum bemüht, «ihr Talent, ihre Bildung und ihren Körper zu trainieren» und «weiter auszubilden». «Weniger hilfreich für uns zwei ist es, daß sich mein Gesundheitszustand ständig verschlechtert. Ich hasse den Gedanken, daß Kath mich umsorgen muß und das, was sie am meisten begehrt, nicht weiter sein kann: frei und ungebunden.»

Aus Sorge um seine Gesundheit beschloß Kate, ihre Rolle in *Der eiserne Unterrock* niederzulegen. Doch Tracy bestand darauf, daß sie diesen Film machen sollte, mit dem Hintergedanken, auf diese Weise «Kath von den häuslichen Problemen abzulenken». So war er auch bereit, zusammen mit ihr nach London zu fliegen, wo das Projekt in den Pinewood Studios verwirklicht werden sollte.

Als Ben Hecht sein Treatment zu *Not for Money* an Kate und Spencer geschickt hatte, war sie nach einmaligem Lesen sofort begeistert. «Ich verliebte mich sofort in die Rolle der Vinka Kovelenko», gestand sie.

Ursprünglich sah Hecht für die Rolle des Reporters Bob Lockwood, in den sich Vinka verliebt, Tracy vor, doch der lehnte ab, da seiner Meinung nach «der Geist von Garbos *Ninotschka* über dem Gesamtkonzept lauerte». Kate war indes fest entschlossen, diese Rolle zu spielen, und schlug als Ersatz William Holden vor, der begeistert zusagte.

Impulsiv forderte Kate Ralph Thomas als Regisseur. Sie hatte vor kurzem seinen Film *Doctor in the House* gesehen und hielt ihn für den lustigsten Streifen der letzten Jahre. «Als Tochter eines Arztes kannte ich die vielen Mißgeschicke, die passieren können. Ralph hatte sie so detailgetreu und amüsant auf die Leinwand umgesetzt, daß ich fest davon überzeugt war, daß er auch für meinen Film der richtige Mann sei.»

Kurzentschlossen telefonierte Kate nach Griechenland, wo Thomas gerade *Doctor at Sea* mit Brigitte Bardot und Dirk Bogarde drehte.

«Mitten in der Nacht rief mich eine Frau an, die behauptete, Katharine Hepburn zu sein. Natürlich glaubte ich kein Wort. Schließlich ist es nicht schwer, Katies Stimme zu imitieren. Also sagte ich, sie solle mir erst einmal ein Skript nach Piräus schicken, da ich nicht gern die Katze im Sack kaufen würde. Sie antwortete: ‹Okay, wird gemacht.› Damit war für mich die Sache erst einmal erledigt, doch ich staunte nicht schlecht, als wenige Wochen später das Drehbuch bei mir eintraf.»

Ein erstes Treffen fand dann im *Connaught's Hotel* statt, als Kate und Robert Helpmann nach ihrer Australien-Tournee in England einen Zwischenstop einlegten. Kate und Thomas einigten sich über jedes Detail, doch sobald Harry Saltzman die Produktion übernahm, wurden alle Vereinbarungen von ihm über Bord geworfen. Zunächst ließ er das Drehbuch von Hecht überarbeiten und ersetzte Holden durch Bob Hope.

Gewiß, Kate sah es zunächst als Herausforderung an, neben einem Komiker vom Kaliber Hopes zu arbeiten, doch bald schon stellte sich heraus, daß Welten die beiden trennten. Doch davon war bei der Vertragsunterzeichnung noch nichts zu spüren, und Hope, der Kate als «zweite Garbo» schilderte, schickte ihr ein Dutzend rote Rosen.

Kate flog zusammen mit Spencer im Januar 1956 nach England, und Bob Hope reiste mit einigen seiner Gag-Schreiber an. Hatte er vorher schon kritisiert, der Stil von Hechts Drehbuch würde dem seinen nicht entsprechen, so setzte er nun alles daran, Harry Saltzman davon zu überzeugen, daß das Skript mehr seinem Komödienstil angepaßt werden müßte. Was schließlich dabei herauskam, hatte mit Hechts Buch keine Ähnlichkeit mehr. Also bestand Hecht darauf, daß sein Name aus dem Film entfernt wurde. «Nach einer Original-Story von Harry Saltzman», gab nun der Vorspann an.

«Wirklich, es war schwer, mit zwei so starken und unterschiedlichen Menschen auszukommen», erinnerte sich Ralph Thomas. «Manchmal sah es so aus, als ob sie von zwei unterschiedlichen Filmen reden und in ihnen spielen würden. Sie war die Meisterin der leichten, raffinierten, romantischen Komödie, während er sich auf grobschlächtige Witze spezialisiert zu haben schien. Ich selbst fühlte mich mehr als Zuschauer denn als Regisseur. Katie dagegen gab alles, was an Kraft und Talent in ihr steckte, um den Film zu retten. Selbst dann noch, als es offensichtlich war, daß es nichts mehr zu retten gab. Sie spielte ehrlich und mit erstaunlicher Hingabe, aber auch sie kam nicht gegen Hope an, der nichts ernst nahm und allen Problemen mit einer lustigen Geschichte oder einem Witz begegnete.»

In den ersten Tagen wurden ständig die Texte geändert. Kate ärgerte sich darüber derart, daß sie eines Morgens einen jungen Mann mitbrachte und ihn als ihren «persönlichen Drehbuchautor» vorstellte. «Ich tat das nur, um Mr. Hope zu zeigen, wie entnervend seine Schreiberlinge und ihre ständigen Änderungsvorschläge waren. Doch er begriff meinen Wink einfach nicht.»

Mit der Zeit mußte Kate einsehen, daß es aussichtslos war, gegen Hope und seine Gags anzukommen, zumal die meisten Mitglieder der Crew hinter ihm standen. Alan Gifford erinnerte sich, daß «Miss Hepburn auf ihre Weise über die Mannschaft dominierte. Wir hatten unsere erste Besprechung – es war in der Dekoration, die ein KGB-Büro darstellte. Also, wir alle standen da und hörten Ralph Thomas zu, als Miss Hepburn plötzlich auftauchte. Ehrlich gesagt waren wir alle etwas enttäuscht, da wir sie uns anders vorgestellt hatten. Sie war ungeschminkt, trug eine Hose und ihr Haar war nicht frisiert. Ich glaube auch nicht, daß sie Schuhe trug. Nach einiger Zeit setzte sie sich auf den Boden, weil ihr niemand einen Stuhl anbot, und unterhielt sich mit uns von dort unten. So etwas hatte ich noch nie erlebt. Danach verschwand sie und kam erst wieder zum Vorschein, als gedreht wurde. Uns verwirrte, daß sie das Mittagessen und den Tee allein einnahm. Bob Hope aß, trank und scherzte mit uns. Es war ein kameradschaftlicher Kontakt. Miss Hepburn war auch freundlich, aber sie war auf Distanz bedacht.»

Und Betty Box, die Frau von Ralph Thomas, erzählte: «Während Katie sich völlig auf ihren Film konzentrierte, bereitete Hope nebenbei noch seine TV-Show vor. Er war unzuverlässig und launisch. Gewiß, auf den ersten Blick war er witzig, charmant und kam gut bei seiner Umwelt an.»

Am meisten ärgerte sich Kate darüber, daß Hope eine wichtige, ernste Szene mit einem dummen Witz schmiß.

«Wir mußten die Szene mehrmals wiederholen, weil einmal ein Scheinwerfer kaputtging, oder weil man den Text nicht verstand oder weil der Außenlärm zu groß war. Schließlich lief alles wie am Schnürchen und ich dachte schon: Endlich im Kasten, als Mr. Hope plötzlich einen Witz erzählte, der überhaupt nicht im Drehbuch stand, und die ganze Stimmung schmiß. Wütend bestand ich darauf, daß der Witz aus dem Film geschnitten wurde, was Ralph dann auch tat. Doch in der Endfassung war dieser Yogi-Bär-Witz wieder zu sehen: Mr. Hope hatte sich bei Saltzman beschwert, und der bestand darauf, die Szene ungeschnitten zu lassen.»

Nach und nach brachte Spencer ihr bei, gegen Hope und sein Verhalten immun zu werden. Als Lichtblick sah Kate es an, daß Hope sich wenigstens dafür einsetzte, daß auf einem nahe gelegenen Luftwaffenstützpunkt gedreht werden durfte. Zu einer Zeit, da jeder gute Amerikaner dem Spruch «Lieber tot als rot» folgte, überredete er die Soldaten, fünf ihrer Flugzeuge mit Hammer und Sichel zu dekorieren.

Spencer wurde mit der Zeit immer nervöser. Für ihn war es eine «unerträgliche Zumutung», Kate bei den Dreharbeiten zuzusehen, so verbrachte er die meiste Zeit in seinem Hotelzimmer vor dem Fernseher. Entsprechend schlecht gelaunt war er, wenn Kate erschöpft von den Dreharbeiten nach Hause kam. In ihrer Not bat sie Ruth Gordon und Garson Kanin, nach England zu kommen und sich um Spencer zu kümmern. Auch traten erneut Schwierigkeiten mit ihrem Auge auf, das tränte und juckte.

Erst als *Der eiserne Unterrock* abgedreht war, fühlte Kate sich besser. Obwohl sie auch noch Russisch gelernt hatte, konnte sie es nicht verhindern, daß der Film an den Kinokassen ein Flop wurde und die Kritiker gnadenlos die Feder spitzten.

Um den «komischen Szenen» einen breiteren Raum zu geben, hatte Saltzman die meisten Szenen Kates zugunsten Hopes kürzen oder ganz herausschneiden lassen. Was das Publikum bei den Berliner Film-Festspielen im Juni 1956 schließlich zu sehen bekam, war ein plump-derber Schwank, der eigentlich (in Anlehnung an Hopes Erfolgsserie *The Road to...* mit Bing Crosby und Dorothy Lamour als Partner) den Titel «Die Straße nach Moskau» hätte tragen müssen.

Die deutsche Kritik war derart vernichtend, daß MGM erst im Juni 1957 einen Probestart in Los Angeles wagte. Fünf Monate später fand schließlich die New Yorker Premiere statt, bevor der Film wieder in der Versenkung verschwand.

William K. Zinsser schrieb in der *New York Herald Tribune*: «Wenn Miss Hepburn, eingepackt in eine Militäruniform, die nichts für ihre geschmeidige Figur tut, sich an Hope wendet und zu ihm sagt: ‹Ich habe mir Sorgen gemacht!›, dann hatte sie dazu auch allen Grund!»

Von England aus reisten Kate und Spencer Anfang April nach Chamonix, wo die Außenaufnahmen für *The Mountain* gedreht werden sollten. Vierzehn Tage später flogen die beiden nach Havanna. Was nun folgte ging in die Annalen Hollywoods als «die kubanische Affäre» ein.

Als Ernest Hemingways Novelle *The Old Man and the Sea* veröffentlicht wurde, war allen klar, daß im Falle einer Verfilmung nur Spencer Tracy den alten Mann spielen könnte. Damals, 1952, war Leland Hayward einer der ersten gewesen, die Hemingways neueste Geschichte lesen durften.

Hayward, inzwischen erfolgreicher Produzent und glücklicher Gatte von Slim Hawks, Howard Hawks' Ex-Frau, erkannte das Potential dieses Werks und arrangierte die Vorabveröffentlichung in *Life*. Er selbst erwarb die Filmrechte, die er später für 175 000 Dollar an Warner Brothers verkaufte.

Nach Beendigung seiner stürmischen Affäre mit Kate stand Hayward mit ihr nur noch in losem Kontakt. Dagegen florierte sein

Briefwechsel mit Dr. Hepburn, der noch immer nicht die Hoffnung aufgegeben hatte, Leland würde eines Tages Kate vor den Traualtar führen. Über diesen Umweg fragte Leland auch bei Spencer und Kate an, ob Tracy an der Rolle des alten Mannes interessiert sei. «In den nächsten Monaten diskutierten wir über nichts anderes mehr», sagte Kate. «Ich konnte, ehrlich gesagt, mir nicht vorstellen, wie man Hemingways Buch verfilmen sollte. Dazu kamen meine Bedenken im Hinblick auf die Dreharbeiten. Leland hatte vor, alles vor Ort zu filmen. Zu diesem Zeitpunkt war ich noch immer Afrika-geschädigt, und ich glaubte kaum, daß Spence sich sehr wohl fühlen würde in einem Boot auf dem offenen Ozean.»

Dank seines Charmes und seiner Überredungskunst war es Hayward gelungen, Warner Brothers davon zu überzeugen, daß ein Film, der von zwei «fischenden, kommunistischen Kubanern» handelte, ein Erfolg werden würde. Nun machte er sich daran, auch Spencer für den Film zu gewinnen. Geschickt fegte er Kates Bedenken vom Tisch und schilderte in herrlichen Farben, wie idyllisch die Dreharbeiten werden würden. Der Film sei eigentlich nur eine Dokumentation, bei der «hiesige Fischer im hiesigen Ozean in hiesigen Booten» beim Fischfang gefilmt werden würden. Tracy sollte nur als Erzähler fungieren. Dieser Gedanke gefiel Spencer, und so sagte er trotz Kates Einwänden zu. Als Hayward ihn als «alten Mann» vorweisen konnte, wurden auch die endgültigen Verträge mit Jack Warner unterzeichnet.

Doch bald schon erfuhr Spencer, daß von einer Dokumentation keine Rede mehr war. Jack Warner erklärte Tracy, daß man einen ganz normalen Film machen würde. Hayward habe ihm, Warner, zugesagt, daß Spencer den alten Mann spielen würde. Etwas anderes sei nie geplant gewesen.

Spencer fuhr mit Kate zu den Haywards. Wütend drohte er aus dem Vertrag auszusteigen, doch Leland gelang es erneut, Spencers Bedenken zu zerstreuen und schlug vor, zusammen mit Kate und Slim nach Havanna zu fliegen, um Hemingway und den Drehort besser kennenzulernen. Diese Reise wurde so oft verschoben, daß es Kate schließlich unmöglich war, daran teilzunehmen. Als die Haywards und Spencer nach Kuba flogen, fanden die Proben für Kates Shakespeare-Tournee in England statt.

Tracy, der Flugzeuge haßte, war erst nach einigen Drinks dazu zu bewegen, die Maschine zu besteigen. Obwohl der Wetterbericht einen sonnigen und ruhigen Tag vorhergesagt hatte, geriet man in einen Orkan. Tracy notierte: «Ich war fest davon überzeugt, daß dies das Ende meiner Karriere sei.»

Als die Haywards und Spencer schließlich das Haus von Mary und Ernest Hemingway erreichten, waren die Reisenden völlig entnervt und am Ende ihrer Kräfte. Hemingway, der es liebte, andere mit Anspielungen auf ihre Schwächen oder Probleme zu reizen, lud alle zu einem Willkommens-Drink ein. Spencer jedoch lehnte das Angebot dankend ab. «Warum denn nicht? Sind Sie ein Säufer oder was ist mit Ihnen los?» eröffnete er die Schlacht gegen Tracy. «Müssen Sie sich, wenn Sie einen Drink haben, bis zur Besinnungslosigkeit vollaufen lassen?»

«Spence saß schweigend da», erinnerte sich Slim Hayward. «Doch Ernest war nicht mehr zu stoppen. Schließlich stand Spence auf und ging auf sein Zimmer.»

Mit der Zeit schien Hemingway freundlicher zu werden. Er zeigte Spencer eines Morgens das kleine Dorf Cojímar, wo gedreht werden sollte. Dort sah Tracy auch kurz Anselmo Hernandez, der Hemingway zu dieser Novelle inspirierte. Anselmo und das Dorf beeindruckten Spencer sehr. Er ließ sich von zwei Fischern erklären, wie ein einzelner Mann in einem Boot fischt, und danach sahen sich beide den Ort an. Die restlichen Tage verbrachte Spencer mit Fischen. Während die Haywards bis Mittag schliefen, stand er jeden Morgen um 6 Uhr 30 auf und segelte hinaus aufs Meer.

«Ein feiner Kerl», schrieb Ernest Hemingway nach Tracys Abreise, «bescheiden, intelligent, sehr taktvoll und *fino*.»

Wieder in Kalifornien, wog Tracy die Vor- und Nachteile der Rolle ab und kam zu dem Schluß, daß die Hitze und die Strapazen die ganze Sache doch nicht wert seien. Erneut wollte er die Rolle niederlegen, doch Leland überzeugte ihn mit Engelszungen, daß bei den Dreharbeiten alles anders sein würde. Als es ihm dann auch noch gelang, daß Kate einwilligte, Spencer nach Kuba zu begleiten, wurde der Drehbeginn auf Ende April 1956 festgelegt.

Vom ersten Tag an zeichnete sich jedoch ab, daß die Dreharbeiten von *The Old Man and the Sea* alles andere als problemlos verlaufen sollten. Hemingway war schlecht gelaunt und verbrachte die meiste Zeit erfolglos damit, den Fisch zu fangen, den man für den Film benötigte. Während er Kate als «flachbrüstige Vogelscheuche» titulierte, erinnerte ihn Felipe Pazos an «eine Kreuzung zwischen Kaulquappe und Anita Loos». Und Tracy war ihm «zu fett, zu reich und zu alt», um den alten Mann spielen zu können.

Tatsächlich hatte Tracy 30 Pfund zugenommen, nachdem er dem Alkohol entsagte. Doch die ständigen Streitereien und die Anspannung ließen ihn in Kuba wieder rückfällig werden. Mit Schrecken vernahm Warner Gerüchte, daß Tracy mit Kate im Schlepptau die Bars von Havanna unsicher mache. Hemingway vertraute einem neugierigen Reporter an, er sei froh, «wenn dies alles vorbei ist und ich niemanden umgebracht habe».

Überdies war Tracy mit dem Regiestil von Fred Zinnemann sehr unzufrieden. Dies ist um so erstaunlicher, da Tracy mit diesem Regisseur 1944 hervorragend zusammengearbeitet hatte. Damals hatte Spencer erklärt: «Diesen jungen Zinnemann muß man im Auge behalten. Der wird viel erreichen.»

Ursprünglich sollte Tracy in allen anstrengenden Szenen durch ein Double ersetzt werden, doch Zinnemann befürchtete, dies könnte bemerkt werden und die Wirkung zerstören. Er bestand darauf, daß alle Szenen von Tracy selber gespielt wurden. Kate wußte, wie sehr die Szenen auf dem offenen Meer ihn anstrengten, und drängte Spencer, mit Leland zu sprechen. Leland aber war vollkommen davon in Anspruch genommen, einen Marlin zu finden, der Hemingways Ansprüchen genügte: «Ernest bestand darauf, daß der Fisch 1000 Pfund wog und mindestens 3 Meter lang war. Ein Ding der Unmöglichkeit, denn in der Nähe von Cojímar gab es keine Fische in einer solchen Größe.»

Mit Kates Unterstützung versuchte Leland die Diskrepanzen zwischen Trancy und Zinnemann zu schlichten. Doch der Erfolg war nur von kurzer Dauer. Bald schon gerieten Spencer und Zinnemann wieder aneinander.

«Ich rettete meinen Seelenfrieden, indem ich malte. Die meisten meiner Sonnenuntergänge und Strandbilder entstanden in Kuba», erzählte Kate.

Die Hitze lastete auf dem gesamten Team und die plötzlichen

Wetterumschwünge machten ein planmäßiges Drehen unmöglich. Nach einem anstrengenden Tag war Spencer fest entschlossen, alles hinzuwerfen und aus seinem Vertrag auszusteigen. Als er am nächsten Morgen Hayward davon unterrichten wollte, erfuhr er, daß Fred Zinneman ihm zuvor gekommen war. «Wegen unüberwindbarer Schwierigkeiten und künstlerischer Diskrepanzen» hatte er die Regie niedergelegt.

Erleichtert flog das Team nach Hollywood zurück. «Wir fühlten uns alle gut; so, als wären wir gerade aus einem Alptraum erwacht. Aber ich sollte mich täuschen. Das dicke Ende kam erst nach», notierte Tracy in sein Tagebuch.

Kate war fest entschlossen, die neugewonnene Freiheit zu nutzen: «Zu unserer Erholung suchte ich verzweifelt nach einer lustigen, unbeschwerten Komödie. Denn das war genau das, was wir zu diesem Zeitpunkt brauchten.»

Wie es der Zufall wollte, boten Henry und Phoebe Ephron Kate wenige Tage nach ihrer Ankunft in Amerika das Drehbuch von *The Desk Set* (dt. *Die Frau, die alles weiß*) zur Prüfung an.

Die Ephrons waren bekannt für ihre raffinierten Stücke. Seit langem planten sie, eine Komödie im CinemaScope-Verfahren zu verwirklichen. Als Hauptdarsteller schwebten ihnen Spencer Tracy und Katharine Hepburn vor. Das einzige Problem bestand darin, daß sie über kein vernünftiges Stück verfügten. In dieser Situation traf Henry sich mit Charles Brackett, der ihnen stolz berichtete, er habe soeben die Rechte an William Marchants Broadway-Erfolg *Desk Set* erworben. Neugierig geworden, studierte Henry das Stück und bestellte wenige Stunden später Phoebe zu sich ins Studio. «Kaum war ich in seinem Büro, als Henry mir ein Manuskript in die Hand drückte. Und auch ich war sofort begeistert. Es war wirklich das witzigste, das wir in der letzten Zeit gelesen hatten», erinnerte sich Phoebe.

Die Frau, die alles weiß handelt von Bunny Watson, die im Archiv einer TV- und Rundfunkstation arbeitet. Sie ist berühmt-berüchtigt dafür, daß sie innerhalb kürzester Zeit eine Antwort auch auf die dümmste Frage weiß. Eines Tages taucht in ihrem Büro Dick Sumner auf. Er, der Erfinder eines Computers namens Emmy, wurde von der Leitung des Senders beauftragt, dieses Elektronengehirn im Archiv zu installieren. Bunny versucht mit allen Mitteln, den Einsatz der neuen Maschine zu verhindern, da sie befürchtet, daß Emmy sie und ihre Kolleginnen ersetzen soll.

Nachdem auch Phoebe das Stück gefallen hatte, rief Henry Buddy Adler, den Chef der 20th Century-Fox, an und bat um grünes Licht. Innerhalb von drei Monaten schrieben die Ephrons ein Drehbuch, das sie, zwei Tage nach der Fertigstellung, an Spencer schickten.

Vom ersten Augenblick an waren Kate und Spencer von dem Skript mit den witzigen Dialogen begeistert. Bereits am Montag rief Kate ihren Agenten Abe Lastfogel an und sagte zu. Am Nachmittag des gleichen Tags verpflichtete die 20th Century-Fox Walter Lang als Regisseur. Henry Ephron erinnerte sich, «daß Walter die Kinnlade herunterklappte, als ich ihm sagte, Spencer würde den Dick Sumner spielen. ‹Ich glaube kaum, daß Tracy noch Liebesszenen spielen kann. Ich sah ihn zuletzt in *The Mountain*, und bei Gott, dort sah er aus wie der Weihnachtsmann.› Wir sagten: ‹Laß das unsere Sorge sein. Niemand anders kann diese Rollen spielen.›»

Kate genoß die nächsten sechs Wochen, in denen einige Szenen umgeschrieben wurden. Auf ihre Bitte hin wurde Spencers Rolle mehr Raum eingeräumt.

«Während der nächsten Wochen wurden wir Freunde», erinnerte sich Henry Ephron. «Wir erzählten uns verrückte Geschichten und Klatsch, um uns zu erholen. Es war eine herrliche Zeit. Es war einfach, dieses Wesen in seinen weiten Hosen und verwaschenen Hemden ins Herz zu schließen.»

Als alle Arbeiten am Drehbuch beendet waren, nahm es Kate mit nach Hause und gab es Spencer zu lesen. Doch unglücklicherweise war kurze Zeit vorher ein Bericht in der *Los Angeles Times* erschienen, in dem der Autor offen fragte, wann Tracy sich endlich zur Ruhe setzen würde. Was Spencer am meisten erregte war eine Anspielung auf *Dr. Jekyll and Mr. Hyde* – ein Film, den er am liebsten vergessen hätte.

Verletzt und verärgert beschloß Tracy, nie wieder vor die Kamera zu treten. Obwohl ihm das Skript der Ephrons gefiel, lehnte er die Rolle ab – zunächst. In ihrer Verzweiflung telefonierte Kate mit einigen Freunden, aber auch James Stewart, Cary Grant und Fred Astaire erklärten ihr, sie würden nur dann für Tracy einspringen, wenn er durch nichts zu dieser Rolle zu bewegen sei. Als sie am Montagmorgen den Ephrons die Hiobsbotschaft überbrachte, meinte Henry, daß diese Ablehnung wohl auch in der Angst vor dem nahen Drehbeginn begründet lag.

Ephron und Walter Lang mußten mit Buddy Adler über die Sache sprechen. Doch Adler wollte keinen «Ersatz-Tracy». «Entweder wir machen den Film mit Tracy und Hepburn oder wir machen ihn überhaupt nicht», entschied er kategorisch. Am Nachmittag trafen sich Kate, die Ephrons und Walter Lang bei Spencer und erklärten ihm ihre Situation.

Schließlich erklärte sich Tracy dazu bereit, den Film zu machen. «Als er zusagte, sah ich kurz zu Kate auf», erinnerte sich Ephron. «Sie hatte Tränen in den Augen. Ich glaube, sie war ein bißchen enttäuscht. Es klingt paradox, aber sie war traurig, daß er so schnell zu überreden gewesen war. Obwohl sie ihn verzweifelt für diese Rolle benötigte, war sie dennoch enttäuscht, daß er nicht so willensstark war, wie sie immer gern glaubte.»

Kate sah das anders: «Zum einen tränten meine Augen wegen Venedig; zum andern wußte ich, was es Spence für Überwindungen gekostet hatte, doch noch zuzusagen. Es war ein wirkliches Opfer, das er da für mich brachte.»

Nachdem Kate und Spencer ihre Verträge unterzeichnet hatten, wurde der Beginn der Dreharbeiten auf Ende Juni festgesetzt. Zunächst verbrachte Kate eine Woche in einem Archiv, um sich das alltägliche Leben von Bunny Watson besser vorstellen zu können. Doch dort traf sie nur zahlreiche junge Mädchen an, die damit beschäftigt waren, Katharine Hepburn zu studieren.

Im Zeitalter des CinemaScope wurden wirkungsvollen Außenaufnahmen große Bedeutung zugemessen. Deswegen fuhren Henry Ephron und Kate nach New York und suchten ideale Drehplätze. Schließlich einigten sie sich auf das IBM-Gebäude und den Bereich 57.–60. Straße. Außerdem machten sie sich auf die Suche nach jungen New Yorkerinnen, die die anderen Angestellten im Archiv spielen sollten. Zunächst war Thelma Ritter für die Rolle von Bunnys

Freundin Peg Costello vorgesehen, doch als Henry Joan Blondell kennenlernte, änderte er seine Meinung: «Joan war sehr gemütlich, sympathisch und ich ‹verliebte› mich sofort in sie.»

Wenige Tage nachdem die Vorbereitungen in New York abgeschlossen und die Ephrons allein nach Hollywood zurückgefahren waren, lud Spyrous Skouras, der Präsident der 20th Century-Fox, sie zu einem Abendessen ein. Nach dem Nachtisch erklärte er ihnen kurz und bündig, daß *Die Frau, die alles wußte* nicht in New York, sondern ausschließlich im Studio gedreht werden sollte: «Dies ist notwendig», begründete der Film-Tycoon die Sparmaßnahmen, «da man nicht weiß, ob ein Hepburn–Tracy-Film überhaupt noch ein finanzieller Erfolg werden» würde. In diesem Augenblick verlor Henry seine Fassung: «Verdammt, wo waren Sie und Ihre Überlegungen, als wir alles arrangierten? Als wir die Drehorte aussuchten? Was zum Teufel ist los mit Ihnen?»

Die Nachricht, daß Ephron in Schwierigkeiten steckte, erreichte New York wie ein Lauffeuer. Spencer, der sich dort zusammen mit Kate von Kuba erholte, rief Henry sofort an: «Jee-zus! Vergiß die Aufnahmen in New York, die sind doch unwichtig. Es ist doch egal, ob wir nun auf der 60. Straße spazierengehen oder in einer Studiokulisse sitzen.»

Einen Tag vor Drehbeginn kamen Kate und Spencer nach Hollywood und besuchten sogleich Henry Ephron und Walter Lang im Studio. Beide bereiteten gerade eine Szene vor, die am nächsten Morgen gedreht werden sollte. «Kate achtete auf jedes Detail, was einem manchmal wirkliche Schmerzen bereiten konnte. Nun, während Walter und ich uns mit Spence unterhielten, rief sie plötzlich: ‹Henry, du schreibst doch im Drehbuch, daß in Bunnys Büro ein Philodendron stehen soll? Das hier ist aber alles andere als ein Philodendron!› Walter Lang maulte: ‹Um Gottes willen, Katie, würdest du jetzt bitte nach Hause gehen?›, und ich sagte: ‹Es ist jetzt drei Uhr nachmittags und wir haben noch unendlich viel zu tun. Bitte geh nach Hause!› Doch Katie blieb stur: ‹Das ist kein Philodendron!› Spencer, Walter und ich schrien vor Verzweiflung nach dem Studiogärtner. Der gute Mann tauchte dann auch auf und erklärte uns, die Pflanze sei ein Philodendron. Doch Kate bestand weiter darauf, daß dies kein Philodendron sei. Schließlich zerrte

Spencer sie zum Ausgang. Das letzte was wir von ihr hörten war: ‹Ich werde euch zeigen, wie ein Philodendron aussieht! Ihr seid ein Haufen von Idioten!›

Gegen fünf waren wir endlich mit allen Vorbereitungen fertig. Wir wollten gerade in Walters Büro gehen, als plötzlich die Tür aufflog und Katie mit einem 12 Meter hohen, 90 Pfund schweren und zwanzig Jahre alten Philodendron vor uns stand und triumphierte: ‹Das ist ein Philodendron!›

Da sie das Monstrum nicht in den Aufzug bekommen hatte, mußte sie es drei Stockwerke hochtragen. Wir holten erneut den Studiogärtner, der zugab, daß Kate Recht hatte, und wir mußten die ursprüngliche Pflanze gegen Kates austauschen.»

Mit *Die Frau, die alles weiß* verbinden auch heute noch alle Beteiligten positive Erinnerungen. «Kate und Spencer waren wunderbar», schwärmte Henry Ephron. «Sie spielten jede noch so kleine Nuance aus. Und obwohl Walter Lang nicht exakt ihren Vorstellungen von einem Regisseur entsprach, verglichen etwa mit George Cukor, akzeptierten sie ihn bedingungslos.»

Kate und Spencer bewiesen, daß ihr gegenseitiges Timing, das ihren Komödien wie *Ehekrieg* und *Pat und Mike* zum Erfolg verhalf, noch voll auf der Höhe war.

Gegenüber Alexander Walker sagte Kate: «Ich glaube, Spencer Tracy und ich sind auf der Leinwand das perfekte amerikanische Paar.» (Zu dieser Zeit wußte die Öffentlichkeit noch nichts von ihrer Beziehung.)

Dennoch probte «das perfekte Paar» weder seine gemeinsamen Szenen noch half man sich gegenseitig beim Lernen des Textes. «Spencer und auch ich wollten immer eine kleine Überraschung für den anderen im Ärmel haben», gestand Kate schmunzelnd.

Spyros Skouras Befürchtungen erwiesen sich als unbegründet. *Die Frau, die alles weiß* wurde zwar kein Kassenhit, spielte aber dennoch seine Kosten ein. Vom Publikum wurde er ebenso freundlich aufgenommen wie von der Kritik. *Newsweek* schrieb: «Hepburn und Tracy sind ein derart wirkungsvolles Komödienteam, daß kein Bedauern aufkommt, ihnen zuzusehen.» Und Bosley Crowther lobte: «Katharine Hepburn ist offensichtlich eine Frau, die nicht nur einer Denkmaschine überlegen ist.»

Kaum war *Die Frau, die alles weiß* im August 1956 abgedreht, als Jack Warner freundlich, aber bestimmt Spencer daran erinnerte, daß die Arbeiten zu *The Old Man and the Sea* noch keineswegs abgeschlossen seien. Warner, müde der ewigen Diskussionen, hatte im Alleingang beschlossen, den Film ausschließlich im Studio zu Ende zu bringen. Also ließ er in Burbank als Ozeanersatz einen Tank errichten, der 3 400 000 Liter Wasser faßte. Da Hemingway noch immer nicht den idealen Marlin gefangen hatte, wurden Attrappen aus Gummi angefertigt, auch für die Haie.

Nach Zinnemanns Abgang übertrug das Studio John Sturges die Regie. Spencer verstand sich gut mit ihm, doch bald mußte er erkennen, daß sich mit Sturges auch das Konzept des Films geändert hatte. Dennoch setzte Tracy alles daran, den Film zu einem akzeptablen Ende zu bringen. Noch immer liebte er das Buch, wenn er auch inzwischen die Verfilmung und den Autor zu hassen gelernt hatte.

In der vierten Drehwoche spitzte sich die Situation zu: Tracy war seit zwei Tagen nicht im Studio erschienen. «Spencer betrank sich in verschiedenen Kneipen bis zur Besinnungslosigkeit», erzählte Jacks Schwiegersohn Milton Sperling. «Wir wußten alle, daß jetzt nur Miss Hepburn helfen konnte.» Also rief Jack Warner sie an und bat sie, in Burbank zu intervenieren. «Rein zufällig» traf sie dort am nächsten Tag ein, erklärte fröhlich, sie «schaue nur einmal kurz vorbei» und blieb bis zum Ende der Dreharbeiten.

Jack Warner Jr. erinnerte sich, daß «Miss Hepburn äußerst hart mit den Leuten in Burbank ins Gericht ging. Für meinen Vater hatte sie nie einen Film gemacht und so behandelte sie ihn dementsprechend respektlos. Nachdem er sie in Burbank begrüßt hatte, wandte sie sich an mich und sagte: ‹Können Sie mir Zigaretten holen? Alles, nur keine Camel!›» Jack Warner Jr. war zu diesem Zeitpunkt Produktionsleiter von Warner Brothers, störte sich aber nicht daran, daß Kate ihn wie einen Laufburschen behandelte.

«Ich war entsetzt, als ich Spence sah», sagte Kate. «Er war ein alter Mann geworden. Die Dreharbeiten saugten seine letzte Kraft aus seinem kranken Körper.» Allein das Wissen aber, daß Kate da war, wenn er sie brauchte, ein kurzes Lächeln, ein aufmunternder Blick, halfen ihm die letzten fünf Wochen durchzustehen und schließlich *The Old Man and the Sea* zu beenden.

Als der Film endlich fertiggestellt war, waren die Produktionskosten auf 6000000 Dollar geklettert. Was Wunder, daß das See-Stück die Kosten nicht einspielen konnte.

Spencer Tracy gelang es nicht, das Interesse der Zuschauer 86 Minuten lang zu fesseln, zumal er davon eine Stunde lang allein in seinem Boot auf dem Meer zu sehen war. Die Kritiken waren gemischt, wenn auch einige sich bemühten, etwas Nettes über seine Darstellung des alten Mannes zu schreiben.

In der Folgezeit machte sich Tracy wegen dieses Fehlschlags große Vorwürfe. Treffend beschrieb Garson Kanin die Ursache für das Scheitern des Films: «Die Verwirklichung eines Traums war an Kleinlichkeit gescheitert.»

9

Das Jahr 1957 schien unter keinem guten Stern zu stehen. Gleich in den ersten Januartagen erfuhren Spencer und Kate, daß Humphrey Bogart unheilbar an Krebs erkrankt war. Die Ärzte gaben ihm nur noch wenige Tage.

Während die Freundschaft zwischen Bogart und Tracy bereits seit den frühen dreißiger Jahren bestand, waren er und Kate sich erst während der Dreharbeiten zu «*African Queen*» nähergekommen. Kate war von den Bogarts begeistert. «Wie war Bogie? Das alles fand ich erst während der Dreharbeiten in Afrika heraus. Zuvor war er einer von Spencers engsten Freunden. Ein Freund, dem er absolutes Vertrauen entgegenbrachte. Bogie ging immer in der Mitte der Straße. Es gab für ihn kein ‹Vielleicht›. Nur Ja oder Nein.»

Anfang der fünfziger Jahre waren Kate und Spencer nur selten bei den Bogarts zu Gast. Doch in den letzten Monaten des Jahres 1956 verbrachten sie die meisten Abende zusammen.

«Als die Operation erfolglos verlaufen war, setzte er alles daran, daß wir uns okay fühlten. Er war schließlich so schwach, daß er kaum stehen oder laufen konnte. Aber er sagte nur: ‹Setzt mich in den Speiseaufzug, damit ich wenigstens mit Stil vom ersten Stock zu euch hinunter kommen kann. Das wird gehen – schließlich bin ich ein kleiner Kerl – der schon hineinpassen wird.› Er sagte wirklich ‹kleiner Kerl›, dabei war er einer der größten Kerle, die ich je kennengelernt habe. Bogie war der totale Gentleman», schwärmte Kate, «und er war einer der wenigen, die stolz darauf waren, Schauspieler zu sein.»

Lauren Bacall erinnerte sich, daß Bogart «sich nach ihnen sehnte. Sie schienen ihm Kraft zu geben. Ein Tag ohne sie war für ihn verloren.»

Am 12. Januar 1957 schien Bogart «förmlich auf ihr Kommen zu warten. Ständig fragte er: ‹Werden Spence und Katie heute noch vorbeischauen?› Da ich mir nicht sicher war, rief ich bei Spence an», sagte Lauren Bacall. Obwohl die beiden an diesem Abend bei George Cukor eingeladen waren, kamen sie noch bei den Bogarts vorbei. «Es war einer der Abende, die Bogie so genoß: ein paar Erinnerungen, ein bißchen Klatsch. Sie blieben 40 Minuten, vielleicht auch etwas länger. Bogie schien aufzublühen; er lachte, erzählte einige Witze und war gutgelaunt. Doch mit einemmal schien seine Konzentration nachzulassen. Er wurde sichtlich müde. Als Spence das bemerkte, hielt er es für an der Zeit aufzubrechen.»

Kate schilderte den letzten Abend: «Als Spence ihm die Hand auf die Schulter legte und ‹Gute Nacht, Bogie› sagte, sah er zu Spence auf und lächelte. Dann nahm er seine Hand und sagte: ‹Goodbye, Spence›. Spencers Herz schien still zu stehen. Er verstand. Denn sonst sagte Bogie immer ‹Auf Wiedersehen› oder ‹Gute Nacht›, niemals aber ‹Goodbye›. ‹Betty› Bacall brachte uns zur Tür. Auch sie schien zu wissen, daß dies unser endgültiger Abschied von Bogie war.»

Am nächsten Tag fiel Bogart in ein Koma, aus dem er nicht mehr erwachte. «Es war drei Uhr morgens, als eine Schwester zu mir kam und sagte: ‹Es ist vorbei, Mrs. Bogart. Mr. Bogart ist tot!› ... Ich war wie gelähmt. Wen sollte ich anrufen? Spence und Katie? Ich wollte sie nicht wecken, schließlich war es viel zu früh. Also rief ich zunächst bei David [Niven] an. Spence sollte mir das nie verzeihen ... Als es darum ging, jemanden zu bitten, die Trauerrede für Bogie zu halten, dachte ich sofort an Spence. Katie, mit der ich darüber sprach, gab zu bedenken, daß er wahrscheinlich weder psychisch noch physisch dazu in der Lage sein würde, versprach mir aber, mit ihm darüber zu reden. Kurze Zeit später rief Spence mich an. ‹Ich kann die Rede nicht halten›, erklärte er mir. ‹Ich könnte es nicht durchstehen. Bitte versteh mich, Darling.› Natürlich verstand ich es. Spence litt so sehr wie ich. Völlig verzweifelt saß ich zu Hause. Wer würde nun diese traurige Aufgabe übernehmen? Clark Gable? Jimmy Stewart? Coop? Doch da rief Katie mich an und schlug John Huston vor.»

Zu dem Zeitpunkt, als Bogart ins Krankenhaus eingeliefert wurde, hatte man Huston, der sich gerade in Irland aufhielt, über den Zustand seines Freundes informiert. Ohne zu überlegen reiste er zurück. In der schlichten, geradlinigen Rede, die er am 17. Januar 1957 in der All Saints Episcopal Church hielt, sagte er: «In den Teichen von Versailles befindet sich in einem jeden ein Hecht, der die Karpfen in Bewegung hält, sonst würden sie zu fett und würden sterben. Bogie hatte ein riesiges Vergnügen daran, in den Teichen Hollywoods eine ähnliche Aufgabe zu erfüllen.» Huston schloß mit dem Satz: «Wir haben keinen Grund, um ihn zu trauern, nur um uns, weil wir ihn verloren haben.»

Bogart wurde auf dem Forest Lawn-Friedhof eingeäschert. Dies war sein ausdrücklicher Wunsch gewesen, da er die amerikanischen Totenfeiern haßte. «Bogie hatte oft über diese sadistische Barbarei gespottet», erinnerte sich Kate. «‹Es ist schlimm genug für die lieben Hinterbliebenen, wenn ein Kerl abkratzt›, pflegte er zu sagen. ‹Ich meine den Schock. Aber dann bringen sie den armen Schweinehund für ein paar Tage weg und liefern ihn einem dieser blöden Pseudomaskenbildner aus, der an seinem Gesicht herummalt und ihm das Aussehen eines Clowns verpaßt. Danach wird die arme Sau öffentlich ausgestellt, wie Fleisch auf dem Markt, und die Hinterbliebenen müssen den Schock erneut durchleben, wobei sie sich einzureden versuchen, daß der Clown in der Kiste lebensecht aussieht. Und das nennen wir zivilisiert!›»

An der Stelle, an der eigentlich Bogarts Sarg hätte stehen müssen, hatte Lauren Bacall einen Glaskasten mit einem Modell von Bogarts Schiff, der *Santana*, aufstellen lassen.

«Als ich in die Kirche kam und das Modell von Bogies Lieblingsschiff sah, war ich völlig aufgelöst», gestand Kate. «Ich glaube, über sie hätte sich Bogie am meisten amüsiert», erklärte Lauren, «denn Katie trug zum erstenmal einen Rock statt ihrer Hose. Obwohl die Trauerfeier erst um 11 Uhr 30 beginnen sollte, war sie bereits gegen 9 Uhr in der Kirche, um den Reportern zu entgehen.»

Im Anschluß an den Gottesdienst fuhr man zum Haus der Bogarts am Mapelton Drive, wo Mike Romanoff bereits ein kaltes Buffet arrangiert hatte. Bogart hätte es sicher gut gefunden, daß diese Party stattfand. Für einen Witz nach Bogarts Geschmack sorgte die American Floral Association. ‹Betty› hatte in einer Anzeige gebeten, an Stelle von Blumen Geld an die amerikanische Krebsgesellschaft zu überweisen. «Ich saß auf der Veranda, inmitten von Bergen von Karten und Telegrammen», erzählte Lauren. «Ich war wie gelähmt. Um wenigstens etwas zu tun, begann ich sie zu lesen. Als ich schließlich das Telegramm der Amerikanischen Floristen-Gesellschaft las, dachte ich zunächst, es handle sich um eine weitere Beileidsbezeigung. Doch was schrieben mir diese Hurensöhne? ‹Sagen wir etwa auch: Gehen Sie nicht in einen Lauren Bacall-Film?› Zum erstenmal konnten wir alle so richtig von Herzen lachen.»

Spencer verfiel in Depressionen. Bogart war 58 Jahre alt, als er starb. Tracy war jetzt 57, sah aber gut zehn Jahre älter aus. Sein Gesicht war von der Krankheit gezeichnet, sein Haar schneeweiß, und es war offensichtlich, daß er den Kampf «gegen den Erzfeind Nummer 1: Übergewicht» endgültig verloren hatte. Seine Stimmung litt darunter, daß ihm kein interessantes Drehbuch angeboten wurde. Auch Kates Suche nach einem Stoff für einen weiteren gemeinsamen Film mit einem lustigen Thema blieb erfolglos.

So entschied sich Kate schließlich, wieder auf die Bühne zurückzukehren. Lawrence Langner bat Kate, ihm und seinem American Shakespeare Theatre in Stratford, Connecticut, zu helfen. Mitte der fünfziger Jahre hatte sich Langner einen Lebenstraum erfüllt und ein Shakespeare-Theater gegründet. Dieses Projekt wurde während der Vorbereitung mit Vorschußlorbeeren bedacht, doch bald schon zeigte sich, daß amerikanische Schauspieler und Regisseure mit Shakespeares Stücken überfordert waren. Als in der zweiten Saison die Besucher ausblieben, entschied man sich 1957, einige interessante Gastschauspieler zu verpflichten.

Das große Problem bestand nun darin, daß niemand aus Hollywood für 350 Dollar wöchentlich Abend für Abend auftreten wollte. Mehr aus Loyalität gegenüber Langner spielte Kate die Portia in *Der Kaufmann von Venedig* und die Beatrice in *Viel Lärmen um nichts*. Ihre Partner sollten Morris Carnovsky als Shylock und Alfred Drake als Benedikt sein.

Spencer, der dem Projekt mißtrauisch gegenüberstand, und der natürlich von Kates «Affäre» mit Lawrence Langner wußte, erklärte sie für «völlig verrückt», als er erfuhr, daß sie sich mit einer Wochengage von 350 Dollar zufriedengab.

Noch vor Probenbeginn zogen die ersten Gewitterwolken am Theaterhimmel auf: die Theatre Guilde zeigte sich entsetzt darüber, daß eingedenk des Holocausts in Deutschland ausgerechnet der antisemitische *Kaufmann von Venedig* gespielt werden sollte. Schnell wurden Stimmen laut, die die Absetzung dieses Stücks vom Spielplan des American Shakespeare Theatre forderten. Kate dagegen stellte sich stur und machte ihre Teilnahme davon abhängig, daß dieses Stück gespielt würde.

In seiner Not startete Langner eine Befragung, bei der das Publikum acht Shakespeare-Stücke aussuchen sollte. Zur Überraschung aller entschieden sich die Zuschauer für *Der Kaufmann von Venedig*, gefolgt von *Viel Lärmen um nichts* und *Ein Sommernachtstraum*.

Zusammen mit Phyllis kam Kate Mitte Juni nach Stratford. Obwohl man ihr eine Reihe charmanter kleiner Häuser anbot, entschied sie sich für Langners alte Fischerhütte, die auf Pfählen im Housatonic River errichtet war. Langner hatte sie von einer alten Frau erworben, die ein gutgehendes Fischködergeschäft betrieben hatte. Kate schwamm jeden Morgen in den eiskalten Fluten des Housatonic und fuhr in ihrer freien Zeit am Nachmittag mit einem Motorboot den Fluß entlang.

Die Proben zu *Der Kaufmann von Venedig* verliefen sehr ruhig, was wohl eher darauf zurückzuführen war, daß Kate getrennt von Morris Carnovsky probte, da Shylock und Portia lediglich in der letzten Szene zusammen auf der Bühne stehen. Diese getrennten Proben führten aber dazu, daß in der gemeinsamen Szene der Eindruck entstand, beide kämen aus unterschiedlichen Inszenierungen: während Kate recht stilisiert spielte, lebte Carnovsky seinen Shylock. Seine realistische Darstellung unterschied sich deutlich von der Robert Helpmanns. Zum erstenmal gelang es einem Schauspieler, den Shylock sympathisch darzustellen. «Gewissenhaft legte Carnovsky all die Züge Shylocks frei, die Shakespeare, als er das Stück schrieb, kaum ins Auge gefaßt haben konnte», schrieb John Gassner.

Die Kritiker waren begeistert über diese neuartige Interpretation; im gleichen Maße zeigten sie sich enttäuscht über Kates Leistung. Walter Kerr schrieb: «Ich möchte wirklich gerne wissen, was sich Miss Hepburn bei der Darstellung von Shakespeares schlagfertiger Maid gedacht hat.»

Kate ignorierte die negativen Rezensionen. Sie fand sie allesamt ungerechtfertigt, zumal sie in Australien die Portia in gleicher Weise gespielt hatte. Carnovsky aber litt sehr: «Mir tat es körperlich weh, was man über Katharines Leistung zusammenschrieb. Ich fand sie einmalig.»

Gleichwohl riß der Publikumszustrom zum American Shakespeare Festival nicht ab. «Die Leute waren wahrscheinlich weniger an Shakespeares Werken interessiert als wie an Katharine Hepburn, den Filmstar», erinnerte sich Langner.

Während einer Vorstellung stand ein Fan plötzlich auf und machte eine Blitzlichtaufnahme von Kate. Wütend unterbrach sie ihr Spiel und stellte sich in die Mitte der Bühne. «Wenn das noch einmal vorkommt, werde ich aufhören zu spielen!» erklärte sie dem Publikum. Danach wartete sie einige Minuten, taxierte die Zuschauer abschätzend und begann an der Stelle weiterzuspielen, an der sie zuvor aufgehört hatte. Als die Regisseure John Houseman und Lawrence Langner sie deswegen kritisierten, antwortete sie lachend: «Nun, ich glaube, an mir ist wirklich eine großartige Erzieherin verlorengegangen.»

«Ich kann nur Gutes über Kate sagen», sagte John mit einem verschmitzten Lächeln. «Allein ihr war es zu verdanken, daß das Theater überlebte. Natürlich wußte ich, daß sie ein ziemlich herrischer, rechthaberischer und dominanter Mensch ist. Deshalb kümmerte sich vor allem mein Assistent Martin Landau um sie. Er ist zwar schwächer und nachgiebiger als ich, dafür aber ausgesprochen talentiert. Erschwerend kam hinzu, daß Kate die Portia bereits erfolgreich in Australien gespielt hatte. Und genauso wollte sie sie auch wieder spielen.

Kate verhielt sich sehr professionell, und dies übertrug sich automatisch auf die restliche Crew. Allerdings hatte sie uns alle fest im Griff; sie war wie die Anführerin einer Pfadfindergruppe.»

Über ihre schauspielerische Leistung urteilte Houseman: «Ich sah sie zum erstenmal in Stockbridge. Damals spielte Kate in *The Admirable Crichton*. Ich war von ihr fasziniert. Diese Faszination fesselte mich auch in Stratford. Man merkte aber auch, daß sie Jahre lang bei Constance Collier gelernt hatte. Diese trichterte ihren Schülerinnen ein: ‹Jede Schauspielerin braucht eine große Szene, um ihr Publikum zufriedenzustellen.› Ein Rat, den Kate befolgte. Nun, in Stratford hatte sie zweimal eine Chance dazu. In *Viel Lärmen um nichts* war es die Szene, in der die frivole Beatrice mit einemmal sehr ernst wird und ihren Liebhaber auffordert, ihren betrügerischen Cousin zu töten. In *Der Kaufmann von Venedig* widersetzte sie sich aus diesem Grund absichtlich meiner Regieanweisung. Es war die Szene, in der der chinesische Bungalow langsam nach vorn fährt. Kaum hatte er angehalten, flogen die Türen auf und Kate kam herausgestürmt. Obwohl ich sie auf Knien beschworen hatte, die Szene ruhig und langsam zu spielen, fegte sie wie ein Derwisch über die Bühne und ließ sich danach gekonnt in ein Gebirge aus Satinkissen fallen. Aber das Publikum war begeistert.»

Einer, dem Kate ihren Fehdehandschuh vor die Füße warf, war Alfred Drake, der in *Viel Lärmen um nichts* den Benedikt spielte. Denn er war es gewohnt, seine romantischen Bühnenbeziehungen auch aufs Privatleben auszudehnen. «Während sich normalerweise seine Partnerinnen vor ihm auf die Knie warfen und ihn anbeteten, war Kate aus anderem Holz geschnitzt», erinnerte sich Houseman. «Ich glaube nicht, daß er die Illusion hegte, Kate in die Reihe seiner Amouren eingliedern zu können, aber er schien auf eine romantische Bühnenbeziehung zu hoffen. Als daraus nichts wurde, wollte er alles hinwerfen. Er sollte nie mit ihr zurechtkommen – sein Ego war durch sie zu sehr beschädigt worden.»

«Ich fand es sehr schwer, mit ihr zusammenzuarbeiten», klagte

Drake. «Wenn es irgend etwas gibt, was man über Miss Hepburn sofort sagen kann, so ist es dies: daß sie ein ungehobelter Individualist ist. Sie kümmert sich um die Kostüme, die Beleuchtung, die Regie und die Dekoration. Wir hatten zwar zwei Regisseure, Landau und Houseman, doch mit Kate waren es derer drei. Ich habe immer mein ganzes Schicksal in die Hand meines Regisseurs gelegt: für mich war er Gottvater dort unten im Dunkel. Am meisten aber mißfallen mir Co-Stars, die den Regisseur benutzen, um mit mir zu reden. Während einer Probe sah ich Miss Hepburn Martin Landau etwas ins Ohr flüstern. Ich rief ihr zu: ‹Katie, mach so etwas nicht! Wenn du mir etwas sagen möchtest, dann komm herauf und sag's mir ins Gesicht. Wir werden dann sehen, ob es geht oder nicht.› Sie war von meiner Reaktion nicht gerade begeistert. Ja, man kann sagen, daß wir nicht gerade als dicke Freunde die Proben begannen.»

Kurze Zeit vor Stratford sah Kate in England eine Inszenierung von *Viel Lärmen um nichts* mit Peggy Ashcroft in der Hauptrolle. Sie war davon so begeistert, daß sie Houseman unumwunden erklärte, man dürfe auf keinen Fall versuchen, diese «unüberbietbare Inszenierung» zu kopieren. Aus diesem Grund schlug sie vor, das Stück im «spanisch-kalifornischen Stil» aufzuführen. Kate ging sogar so weit, zu fordern, daß Redewendungen und Begriffe ausgetauscht werden sollten. So bestand sie darauf, «Schwert» durch «Gewehr» zu ersetzen. Natürlich wurden die Änderungen heftig diskutiert. Als Kate schließlich eines Abends Beatrices Rede eigenmächtig kürzte, schrie Alfred Drake sie an: «Erkennst du nicht, daß dies eine der wunderbarsten Reden ist, die Shakespeare jemals für eine Frau geschrieben hat? Wie kannst du es wagen, sie derart zu kürzen? Hast du etwa Angst vor ihr?»

Am nächsten Tag hielt sich Kate an ihren Text. «Es war eines der wenigen Male, daß Drake Recht hatte», gestand sie grimmig. Aber ansonsten betrachtete sie ihn als «unverschämten Flegel, der sich, wie Benedikt, als pompöser Freier aufspielte».

Houseman berichtete, daß Kate keine Chance auf und hinter der Bühne ungenutzt ließ, um sich über Drake zu mokieren und ihn durch bissige Kommentare zu provozieren. Zunächst übersah er «diese unfraulichen und unprofessionellen Angriffe», doch als ihn Kate mitten in einer Probe vor versammeltem Ensemble nachäffte, stürmte er beleidigt in seine Garderobe, gefolgt von Kate, die ihm vorwarf, «unsportlich» zu sein und sich wie eine Diva aufzuführen. Danach verschwand auch sie.

Houseman, der um seine Produktion fürchtete, suchte zunächst Kate in ihrer Garderobe auf. «Vergnügt, wenn auch etwas erschöpft, saß sie da, und ich bin sicher, sie fühlte sich als Sieger in diesem Match.» Drake dagegen überreichte ihm wenige Minuten später ein Schreiben, in dem er seinen Rücktritt erklärte. «Ich erinnerte ihn an seinen Vertrag, doch er weigerte sich strikt, ‹mit diesem elenden Weib› zu spielen.» In stundenlangen Gesprächen brachte Houseman Kate dazu, sich bei Drake zu entschuldigen. Sie stürmte in Drakes Garderobe und sagte: «Du weißt sicher, Alfred, daß dein Problem darin besteht, schon lange keinen gleichberechtigten Co-Star mehr gehabt zu haben. Meistens waren es Frauen, die dich anhimmelten!» Langsam drehte Drake sich um und sagte ruhig: «Nun, Kate, dafür aber waren es wirkliche Damen.» Wütend biß sie ihre Zähne zusammen und schluckte die Bemerkung hinunter, die ihr auf der Zunge lag. Nachdem er ihre Entschuldigung generös angenommen hatte, stürmte Kate hinaus. Drei Minuten später riß sie die Tür erneut auf und schrie: «Es gibt nichts, was du mir raten könntest, was Spence mir nicht bereits geraten hat.»

Drake erinnerte sich, «daß Miss Hepburn einen Schuljungenhumor besaß, etwas, was ich ausgesprochen langweilig fand und finde. Doch Gott sei Dank hatte ich *Tom Brown's Schooldays* gelesen, so daß ich mehr oder weniger darauf vorbereitet war.» Die weitere Zusammenarbeit beruhte auf rein beruflicher Basis. Privat gingen Kate und Drake sich aus dem Weg. «Sie war so spartanisch, so diszipliniert, daß ich sie eines Tages als Jesuit bezeichnete. Nichts haßte sie so sehr wie Dreck. Ich kann mich da an ein Bild erinnern, das ich nie vergessen werde: bevor wir unsere Proben in der Masonic Hall beginnen konnten, fegte Miss Hepburn die Bühne mit einem Besen. Sie konnte es auch nicht ausstehen, wenn man in ihrer Nähe rauchte. Ich war und bin Raucher und wurde von ihr dadurch gestraft, daß sie mir bis ins kleinste Detail schilderte, welche grauenhaften Folgen das Rauchen hätte.»

Während der sechs Wochen in Stratford sprach Kate mit «unverhohlener Bewunderung, Loyalität und Liebe» über Spencer. Des öfteren kündigte sie seinen Besuch an, doch immer wieder kam ihm etwas dazwischen. Houseman erinnerte sich an einen dieser Abende. «Mit dem Enthusiasmus eines jungen Mädchens verkündete uns Kate, daß Spencer endlich kommen würde. Sein Flugticket war gebucht und alle Arrangements für seine Reise waren getroffen worden. Für seine Ankunft wählte Kate einen Abend, an dem sie nicht auf der Bühne stehen mußte. Sie fuhr allein nach Idlewild (heute Kennedy Airport), um ihn abzuholen. Doch kurze Zeit nachdem sie abgefahren war, erreichte uns ein Anruf aus Kalifornien: auf dem Weg nach Burbank habe Spencer sich verirrt und so das Flugzeug verpaßt. Er kam kein einziges Mal nach Stratford.»

Über diese Enttäuschung konnten ihr nicht einmal die guten Kritiken hinweg helfen, die ihre Darstellung der Beatrice lobten. John Chapman schrieb: «Miss Hepburn ist ein Mädchen mit Intelligenz, Humor und eiserner Entschlossenheit.» Und Brooks Atkinson ergänzte: «Miss Hepburn ist ein außergewöhnlicher Star, eine Schauspielerin, die ihr Publikum mit Glamour und persönlichem Magnetismus in Schach hält.»

Nach sechs Wochen Spielzeit in Stratford ging das Stück auf Tournee. «Normalerweise verbeugte ich mich vor Miss Hepburn», erinnerte sich Drake. «Doch auf der Tournee bestand sie darauf, daß wir uns zusammen verbeugten. Der Grund, den sie dafür angab, war einfach lächerlich. Sie sagte: ‹Ich werde dir einfach keine Chance geben, mehr Applaus zu bekommen als ich.› Das war natürlich eine Lüge. Schließlich war sie Katharine Hepburn! Doch sie bestand darauf, und das fand ich sehr großzügig von ihr.»

Als Drake wegen eines anderen Engagements die Rolle vorzeitig niederlegen mußte, schlug Kate ihm vor, mit ihr gemeinsam eine Abschiedsparty zu geben. An Drakes letztem Abend hielt Kate eine charmante Abschiedsrede und überreichte ihm eine silberne Tiffany-Zigaretten-Box, in die die Namen aller Beteiligten eingraviert waren. «Ich eilte in meine Garderobe, um mich abzuschminken und wollte mich noch einmal bei ihr bedanken. Doch da war Miss Hepburn schon weg. Sie hinterließ für mich ein Schreiben, einen der wundervollsten Briefe, die ich je bekommen habe. Danach sah ich sie erst bei der Party wieder, wo ich mich um meinen Spezialpunsch aus Champagner, Brandy und Sodawasser kümmern mußte. Er schien ihr zu schmecken, denn sie trank elf Gläser und war ganz schön blau.»

Kate fuhr mit ihrem eigenen Wagen hinter dem Tourneebus her. Zwar reiste sie mit Chauffeur, doch der verbrachte, wie auch Phyllis, die meiste Zeit auf dem Rücksitz. Sobald Kate einen netten Wald sah, hielt sie an und «zwang» ihre Mitfahrer zu einem Spaziergang. Bernard Gersten, verantwortlicher Bühnenmeister des Shakespeare-Festivals, erinnerte sich, daß sich in Kates Gepäck «Unmengen von Nahrung und Picknickutensilien, andere Kleinigkeiten sowie Pflanzen und Präsente befanden, da sie es nicht übers Herz brachte, sie zurückzulassen. Eines Tages wurde eine empfindliche Pflanze nicht richtig verpackt, und als wir sie auspackten, mußten wir erkennen, daß sie ihren Geist aufgegeben hatte. Miss Hepburn weinte bitterlich.» Kate hing sehr an diesen Geschenken, besonders aber an dieser Pflanze, da sie ein Geschenk Spencers war.

Während der Tournee erkrankte Kate an Lungenentzündung. Obwohl sie das hohe Fieber schwächte, bestand sie darauf, Abend für Abend aufzutreten. Als Langner sie bat, mit *Viel Lärmen um nichts* an den Broadway zu gehen, lehnte sie jedoch ab. Sie war mit dieser Produktion nie ganz zufrieden, außerdem machte ihr die Krankheit zu schaffen. Sie wollte erst einmal Urlaub machen und sich nach einem neuen Drehbuch umsehen.

Zu Hause wurde Kate bereits von Spencer und ihrer alten Freundin Irene Mayer Selznick erwartet. Irene berichtete, daß sie und Kate die meiste Zeit mit Picknicks und Baden verbrachten. «Wir schwammen uns förmlich durch die Stadt und ihre Swimmingpools, bis wir schließlich den Strand von Malibu erreichten. Fremde und Freunde wurden von uns gleichermaßen heimgesucht, denn obwohl wir meistens uneingeladen und unangemeldet auftauchten, waren wir felsenfest davon überzeugt, daß wir gerngesehene Gäste waren.»

Und erneut statteten die beiden einigen Häusern einen «Besuch» ab. «Ein Unding eigentlich, wenn Sie bedenken, wie sehr Kate und ich auf unsere Privatsphäre bedacht waren.» Vor allem Irenes ehemaliges Haus, 1050 Summit Drive, hatte es den beiden angetan.

«Wir starben beinahe vor Neugierde, zu sehen, wie es jetzt eingerichtet war. Also versuchten wir unser Glück, doch alle Türen waren verschlossen. Doch Kate erinnerte sich daran, daß die Außentür zur Speisekammer meistens unverschlossen war, und so kamen wir in das Haus hinein. Als wir gerade mein ehemaliges Schlafzimmer begutachteten, hörten wir von unten die schrille und ängstliche Stimme der Besitzerin. Ohne lange zu überlegen rief Kate: ‹Einen Moment! Es ist alles in Ordnung. Wir sind es nur!› Die arme Frau war wie versteinert, als plötzlich Katharine Hepburn ihre Treppe herunterkam. Doch dann faßte sie sich wieder und zeigte uns die restlichen Zimmer.»

Irene war im Oktober 1957 in Hollywood, weil sie vor kurzem erfahren hatte, daß ihr Vater, Louis B. Mayer, an Leukämie sterben würde. Sie war gekommen, um ihm in den letzten Stunden beizustehen. Obwohl der Arzt ihm keine Besuche mehr erlaubte, wollte Mayer Kate noch ein letztes Mal sehen. Von ihrem Besuch war er so gerührt, daß er Irene anvertraute, er sei «froh, eine Freundin wie Kate zu haben». Mayer starb am 29. Oktober 1957.

Mayers letztem Wunsch entsprechend las Spencer Tracy die Trauerrede, die David O. Selznick, John Mahin und Carey Wilson verfaßt hatten. Obwohl Spencer Mayer bewundert hatte, war dies eine Aufgabe, die ihn nicht gerade begeisterte. Allein saß er in der Wilshire-Synagoge und ging seinen Text durch, als Rabbi Magnin hereinkam und ihm einen Drink anbot.

«Wenn Georgie Jessel eine Trauerrede hielt, nahm er immer erst einen Drink», sagte der Rabbi.

«Ich weiß», entgegnete Spencer, «aber wenn ich es Georgie Jessel gleichtun würde, dann würde ich wahrscheinlich Sie an Stelle von Mr. Mayer beerdigen!»

Mayer starb zu einer Zeit, als der Begriff «Filmmogul» ein Schimpfwort war. Und so blieben bei der Trauerfeierlichkeit viele Plätze in der Synagoge leer.

Über diesen Affront waren Kate und Spencer ebenso bestürzt wie entsetzt. Irene Mayer Selznick sagte später einmal voller Bitterkeit: «Wenn mein Vater ähnlich wie Zukor mit weit über hundert gestorben wäre, so wären die Dinge vielleicht etwas anders verlaufen. Zukor schaffte es, die meisten seiner Feinde zu überleben. So war niemand mehr da, der sich nach seinem Tod erinnern konnte, wie gemein und rücksichtslos er sich seinen Schauspielern gegenüber verhalten hat.»

10

Obwohl Kates Suche nach einem akzeptablen Skript erfolglos verlief, blieb sie gelassen. Ihre «neugewonnene Freiheit» nutzte sie zum Malen. Auch besuchte sie nun öfters ihre Familie in Fenwick und Freunde: die Kanins, George Cukor, Terry Helburn, Laura Harding, die Ephrons, die Goldwyns und Armina Marshall.

«Ich kann einfach nicht zu Hause sitzen und abwarten. Also joggte ich durch den Central Park, überfiel einige alte Damen und Straßenräuber, spielte Tennis in Fenwick und Beverly Hills, las Shaw und Shakespeare, merkte, daß ich älter und langsamer wurde» und mietete Villen alter Stummfilmstars.

Seit frühester Kindheit wollte Kate wissen, wie Hollywood-Stars lebten und ihre Häuser einrichteten. Jetzt, wo sie es sich leisten konnte, war das Mieten und Kaufen von Häusern eines ihrer liebsten Hobbies. Bei Hollywoods Maklern war sie derart berüchtigt, daß diese ihr schließlich nur noch eine Straßenkarte und den betreffenden Schlüssel in die Hand drückten und ihr *bon vojage* wünschten. «Zu uns kommen oft Leute, die das Haus ihres Lieblingsstars mieten oder kaufen wollen», erzählte Margaret Denise, Maklerin in Los Angeles. «Im Falle von Miss Hepburn ist dies kein Problem, da jeder von uns mindestens ein Haus in seiner Kartei hat, in dem sie einmal gewohnt hat.»

Oft begleitete Garson Kanin Kate bei ihrer Suche. «Nun, der Makler zeigte uns eine herrliche Villa. Wir sahen uns die unteren Räume an und mit einemmal bemerkten wir, daß Kate verschwunden war. Wir warteten, doch sie tauchte nicht auf. Schließlich setzten wir uns hin; irgendwann mußte sie ja wieder erscheinen. Fünfzehn Minuten später kam sie gutgelaunt mit nassem Haar die Treppe herunter. ‹Wo warst du?› fragte ich sie verärgert.

‹Duschen! Was sonst.› Wir schauten sie entgeistert an. ‹Das ist doch das natürlichste der Welt. Wenn ich ein Haus kaufe, muß ich doch vorher wissen, wie die Dusche ist, oder nicht?›»

Vor allem aber kümmerte sich Kate um Spencer, der hin und wieder laut darüber nachdachte, sich aus dem Filmgeschäft zurückzuziehen. So machte Kate sich auf die Suche nach einer Rolle, die seine Karriere mit einem Oscar beschließen sollte. Als Garson Kanin davon erfuhr, schickte er Spencer im Auftrag von Edward Weeks, des Besitzers des Verlags Little Brown, eine Ausgabe des Romans *The Last Hurrah* von Edwin O'Connor. Doch Spencer fand die Rolle des Frank Skeffington zu unsympathisch. Kate aber wußte sofort, daß die Rolle des ehrgeizigen Politikers wie für Spencer geschrieben zu sein schien. Nachdem sie wochenlang auf ihn eingeredet hatte, war er bereit, die Rolle zu übernehmen. John Ford, mit dem Spencer bereits 1930 *Up the River* gedreht hatte, übernahm die Regie.

Die Atmosphäre am Drehort – die Dreharbeiten begannen im Frühjahr 1958 – war ausgesprochen gut. Kate sah in Spencer die alte Begeisterung und Lebensmut zurückkehren. Einem Reporter erklärte er während der Dreharbeiten: «Ich habe mit dem Gedanken gespielt, mich aus der Branche zurückzuziehen. Nun, ich glaube, dieser Film könnte einen idealen Schlußpunkt setzen. Schon sein Titel ist ja prophetisch.»

Kate sollte mit ihrer Prophezeiung recht behalten: als *The Last Hurrah* zwei Wochen nach *The Old Man and the Sea* im November 1958 in die Kinos kam, wurde der Film zu einem Kassenerfolg.

Anders als erwartet begann Tracy, den man nun als den «großen alten Mann Hollywoods» bezeichnete, sich gleich im Anschluß an den Ford-Film nach einer neuen Rolle umzusehen.

Obwohl Kate am 25. Februar 1958 von der Hasty Pudding Theatrical Group der Harvard University zur «Frau des Jahres» gewählt und auch mit dem Shakespeare-Preis des American Shakespeare Festival ausgezeichnet wurde, machte sie sich ernsthafte Sorgen um ihre Filmkarriere.

«Ich saß daheim, lauschte Spencers Plänen und fragte mich wirklich: War das alles?» In dieser Situation erreichte sie das Angebot von Sam Spiegel, die Violet Venable in der Verfilmung von Tennessee Williams' Stück *Suddenly Last Summer* (dt. *Plötzlich letzten Sommer*) zu spielen.

Natürlich hatte Kate schon von Williams' neuestem Stück gehört, das kurz nach seiner Uraufführung im Januar 1958 zur meistdiskutiertesten Produktion der Spielzeit 1957/58 avancierte.

Plötzlich im letzten Sommer kam Sebastian Venable, Poet und Sohn der reichen Violet Venable, in Nordafrika ums Leben. Seine Cousine Catherine Holly, die ihn auf dieser Reise begleitete, kommt geistig verwirrt nach New Orleans zurück. Um ihr zu helfen, läßt ihre Tante sie ins Irrenhaus sperren. Doch auch dort erzählt sie «gräßliche und obszöne Geschichten», die dem tadellosen Ruf von Sebastian zu schaden drohen. Schließlich bittet Violet den bekannten Gehirnchirurgen Dr. Cukrowicz, Catherine «diese entsetzlichen Geschichten aus dem Kopf zu schneiden», also einer Lobotomie zu unterziehen. Doch Cukrowicz ist mehr an der Wahrheit interessiert: Schritt für Schritt deckt er auf, wie Sebastian zunächst seine Mutter und später Catherine dazu benutzte, junge Männer anzulocken, für die Befriedigung seiner eigenen homosexuellen Phantasien. Als Catherine ihre Erinnerungsblockade überwunden hat, erzählt sie, wie Sebastian im letzten Sommer von einigen Straßenjungen bei lebendigem Leibe aufgefressen wurde.

Wie Williams seinen Biographen gestand, beruht das Stück auf seinen «eigenen Erfahrungen im Schwulenmilieu». Was er aber oft verschwieg war die Tatsache, daß seine eigene Mutter ihr Einverständnis zu einem lobotomischen Eingriff an seiner Schwester gab, um deren «obszöne Sprache» zu eliminieren.

Innerhalb eines Monats las Kate alle Gedichte, Prosawerke und Stücke von Williams und fertigte eine komplette Werkstudie über ihn an. Zunächst war sie entsetzt über «die ödipale Beziehung, den Kannibalismus, die Psychochirurgie und die Homosexualität», die in dem Stück eine große Rolle spielen. Auch fand sie die Sprache «ausgesprochen schockierend». Chester Erskine versuchte sie in langen Telefonaten davon zu überzeugen, daß Mrs. Venable nicht nur eine der besten Rollen der letzten Jahre sei, sondern ihr auch endlich Gelegenheit bot, im Charakterfach ihr Können unter Beweis zu stellen. Kate mochte sich mit der Rolle nicht identifizieren: «Ich werde diese Frau als Verrückte spielen, so daß keiner auf die

Idee kommt, sie mit mir oder meiner Person in Verbindung zu bringen.»

Bevor Kate die Verträge unterzeichnete, mußte Spiegel ihr versprechen, daß in Hollywood gedreht und George Cukor die Regie führen werde. «Sie war fest davon überzeugt, daß niemand anders als George dieses ‹unkomfortable Thema geschmackvoll auf die Leinwand› umsetzen konnte.» Ohne ihre Forderungen weiter ernst zu nehmen, stimmte Spiegel ihnen zu. Kurz vor Drehbeginn erfuhr Kate, daß die Dreharbeiten aus Kostengründen nach England verlegt worden seien. Wütend stellte sie Spiegel zur Rede. Der aber konnte sie beruhigen: Er habe das kostengünstige England gewählt, damit er sich George Cukor als Regisseur leisten könne. Doch Cukor steckte in Schwierigkeiten mit der Fertigstellung seines Films *Let's Make Love* – und mit seiner Hauptdarstellerin Marilyn Monroe. Als Cukor absagte und durch Joseph L. Mankiewicz ersetzt wurde, dachte Kate ernstlich daran, aus dem Vertrag auszusteigen, zumal ihre Beziehung zu Mankiewicz gespannt war.

Während der Dreharbeiten zu *Die Nacht vor der Hochzeit* und *Die Frau, von der man spricht* war zwischen beiden eine freundschaftliche Beziehung entstanden. Kate schenkte «Joe» zur Erinnerung ein silbernes Zigarettenetui. Doch dieses Band zerschnitt Mankiewicz nach Kates Angaben durch einen unverzeihlichen Verrat: Als Kate mit *Wie es euch gefällt* 1950 im Biltmore Theatre, Los Angeles, gastierte, schickte sie «Joe» zwei Eintrittskarten, mit der Bitte, sie hinter der Bühne zu besuchen und ihr seine ehrliche Meinung zu sagen. Zu dieser Zeit arbeitete Mankiewicz an einem Drehbuch, das auf der Geschichte *The Wisdom of Eve* beruhte, die vor einiger Zeit erfolgreich im *Cosmopolitan* veröffentlicht worden war. Dennoch folgte er Kates Einladung, suchte sie nach der Vorstellung auf und wartete wie alle anderen Besucher, bis Kate damit fertig war, «ihre Schönheit unter einer Crememaske zu verbergen».

«Ich mochte die Inszenierung nicht besonders», erinnerte sich Mankiewicz, «aber Kate erzählte ich, wie wundervoll ich sie fand und wie gelungen die ganze Produktion war. Moss Hart hatte mir geraten, dann die Wahrheit zu sagen, wenn das Stück noch auf Erprobungstournee war. Sobald es aber stand, sollte man die Wahrheit lieber für sich behalten und lügen. Doch Kate ließ nicht locker.

Es müßte doch irgend etwas geben, was mir nicht gefallen hätte. Schließlich kapitulierte ich. Ich wußte, daß sie während der Tournee in großen Theatern, ja, sogar in Stadien gespielt hatten. Aus diesem Grund schrien alle ein bißchen. Nun, das Biltmore ist ein kleines Theater und so war alles zu laut. Kate blickte mich lange und durchdringend an und sagte schließlich verächtlich: ‹Ihr Filmleute glaubt immer, daß alles zu laut ist!› Ich war ihr in die Falle gegangen.»

Mankiewicz' Verrat bestand nicht in seiner Kritik, sondern darin, daß er die Atmosphäre und die Gespräche in Kates Garderobe für sein Drehbuch verwendete. Margo Channing, die tragische Heldin in *All About Eve* – dargestellt von Bette Davis –, entpuppte sich als Imitation von Kate. Nachdem sie diesen Film gesehen hatte, stellte sie jeglichen Kontakt zu Mankiewicz ein.

Daß Kate die Rolle der Violet Venable doch nicht niederlegte war allein den Appellen ihrer Freunde an ihre Disziplin und Arbeitsmoral zu verdanken. Spencer plante einen gemeinsamen Urlaub in England und Italien und versprach nachzukommen, sobald er seine Kur in Spa beendet habe. Am 25. Mai 1958 traf Kate zusammen mit Phyllis in London ein, wo sie von Robert Helpmann empfangen wurden. In weiser Voraussicht hatte er bereits alles für ihren Aufenthalt arrangiert und ein Haus am Brompton Square in der Nähe der Shepperton-Studios gemietet. Umgeben war dieses Haus von einem Garten, um den sich Kate in ihrer Freizeit kümmern konnte. Die nahe gelegenen Dörfer erwiesen sich als reizvolles Ziel für Radtouren.

Vom Beginn der Dreharbeiten an lag Kate im ständigen Kampf mit Mankiewicz, der sich erinnerte, daß «sie anscheinend selbst die Regie übernehmen wollte. Die Zeichen standen auf Kampf. Ein Kampf, den kein Regisseur verlieren darf. Also bestand ich darauf, daß sie die Rolle so spielte, wie ich es ihr sagte.» Gleich am ersten Tag kam es zu einer heftigen Auseinandersetzung. Als Violet den jungen Doktor zum erstenmal in ihrem Haus begrüßt, legt sie einen *grand entrance* hin: mit dem Privatfahrstuhl ihres exotischen Heims schwebt sie von oben herab, «gleich einer in Weiß gekleideten Göttin, die vom Olymp auf die sündige Erde herabsteigt». Während Mankiewicz forderte, daß diese Szene mit eleganter Gelassenheit gespielt werden sollte, wollte Kate sie schwungvoll spielen. Schließlich einigte man sich darauf, daß beide Vorstellungen gefilmt werden und schob die endgültige Entscheidung auf später auf. Mankiewicz jedoch spielte nicht einmal mit dem Gedanken, Kates Version zu verwenden.

Die Dialoge entsetzten Kate derart, daß sie sich oft weigerte, sie unverändert zu sprechen. Vor einer besonders heiklen Szene nahm sie «Joe» beiseite und gestand ihm: «Wenn du dir nur vorstellen könntest, was es für mich bedeutet, derartige Dinge sagen zu müssen!» Doch Mankiewicz zeigte keinerlei Verständnis und erwiderte: «Das ist das Stück und so werden wir es drehen!»

Gespannt war auch das Verhältnis zu Elizabeth Taylor. Kate, die durch Spencers Erinnerungen einigermaßen vorbereitet war, zeigte sich entsetzt über das derbe und ordinäre Verhalten der Taylor. Auch war sie wenig erbaut über deren rüden Wortschatz, der ihren Filmtext wie aus einem Gebetbuch erscheinen ließ. Liz fluchte derart, daß sich die englische Crew bei Mankiewicz beschwerte. Begleitet wurde sie von ihrem dritten Ehemann Eddie Fisher, der sich ihretwegen von Debbie Reynolds hatte scheiden lassen. «Sie hat einen großen Sexualtrieb», vertraute ein Mitglied der Crew der Taylor-Biographin Kitty Kelly an. «Sie war dauernd mit Eddie im Bett. Dann schnappte sie kurz Luft, fragte, ob sich jemand um die Kinder kümmerte, und verschwand auch schon wieder, zurück ins Zimmer zu Eddie und noch mehr Sex.» Und während sie Eddie Fisher ewige Liebe versprach, traf sie sich heimlich mit Max Lerner in verschiedenen Hotels und Bars in London, wo sie ihm, wie er sagte, anvertraute, daß es in ihrer Ehe mit Fisher bereits kriselte.

Kate sah sich in ihrer Befürchtung bestätigt, ein «Glamourgirl und hirnloses Sexdummchen» als Partner zu haben. Diplomatisch sagte sie über die Taylor: «Trotz allen Bemühungen kamen wir uns nicht besonders näher.» Und Liz erklärte: «*Plötzlich im letzten Sommer* war bestimmt alles andere als ein Musical. Katharine Hepburn, Monty Clift, ja, alle mußten sich schrecklich anstrengen, um den Film zu dem zu machen, was er geworden ist. Das Thema war erschreckend, aber selbst die Idee des Kannibalismus wurde künstlerisch vollkommen dargestellt.»

Dank Elizabeth Taylors Fürsprache hatte Montgomery Clift die

Rolle des Dr. Cukrowicz bekommen. Vor Beginn der Dreharbeiten setzte er alles daran, Kate zu umwerben und sie für sich zu gewinnen. So klapperte er alle Blumenläden Londons ab, um ein handverlesenes Blumenbukett für Kate zu erwerben. Er verbrachte damit den ganzen Nachmittag. Oft kaufte er in einem Laden nur eine einzige Blume. Kate erinnerte sich, daß es ihm schließlich gelang, ein «Wunderwerk an farblicher und floristischer Zusammenstellung zu erschaffen». Für die Karte, die er beilegen wollte, rang er sich jedes Wort, ja jeden Punkt und Bindestrich ab. Dann fuhr er zum Brompton Square, klingelte und drückte Phyllis, als diese die Tür öffnete, das Bukett samt Karte in die Hand, stürzte zurück ins Auto und raste davon.

Ein Jahr zuvor hatte er bei einem Autounfall beinahe das Leben verloren. Sein Gesicht war so entstellt, daß er mehrmals operiert werden mußte. Auch wurde seine Aussprache beeinflußt, die seither etwas undeutlich war. Viele Kritiker vertraten die Ansicht, daß er nie wieder spielen könnte.

Clift versuchte seine Schmerzen und Ängste mit Alkohol und Drogen zu betäuben. In diesem Zustand konnte er sich seinen Text nicht merken. Als Sam Spiegel die ersten Aufnahmen sah, war er fest entschlossen, Clift zu ersetzen. Die Taylor verhinderte diesen Schritt mit der Drohung, dann ebenfalls zu gehen.

Nach und nach betrafen Montys Probleme auch Kate. «Er spülte seine Pillen mit purem Brandy hinunter. Wenn wir eine Szene zusammen spielten, stand ihm der Schweiß auf der Stirn. Ich wischte sie ihm mehrmals ab, wobei ich aufpassen mußte, daß ich sein Make-up nicht verdarb. Als die Szene, in der ich mit ihm durch die tropischen Gärten spaziere und die fleischfressenden Pflanzen mit frischimportierten Fliegen füttere, bei der achten Wiederholung nicht klappte, trat ich hinter ihn, legte ihm die Hände auf die Schulter und sagte ganz ruhig: ‹Du kannst und wirst es schaffen.›»

Einmal lud Kate ihn ein, das Wochenende mit ihr und Phyllis zu verbringen und nutzte diese Gelegenheit, ihn zu etwas Disziplin und Pflichtbewußtsein zu überreden, aber «alle meine Argumente blieben ohne Erfolg. Ich hielt ihn für sehr, sehr schwach. Sympatico, aber schwach!»

Dieses eine Wochenende sollte der einzige Versuch Kates sein, Monty zu helfen. Sie hatte wenig Verständnis für Menschen, die sich gehenließen und sich selbst aufgaben. Auch sah sie sich außerstande, mit seiner Exzentrizität zurechtzukommen. Der Anblick eines erwachsenen Mannes, der sich von den Tellern anderer bediente, mit seinem Essen herumspielte, ihm unbekannte Tischgäste beleidigte, mit den Händen aß und sich auch in anderer Weise infantil aufführte, entsetzte sie. Ihre Haltung gegenüber Clift beschränkte Kate auf höfliche Korrektheit, wobei sie «von einer gewissen Kühle umweht war, die Monty aus der Fassung zu bringen vermochte, bisweilen ihn geradezu lähmte», sagte Sam Spiegel.

Kates größte Herausforderung aber blieb Mankiewicz. Eines Morgens schlug sie vor: «Laß uns einen Take dramatisch, einen weniger dramatisch und dann ein Mittelding machen, und später werden wir sehen, welcher der beste ist.» Mankiewicz wurde daraufhin beinahe verrückt. «Miss Hepburn», sagte er, «wir werden die Dreharbeiten wieder aufnehmen, wenn die Gewerkschaft die von mir angeforderte Regiekarte für Sie geschickt hat.» Schweigend verließ Kate daraufhin die Aufnahmehalle.

Kates einziger Verbündeter schien zunächst Kameramann Jack Hildyard zu sein, der sie so vorteilhaft in *Traum meines Lebens* aufgenommen hatte. Hildyard erinnerte sich, daß Kate während der Dreharbeiten zu *Plötzlich im letzten Sommer* «sehr, sehr zuvorkommend war. Obwohl die Leute immer behaupten, sie würde sich in alles einmischen, tat sie es nicht. Sie war sehr großzügig und tolerant.»

Als Kate erfuhr, daß Mankiewicz sie im letzten Teil des Films alt und verbraucht aussehen lassen wollte, hoffte sie darauf, daß Jack dies zu verhindern wüßte. Doch sie sollte enttäuscht werden. «Wenn Miss Venable von ihrem Sohn spricht, soll sie jung und sehr reizvoll aussehen; das war auch zum damaligen Zeitpunkt für Kate noch ein Leichtes, wenn auch mit Hilfe von Weichzeichner-Linsen. In unserer letzten Szene zeigten wir ihre Hände, wie sie zunächst das Buch von Sebastian öffnen und nach Catherines Enthüllungen wieder schließen. Bei letzterer Einstellung wollte ich, daß sie aussahen wie die Hände einer alten Frau. Oder anders ausgedrückt: die Zerstörung der Illusionen über ihren Sohn Sebastian zerstört auch ihre

Jugend. Ich wußte, daß Kate von meinem Plan alles andere als begeistert war.» Mankiewicz versprach ihr hinterlistig, ihrer Bitte nachzukommen. Doch als Kate ihn im Gespräch mit Jack Hildyard sah, wußte sie, daß er sein Versprechen brechen würde.

Kenneth L. Geist vermutete in seiner Mankiewicz-Biographie: «Hepburn wollte die Illusion ihrer Filmschönheit bewahrt wissen, und der Anblick ihrer sommersprossigen, faltigen Hände und ihres Gesichts war im Vergleich zu den Großaufnahmen der Taylor alles andere als schmeichelhaft.» Mag sein, daß Kate ihr «Altern mit Resignation akzeptierte, es aber nicht noch unbedingt zur Schau» stellen wollte. Denn auf die «Bewahrung ihrer Filmschönheit» hatte Kate noch nie großen Wert gelegt; man denke nur an *African Queen*.

Auf den letzten Drehtag hatte Mankiewicz die Szene gelegt, in der Elizabeth ihren Monolog vor sämtlichen handelnden Personen des Dramas zu halten hatte. Für die Gartendekoration waren Hunderte von exotischen Pflanzen angeliefert und zu einer extravaganten Kulisse arrangiert worden, die in ihrer wuchernden Üppigkeit Sebastians «sexuelle Gier symbolisieren sollten».

Zuvor aber mußte die Szene wiederholt werden, in der Violet Venable auf grauenerregende Weise dem jungen Chirurgen schildert, wie frischgeschlüpfte Seeschildkröten auf dem Weg zum Meer von Raubvögeln getötet und gefressen werden. Dabei verrät sie auch etwas über Sebastian: Er sah dieses «Ritual als Beweis für die grausame Natur des Schöpfers» an. Der Text der Mrs. Venable mußte leicht überzogen gebracht werden, um die Exaltiertheit der Figur hervorzuheben, aber eben doch so, daß die Glaubwürdigkeit nicht verlorengeht. Äußerste Konzentration war gefordert. Regieassistent Jack Wright erinnerte sich: «Das Thermometer stieg auf über 30 Grad. Es war einfach fürchterlich. Lief die Hepburn zu früh in ihren Klamotten herum, war sie klatschnaß und mußte sich kalt duschen, bis Monty endlich da war. Also mußten wir beide im letzten Moment in ihre Kostüme kriegen.»

Als diese Szene endlich abgedreht und auch Elizabeths kräftezehrender Monolog im Kasten war, stürzten nahezu alle im Atelier Anwesenden aufeinander zu, um sich gegenseitig zu gratulieren. Elizabeth und Monty weinten. Mit stolzgeschwellter Brust kam Mankiewicz auf Kate zu und erklärte:

«Das war's.»

«Bist du ganz sicher?» fragte Kate.

«Ganz sicher!»

«Da ist also nichts, wofür ich noch gebraucht werde? Keine Nahaufnahmen, Wiederholungen, Änderungen?»

«Nein, ich habe alles, was ich brauche, und es ist großartig. Kate, du bist großartig!»

«Du bist also ganz sicher, daß du mich nicht mehr benötigst?» wiederholte sie.

«Ja, aber was soll das Ganze?»

«Ich wollte es nur ganz sicher wissen», antwortete sie und spuckte ihm ins Gesicht. Dann nahm sie ihre Sachen und ging in die Garderobe. Wenige Minuten später rief Sam Spiegel Kate an.

«Würdest du bitte bei mir vorbeikommen», sagte Sam.

«Gerne», antwortete Kate, «ich war sowieso auf dem Weg zu dir!»

Als Kate sein Büro betrat, saß Spiegel mit einem breiten Grinsen hinter seinem Schreibtisch.

«Ich habe gehört, daß du dich im Atelier recht unfreundlich gegenüber Joe verhalten hast», begann er.

«Nun, ich verhielt mich sehr freundlich ihm gegenüber, als wir den Film machten. Das andere war später. In meiner Freizeit.»

«Das ist egal!» sagte Spiegel. «Ich bin ehrlich schockiert. Ich dachte immer, du bist eine Dame!»

«In einer Minute wirst du noch schockierter sein», antwortete Kate und spuckte vor Sam auf den Boden.

Hollywoods Legendenschreiber sahen in dieser Geste oft einen Ausdruck der Mißbilligung seitens Kate, wie Spiegel und Mankiewicz mit Montgomery Clift umgegangen waren. Doch offen gestand sie: «Es war nicht wegen Monty. Ja, er tat mir leid und ich nahm an seinem Schicksal Anteil, aber in diesem Moment interessierte mich nur, daß man sich mir gegenüber schlecht verhalten hatte. Ich glaube, ich hätte das nicht tun sollen, aber es half mir, die Spannung loszuwerden. Irgendwie gab es mir ein zufriedenes Gefühl. Nie hätte ich es getan, wenn ich es nicht hätte tun müssen, aber in diesem Augenblick mußte ich es tun.»

Während Mankiewicz wenig Verständnis für eine derartige

Demütigung aufbringen konnte, war Sam Spiegel nachsichtiger. «Damals warb Joe um die Freundschaft von Elizabeth, die ihn ja später dadurch belohnte, daß sie darauf bestand, er müsse die Regie in *Cleopatra* übernehmen; was dann aber eher einer Strafe gleichkam. Er benahm sich Katie gegenüber sehr respektlos. Um sich bei einer Dame Liebkind zu machen, behandelte er die andere unehrerbietig.»

Plötzlich im letzten Sommer erntete, als der Film im November 1959 in die Kinos kam, geteiltes Lob. Während Paul V. Beckley Kates «pervertierten Charme» lobte, war in *Newsweek* zu lesen: «Miss Hepburn ist ein wahres Wunder, und falls sie noch besser wäre, würde sie einfach lächerlich sein.» Arthur Knight schrieb in *Saturday Review*: «Katharine Hepburn benutzt jede Unze des Hepburn-Charmes, um ihre Darstellung einer egozentrischen Matrone und zu sehr in ihren Sohn vernarrten Mutter echt und glaubhaft klingen zu lassen.» Zynisch bemerkte C. A. Lejune: «Sie schauspielert brillant, aber so, als hätte sie niemals bemerkt, daß es auch noch andere Personen im Film gibt.»

Gerade die Mischung von Homosexualität, Kannibalismus und Schändung lockte das Kinopublikum an die Kinokassen. Ende der fünfziger Jahre fielen sexuelle Tabus, wenn auch ein gewisses Establishment der Filmproduktion den Wandel des Publikumsgeschmacks noch nicht realisierte. Der Kitzel der Perversion zog auch jene an, denen der künstlerische Anspruch des Films verborgen blieb.

Als die Oscar-Nominierungen für das Jahr 1959 bekannt gegeben wurden, war niemand überrascht, daß sowohl Kate als auch Elizabeth Taylor als «beste Hauptdarstellerin» nominiert waren. Weiterhin im Rennen um die begehrte Statue lagen Scott Simon für sein beschwörendes Bühnenbild sowie Oliver Messel und William Kellner für die Ausstattung. Joseph L. Mankiewicz und Jack Hildyard dagegen wurden von der Academy übergangen.

Kate und Elizabeth stachen sich gegenseitig aus; um keine von beiden zu benachteiligen, entschieden sich die Juroren für Simone Signoret.

Aber auch in anderer Hinsicht war *Plötzlich im letzten Sommer* ein Kuriosum: zum erstenmal in ihrer Karriere wurde Kate im Vorspann nach einer anderen Schauspielerin genannt. Zudem kassierte die Taylor für ihre Rolle 500 000 Dollar, während Kate «nur» 175 444 Dollar erhalten hatte.

Während Kate im Laufe der Jahre die Rolle der Violet Venable und den Film immer mehr haßte, war Tennessee Williams von ihr begeistert, obwohl ihm das Werk als Ganzes äußerst mißfiel. Williams schrieb: «Kate als Schauspielerin ist der Traum eines jeden Autors von Theaterstücken. Sie läßt durch die unvergleichliche Schönheit und Klarheit ihrer Diktion die Dialoge besser klingen; Dank ihrer Intelligenz und Sensibilität beleuchtet sie auch die schattigste Seite ihres Textes. Sie begegnet jeder Szene mit der Intuition einer Schauspielerin, die in die Rolle hineingeboren wird. Wie Laurette Taylor vor ihr, scheint sie instinktiv das zu tun, was Jüngere erst in jahrelangem Training der ‹Methode› beigebracht bekommen müssen.»

Wie die meisten Schriftsteller, die mit Kate gearbeitet haben, beschloß auch Williams eigens für sie ein Stück zu schreiben: *Night of the Iguana*. Kate prüfte es sehr sorgfältig, und obwohl sie die Ansicht vertrat, daß Williams «derzeit der beste Autor Amerikas» war, lehnte sie ab. Williams ließ sie zeitlebens im Unklaren darüber, ob er für sie die Rolle der Hannah Jelkes oder die der Maxine, der heruntergekommenen, animalischen Hotelbesitzerin, geschrieben hatte.

«Es war meinen Vorstellungen genau entgegengesetzt», erinnerte sich Kate. «Ich bewunderte das Stück, aber ich konnte nicht in ihm leben, mich wohl fühlen. Mit Ausnahme von *The Glass Menagerie* und zwei, drei anderen Stücken sind mir Tennessees Werke zu destruktiv und haßerfüllt gegen Frauen.»

Williams aber ließ nicht locker. Wiederholt bat er Kate, die Rolle zu spielen, doch sie hielt an ihrer Entscheidung fest. Als sie ein Jahr später eine Aufführung des Stücks mit Bette Davis und Margaret Leighton im Royal Theatre besuchte, sagte sie zu Williams: «Sie können wirklich froh sein. Ich hätte es nur ruiniert!» Williams teilte diese Ansicht nicht, schüttelte den Kopf und küßte sie zärtlich auf die Wange. Sie war noch immer seine Traum-Schauspielerin.

11

Nachdem *Plötzlich im letzten Sommer* abgedreht war, kehrte Kate in die Vereinigten Staaten zurück, um sich ausschließlich Spencer zu widmen. Tracy hatte kurze Zeit zuvor Stanley Kramers Angebot angenommen, die Rolle des Clarence Darrow in *Inherit the Wind* zu spielen.

In den nächsten Jahren sollte Stanley Spencers Favorit werden. Die Zusammenarbeit mit ihm bezeichnete Tracy oft als «die lohnendste meiner ganzen Karriere».

«Als wir den Film drehten, arbeitete Kate nicht», erinnerte sich Kramer. «Sie verbrachte ihre ganze Zeit damit, nach Spencer zu sehen. Sie kam zusammen mit ihm in der Frühe, achtete darauf, daß er seine Medizin einnahm und seine Milch trank und verließ zusammen mit ihm das Set, wenn er am Nachmittag fertig war. Sie war wie eine Krankenschwester.» Und nach einer längeren Pause fuhr Kramer fort: «Oder wie eine Ehefrau!»

Kate respektierte Kramer. Die meiste Zeit saß sie in einer Ecke und betrachtete die Szene, die geprobt oder gedreht wurde. Wenn sie einen Einwand hatte, brachte sie ihn vor. «Spence hatte das Trinken und Rauchen aufgegeben. Vielleicht war das der Grund, warum er so ungeduldig war. Er war ungeduldig mit dem Land, seinen Mitmenschen, seiner Umgebung, der Zeit, aber auch mit Agenten, Rechtsanwälten, Reportern, Fotografen, Regisseuren, den Publicitymännern und dem ganzen verdammten System», erinnerte sich Kate. «Krank und gereizt stand er im heißen Scheinwerferlicht und jede Wiederholung und künstlerische Nuancierung kostete ihn mehr Schweiß.»

Wie auch bei seinen anderen Filmen bestand Spencer darauf, daß niemand außer Kate Zugang zu den Dreharbeiten an *Inherit the Wind* erhielt. «Spencer wollte nicht ständig einen Haufen Idioten um sich haben. Nach einer Woche trieben sich meistens Buchmacher, Reporter und eine Million Stars herum, die alle nur zuschauen wollten und ein vernünftiges Arbeiten unmöglich machten. Das Studio glich dann eher einer Spielhölle in Las Vegas.»

Das wichtigste für Spencer war Ruhe. Ruhe zu Hause und Ruhe

Keeper of the Flame (dt. *Die ganze Wahrheit*), 1942, MGM

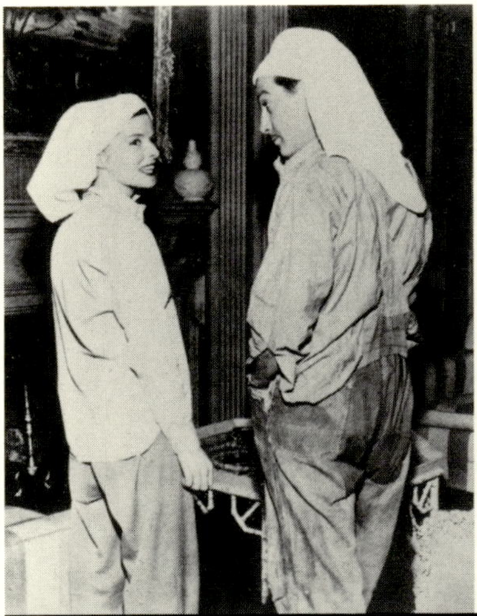

Links: Kate und Robert Taylor während der Dreharbeiten von *Undercurrent* (dt. *Der unbekannte Geliebte*), 1946. Rechts: Eine Regentonne für Kate

Undercurrent mit Edmund Gwenn und Kate, 1946, MGM

Without Love (dt. *Zu klug für die Liebe*), 1945, MGM

Oben: La Hepburn, 1947
Links: «Pinko»-Kate, 1946

Kate und Elia Kazan bei den Dreharbeiten von *Sea of Grass* (dt. *Endlos ist die Prärie*), 1947, MGM. Rechts: Und wieder einmal nimmt Kate die Sache selbst in die Hand. Unten: Bill Grady, L. B. Mayer und Kate während einer Party, 1948

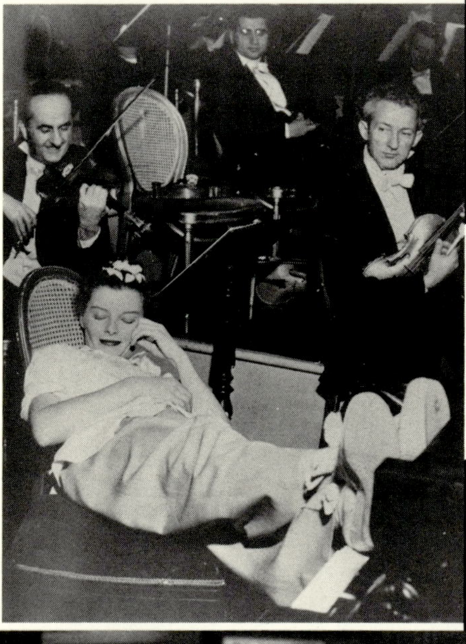

Oben: *Song of Love* (dt. *Clara Schumanns große Liebe*) – Kate als Clara Schumann, Hüterin des Grals. Links: Während einer Drehpause von *Song of Love*

Unten: Angela Lansbury, Spencer Tracy und Kate in *State of the Union* (dt. *Der beste Mann*), 1948, MGM

«Adam und Amanda Bonner», MGM

David Wayne und Kate in *Adam's Rib* (dt. *Ehekrieg*), 1949, MGM

Adam's Rib, 1949, MGM

African Queen –
oder wie Katie
Hepburn sich nach
Afrika aufmachte
und beinahe Huston,
Bogart und Bacall in
den Wahnsinn trieb.
Rechts: Kate bei ihrer
täglichen Haarwäsche

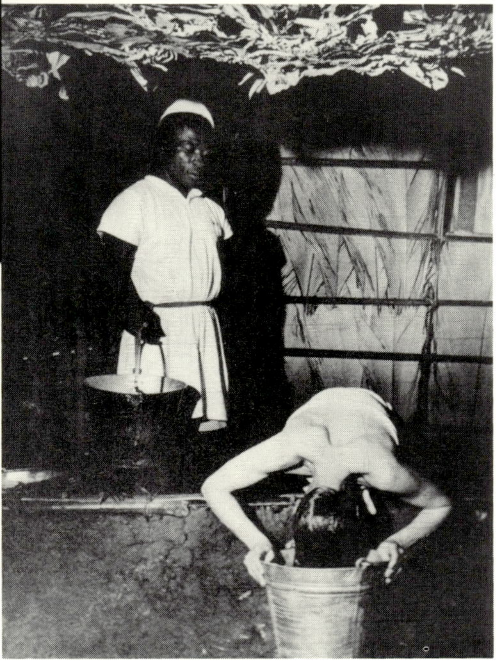

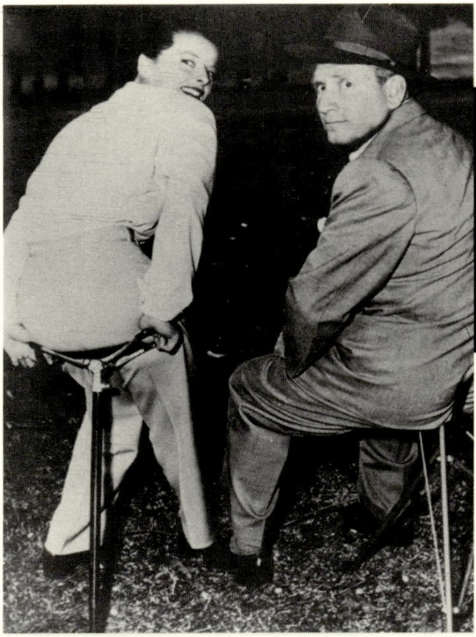

Links: Kate und Spencer während einer Drehpause von *Pat and Mike* (dt. *Pat und Mike*), 1952, MGM. Unten: Die berühmt-berüchtigte Massageszene aus *Pat and Mike*, 1952, MGM

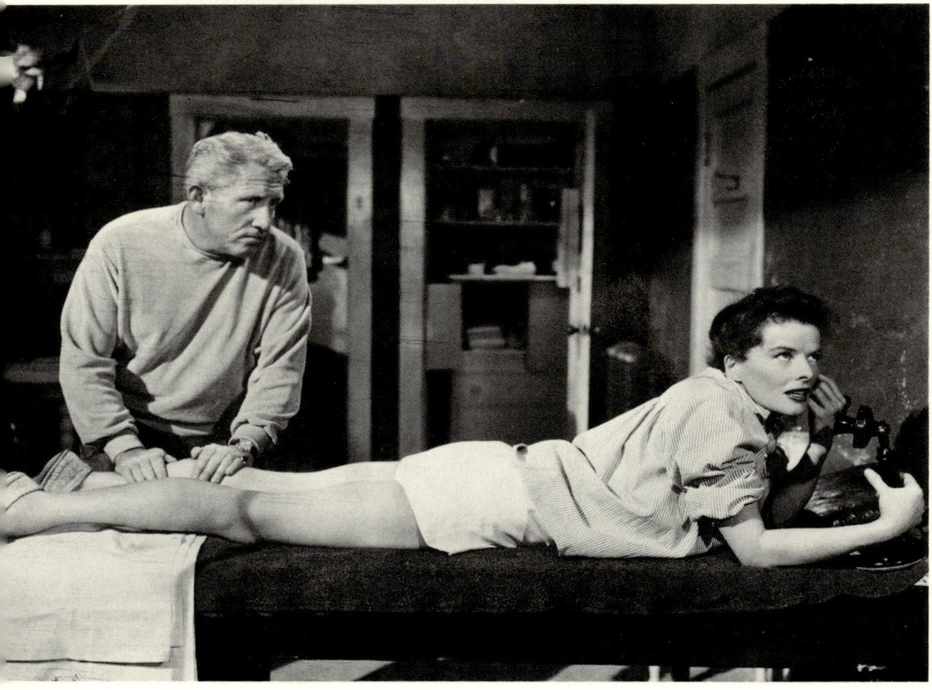

Kate als Jane Hudson in *Summertime* (dt. *Traum meines Lebens*), 1955, MOH Pictures Collection

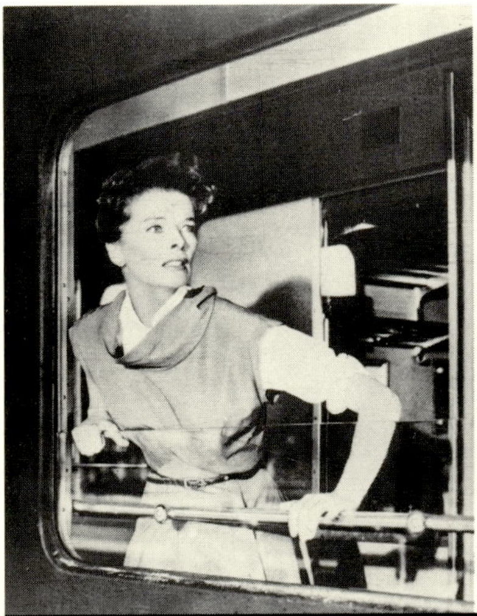

Moment des Abschieds . . . Oben rechts: Die bekannteste Sequenz aus *Summertime*, 1955, United Artists. Unten links: Kate und Rossano Brazzi in *Summertime*, 1955, United Artists. Unten rechts: Kate am Lido während einer Drehpause

Burt Lancaster und Katie Hepburn ...
alias Starbuck und Lizzie Curry in
The Rainmaker (dt. *Der Regenmacher*),
1956, Paramount

«Ich habe mir schreckliche Sorge gemacht . . .» Kate und Bob Hope in *The Iron Petticoat* (dt. *Der eiserne Unterrock*), 1956, MGM. Unten: Kate als Bunny Watson, 20th Century-Fox

Bunny Watson und Dick Sumner . . .

kommen sich . . .

. . . langsam näher, 20th Century-Fox

Joan Blondell und Kate in *Desk Set* (dt. *Die Frau, die alles weiß*), 1957, 20th Century-Fox

Links: Rückblende: 1939, Kate, Marion und Peggy (v. l.).
Unten: Kate und ihr Bruder Richard «Dick» Hepburn anläßlich der Premiere eines seiner Theaterstücke

am Drehort. Nur so war es ihm möglich, sich völlig auf seine Rolle zu konzentrieren. Instinktiv verlieh er seichten Stellen durch kleine Gesten tiefere Bedeutung. «Wenn man ihn ließ, lebte Spencer in seinen Rollen», sagte Kate. Nie kritisierte sie seine Darstellung. Kramer erinnerte sich, daß sie oft zu ihm sagte: «Junge, er ist wirklich etwas Besonderes.» – «Ich dachte oft bei mir, daß Katie etwas Besonderes war. Schließlich war sie eine sehr unabhängige Person, und dann gab sie ohne Zögern ihre Karriere auf und widmete sich ausschließlich einem Mann. Was für eine wundervolle, aber eigenartige Beziehung die beiden verband! Spencer erlaubte ihr, ihn zu bemuttern, wo er doch jeden anderen in seine Schranken verwies, der dies auch nur ansatzweise versuchte. Kate tolerierte seine mürrische, rechthaberische Art, da sie wußte, daß dies sein bester Selbstschutz war.» Der einzige Mensch, von dem Spencer Lob duldete, war Kate. Natürlich mußte sie dies «unter vier Augen vorbringen». «Ich dagegen konnte ihm nie offen sagen, was für ein wunderbarer Schauspieler er meiner Meinung nach war», räumte Kramer ein. «Er wäre nur wütend geworden und hätte mich gefragt: ‹Scheiße, was für ein verfluchter Gag wird das nun wieder?› Wenn man Lob oder Anerkennung auch nicht aussprechen durfte, so wollte Spencer sie aber unter allen Umständen spüren.»

Schon bald wurde Kramer in den engeren Freundeskreis aufgenommen. «Gelegentlich luden sie mich nach den Dreharbeiten zum Abendessen ein. Während Kate kochte, saß Spence oft nur stumm da. Man konnte es ihm anmerken, wie schlecht er sich fühlte. Verrückt, aber ich erinnere mich, daß Kate immer schokoladenüberzogenes Zuckerwerk zum Nachtisch machte. Nun, obwohl es ihm nicht gutging, führten sie ähnliche Wortgefechte wie in ihrem ersten gemeinsamen Film, *Die Frau, von der man spricht*. So meinte Spencer plötzlich, als Kate einmal ihre seltsamen Ansichten über russische Missiles vertrat: ‹Ah, ist das auch wieder ein Gebiet, über das du alles weißt?!› Auf eine derartige Antwort wäre sie normalerweise explodiert, doch weil es Spence war, lachte sie nur und rief: «Oh, Spencuh!›»

Da Spencer sich im Sommer 1960 besser fühlte, folgte Kate erneut der Einladung von Lawrence Langner, beim American Shakespeare-Festival mitzuwirken. Diesmal übernahm sie die Rolle der Viola in *Was ihr wollt* und spielte in *Antonius und Cleopatra* die Herrscherin vom Nil.

Da John Houseman dem Ruf von CBS gefolgt war, wurde 1960 Martin Landau die künstlerische Leitung des Shakespeare-Festivals übertragen. Von dieser Entscheidung war Kate ebenso begeistert wie über ihren Co-Star Robert Ryan, der den Antonius spielen sollte. Ryan, der mit Spencer in *Bad Day at Black Rock* vor der Kamera gestanden hatte, war entgegen seines Filmimages eine ruhige und starke Persönlichkeit. Gemeinsam mit ihm und Landau diskutierte Kate jedes Detail ihrer Rolle und der Inszenierung. Für die Darstellung der Cleopatra sollte sie ihre besten Bühnenkritiken seit *Die Nacht vor der Hochzeit* erhalten. Dagegen erntete ihre Viola nur vernichtende Kritiken. Wieder einmal schienen sie und Morris Carnovsky, der den Feste spielte, zwei verschiedene Stücke einstudiert zu haben.

Wie im vergangenen Jahr wohnte Kate wieder in Lawrence Langners Fischerhütte. «Ich glaube, dieses Haus war mit schuld daran, daß ich nach Stratford zurückkehrte. Gewiß, das Publikum hier war etwas ganz Besonderes; und auch das Theater war sehr nett, aber es war wie viele andere auch. Nein, die größte Faszination übte auf mich diese Hütte aus! Als ich sie das erste Mal sah, erinnerte sie mich sofort an Frank Ingham. Habe ich Ihnen schon von Frank erzählt? Nun, er war der allererste Mann, in den ich mich verliebt habe, und das kommt bei mir verhältnismäßig selten vor. Da mein Bruder Tom und ich als Kinder etwas Blödsinniges draußen auf dem Wasser veranstalteten, kam es so weit, daß wir beinahe ertrunken wären, hätte Frank uns nicht das Leben gerettet. Er war Fischer. Gewöhnlich kauften wir unseren Fisch immer bei ihm. Die Fangrechte hatte er von seinem Vater geerbt, der ebenfalls Fischer war. Einige Jahre später geriet Frank in Schwierigkeiten: die Gegend wurde immer beliebter bei Hobbyanglern, und so machten sie sich daran, ihm die Fangrechte abzuluchsen. Einige von uns stellten sich auf seine Seite, doch mit einem gemeinen Trick legten ihn die anderen schließlich aufs Kreuz. Sie zahlten ihm zwar eine stattliche Summe als Entschädigung, aber es kam nicht so sehr aufs Geld an; indem sie ihm die Fangrechte raubten, nahmen sie auch seinem Leben einen Sinn. Frank eröffnete kurze Zeit später eine Eishandlung, wo er nicht dieses süße Speiseeis, sondern Eis in Blöcken verkaufte, das zum Kühlen der Vorräte benötigt wurde. Wir alle kauften unser Eis bei ihm. Deshalb hatten wir in Fenwick auch nie einen elektrischen Kühlschrank. Nun, sein Geschäft ging sehr gut, er aber war nicht mehr derselbe Mensch. Man hatte ihn seiner Wurzeln beraubt. – Wenn ich in Lawrences Hütte lebte, dachte ich oft an Frank zurück. Und genau das war der Grund, warum ich hierherkam.»

Während des Shakespeare-Festivals gab Kate Calvin Tomkins ein Interview, in dem er unter anderem die Frage stellte, welcher amerikanische Schauspieler ihrer Meinung nach am ehesten und besten Shakespeare spielen könnte. «Wenn Sie die größten Schauspieler Englands, und das sind Larry Olivier und Gielgud, mit unserem besten Schauspieler vergleichen, und das ist Spencer Tracy mit Sicherheit, so werden sie feststellen, daß das gewisse Etwas der Amerikaner in der Offenheit ihres Herzens begründet ist. Darüber verfügt Mr. Tracy. Ohne weiteres könnte er den Shylock, König Lear oder den Macbeth spielen. Vor allem letztere Rolle wäre interessant. Er und ich in *Macbeth*, wäre das nicht faszinierend?!»

Nach dem besten amerikanischen Autor gefragt, antwortete Kate: «Zur Zeit Tennessee Williams, er gebraucht die Worte wirklich brillant. Aber über welche Zeit schreibt er? Mit Sicherheit nicht über meine! Williams beantwortet die Fragen von Frauen in mittleren Jahren in puncto Sex – ‹Macht einfach weiter und schlaft auch einmal mit euren Söhnen›. Oder schauen Sie sich das neueste Stück von Lillian Hellman an – *Toys in the Attic* –, alle Personen sind derartige Arschlöcher, ohne Hoffnung und Ideale. Shakespeare dagegen verwendete auch Gewalt und Launenhaftigkeit, aber er gab seinen Figuren auch die Sonne, die Sterne und den Mond und jedem seinen ganz persönlichen Traum.»

Anfang der sechziger Jahre begann der Zerfall des Broadway. Die Stücke, die in Produktion gingen, waren deprimierend und pessimistisch. Kate, die Hoffnungslosigkeit und Schwarzmalerei nicht akzeptieren wollte, lehnte entschieden jegliche Angebote ab, in solchen Stücken mitzuwirken. Mit der Zeit versteifte sie sich darauf, nur noch Shakespeare-Rollen zu spielen. Doch der Traum von einer Karriere als Shakespeare-Heldin wurde ihr von Spencer zerstört.

Als sie und die Kanins weitere Theaterpläne schmiedeten, sagte Spencer plötzlich: «Ich glaube nicht, daß Lawrence dir einen guten Dienst geleistet hat.»

Erstaunt blickte Kate auf. «Warum nicht, Spence? Ich liebe Shakespeare und Lawrence gab mir die Chance, seine Stücke zu spielen.»

«Ja, aber merkst du nicht, daß du langsam zu alt für seine Rollen bist?» antwortete Tracy bissig.

Kate, die jedem anderen für diese Bemerkung mit ihrem Tennisschläger eine Entschuldigung aus dem Leib geprügelt hätte, war wie versteinert. Offen sprach Spencer das aus, was sie schon im Sommer 1960 im geheimen befürchtet hatte. Schließlich hatte sie die Fünfzig bereits überschritten und bezeichnete sich selbst als «alles andere als taufrisch». Als Langner sie 1961 bat, erneut nach Stratford zu kommen, winkte sie ab. Zu sehr saß Spencers Bemerkung noch wie ein Stachel in ihrem Fleisch. Nie mehr wagte sie es seither, Shakespeare zu spielen. Und auch sonst lehnte sie für die nächsten Jahre alle Bühnenangebote ab.

Während Kate in Stratford Theater spielte, hatte Spencer einen neuen Filmvertrag mit Columbia unterschrieben: *The Devil at Four O'Clock*.

Als Kate erfuhr, daß der Film in Hawaii gedreht werden sollte, setzte sie alles daran, Spencer dieses Projekt auszureden. Doch es war zu spät; der Vertrag war unterzeichnet und die Vorbereitungen für die Dreharbeiten waren in vollem Gange. Widerwillig begleitete sie ihn. Spencers Partner war Frank Sinatra.

Sinatra begegnete Spencer mit höchstem Respekt. Er nannte ihn «den grauen Fuchs» und bestand darauf, daß Spencers Name im Vorspann an erster Stelle genannt wurde, da er «der größte Schauspieler Hollywoods» sei. Dies beeindruckte Tracy. Obwohl er für Sinatra bald schon freundschaftliche Zuneigung empfand, störte ihn, daß Frank seine Arbeit auf die leichte Schulter nahm. Mervyn LeRoy, der verantwortliche Regisseur, erinnerte sich, «daß Spencer immer pünktlich am Drehort erschien. Anders Sinatra: er tauchte auf, wann es ihm beliebte, und das war selten vor dem Mittagessen. Frank arbeitete spontan. Spencer dagegen war diszipliniert und zuverlässig.»

Um den Drehplan trotz Sinatras Eskapaden einhalten zu können, beschloß LeRoy, die meisten Szenen ohne Frank zu drehen. Aus diesem Grund führte Spencer einen Großteil seiner Dialoge mit einem Kleiderständer.

Mehr noch als Spencer erboste Kate Sinatras «flegelhaftes Verhalten». Sobald er am Drehort erschien, negierte sie ihn. Sie hatte ihm immer noch nicht verzeihen können, wie sehr er Lauren Bacall bloßgestellt hatte: in der Zeit nach Bogarts Tod war Sinatra des öfteren bei Lauren zu Besuch gewesen, hatte sie zu Dinnerparties und Premieren begleitet und gelegentlich das Wochenende mit ihr verbracht. Lauren gestand Kate, daß sie «Frank von Herzen liebte» und nichts sehnlicher als einen Heiratsantrag von ihm wünschte. Sinatra dagegen ließ sich Zeit. Erst am 11. März 1958 fragte er «Betty», ob sie seine Frau werden wolle.

«Ich zögerte mindestens eine halbe Minute lang, bevor ich einwilligte», schrieb sie in ihrer Autobiographie. «Ich war so selig, daß ich am liebsten jedem erzählt hätte, wir würden heiraten, aber ich hielt den Mund.»

Kitty Kelly berichtete in ihrer Sinatra-Biographie, daß er, Lauren und Swifty Lazar anschließend im *Imperial Gardens* diesen Anlaß feierten. «Als ein junges Mädchen an ihren Tisch trat und um ein Autogramm bat, sagte Frank zu Betty: ‹Schreib deinen neuen Namen hin›, und so fügte denn Mrs. Bogart dem ‹Lauren Bacall› ein ‹Betty Sinatra› hinzu.»

Am nächsten Tag flog Sinatra nach Miami. Als ein Kolumnist am Abend «Betty» fragte, ob an den Heiratsgerüchten etwas Wahres sei, antwortete sie: «Rufen Sie doch Frank persönlich an.» Doch dann gab sie zu, daß dies ihre Absicht war. Nachdem die Schlagzeilen ihre Heirat verkündet hatten, erklärte Sinatra: «Jesus, nie habe ich vorgehabt, diese aufdringliche Votze zu heiraten.»

Große Teile des Films *Devil at Four O'Clock* entstanden in einem tropischen Regenwald. Aber mehr noch als die erdrückend-feuchte Hitze belasteten Spencer die Standfotos. «Er drehte sich oft mit dem Rücken zur Kamera oder schaute auf den Boden», berichtete Mervyn LeRoy. «Wenn man ihn kritisierte, entgegnete er, dies sei die normale Haltung von Menschen. Keiner würde immer in die Kamera schauen.»

Als Kate die Bilder und Porträtaufnahmen von Spencer sah, sagte sie; «O Spence, sind das nicht herrliche Charakterstudien?» Doch Spencer antwortete nur: «Kate, mach dich nicht lächerlich! Das sind keine Charakterstudien, sondern die Bilder von einem alten Mann. Die Wahrheit ist, ich bin alt, so alt, daß sich alles um mich herum verändert hat. Nicht nur das Filmgeschäft, nein, das ganze verdammte Land.»

Kate wußte, daß Spencer recht hatte. Obwohl er nicht mehr trank und rauchte, sah er gut zehn Jahre älter aus. In zunehmendem Maß kam er auch nicht mit den Umbrüchen zurecht, die Hollywood und die Vereinigten Staaten erschütterten. Allein seine Gesundheit hatte sich durch den ruhigen Lebensstil an Kates Seite verbessert. Die Abende verbrachten sie zu Hause. Gelegentlich luden sie Freunde ein, die Kanins, Chester Erskine, George Cukor oder Stanley Kramer, jedoch meistens nur einzeln, da Spencer größere Gruppen («und das waren bei ihm fünf Personen») verabscheute.

Obwohl Kate ein eigenes Haus besaß, verbrachte sie die meiste Zeit bei Spencer im St. Ives Drive. Sie übernahm alle häuslichen Pflichten: Sie kochte, wusch, putzte und kümmerte sich um ihn. Vor allem aber hielt sie alle Probleme von ihm fern. Laura Harding, die Vertraute Kates aus alten Tagen, betrachtete Spencer noch immer als Eindringling. Sie war der Meinung, daß Kate aus Liebe eine Rolle einnahm, die sie für niemand anderen hätte akzeptieren können. «Spencer hielt wie üblich Hof, als Kate mitten in seiner Erzählung aufstand und ein Holzscheit aufs Feuer warf. Spencer verstummte und beobachtete sie dabei. Dann sah er sie lange an und sagte ganz ruhig: ‹Tu das nie wieder!› Kate wurde wieder zum kleinen Mädchen, blickte verlegen drein und errötete. Allein ihre Liebe zu Spencer ließ sie ihren Stolz vergessen.»

Spencer verbrachte zwar die meiste Zeit zusammen mit Kate, dennoch besuchte er wöchentlich Louise und seine «Leute auf dem Hügel». All die Jahre hindurch unterstützte Spencer seine Familie und vor allem das, was er «Louises gutes Werk» zu nennen pflegte. 1956 wurde sie mit dem «Save the Children Foundation Award» ausgezeichnet und das *Journal-American* nannte sie «eine der bedeutendsten Frauen in der Geschichte Amerikas, deren Arbeit die humanitäre Tradition von Clara Barton und Jane Addams fortsetzte». Vier Universitäten verliehen ihr Ehrentitel und ihre Vorträge über die Erziehung behinderter Kinder wurden von vielen amerikanischen Pädagogen rezipiert.

Für die Öffentlichkeit war sie Mrs. Spencer Tracy, die ihr Leben ihrer Arbeit und der John Tracy Clinic widmete. Der Briefkopf der Klinik trug Spencers Namen, obwohl seine Hilfe sich «lediglich auf die Ermutigung und finanzielle Unterstützung von Louise beschränkte». Bis 1962 ließ er sich gelegentlich mit ihr fotografieren, aber nur, um so der Klinik zu größerer Popularität zu verhelfen.

Neben ihrer Arbeit führte Louise ein «stilles Leben». An Gesellschaften und Banketts nahm sie nur teil, wenn diese einen karitativen Zweck erfüllten.

Mitarbeiter und Freunde berichteten, daß Louise einer gewissen Apotheose huldigte: außer Spencer gab es keinen anderen Mann in ihrem Leben. «Sie liebte ihn noch immer. Aber sie wußte auch von seiner Beziehung zu Miss Hepburn. Taktvoll und ohne Haß akzeptierte und respektierte sie sie als Mensch, Frau und Schauspielerin.»

Spencer beschränkte den Umgang zwischen Kate und Louise auf ein Minimum. Kate ihrerseits bewunderte Louise für ihre «guten Taten», wie Spencer das Werk seiner Frau bezeichnete. Obwohl Kate auch zu seinen Kindern nur losen Kontakt pflegte, nahm sie an deren Leben Anteil. Wie die Tracys freute sie sich über Susies Erfolge als Fotografin und Musikerin und litt darunter, daß John Tracys Frau sich von ihm wegen seiner Behinderung hatte scheiden lassen.

Nach seiner Rückkehr aus Hawaii erklärte Spencer wieder einmal, es sei für ihn nun die Zeit gekommen, sich aus dem Filmgeschäft zurückzuziehen. Freunden allerdings vertraute er an, daß allein Stanley Kramer ihn wieder vor die Kamera holen könnte. Und Spencer hielt sich nicht zurück, deutliche Signale zu setzen. So schickte er seinem Wunschregisseur eine Glaskugel mit beigefügtem Zettel: «Ich hoffe, Du findest hierin eine Rolle für mich in einem Kramer-Film.»

Magie des Kristalls?

Das Geschenk erreichte Stanley in eben jenem Moment, als er *Judgement at Nuremberg* von Abby Mann las.

Durch Spencers Signal ermutigt, schickte Kramer ihm und Kate das Drehbuch. Beide lasen es und erblickten in dem Stoff eine große Herausforderung für Spencer. Problematisch schien ihnen indes, daß ein Teil des Films in Deutschland gedreht werden sollte. «Ich denke, daß dies ein sehr wichtiger Film ist, aber ich kann nicht nach Europa gehen», erklärte Spencer Kramer. «Ich bin einfach zu krank. Allerdings, wenn du den Film hier drehst, bin ich dabei.» Da Stanley unbedingt Tracy für diese Rolle wollte, einigten sie sich auf einen Kompromiß: anders als vorgesehen sollten die Innenaufnahmen in Kalifornien entstehen und lediglich zwei Wochen in Deutschland gedreht werden.

Zunächst war Spencer von der Wahl seiner Co-Stars begeistert, doch mit der Zeit erregte Marlene Dietrich in immer stärkerem Ausmaß seinen Zorn. Durch Zufall erfuhr Spencer, daß sie heimlich ihren Text von Billy Wilder überarbeiten ließ. Am nächsten Tag unterbreitete sie dann Mann und Kramer «einige kleine Verbesserungsvorschläge». Als es Spencer zu bunt wurde, versammelte er die gesamte Crew um sich und erklärte: «Das Drehbuch von diesem Mann ist das beste Skript, das wir je hatten, ich wünsche in Zukunft keinerlei Änderungen mehr. Und das gilt für alle von uns.»

Auch Marlenes Aufschneiderei, die Apfelstrudel, mit denen sie die Crew fütterte, habe sie selbst gebacken, machte Spencer rasend. «Ich bin sicher, die kauft diesen Strudel irgendwo auf dem Weg zum Studio», maulte er eines Morgens. Am gleichen Tag noch machte er sich mit Kate auf den Weg und fand schließlich eine kleine deutsche Bäckerei, die Marlene mit Strudel versorgte.

«Spencer und Kate gingen mit der Dietrich hart ins Gericht», erinnerte sich Stanley Kramer. «Aber um so herzerwärmender kümmerten sie sich um Montgomery Clift und Judy Garland. Beide hatten in ihrer Alkoholsucht das Stadium erreicht, in dem sie nicht einmal mehr ihren Namen wußten.»

Nachdem die zehnwöchigen Aufnahmen im Revue-Studio beendet waren, wollte Kramer im Frühling 1961 die Außenaufnahmen in Berlin und Nürnberg drehen. Zunächst verlief die Reise ohne

Schwierigkeiten, doch als Spencer und Kate sich einchecken wollten, überlegte er es sich anders. Seine Flugangst versetzte ihn in Panik. Was Wunder, daß er sich nicht wohl fühlte und daran zweifelte, die Außenaufnahmen durchstehen zu können. Nachdem er einem der Studiomannen erklärte, er würde unter keinen Umständen fliegen, geriet dieser seinerseits in Panik: in fünf Tagen sollten die Dreharbeiten in Deutschland beginnen. Als Kate, die gerade einige Zeitschriften gekauft hatte, von seinen Problemen erfuhr, nahm sie Spencer beiseite und sprach einige Minuten beruhigend auf ihn ein. Dann küßte sie ihn auf die Wange und sie gingen gemeinsam an Bord der Maschine. Nach einem kurzen Zwischenstop in München landete das Flugzeug wie geplant in Berlin. Henry Koster, der die beiden vom Flughafen abholte, erinnerte sich, daß «Spencer bestens gelaunt war». Auf dem Weg zum *Hilton* bat Kate Koster anzuhalten. «Ohne viele Worte sprang sie aus dem Wagen, und als ich verdutzt Mr. Tracy fragte, was sie mache, antwortete er: ‹Nichts, mein Junge. Sie sucht nur den Hintereingang von unserem Hotel.›»

Natürlich wußte die Presse, daß Spencer zusammen mit Kate gekommen war. Während Stanley erklärte, sie sei wegen Vertragsverhandlungen in Berlin, sagte Spencer: «Jungs, Miss Hepburn und ich wollen endlich einmal ausspannen; aus diesem Grund lud ich sie ein, mich zu begleiten. Außerdem spricht sie Deutsch und ich nicht. Außer: Bitte ein Bier!»

«Damals waren die Jungs von der deutschen Presse noch schwer in Ordnung», sagte Kate anerkennend. «Obwohl jeder wußte, was los war, berichtete kein einziger über unsere gemeinsame Anwesenheit.»

Wie üblich wohnten sie in getrennten Zimmern und gingen niemals zusammen aus. Mit getrennten Taxis fuhren sie zum Drehort und wußten es zu verhindern, gemeinsam fotografiert zu werden. Nachdem die Dreharbeiten in Berlin beendet waren, reiste die Crew nach Nürnberg.

Gegen Ende der Dreharbeiten luden die Kanins, die sich gerade in Paris erholten, Spencer und Kate ein, für einige Tage nach Frankreich zu kommen. Garson berichtete ihnen am Telefon, wie ruhig und verlassen Paris war. Die Saison hatte noch nicht begonnen, und so gab es noch genügend freie Zimmer. Auch im Hotel *Raphaël*, wo die Kanins wohnten. «Ich versprach ihnen, zu versuchen, ein Dachzimmer mit Terrasse für sie zu bekommen. Spencer schien die Idee zu gefallen und er war damit einverstanden.»

Obwohl zunächst nur ein Aufenthalt von vier Tagen geplant war, blieben Spencer und Kate sechs Wochen, wobei er die meiste Zeit auf seinem Zimmer verbrachte. Er liebte es, zu beobachten, wie Paris frühmorgens langsam zum Leben erwachte. Nur schwer war er zu einem Spaziergang zu überreden. «Aus Angst, erkannt zu werden, machten wir uns um sechs Uhr morgens und sieben Uhr abends auf den Weg», erinnerte sich Garson Kanin.

Wenn es darum ging, Aufmerksamkeit zu erregen, schien Kate, davon war Spencer überzeugt, ein Naturtalent zu sein. Aus diesem Grund weigerte er sich bisher, zusammen mit Kate Essen zu gehen. Diesen Vorsatz warf er jedoch kurzerhand über Bord, als eines Nachmittags Garson von den herrlichen Steaks im *Cochon d'Or* schwärmte. Spencers Heißhunger war geweckt, und als er entschied, man werde heute dort zu Abend essen, war Kate sofort beunruhigt, entschloß sich aber doch mitzukommen. Ruth und Spencer fuhren im Wagen der Columbia zum Restaurant, Garson und Kate folgten in einem Taxi. Als sie ankamen, war das *Cochon d'Or* noch leer, doch mit der Zeit füllte es sich mit Menschen, die erstaunt waren über die Anwesenheit zweier Hollywood-Stars.

Während Tracy sein Steak genoß, wurde Kate zusehends nervöser und würgte hastig ihr Essen hinunter. Um ihr zu helfen, schlug Garson Kanin vor, den Nachtisch ausfallen zu lassen. Doch in ihrer Panik bestellte Kate ein Stück Haselnußtorte und eine Mousse au chocolat.

Als alle Desserts vertilgt waren, war auch das Lokal bis auf den letzten Platz besetzt. Kate, die dies mit Schrecken registrierte, nahm einen grünlich-grauen Farbton an und rauchte verzweifelt eine Zigarette.

«Wollen wir gehen?» fragte Garson.

«Ich habe nichts dagegen», lachte Tracy. «Aber frag lieber auch Laura La Plante. Ich glaub, sie scheint noch etwas hungrig zu sein. Na, Kathy, wie wär's mit einem weiteren saftigen Steak?»

«Ich gehe am besten einmal an die Luft», brachte sie gerade noch hervor und kämpfte sich würdevoll durch den Hauptraum, gefolgt von Kanin, der in diesem Augenblick nur noch fähig war, «verrücktes Zeug zu denken». Als sie schließlich das noch leere Hinterzimmer erreichten, blieb Kate plötzlich stehen, holte tief Luft, verdrehte die Augen und fiel in Ohnmacht. «Zusammen mit einigen Angestellten legten wir sie auf einen Tisch. Ich lockerte ihre Kleidung und rieb ihr Handgelenk. Die Leute brachten Eis und andere Dinge, und ich roch auch Essig. Ich rief sie beim Namen, bei allen ihren Namen und schlug sie leicht. Währenddessen massierte jemand ihre Füße. Mit der Zeit kam sie wieder zu sich.»

Kate bedankte sich bei den Angestellten und Kanin eilte an den Tisch zurück, an dem nur noch seine Frau saß und auf die Rechnung wartete. Spencer saß inzwischen im Auto neben dem Fahrer und blickte grimmig durch die Windschutzscheibe. «Er sah wirklich so aus, als ob er das erfunden hätte und das Copyright besitzen würde», erinnerte sich Kanin, der Spencer verzweifelt zu erklären versuchte, was vorgefallen war.

«‹Sie wurde nur ohnmächtig›, erklärte ich. ‹Doch jetzt ist wieder alles in Ordnung. Also kein Grund, sich Sorgen zu machen.› Keine Antwort. Seine Wut schien sich zu steigern. ‹Die Aufregung. Sie ist es eben nicht gewohnt, auszugehen›, plapperte ich weiter. Spence starrte aus dem Fenster, als ob der Wagen mit 90 Meilen durch die Nacht rasen würde und nicht, als ob er gerade dort stand, wo er stand. ‹Okay, soll ich die Story an alle Zeitungen verkaufen oder allein an den *Hollywood Reporter*?› Aber auch dieser Gag zog nicht. Spence saß da wie ein Bildnis von Mount Rushmore.»

Das nächste Restaurant-Abenteuer sollte zur Zufriedenheit aller verlaufen: In der Nähe des *Raphaël* gab es einen Pastetenbäcker, der vor kurzem ein kleines Lokal in seinem Laden eingerichtet hatte. *Potel et Chabot* war seit Jahrzehnten für seine Pasteten bekannt. Und auch Spencer, Kate und die Kanins waren von seinen Meisterwerken begeistert. Während Spencer und Ruth jeweils eine Pastete aßen und sich eine weitere teilten, verzehrte Kate zwei und wurde allein durch den Protest der anderen daran gehindert, eine dritte zu bestellen.

«In Ordnung, in Ordnung», gab sie nach. «Aber ich werde noch eine bestellen, die ich dann für Phyllis mitnehme. Ich will, daß sie wenigstens eine probiert hat. Sie liebt französische Pasteten.»

«Das wirst du nicht tun!» entschied Tracy entsetzt.

«Du kannst sie unmöglich bis zum Hotel transportieren», wandte Ruth ein. «Außerdem schmeckt sie nicht, wenn sie nicht heiß gegessen wird.»

Doch Kate ließ sich nicht beirren und bestellte eine Pastete. Als diese frisch aus dem Ofen serviert wurde, packte Kate sie unter dem erstaunten Blick des Obers ein.

«Ich werde alles zurückbringen», tröstete sie ihn und ging.

«Nicht die Pastete. Sie meinte den Teller», erklärte Spencer.

Während die anderen in Spencers Suite gingen, eilte Kate in Phyllis Zimmer, um ihr die Pastete zu bringen.

Spencer Tracy betrachtete Phyllis Wilbourn immer als Eindringling und war in gewisser Weise eifersüchtig auf sie. Allein ihre Stimme, ihr Tonfall und britischer Akzent konnten ihn rasend machen. James Cagney erinnerte sich, daß Spencer einmal einen teuflischen Plan ausheckte: «Er machte sich daran, ihre Stimme nachzuahmen.» Dies gelang ihm schließlich so gut, daß nicht einmal Kate oder die engsten Freunde einen Unterschied zwischen seinen und Phyllis' Worten erkennen konnten. So kam es, daß Miss Wilbourn ihre Fragen oft in ihrer eigenen Stimme beantwortet bekam.

Als Kate sich endlich wieder zu Spencer und den Kanins gesellte, begann Spencer sofort das alte Spiel, faltete die Hände und schlug die Augen auf: *«Aeeeoh! Miss Hepp-bunn. Yeeou shouldn't hev. Hahow viddy viddy kind!»*

Im Gegensatz zu den Kanins, die sich königlich amüsierten, warf Kate Spencer nur einen mißbilligenden Blick zu. Während man gerade Pläne für den nächsten Tag schmiedete, drangen aus den Wasserleitungen gurgelnde, unheimliche Geräusche nach oben, die lauter zu werden schienen. Schließlich nahmen sie ein Volumen an, das an Filmmonster und alte B-52-Bomber erinnerte. Besorgt sprangen Ruth und Kate auf und auch Kanin wirkte etwas verängstigt.

«Was ist das?» fragte er.

«Nichts», antwortete Spencer, der lächelnd in seinem Sessel saß. «Nichts. Setzt euch wieder hin. Das ist nur Phyllis, die gerade ihre Pastete ißt.»

Im gleichen Maß, wie er Kate gegen Angriffe verteidigte, liebte Spencer es, sie zu ärgern und zu provozieren. Als eines Abends die Sprache auf Homosexualität kam, berichtete er ihr von George Cukor, Rock Hudson, Montgomery Clift, James Dean und Charles Laughton und deren «Vorliebe für stramme, muskulöse Männer». Dann begannen er und Kanin Kate bis ins kleinste Detail zu schildern, was zwei oder mehrere Männer sexuell miteinander anfangen konnten. Kate, die sich strikt weigerte, zu glauben, daß etwas Derartiges möglich sei, fiel in Ohnmacht, als Spencer ihr von Sexualpraktiken mit Flaschen, Fäusten und Gummidildos berichtete.

Spencer Tracy stand Homosexuellen wohl kritisch gegenüber, machte sie aber – anders als viele seiner Freunde – nicht zum Gespött. In der Regel hielt er sich an Lady Astors Ausspruch: «Solange sie die Pferde nicht scheu machen, sollte es uns nicht kümmern.»

Als Anne Edwards 1986 das Gerücht in die Welt setzte, auch Tracy sei homosexuell veranlagt gewesen, traf dieser aus der Luft gegriffene Vorwurf seine Familie, Freunde und auch Kate schwer. «Als nächstes wird behauptet, ich sei eine alte Lesbe und die Beziehung zu Spence sei nur Tarnung gewesen», erzürnte sich Kate.

12

Zwischen ihren Reisen nach Berlin erreichte Kate ein Anruf von Ely Landau. Als Leiter von Kanal 13 schuf er die Fernsehserie *The Play of the Week*, die einige sehr erfolgreiche Theaterverfilmungen brachte, etwa Eugene O'Neills *The Icemen Cometh* mit Jason Robards Jr. in der Hauptrolle.

Nach dem Verkauf des Senders nahm Landau das Angebot von Carlotta O'Neill an, weitere Stücke ihres Mannes zu verfilmen. Landau entschied sich für *Long Day's Journey into Night*. Er war sich mit seinem Partner Jack Dreyfus darin einig, daß Katharine Hepburn ideal für die Rolle der Mary Tyrone sei. Also rief Ely Landau Kate eines Tages an.

«Mein Name ist Ely Landau, und ich möchte in die Filmproduktion einsteigen. Außerdem würde ich mich sehr freuen, wenn Sie einen Film für mich machen würden.»

«Wer sind Sie?» fragte Kate.

«Ely Landau. Unter anderem habe ich fürs Fernsehen die Serie *The Play of the Week* produziert.»

«Oh... und woran denken Sie, Mr. Landau?»

«Nun, ich möchte Ihnen die Rolle der Mary Tyrone in O'Neills *Long Day's Journey into Night* anbieten.»

«Das ist wunderbar. Und wann wollen Sie damit beginnen?»

«Im nächsten Monat!»

«Ich glaube, Sie sind verrückt, Mr. Landau. Bei uns wird das nicht so gemacht!»

Aber Landau erreichte es dann doch noch, daß Kate sich mit ihm traf. Kate las das Stück. Obwohl sie sofort wußte, daß die Rolle für sie ideal war, zögerte sie bei dem Gedanken, erneut eine Verrückte zu spielen.

Mit Landau diskutierte sie jedes Detail und fuhr ihn dann zum Flughafen. Unterwegs «hielt Kate den Wagen mitten in einer heftigen Diskussion an, und wir stiegen aus und gingen die Straße entlang spazieren», erzählte Landau. «Plötzlich brach sie in Tränen aus und sagte: ‹Ich weiß wirklich nicht, ob ich es schaffen werde. Es ist so anspruchsvoll. Ich will das Projekt machen. Ich bin wirklich fasziniert davon – aber es macht mir auch angst! Es ist so großartig.›»

Nie zuvor hatte Kate ähnliche Gefühle gekannt. Doch seit *Plötzlich im letzten Sommer* schien sie die positive Einstellung, mit der sie sonst immer an eine neue Rolle heranging, verloren zu haben. Hilfreich erwies sich ein Gespräch mit O'Neills Witwe, die Kate erzählte, daß er verfügt hatte, daß das Stück erst nach seinem Tod aufgeführt werden sollte, obwohl es bereits 1941 geschrieben worden war. Als O'Neill 1951 starb, ließ Carlotta weitere fünf Jahre vergehen, bevor *Long Day's Journey into Night* am Broadway produziert wurde.

Während Williams die Figur der Violet Venable grausam und wahnsinnig angelegt hatte, begegnete O'Neill der Tyrone mit Nachsicht, Mitleid, Verständnis und Zuneigung. Erst Jahre später wurde bekannt, daß dieses Stück ein autobiographisches Werk von O'Neill war und Mary Tyrone die Züge seiner Mutter trug.

Doch als Ely Landau mit seinem Regisseur Sydney Lumet zu einem weiteren Treffen nach Hollywood flog, war Kates Angst gewichen. «Als ich auf sie zuging, hatte ich nicht einmal genügend Zeit, um mich vorzustellen. ‹Ich habe gehört, Sie wollen die Dreharbeiten am 19. September beginnen? Das ist unmöglich. Vor dem 26. September kann ich auf keinen Fall.› Als ich sie nach dem Grund fragte, antwortete sie: ‹Weil Sie sonst mehr über das Stück wissen als ich›», berichtete Lumet.

Während der Lektüre hatte sich in Kate die Vorstellung verfestigt, daß Spencer die Rolle des Ehemanns spielen sollte. Tracy bewunderte O'Neill und gegen Ende der vierziger Jahre sah es beinahe so aus, als würde dessen Stück *A Touch of the Poet* ihn wieder auf die Bühne zurückbringen. Doch dann entschied O'Neill, daß das Stück noch nicht aufführungsreif sei.

Ähnliche Pläne hatten auch Lumet und Landau. Als sie Kate fragten, ob Spencer eventuell mitspielen würde, antwortete sie: «Warum kommen Sie beide nicht einfach morgen zum Frühstück vorbei und besprechen es selbst mit ihm. Ich werde dafür sorgen, daß er das Stück heute nacht lesen wird.»

Spencer wußte, daß eine Produktion, die auf 400 000 Dollar beschränkt war, große Opfer von den Schauspielern verlangte. Um halbwegs elegant auszusteigen, schraubte er seine Gagenforderung auf 500 000 Dollar hoch. Das lag außerhalb des Budgets.

Abby Mann, der von Spencers Entscheidung entsetzt war, versuchte in einem Telefonat ihn umzustimmen. Doch Spencer erwiderte nur: «Ich will endlich wieder einmal einen Film mit Kate sehen, in dem ich nicht vorkomme.»

Traurig über Spencers Entscheidung, beauftragte Kate ihren Agenten Abe Lastfogel, den Vertrag auszuhandeln. Zum Erstaunen Hollywoods erklärte sie sich bereit, die Rolle der Mary Tyrone für eine Gage von 25 000 Dollar zu spielen. Ihren Entschluß begründete sie damit, daß sie «an Geld noch nie sonderlich interessiert war. Es ist mir egal, wie ich angezogen bin und ich mache mir auch sonst nichts aus Besitztümern. Ich habe für schrecklich langweilige Rollen ungeheure Gagen bekommen, aber richtig Spaß hatte ich nur an meiner Arbeit, wenn ich etwas machte, das ich nicht nur des Geldes wegen tun wollte.»

Ely Landau fand auf City Island ein herrliches altes Haus und bereitete die Dreharbeiten in den Productions Center Studios vor. Kate studierte unterdessen ihre Rolle zusammen mit Spencer ein. Vor allem half er ihr, die irische Mentalität der Tyrones besser zu verstehen. Obwohl viele Beteiligte der Produktion die Ansicht vertraten, der alte Tyrone könne nur von einem amerikanischen Schauspieler dargestellt werden, entschied sich Landau für Sir Ralph Richardson.

Kate war von Elys Entscheidung ebenso begeistert wie über die Tatsache, daß Jason Robards und Dean Stockwell mitspielten. «Sie war ein bißchen wie eine Mutter für Jason und mich», erinnerte sich Stockwell. «Sie sah es nicht gerne, wenn wir tranken und behandelte uns dann oft wie ungezogene Kinder.»

Obwohl ein herrlicher Sommertag gedreht werden sollte, war das Wetter am ersten Drehtag kalt und grau. Völlig durchgefroren erklärte Kate dem Reporter Eugene Archer: «Ich sehe furchtbar aus in diesem Stück, wie Sie ja wissen stoße ich innerhalb eines Tages bis auf den dunklen Grund des Wahnsinns vor. Nie zuvor spielte ich eine derartige Rolle. Das Stück ist brillant. Ich will es ohne großes Spiel darstellen. Auf gar keinen Fall will ich faszinierend oder außergewöhnlich oder farbenprächtig sein. Ich will, daß es einfach geschieht. Der Humor ist dunkel und makaber. Ich bin nicht der Meinung, daß dies ein Stück über Drogen ist. Es handelt von Dingen, die verlorengegangen sind. Im Fall von Mary Tyrone ist es die Religion. Wir alle verlieren irgend etwas. Und dadurch wird die Problematik universell.»

Mit geringfügigen Abweichungen vom Originalstück und einer durchgreifenden Tempostraffung (Originalspiellänge: vier Stunden und zwanzig Minuten) reduzierte Lumet die Dauer des Films auf 194 Minuten. Außerdem baute er geschickt einige neue Szenen ein, die im Geiste O'Neills angelegt waren.

«Kate fand während der Proben Gefühle in sich, die sie überraschten und schockierten», erinnerte sich Lumet. «Die Arbeit verlief wunderbar, wenn es auch Dinge gab, die sie förmlich vergewaltigten. So ist sie alles andere als eine physische Schauspielerin. Sie mag es nicht, Leute anzufassen oder selbst berührt zu werden. Wenn ihr Sohn ihr im dritten Akt erklärt, er werde sterben – so bat ich Kate –, sollte sie ausholen und ihm ins Gesicht schlagen. Sie war entsetzt. Nie würde sie im wirklichen Leben etwas Derartiges tun oder gut heißen können. Aber sie wußte auch, daß es dem Charakter von Mary Tyrone entsprach und für die Szene ungeheuer wichtig war. ‹Laß uns das morgen machen!› bat sie mich. Nachdem sie die ganze Nacht darüber nachgedacht hatte, holte sie am nächsten Tag aus und: Whap!»

Auch insgesamt war die Figur der Mary Tyrone eine Rolle wider Kates wahrer Natur. Während sie positiv, aufgeschlossen, intelligent, herzlich und optimistisch ist, zeichnete O'Neill die Rolle negativ, voll Selbstmitleid, tyrannisch, depressiv, destruktiv und ohne jede Hoffnung. «Im Gegensatz zu meiner Seele, die sich der Sonne zuwendet, wanderte die von Mary in die Dunkelheit.» Doch anders als viele Schauspielerinnen stellte Kate die Mary Tyrone nicht als schwache Frau dar. «Sie ist stark. Ein emotionaler Vampir, der seine Familie aussaugt und tyrannisiert.»

Die Kritiker zeigten sich davon begeistert, daß Kate nicht davor zurückschreckte, die häßliche Wirklichkeit einer morphiumsüchtigen Frau darzustellen. «Zunächst wußte Kate sehr wenig über diese Sucht», erinnerte sich Dean Stockwell. «Doch nachdem ich ihr davon erzählt hatte und ihr die Symptome schilderte, konnte sie sich völlig in eine Süchtige hineindenken.»

Nach 37 Tagen war der Film abgedreht. Als Abschiedsgeschenk überreichte Kate Ely Landau ein handgeschnitztes Boot mit drei Insassen: «Vertrauen, Hoffnung und ein Budget von 400 000 Dollar.»

Long Day's Journey into Night wurde zum erstenmal bei den Filmfestspielen in Cannes 1962 gezeigt. Über die Leistung des Ensembles war die Jury so begeistert, daß sie ihm einen gemeinsamen Preis als «Bestes Ensemble» verlieh. Dennoch täuschte dies niemanden über die zu erwartenden Einspielergebnisse hinweg. Schon in Cannes zeichnete sich ab, daß der Film trotz seiner großen Namen nicht den Geschmack einer breiten Masse treffen würde.

Obwohl der Film nach der Uraufführung im Oktober 1962 an der Kinokasse versagte, schenkten ihm die Kritiker besondere Aufmerksamkeit. Arthur Knight geriet ins Schwärmen: «Mit der Rolle der bedauernswerten, rauschgiftsüchtigen Mutter krönt Katharine

Hepburn ihre Karriere.» – «Ich war nie besonders begeistert von Katharine Hepburn», gestand Dwight MacDonald im *Esquire*, «doch hier, stimuliert durch O'Neill und Lumet, entpuppte sie sich als überlegene Tragödin.» Und Pauline Kael schrieb: «Die schönste Komödiantin der dreißiger und vierziger Jahre ist zu unserer größten Tragödin geworden! ... Wenn man den Zauber der Schauspielkunst erlebt, kann man verstehen, warum gewisse Schauspielerinnen den Beinamen ‹Die Göttliche› erhielten.»

Zum erstenmal seit einigen Jahren war Kate wieder stolz auf einen ihrer Filme. «Dabei hatte ich schon vor Jahren ein Stück von O'Neill verfilmen wollen. Damals bat ich Louis B. Mayer O'Neills *Mourning Becomes Electra* mit Greta Garbo und mir in der Hauptrolle zu verfilmen. Doch Mayer blickte mich nur streng an und erklärte mir ernst, daß derartige Filme keine Chancen beim amerikanischen Publikum hätten; eher noch in Europa. Und damit sollte er recht behalten.»

Als Kate erfuhr, daß Joseph E. Levine, der Verleiher von *Long Day's Journey into Night*, den Film auf 112 Minuten eigenmächtig gekürzt hatte, wetterte sie gegen die «Schlachtung eines Meisterwerks». Hatte sich Levine durch die Schnitte einen größeren kommerziellen Erfolg versprochen, so wurde er enttäuscht. Kate dagegen wurde zum neuntenmal für den Oscar als beste Hauptdarstellerin nominiert – verlor ihn aber an Anne Bancroft.

Nach diesem Kritikererfolg trafen bei Kate verschiedene Rollenangebote ein, von denen sie lediglich zwei ernsthaft erwog, bevor sie auch diese ablehnte: Eine Verfilmung der Lebensgeschichte von Sarah Bernhardt und ein Remake des Garbo-Klassikers *Queen Christina*.

Gleichwohl hielt sie die Öffentlichkeit in Atem und schockierte – zu Spencers Begeisterung – die meisten Amerikaner, als sie einem Interviewer erklärte, daß «große Künstler sterilisiert werden müßten. Man sollte nicht Kinder nur aus egoistischen Gründen in die Welt setzen können. Ich glaube, es ist sehr schwierig, Kinder, eine Familie und eine Karriere unter einen Hut zu bringen. Nehmen wir einmal an, ich hätte ein Kind und in der Nacht meiner Premiere würde es plötzlich Mumps oder irgend etwas anderes bekommen. Ich denke, ich wäre dazu verurteilt, es zu erwürgen.»

Im Gegensatz zu ihrem beruflichen Erfolg trat in Kates Privatleben eine dramatische Wende ein. Gleichzeitig erkrankten Spencer und ihr Vater Dr. Hepburn. «Oft wußte ich nicht, in welche Richtung ich zuerst fahren sollte.» Um beiden gerecht zu werden, reiste Kate nach Drehschluß am Freitagnachmittag nach West Hartford, wo sie bis Samstagabend blieb. In der Nacht flog sie nach Kalifornien und verbrachte mit Spencer den Sonntag, bevor sie wieder nach New York flog, um am Montag wieder vor der Kamera zu stehen.

Nachdem die Arbeiten an *Long Day's Journey into Night* beendet waren, pendelte sie wochenweise zwischen Kalifornien und Conneticut hin und her. Nach längerer Krankheit starb Dr. Thomas Norval Hepburn am 20. November 1961 im Kreise seiner Familie. «Dad starb im Alter von 82 Jahren. Er hätte länger leben können, aber er mochte die allgemeinen Ärzte nicht besonders, nur Chirurgen. War er krank, so stellte er selbst die Diagnose. Auch diesmal. Zunächst dachte er, er hätte einen leichten Herzanfall, doch in Wirklichkeit war es die Gallenblase. Diese Fehldiagnose deprimierte ihn schrecklich.»

Dr. Hepburn, der zeit seines Lebens betonte, daß er nicht der Vater von Katharine Hepburn, sondern sie seine Tochter war, starb an einer Lungenentzündung. Neben Tom und «Kit» wurde er auf dem Hartford Cedar's Hill-Friedhof beigesetzt.

Abgesehen von den letzten Wochen hatte er ein glückliches, erfolgreiches und gesundes Leben geführt. Zwei Jahre vor seinem Tod hatte er Kate in Griechenland besucht. Als er aus der Maschine stieg, wollte er sofort die Akropolis besichtigen. Kate dagegen schlug vor, zunächst einmal ins Hotel zu fahren, um sich dort auszuruhen und zu erfrischen. Doch ihr Vater lehnte diesen Vorschlag energisch ab. «Schließlich bin ich hier, um Griechenland zu sehen und nicht die vier weißgestrichenen Wände eines klimatisierten Hotelzimmers», erklärte er. «Zehn Minuten später waren wir auf dem Weg zur Akropolis.»

Kate hatte lange gebraucht, den Tod ihrer Mutter zu überwinden, dagegen ertrug sie das Ableben ihres Vaters mit stoischer Gelassenheit – wie Freunde glaubten, weil Dr. Hepburn kurze Zeit nach dem Tod seiner Frau erneut heiratete. Kate sah dies als Verrat an ihrer Mutter an. An Leland Hayward schrieb sie: «Dad mußte eine schlimme Zeit überstehen. Er sagte oft: ‹Gott sei Dank traf es mich und nicht deine Mutter.› Er starb mit einem kleinen Seufzer und ging in das Was-auch-Immer ein.»

Nach Dr. Hepburns Beerdigung blieb Kate noch eine Woche in Hartford und beantwortete die Beileidsschreiben, die aus aller Welt eingetroffen waren. Fenwick sollte auch weiterhin das bleiben, was die Hepburns «als ruhigen Hafen» bezeichneten.

Anläßlich der Premiere von *Judgement at Nuremberg* fuhren Kate und Spencer Ende 1961 nach Deutschland. Während sie in der alten Welt weilten, veröffentlichte Bill Davidson einen Bericht, der zum erstenmal der neuen Welt mitteilte, daß Kate und Spencer in «wilder Ehe zusammen lebten», obwohl Tracy noch verheiratet war. Weiterhin enthüllte der Artikel, der im Januar 1962 im *Look Magazine* erschien, daß Spencer «kleinlich und bösartig» sei, «seit mehreren Jahren nicht mit seiner Frau Louise zusammen gelebt» hat und daß Kate alles andere «als ein gelegentlicher Co-Star» ist.

Weder Hedda Hopper noch Louella Parsons, Elsa Maxwell oder Sheila Graham hatten es gewagt, ihren Lesern über die Liaison Tracy – Hepburn zu berichten. «Wir wußten alle, daß die beiden mehr als normale Freundschaft verband», erinnerte sich Sheila Graham. «Aber es war ein ungeschriebenes Gesetz, daß niemand, aber auch wirklich niemand etwas über Kate und Spencer schreiben durfte, was die beiden miteinander in Verbindung gebracht oder ihre Beziehung enthüllt hätte.»

«Ich wurde sofort von allen anderen Schreibern in Hollywood angegriffen», erinnerte sich der geschwätzige Missetäter Davidson. «Dabei hatte ich mir nichts dabei gedacht. Schließlich war ich neu in Hollywood und wußte nichts von dem Tabu, über Tracy und seine Beziehung zur Hepburn zu schreiben. Ein Autor schrieb in seinem Buch ‹Davidson wurde von allen Einladungslisten Hollywoods gestrichen›, auf denen ich nie zu finden gewesen war. Doch mit einemmal schien ein jeder dazu befähigt zu sein, über Tracy und die Hepburn zu schreiben.»

Kate brauchte sechs Monate dazu, den Davidson-Artikel zu verdauen. Auch Spencer war sehr verletzt. Ihn traf vor allem, daß Zeitungen Louise eine sechsstellige Summe geboten hatten, falls sie «eine Enthüllungsgeschichte über Tracy» schreiben oder schreiben lassen würde. Zu groß waren die loyalen und freundschaftlichen Bande, als daß Louise ein derartiges Angebot angenommen hätte.

Spencer bestand weiterhin darauf, daß Kate und er getrennte Wohnsitze hatten. Da er die meiste Zeit in seinem Haus auf dem Cukor-Gelände verbrachte, mietete Kate sich ein Haus in seiner Nähe. An den Tagen, die sie nicht gemeinsam verbrachten, kochte Kate seine Mahlzeiten vor und stellte sie gut verpackt vor seine Haustür. Sie kümmerte sich darum, daß sein Kühlschrank immer genügend Milchflaschen und die ihm für einen Tag erlaubte Menge Bier enthielt. Da Spencer behauptete, er könne ohne Bier nicht überleben, hatte ihm sein Arzt eine Flasche pro Tag erlaubt. Ansonsten trank er Milch, in die er Eiswürfel tat. «Das Klimpern von den Würfeln erinnert mich an einen guten Drink, und so wird die Sache trinkbar für mich», gestand er lachend seinen Freunden.

Kate überwachte auch Spencers tägliche Übungen und begleitete ihn auf langen Spaziergängen durch die Hügel Hollywoods. «Doch offen gestanden paßte das nicht zu Spence. Er haßte dieses Herumwandern, weil er nebenbei noch an dies und das denken konnte. Für ihn war eine Sache nur dann von Nutzen, wenn er dabei völlig abschalten konnte», erinnerte sich Kate.

Vor allem belastete Spencer, daß in Hollywood «das große Aussterben zu beginnen» schien. Während sich die Fox und MGM mit Versteigerungen von alten Kostümen und Dekorationen zu retten versuchten, verkaufte Howard Hughes kurzentschlossen RKO ans Fernsehen und erklärte hinterher: «Hollywood ist am Ende.» In besonderem Maß nahm Spencer sich den Tod seines alten Freundes Gable und den Freitod der Monroe zu Herzen. «Er war fest davon überzeugt, daß er der nächste sein werde», berichtete Kate.

Für Kate sah die Situation nicht anders aus. Nach Weihnachten erreichte sie die Nachricht, daß Lawrence Langner am 25. Dezember 1962 verstorben ist. Sie war derart betroffen, daß sie ihre Teilnahme an Langners Beisetzung am 10. Januar 1963 absagte. Statt dessen schickte sie einen Brief, der von Cyril Ritchard verlesen wurde:

«Um meine Position in Lawrence Langners Leben zu identifizieren, muß gesagt werden, daß ich seit 1935 mit niemand anderem fürs Theater zusammengearbeitet habe ... Er öffnete meine Türen und Fenster. Ich bin Lawrence sehr, sehr dankbar dafür. Und ich sage Ihnen noch etwas: indem er mich drängte, wollte er zwei Dinge erreichen. Erstens: er wollte meine Karriere und mein Repertoire zu meinem eigenen Besten erweitern. Zweitens: er meinte es wirklich ehrlich, ehrlich auf diese naive Weise, daß er mich einmal als Rosalind sehen wollte. ‹Du hast so schöne Beine, Kate›, sagte er. ‹Du mußt einfach die Rolle spielen.› Aber ich muß Ihnen sagen, daß er mich nie Kate nannte, wenn er mit mir sprach. Er nannte mich Lynn oder Kit oder Helen. Helen–Kit–Lynn–Kate, was er wirklich meinte war: Schauspielerin. Noch immer höre ich sein: ‹Was wirst du als nächstes machen? Glaubst du nicht, daß das interessant wäre?› – Du meine Güte, Lawrence, wie werden wir dich vermissen!»

Abe Lastfogel, Kates und Spencers Agent, wußte, daß Kate sich hundertprozentig um Spencer kümmern wollte. Aus diesem Grund schickte er ihr zwar gelegentlich ein neues Drehbuch, konzentrierte seine Suche aber vor allem auf geeignete Skripte für Spencer. Er, Stanley Kramer und Kate waren davon überzeugt, daß allein ein neuer Film Spencer von seiner «Todesangst» ablenken könnte.

Im Frühjahr 1963 meldete sich Kramer bei Spencer an, um mit ihm sein neuestes Projekt zu diskutieren: eine Marathonkomödie in Farbe und Cinerama, die Stanley angeblich nur machen wollte, «um den Komödien-Filmen endlich ein Ende zu machen». Spencer und Kate aber ahnten, daß er sich und Hollywood beweisen wollte, daß er auch dieses Metier beherrschte. Wie gewohnt zögerte Tracy zunächst, doch dann überzeugte ihn Kate, daß ohne ihn dieser Film nicht die verdiente Beachtung finden würde; so erklärte sich Spencer bereit, die Rolle des Captain C. G. Culpeper in *It's a Mad, Mad, Mad, Mad World* zu übernehmen.

Nach Beendigung der Dreharbeiten von *It's a Mad, Mad, Mad, Mad World* unternahm Spencer zum letztenmal eine seiner berüchtigten Sauftouren, die damit endete, daß der Kolumnist James Bacon den besinnungslosen Tracy von *Romanoff's Restaurant* zu Kate nach Trancas in das Strandhaus fuhr. Als er ihr half, Spencer ins Bett zu bringen, sagte sie: «Gott verdamm dich, Bacon. Du hattest schon immer einen schlechten Einfluß auf Spence.»

Die Dreharbeiten und vor allem sein «letzter Ausflug» hatten Tracy völlig erschöpft. Nur langsam besserte sich sein Zustand bis Anfang Juni 1963. Seine Besuche bei Louise und Picknicks mit Kate waren die einzigen Anlässe, bei denen er das Haus verließ.

Am 21. Juli 1963 wollte Spencer mit Kate einen Ausflug nach Malibu machen und holte sie in seinem Thunderbird ab. Doch kurz bevor sie Malibu erreichten, litt er unter heftigen Atembeschwerden. Kate fuhr sofort an die nächste Tankstelle und verständigte die örtliche Feuerwehr von Zuma Beach. Dann informierte sie Louise.

Als Kate wieder zum Auto zurückkam, war Spencer bereits ohnmächtig. Geistesgegenwärtig öffnete sie seinen Kragen und begann mit einer Mund-zu-Mund-Beatmung. Fünf Minuten später trafen die Feuerwehr und ein Rettungswagen ein.

Captain Robert Robb erklärte später der Presse, daß zu dem Zeitpunkt, als der Krankenwagen bei der Tankstelle eintraf, «Mr. Tracy noch bewußtlos in seinem Wagen saß und ziemlich bleich aussah. Außerdem atmete er schwer.» Da alle Anzeichen auf einen Herzinfarkt hindeuteten, wurde Spencer zunächst 45 Minuten lang mit Sauerstoff versorgt, bevor man ihn in das St. Vincent Hospital brachte. Kate, die während der Fahrt seine Hand hielt, befürchtete das Schlimmste. Doch plötzlich schlug Tracy seine Augen auf und sagte lächelnd: «Kate, ist das nicht eine verdammt verrückte Art zu einem Picknick zu fahren.»

Im Krankenhaus untersuchte Spencers eigener Arzt, Dr. Karl Lewis, seinen Patienten und erklärte anschließend der wartenden Presse, daß es sich nicht um einen Herzinfarkt gehandelt habe, sondern um «einen kleinen Blutandrang in der Lunge mit Störung der Herzfunktion».

Kate verständigte Louise von diesem neuen Ergebnis, die daraufhin sofort ins Krankenhaus kam. In den nächsten Tagen arrangierten es die beiden Frauen so, daß immer eine von ihnen an Spencers Bett über ihn wachen konnte. Nach zwei Wochen wurde er aus der Klinik entlassen. Aber anders als ausgemacht ließ er sich nicht nach Trancas in das Strandhaus bringen, sondern in sein Heim am St. Ives Drive. Zunächst kümmerten sich ein ungarisches Ehepaar und eine Krankenschwester um ihn, doch bald schon übernahm Kate seine Pflege. Sein Schlafzimmer hatte man bis auf die notwendigsten Dinge geleert und mit «medizinischen Geräten ausgerüstet», so daß es eher einem Krankenhauszimmer glich. Spencer haßte das, und vor allem eine Sauerstoffflasche in der Ecke erregte seinen Zorn.

In den nächsten drei Jahren lebten Kate und Spencer völlig zurückgezogen. Nicht einmal den engsten Freunden gestattete sie längere Besuche. An milden Tagen fuhren sie in die nahe gelegenen Hügel Hollywoods und ließen Drachen steigen, eine Beschäftigung, die Spencer schon als Kind faszinierte. Wie gewohnt überwachte Kate sein Training, das nun nur noch aus einigen Übungen auf einem Heimtrainer bestand. Täglich schaute sie vorbei, und waren sie länger als acht Stunden voneinander getrennt, was so gut wie nie vorkam, telefonierten sie miteinander.

Das wichtigste für Kate war, Spencer das Gefühl zu geben, daß sie allein für ihn da war.

Wiederholt versuchten die Studios Kate auf die Leinwand zurückzuholen. Doch sie erklärte: «Kochen und Putzen ist zur Zeit für mich interessanter als die Schauspielerei!» So ließ sie sich die Hauptrollen in Filmen wie *The Graduate*, *The Night of the Iguana*, *The Collector*, *The Greatest Story Ever Told*, *The V.I.P.'s*, *The Hallelujah Trail* und *Hush… Hush Sweet Charlotte* entgehen. Auch Cukors Angebot, in einem Musical neben Shirley MacLaine die Feministin Amelia Jenks Bloomer zu spielen, lehnte Kate ab. Und ihre Beziehung zu Garson Kanin und Ruth Gordon wurde dadurch belastet, daß Kates Weigerung die Verfilmung von Kanins neuester Komödie, *A Very Rich Woman*, scheitern ließ.

So abstinent sie neuen Rollen gegenüber war, die Einladung des *Virginia Law Weekly*, über Privatsphäre öffentlich nachzudenken, nahm sie an. *Das Recht auf Privatsphäre oder Die mißliche Lage von Personen des öffentlichen Lebens* publizierte die juristische Fachzeitschrift im Frühjahr 1964:

> «Das Prinzip, das schützen soll, ist das Prinzip der uneingeschränkten Intimsphäre. Wenn diese Entscheidung ein allgemeines Recht auf Geheimhaltung der Gedanken, Emotionen, Ereignisse beinhaltet, so sollte dieser Schutz auch das ge-

schriebene Wort – Konversationen – Verhalten – Äußerungen – Ansichten betreffen – das Recht zur eigenen Persönlichkeit – das Recht, sein Privatleben vor unrichtigen Beschreibungen zu schützen – ja, zu verhindern, daß es überhaupt beschrieben wird – aber die Definition von Schutz wurde auf Verlangen der Gesellschaft geändert – das Recht auf Privatsphäre – in fünfzig Jahren wird das Wort so, wie wir es verstanden haben, überhaupt keine Bedeutung mehr haben – wenn unsere Welt sich in die Richtung weiterentwickelt, die sich zur Zeit abzeichnet – und es muß oder wird aufhören zu existieren – So ist es wahrscheinlich nötig, daß wir unsere Intimsphäre opfern –

Im Laufe der Zeit habe ich die verschiedensten Arten ausprobiert, mir die Presse vom Hals zu halten – Ich finde, daß sie nichts von meinem Privatleben etwas anging – Aus diesem Grund glaubte ich auch nicht, an öffentlichen Plätzen erscheinen zu können – oder, um es treffender auszudrücken, in ihrem Territorium – wie Bahnhöfe – Flughäfen – Restaurants – Bars – Theater – Wettkämpfe – Stations – Diese Plätze waren ihr Territorium – Meines war mein Heim – das Haus eines Freundes – ein privater Club – Das ist alles in Ordnung – Doch dann gibt es noch jene öffentlichen Plätze, die man aus privaten Gründen aufsuchen muß – Krankenhäuser – Kirchen – Friedhöfe – wo ein Mensch des öffentlichen Lebens durch Krankheit oder Tod gezwungen ist, öffentlich in Erscheinung zu treten – Es scheint angebracht, daß er oder sie in einem solchen Fall vor neugierigen Blicken geschützt werden muß – Zum Beispiel im Gerichtssaal – oder soll ich sagen, besonders hier – die Begierde der Öffentlichkeit nach derartigen Ereignissen wurde auf Diät gesetzt – dennoch muß die Presse – die sich oft als seriös bezeichnet – den Hunger nach Sensationen stillen – ihnen Nahrung liefern – politische Pornographie ist nicht länger interessant – keine Ausflüchte mehr – die nackten Fakten – Erzähl es – Tu es – Hier sind sie – Das sind die Tatsachen – Die Wahrheit – Die Vier-Buchstaben-Wörter – Die nackte Leiche – Nichts wird zurückgehalten – Fühlst du dich traurig – nimm Benzedrine – Fühlst du dich zu lebendig – nimm eine Sparin-Tablette – willst du schlafen – nimm Secanol – hast du Schmerzen – nimm Kodein – bist du verwirrt – geh zum Psychoanalytiker – Verbirg nichts – Erzähle – Rede – Auf keinen Fall ist es deine Schuld – Wir werden schon einen Schuldigen finden – Mama – Papa – Onkel Sam – Lehrer – Arbeitgeber – Sie sind verantwortlich – ich scheine abzuschweifen – aber wenn man das Bedürfnis der Öffentlichkeit nach intimen Details anstachelt – wenn man eine breite Masse hat, die einem zuhört – liest – nachplappert – was man über die intimen Details aus dem Leben anderer schreibt (und die des eigenen Lebens verschweigt), so kann man diese so weit bringen, daß sie jede Phantasterei glaubt – egal ob sie richtig oder falsch ist – wie schnell wird dann das Recht auf Leben außer Kraft gesetzt – das Recht auf Freude – Glück – Freiheit – zu laufen – zu springen – zu gehen – glücklich zu sein –

Ihr Herz – ihre Geheimnisse – ihre Liebschaften – ihre Ansichten über Sex – ihre Sünden – all das begeistert einen, wenn man einen flüchtigen Blick davon bekommt – in Magazinen, wo man nicht einmal mehr beschämt ist, sie zu kaufen – schwarz auf weiß – Die Wahrheit – in Wort und Bild – gekauft oder gestohlen – Zeitschriften – vergänglich – was wird nicht alles geschrieben in diesen – vielleicht gibt es noch etwas in unseren Köpfen – zum Beispiel Phantasie – was nicht in Worte gefaßt werden kann – unser eigener poetischer Touch –

Alles muß in Verbindung mit der Welt gebracht werden, in der wir leben – ich weiß aber nicht, wie man die Privatsphäre mit der Welt in Verbindung bringen kann – muß – es scheint, als würde sich das widersprechen –»

Kates Artikel ging um die Welt. Einige Zeitschriften, die sie angegriffen hatte, gingen sogar soweit, ihn als «persönliches Interview mit Miss Hepburn» abzudrucken. Später erklärte sie: «Man lernt im Leben, daß die einzige Person, die man wirklich ändern kann, nur man selbst ist. Aber man kann ja mit sich anfangen, wenn man es tatsächlich will.»

13

«Ich wunderte mich immer wieder darüber, wie diese außergewöhnliche Frau einfach ihre Karriere aufgegeben hatte, nur um für Spence dazusein», gestand Stanley Kramer.

Kate und Spencer zogen sich aus dem öffentlichen Leben völlig zurück. Die meiste Zeit verbrachten sie in seinem Haus am St. Ives Drive, wo sie lasen und gemeinsam Musik hörten. Für weitere Abwechslung sorgte ein Fernseher, ein Medium, von dem Tracy zugleich fasziniert und abgestoßen war.

Abby Mann zufolge versuchten Stanley und er im Januar 1964 «verzweifelt, Kate aus ihrer selbstgewählten Isolation zu befreien». Kramer, der die Filmrechte an Katharine Anne Porters Roman *Ship of Fools* erworben hatte, war von der Vorstellung begeistert, Kate in der Rolle der alternden Südstaatenschönheit Mary Treadwell zu sehen. Bei den ersten Gesprächen ließ Kate anklingen, daß Spencer ihrer Meinung nach ideal für die Rolle des herzkranken Schiffarztes sei. «Für diesen Part allerdings wollte ich Oskar Werner, den ich in Deutschland in *Hamlet* gesehen hatte. Ich traute mich aber nicht, Kate dies offen zu sagen. Obwohl ich sie unbedingt wollte, hatte ich diesmal weniger an Spence gedacht», erklärte Stanley. All dies führte zu einer peinlichen Szene.

Abby Mann: «Wir waren zum Abendessen eingeladen worden. Kate wollte Steaks zubereiten, die sie bei Jurgensen, einem der besten Läden von Beverly Hills, gekauft hatte. Nun, unter anderem kamen wir auch auf *Ship of Fools* zu sprechen. Stanley wiederholte, wie sehr er sich wünschte, daß Kate die Rolle der Treadwell spielen würde. Doch Kate lenkte das Thema auf die Möglichkeit, daß Spencer den Arzt spielen könnte. Stanley ist ein netter Kerl, und so versuchte er dem Thema auszuweichen, doch zuletzt mußte er Farbe bekennen. Unsicher sagte er: ‹Eigentlich wollten wir diese Rolle mit einem jüngeren Schauspieler besetzen.› Es herrschte Totenstille. Schließlich sagte Kate: ‹Ich denke, ich werfe die Jurgensen-Steaks lieber in die Mülltonne. Dort sind sie besser aufgehoben!› Wir aßen die Steaks dann doch noch und sprachen nicht mehr über den Film. Wir fühlten uns wirklich schrecklich. Stanley erzählte mir hinterher, daß er die ganze Nacht nicht geschlafen habe. Ständig mußte er an Spencer und ihren enttäuschten Blick denken. Kate zog die Konsequenz: sie spielte die Rolle nicht!»

Doch als die Dreharbeiten im Juni 1964 begannen (Vivien Leigh übernahm Kates Rolle in letzter Minute), hatten sich die Gewitterwolken wieder verzogen.

Als feststand, daß Vivien in dem Film mitwirken würde, machten sich Kate und Cukor auf die Suche nach einem geeigneten Haus für sie. Sie fanden eine traumhafte Villa in den Hügeln Hollywoods, die wie geschaffen für sie schien. Kate richtete das Haus ein und dekorierte die Wände mit impressionistischen Gemälden.

Obwohl Kate bei den Oliviers Trauzeugin gewesen war, hatte sie die beiden nie näher kennengelernt. Sie wußte von Cukor, daß Vivien manisch-depressiv war, konnte sich aber nicht vorstellen, daß all die Berichte über ihr Verhalten zutreffend waren.

Kurze Zeit nach ihrer Ankunft in Amerika geriet Vivien in eine manische Phase und begann wieder zu trinken. Am Drehort stritt sie sich mit Simone Signoret und wurde ausfallend gegenüber Lee Marvin. In einem ihrer «klaren Momente» faßte sie den Entschluß, sich wie schon oft zuvor einer Pentatol-Behandlung, verbunden mit Elektroschocks, zu unterziehen, da diese ihr Entspannung verschafften.

Kate fand nach längerer Suche eine zuverlässige Ärztin, die bereit war, die Therapie durchzuführen. Regelmäßig begleitete Kate Vivien zu diesen Sitzungen. Um sie vor den neugierigen Blicken der Passanten und den Kameras der Reporter zu schützen, bettete Kate sie auf die Rückbank ihres Wagens und verbarg sie unter Decken. Erst dann verließ sie ihre Garage.

«Da Vivien Schwierigkeiten mit ihrem Text hatte, studierten ihn Spencer und Kate geduldig mit ihr ein. Die beiden gaben ihr Halt und halfen ihr, durch den Film zu kommen», erinnerte sich Kramer.

Nachdem die Dreharbeiten zu *Ship of Fools* beendet waren, tauchten Kate und Spencer wieder in die Abgeschiedenheit ihres häuslichen Lebens unter. Das nächste Mal, daß man Kate in der Öffentlichkeit sah, war anläßlich der Trauerfeier für David O. Selznick Ende Juni 1965.

Da Selznicks Witwe Jennifer Jones unfähig war, die nötigen Arrangements zu treffen, baten Jeff und Danny Selznick Irene Mayer Selznick um Rat. «Ohne lange zu zögern bot sich Kate an, zusammen mit ihnen nach Forest Lawn zu fahren. Erst später wurde den Jungs klar, wie hilfreich dies war: Kate kannte alle Schliche der Leute von Forest Lawn», berichtete Irene. Bei der Feier sprachen George Cukor und Joseph Cotten. Cary Grant las die Laudatio, die Bill Paley verfaßt hatte. Kate folgte Selznicks Wunsch und las Rudyard Kiplings *If*.

Wie durch ein Wunder besserte sich Spencers Gesundheitszustand, jedenfalls schien es so. So hatte er nun nichts dagegen, Ende August einige Untersuchungen im Good Samaritan-Krankenhaus über sich ergehen zu lassen. Diese ergaben jedoch, daß ein Teil seiner Prostata entfernt werden mußte. Eigentlich ein unkomplizierter Eingriff. Spencer war damit einverstanden und wurde am 4. September 1965 operiert. Der Eingriff verlief ohne Komplikationen, ebenso die nächsten Tage. Zwei Tage bevor Spencer entlassen werden sollte, verschlechterte sich sein Zustand ohne ersichtlichen Grund. Am 13. September 1965 erklärte ein Sprecher des Krankenhauses, es stehe sehr schlecht um Mr. Tracy. Sein Bruder, Carroll Tracy, sei bei ihm.

In den nächsten 24 Stunden rang Spencer mit dem Tode. Nur langsam erholte er sich wieder und mußte für weitere sechs Wochen in der Klinik bleiben.

Zum erstenmal hatte nun auch die breite Öffentlichkeit von Spencers schlechtem Gesundheitszustand erfahren. War in den vergangenen Jahren allenfalls mal von Diabetes oder von einer offenen Wunde am Fuß die Rede, so wurde jetzt offenbar, daß Spencer «sterbenskrank» war.

Anfang November konnte er wieder nach Hause zurückkehren, aber die Hoffnung auf einen neuen Film schien nun endgültig zerstört.

Carey Gilbert: «Alle großen Filmstudios waren gegen den Tod oder die Krankheit ihrer Stars versichert. Doch nach den letzten Meldungen war keine Versicherungsgesellschaft dazu bereit, für Spencer Tracy einzustehen.»

Um «nicht ganz und gar einzurosten», nahm Spencer das Angebot an, bei einer Dokumentation über seine alte Alma Mater, das Ripon College, als Erzähler zu fungieren.

Kate unternahm alles, um ihn abzulenken und zu unterhalten. Seine Freunde aber ahnten, daß Spencer darunter litt, «von der Leinwand verbannt zu sein». Anders als Kate ging ihm die häusliche Routine auf die Nerven, und auch ihre Begeisterung für Kochen und Putzen konnte er nicht teilen. Die langen, von Kate als «idyllisch» geschilderten Tage machten ihn unruhig und trübsinnig. Er verließ das Haus noch seltener als zuvor und reduzierte auch die Besuche bei Louise und seinen Kindern.

Für die meisten Studios gehörten Kate und Spencer bereits «zum alten Eisen», doch Kramer suchte fieberhaft nach einem Stoff, der sich für einen Film für beide eignen würde. Eines Tages ging Kramer mit William Rose spazieren. Rose, der das Drehbuch zu *It's a Mad, Mad, Mad, Mad World* geschrieben hatte, erzählte ihm die Geschichte eines liberalen Weißen in Südafrika, dessen Gesinnung auf die Probe gestellt wird, als seine Tochter einen Schwarzen heiratet. Kramer war begeistert. «Ich dachte sofort: Geez, was für eine perfekte Situation für einen Film mit Spence.»

Zunächst sprach er mit Kate über das Projekt. Sie war hin und her gerissen zwischen der Chance, die sich Spencer und ihr bot, und der Gefahr, daß die Anstrengungen ihn zu sehr entkräften könnten. Nachdem sie einige Wochen darüber nachgedacht hatte, rief sie Kramer an und sagte: «In Ordnung, wir werden den Film machen.»

Im August 1966 wagte Kramer den nächsten Schritt und sprach mit Spencer über den Film, der inzwischen den Titel *Guess Who's Coming to Dinner* (dt. *Rat mal, wer zum Essen kommt*) trug.

«Doch wie gewöhnlich sagte Spence: ‹Ich will den Film nicht machen.› – ‹Was erwartest du von mir?› fragte ich ihn. ‹Daß ich zu Freddie March, Cary Grant oder sonst jemandem gehe? Meiner Meinung nach sollte niemand anders als du diese Rolle spielen.› Doch Spence winkte störrisch ab. Als Kate merkte, daß die Sache beinahe verloren war, sagte sie plötzlich: ‹Spence, ich bin fest davon überzeugt, daß du diesen Film machen sollst.› Und nach einer Pause fügte sie hinzu: ‹Und ich werde deine Frau spielen!› Da war ich wirklich überrascht, denn als ich mit Kate das Projekt besprochen hatte, zeigte sie keinerlei Interesse an der Rolle. Ich glaubte damals, sie hätte gar keine Lust zu arbeiten. So hatte ich sie überhaupt nicht in Erwägung gezogen. Aber jetzt war ich wirklich erleichtert. Nun, Spencer murrte vor sich hin, und wie schon dreimal zuvor mahnte er: ‹Ich werde schnell müde und unkonzentriert.› – ‹Das ist kein Problem. Ich werde alles so einrichten, daß du bis 14 Uhr wieder zu Hause bist. Das Studio wird das nie erfahren.› Schließlich sagte er: ‹Okay.› Kate stand hinter seinem Sessel, schlug die Hände über ihrem Kopf zusammen und strahlte. Sie war, glaube ich, über seine Entscheidung noch glücklicher als ich.»

Als nächstes flog Kramer nach New York und verpflichtete Sidney Poitier. «Schließlich hatte ich ein Studio, drei Stars, aber noch keine einzige Zeile von dem Drehbuch.»

Als Kramer im Oktober 1966 ankündigte, sein nächster Film würde zum neuntenmal Katharine Hepburn und Spencer Tracy auf der Leinwand vereinigen, glaubten viele an eine Ente.

Rat mal, wer zum Essen kommt handelt von dem Ehepaar Matt und Christina Drayton. Beide sind sehr sympathisch, intelligent und wohlhabend. Matt ist Besitzer und Herausgeber einer Zeitung in San Francisco, Christina leitet eine Avantgarde-Galerie. Eines Tages verkündet ihnen ihre Tochter Joey, daß sie einen Arzt heiraten werde. Doch die Vorfreude legt sich, als die Draytons erfahren, daß es sich um einen Schwarzen handelt. Zum erstenmal wird ihre liberale Einstellung auf die Probe gestellt. Zu weiteren Spannungen kommt es, als die Eltern von John Prentice entdecken, daß seine Braut nicht schwarz ist und ähnliche Bedenken äußern wie die Draytons.

Der Drehbeginn für den Film war auf Januar 1967 festgesetzt worden. Kate fieberte dem ersten Drehtag voll Enthusiasmus entgegen. «Sie müssen wissen, es ist verdammt schwer, das, was die Leute ein Comeback nennen, zu machen. Wenn man mit der Schauspielerei aufhört, ist man in Amerika wirklich out. Im Filmgeschäft vergessen einen die Leute einfach!»

Kurz vor Weihnachten 1966 erreichte Kramer die Hiobsbotschaft, daß keine Versicherungsgesellschaft bereit war, Spencer eine Police zu geben. Eine Versicherung aber war notwendig, da im Falle des Todes oder einer Erkrankung des Darstellers die betreffenden

Filmszenen nachgedreht werden mußten. Als die Situation völlig hoffnungslos schien, erklärte Kate sich bereit, ihre Gage als Sicherheit für Spencer zu hinterlegen. Die Columbia war mit diesem Vorschlag einverstanden, und so folgte auch Kramer Kates Beispiel.

Anfangs wußte Spencer nichts von dieser Regelung. Doch als er davon erfuhr, machte er sich ernsthafte Sorgen um Kate und Stanley. Eines Morgens rief er Stanley an und lud ihn zum Mittagessen ein. Inzwischen telefonierte er mit seinem alten Freund James Cagney und fragte ihn, ob er für ihn einspringen und die Rolle des Matt Drayton spielen würde. Ohne zu zögern gab Cagney Spencer sein Wort. Nach dem Essen erklärte Spencer Kate und Kramer, daß er sich große Sorgen um sie mache. «Ich kann keine Nacht mehr schlafen, wenn ich daran denke, welches Risiko ihr beide eingeht. Aus diesem Grund will ich aussteigen. Ich habe bereits mit Jimmy [Cagney] gesprochen, und er würde die Rolle sofort übernehmen.»

«Wir waren wie erstarrt», erinnerte sich Kate. Doch nach einigen Minuten faßte Kramer sich wieder.

«Gut, Spence», sagte er. «Es ist noch nicht zu spät, das Projekt abzublasen. Und das werde ich, wenn du die Rolle nicht übernehmen kannst oder willst. Denn ohne dich werde ich den Film nicht machen! Und das ist mein letztes Wort!»

Tracy sah ihn lange und gedankenversunken an. «Okay. Dann laß uns damit anfangen.»

Zwei Tage nach diesem Gespräch litt Spencer an einem Lungenödem. Der Notarzt führte ihm Sauerstoff zu und sein Zustand war in den nächsten Tagen äußerst kritisch. Doch die Hoffnung auf seinen neuen Film gab ihm Kraft; allmählich erholte er sich wieder.

Spencer sollte seine Todesangst auch während der Dreharbeiten zu *Rat mal, wer zum Essen kommt* nicht verlieren. «Es schien, als ahnte er, daß ihm nur noch wenig Zeit blieb», sagte Kate. «Aber dennoch wollte er nichts so sehr, wie diesen Film mit Stanley und mir machen.» Am 19. Februar 1967, als die Dreharbeiten begannen, schien er frisch und bei Kräften zu sein.

Ein weiteres Problem, das Stanley belastete, war die Besetzung der Rolle der Joey Drayton. Kate schlug ihre Nichte Katharine

Houghton für den Part vor. Kathy, die Tochter von Ellsworth Grant und Kates Schwester Marion, hatte bereits Erfahrungen in verschiedenen Sommertheatern und in einer kleineren Rolle in der Kanin–Gordon-Komödie *A Very Rich Woman* sammeln können. Als Kramer Kate fragte: «Hat sie Talent?», antwortete Kate: «Ja. Warum machst du nicht einfach eine Probeaufnahme von ihr?»

Diese Probeaufnahme fiel positiv aus und Stanley nahm Kathy unter Vertrag. «Allerdings muß ich offen sagen, daß ich sie etwas seltsam fand», räumte Kramer ein. «Ich weiß nicht, ob sie zu sehr unter Kates Einfluß stand oder ob sie versuchte, sich von ihrer Tante zu lösen, auf alle Fälle war unsere Beziehung alles andere als einfach.»

Obwohl sie 40 Jahre voneinander trennten, war Kathy ihrer Tante sehr ähnlich – äußerlich und auch bezüglich der Arbeitsmoral. Während Spencer nach Hause ging, blieb Kate bis zum späten Nachmittag am Drehort. Anschließend begleitete Kathy sie nach Hause. «Ich hatte keine Ahnung, wie ich an die Rolle herangehen sollte», gestand sie. «So zeigte mir Tante Kat zunächst, wie man sie intellektuell erarbeitet. Danach befahl sie mir, alles zu vergessen und einfach die Person zu sein. Wenn ich mich in Gedanken verlor, sagte sie: ‹Ich kann die Räder richtig klicken hören.›»

Wie gewöhnlich war Kate sehr gut vorbereitet. Doch diesmal beherrschte sie nicht nur ihren, sondern auch Spencers und Kathys Text. «Falls meine Nichte tot umfällt, bin ich noch da und kenne ihre Rolle», erklärte sie lachend.

Hinlänglich ist bekannt, wie Kate «mit ihrem geschäftigen Getue» Stanley beinahe zur Verzweiflung brachte. Sie kannte alle schriftlichen und mündlichen Details. Ebenso wußte sie Bescheid hinsichtlich der Bühnenanweisungen und der Beleuchtung. Der Garderobiere schlug sie vor, für Kathys Kostüme andere Accessoires auszusuchen, und verwickelte den Friseur in eine Diskussion über die Art und Weise, wie man Haare wäscht. Stolz erklärte sie: «Ich bin der beste Haarwäscher der Welt!»

Nachdem die erste Szene gedreht worden war – eine Konfrontation zwischen Poitier und Spencer –, blickte Kate durch den Sucher der Kamera und verkündete, daß sie der Ansicht sei, daß dieser Kamerawinkel ungünstig gewesen war. Mürrisch schaute Kramer sie an und schlug schließlich vor, daß sie doch das Ganze übernehmen sollte.

«Moment, Stanley», schnauzte Kate zurück. «Nun verlier nicht gleich dein Gleichgewicht. Ich versuche nur, ein bißchen Leben in die Bude zu bringen, damit die Leute nicht gleich einschlafen!»

Doch damit nicht genug. Als Kate das erste Mal die Filmdekoration sah, rief sie entsetzt aus: «Du liebe Güte! Was soll denn das sein? Ein Kamin? Das erkennt ja ein Blinder als Imitation!» In letzter Minute konnte Kramer es verhindern, daß «Kate die Dekoration abriß, um sie durch einen echten Kamin zu ersetzen».

Angesprochen auf Kates Verbesserungsvorschläge, erklärte Kramer: «Zu 50 Prozent hatte sie immer recht.» Über die restlichen Prozente schwieg er taktvoll.

«Mit Spence zu arbeiten war sehr einfach. Er liebte es, wenn ihm ein Regisseur sagte, was er zu tun hatte. ‹Geh durch die Tür und dann setz dich so an den Tisch. Dort spielte dann auch die Szene.› Spence kam dann durch die Tür, setzte sich an den Tisch und spielte die Szene genau so, wie man es abgesprochen hatte. Nicht so Kate. Sie würde antworten: ‹Ich will in der Tür stehenbleiben.› Oder: ‹Nein, ich werde mich nicht an den Tisch hinsetzen. Besser wäre es, wenn ich...› Es war wirklich hart. Sie ist immer kreativ. Eine der kreativsten Darstellerinnen, die mir in meinem Leben begegnet ist. Sie wollte von ihrem Regisseur und seinen Anweisungen unabhängig sein, und darin hat sie bis heute niemand übertroffen.

Schließlich war ich so weit, daß wir jede ihrer Ideen durchdiskutierten. Dies tat ich in der Hoffnung, daß sie beim Drehen so erschöpft wäre, daß sie das machen würde, was ich ihr sagte. Doch weit gefehlt. Kate war durch nichts zu ermüden. Ständig hatte sie eine neue Idee.

Der einzige, der sie bremsen konnte, war Spence. ‹Nerv den Jungen nicht!› Oder: ‹Warum quälst du ihn ständig? Er hat die Sache doch ausgearbeitet›, hörte ich ihn öfters sagen. Während Spence ein Reaktor war, entpuppte Kate sich als Protagonist. So kam es, daß er einem anderen Schauspieler die Szene stehlen konnte, obwohl er kein einziges Wort zu sagen hatte.»

Als Kate wieder einmal mit Stanley über die Interpretation einer Szene stundenlang diskutierte, seufzte Spencer und sagte: «Kate, warum kümmerst du dich eigentlich nicht um deine eigenen Angelegenheiten. Lies deinen Text, tu was er dir sagt und laß uns endlich weitermachen!»

Solche Ermahnungen fruchteten nur kurze Zeit. Drei Tage später bestand Kate darauf, daß sie bei einer Unterhaltung mit Katharine Houghton im Schlafzimmer nebenbei Wäsche bügelte. Doch Kramer haßte die Idee und weigerte sich strikt, Kate die Szene nach ihren Vorstellungen spielen zu lassen.

«Auf dem Weg nach Hause gestand ich mir ein, daß ich nur gegen das Bügelbrett gewesen war, weil Kate es vorgeschlagen hatte und nicht, weil es sich um ein Klischee handelte.» Am nächsten Morgen erklärte sich Kramer mit ihrem Vorschlag einverstanden. «Du bist schon ein komischer Kauz», sagte Kate. «Es ist doch völlig egal, ob ich bügle oder nicht!»

Alle Beteiligten wußten von Anfang an, daß dies ein anstrengender und schwieriger Film werden würde. Spencer sah alt und krank aus und konnte am Tag nur vier Stunden arbeiten. Wie vereinbart kam er erst gegen 10 Uhr und arbeitete bis kurz nach der Mittagspause. Seine Partner und die Techniker achteten darauf, daß nicht unnötig Zeit vergeudet wurde.

Kate schaute jeden Morgen gegen 5 Uhr bei ihm vorbei. Nach dem Frühstück gingen sie den Text durch. Damit gaben sie ihre Regel auf, in einem gemeinsamen Film nicht zusammen zu proben. Danach fuhr Kate sie gemeinsam ins Studio.

Wenn Tracy eine Szene beendet hatte, wandte er sich oft an den Kameramann Sam Leavitt und fragte: «Hast du alles, Sam?» Doch am Nachmittag, wenn Spencer sich von den Strapazen erholte, spielten Kate, Poitier und seine anderen Partner oft «mit der blanken Wand». Obwohl diese Art des Drehens äußerst strapaziös und nervenaufreibend war, beschwerte sich niemand.

«Manchmal benutzte ich auch ein Double, wenn man Spence nur von hinten sah, so daß er nicht unnötig herumstehen mußte», verriet Kramer. «Ich glaube, aus diesem Grund war er nicht so erschöpft, wie nach *It's a Mad, Mad, Mad, Mad World.*»

Nach Beendigung seiner Szenen fuhr Kate ihn nach Hause und kehrte dann ins Studio zurück, um weiterzuarbeiten. «Sie ist eine besessene Arbeiterin. Arbeit, Arbeit, Arbeit. Sie kann arbeiten, bis alle umfallen. Sie wirbelte herum und übertraf alle! Was für eine Schauspielerin! Was für eine Frau! – Obwohl sie so selbstsicher und hart wirkte, glaube ich, daß dies alles nur Selbstschutz war; in Wirklichkeit ist sie eine leichtverletzbare Frau.» Und nach einer Pause fuhr Kramer fort: «Am meisten bewundere ich ihre Kontrolle. Man kann neun, zehn Wiederholungen machen, und immer an der gleichen Stelle fließen ihre Tränen. Nur Vivien Leigh konnte das auch. Es ist nicht so sehr Talent, sondern schon eher eine Waffe, die Kate auch hin und wieder benutzte. Sie benutzt ihre Augen als Waffe, in jeglicher Hinsicht. Es sind phantastische Augen. Wenn sie emotional etwas erzählt, wird dies effektvoll durch den Glanz in ihren Augen unterstützt.»

Die Dreharbeiten zu *Rat mal, wer zum Essen kommt* schienen Spencer neue Kraft zu geben. So kam es während der letzten Drehwoche gelegentlich vor, daß Spencer Kate vor versammelter Mannschaft zurechtwies. Nachdem sie eine Szene beendet hatte, zog sich Kate schnell um, um Spencer, von dem einige Nahaufnahmen gefilmt werden sollten, die Stichwörter zu geben. Als sie aus der Garderobe kam, setzte sie sich in einen Regiestuhl und legte ihre Füße hoch. Tracy, der ihr den Rücken zugewandt hatte, fragte, ohne sich umzudrehen: «Willst du weiter so sitzen bleiben? Mit den Füßen nach oben?» Kate war so überrascht, daß sie keine Antwort wußte. Spencer aber drehte sich langsam um und sah sie lange an. «Wir können dann anfangen, wenn du deine verdammten Füße heruntergenommen und dich wie eine Lady hingesetzt hast.» Kate sprang auf, streckte die Zunge heraus, stampfte mit einem Fuß auf den Boden auf und setzte sich dann mit großem Pathos auf den Stuhl. Danach schlug sie ihre Beine «sittsam» übereinander.

Stanley Kramer erinnerte sich, daß Kate es sich angewöhnt hatte, in den meisten Szenen sich zu bücken oder zu knien. «Als Profi wußte sie, daß so die Kamera ihre Falten nicht filmen konnte.» Kate glaubte auch, auf diese Weise ihren «häßlichen Hals» vor der Kamera verstecken zu können, den sie zumeist noch mit hohen Kragen und Schals verhüllte. Spencer nahm diesen Tick gelassen hin, doch als Kate einmal «im gebückten Entengang durch die Tür gewatschelt» kam, wurde er ernstlich wütend.

«Verdammt, Kate, was machst du da?» schnauzte er sie an.
«Spencuh, ich dachte...»
«Spencuh, ich dachte...» imitierte er ihren Bryn Mawr-Akzent. «Geh hinaus, und dann komm in Gottes Namen so herein, wie dies jeder normale Mensch tun würde!»
Während Kate sich von niemandem kritisieren ließ, steckte sie Spencers Zurechtweisungen ohne Murren weg. «Obwohl er sie oft anschnauzte, war er im nächsten Augenblick voll Zärtlichkeit ihr gegenüber. Und Kates Liebe schien keine Grenze zu kennen.»
Dieses Gefühl der gegenseitigen Liebe und Hochachtung wurde auch in einer Szene von *Rat mal, wer zum Essen kommt* deutlich: Der junge Arzt wirft Matt Drayton vor, nicht zu wissen, was es heißt, verliebt zu sein. Drayton grübelt darüber nach und kommt schließlich zu einer plötzlichen Erkenntnis.
«Es ist ein merkwürdiger und höchst ungewöhnlicher Tag gewesen», beginnt er. «Meine Tochter hat mich informiert, daß sie die Absicht hat, einen Neger zu heiraten und daß diese Hochzeit stattfinden wird, ganz gleich, was ich davon halte. Meine Frau ist in romantischer Stimmung und im Moment für Vernunft nicht zugänglich. Man hat mich einen ausgebrannten Mann genannt, der sich nicht mehr daran erinnern kann, wie das ist, eine Frau zu lieben. Da irren Sie sich! Ich weiß genau, wie das ist, was er für sie empfindet. Es gibt nichts, absolut nichts, woran ich mich nicht erinnern könnte, wie ich fühle. Wenn das, was die beiden füreinander empfinden, auch nur die Hälfte von dem ist, was wir empfunden haben, dann bedeutet das schon alles.»
Beim letzten Satz schaute Spencer Kate direkt in die Augen. Obwohl es nicht beabsichtigt war, wurde die Szene zu einer seiner letzten Liebeserklärungen. «Kate standen die Tränen in den Augen, und auch Spence und mir wurden die Augen feucht. Diese unbeabsichtigte Identifikation verlieh dem Satz so phantastische Aussagekraft», sagte Kramer.

Trotz der Rücksichtnahme auf Spencer gelang es Kramer den Film wie geplant zu beenden. Spencer war mit der Arbeit zufrieden, dennoch machte er sich Sorgen, daß er das Ende der Produktion nicht mehr erleben würde. Vier Tage vor Drehschluß sagte er zu Stanley

Kramer: «Stanley, du weißt, daß ich gestern nacht das Skript noch einmal durchgelesen habe. Du hast jetzt von mir genügend Material, so daß du, falls mir etwas passieren sollte, den Film verleihfertig machen könntest.»

Am 26. Mai 1967 wurde die letzte Szene von *Rat mal, wer zum Essen kommt* gedreht. Als sie «im Kasten war», sprang Kramer auf und rief: «Das war's!» Er umarmte Tracy und Kate, und die meisten Beteiligten brachen in Tränen aus.

So rasch wie möglich fuhr Spencer nach Hause. Er wollte allein sein, «nur keinen Menschen an seinen Emotionen teilhaben lassen», formulierte es Kate. Nachdem er sich einige Stunden ausgeruht hatte, rief er die Kanins an.

«Ich habe es geschafft», rief er stolz. «Hast du gehört, Garson? Ich bin fertig. Ich habe den Kampf gegen mich selbst gewonnen. Bist du beeindruckt?»

«Nein», antwortete Kanin. «Ich war beeindruckt, daß du das Projekt überhaupt begonnen hast.»

«Als alles vorbei war, begann Stanley zu heulen, und auch mir kamen die Tränen. Deshalb ließ ich mich so schnell wie möglich von Kathy heimfahren. Ich glaube, ich hatte fünf Bier intus. Aber es war mir egal. So erleichtert wie heute war ich schon lange nicht mehr. Jetzt kann ich mich endlich zur Ruhe setzen.»

«Ich dachte, das hättest du längst getan», entgegnete Kanin bissig.

Rat mal, wer zum Essen kommt feierte am 12. Dezember 1967 Kinopremiere. Trotz der Bedenken der Columbia spielte er mehrere Millionen ein. Tracy wurde zum neuntenmal für den Oscar als bester Hauptdarsteller nominiert. Kate erhielt ihre zehnte Nominierung für den Academy Award.

Während die meisten Kritiker das Thema «abscheulich» fanden, waren sie sich doch darin einig, daß Tracy und Hepburn «zu den attraktivsten Filmpaaren zählten». Wanda Hale schrieb:

«Obwohl Miss Hepburn nicht viel zu sagen hat, macht sie in wenigen Worten ihre Stellung klar und verleiht ihrer Rolle ihren magischen Hauch... Was Tracy sagt, läßt die Zuschauer mit Tränen in den Augen fühlen, daß dies nicht nur auf seine Rolle, sondern auch auf ihn privat zutrifft.»

Im Juni 1967 spielte Spencer mit dem Gedanken, Benjamin Franklins Lebensgeschichte auf die Leinwand zu bringen. Kanin berichtete, daß Spencer in den vergangenen Jahren sich immer «zu jung» für die Verwirklichung dieser Rolle gefühlt hatte. «Doch diesmal war er fest entschlossen, das Projekt in Angriff zu nehmen, das in Frankreich verwirklicht werden sollte. Georges Lourau wollte den Film produzieren, René Clair sollte Regie führen und Garson Kanin das Drehbuch schreiben.

Eifrig studierte Spencer *Poor Richard's Almanach* und las zum wiederholten Male Franklins Autobiographie.

Indes war Kate verzweifelt. Instinktiv ahnte sie, daß Spencers Ende nahe war. Aus diesem Grund schlief sie in einer kleinen Kammer in der Nähe seines Schlafzimmers und ließ oft das Licht brennen, damit sie sofort nach ihm sehen konnte.

In der Nacht zum 10. Juni 1967 hatte sie nicht besonders gut geschlafen. Gegen drei Uhr morgens hörte sie, wie Spencer aufstand und in die Küche hinunterging. Dies tat er gewöhnlich, um ein Glas Milch zu trinken, damit er besser einschlafen konnte. «Ich war der Meinung, daß ich nicht aufstehen müßte, da seine Schritte recht sicher klangen.» Sie hörte, wie er den Kühlschrank öffnete, sich die Milch einschenkte und sich an den Küchentisch setzte. Gerade als sie wieder einschlafen wollte, «erschreckte mich ein seltsames Geräusch». Beunruhigt stand Kate auf und sah nach. Spencer saß auf seinem Stuhl. Als sie ihn berührte, wußte sie, daß er tot war.

«Die ruhelose Maschine in Spence arbeitete nicht mehr. Sie hatte einfach aufgehört – bang! Die Schachtel zerbrach. Der Behälter war einfach zu klein und zu eng geworden für – wie will man es nennen? – für all den ungebändigten Stoff, der in ihm herumgewirbelt war.»

Als Kate sich wieder gefaßt hatte, rief sie George Cukor und Spencers Arzt Dr. Mitchell Covel an. Beide kamen sofort vorbei und trugen Spencers Leichnam zurück in sein Schlafzimmer. In der Zwischenzeit verständigte Kate Spencers Bruder Carroll, der seinerseits Louise und die Kinder benachrichtigte. Nach 30 Minuten verabschiedete sich Dr. Covel. Danach ging Kate allein in Spencers Schlafzimmer und blieb dort zehn Minuten lang. Gefaßt kam sie wieder zu Cukor, mit dem sie das Haus verließ, nachdem sie aufgeräumt und ihre Sachen zusammengepackt hatte.

Offiziell wurde Spencer Tracys Leichnam von seiner Haushälterin Ida Gheczy gefunden. Die Presseerklärung ließ verlauten: «Mr. Spencer Bonaventure Tracy ist gegen sechs Uhr an einem Herzinfarkt gestorben. Nach seinem Bruder Carroll und seinem Hausarzt trafen Mrs. Louise Tracy und ihre Kinder John und Susie in Mr. Tracys Heim am St. Ives Drive ein. Gegen elf Uhr erwies Katharine Hepburn in Begleitung von George Cukor und Ross Hunter Mr. Tracy die letzte Ehre.»

An der Trauerfeier in der Immaculate Heart of St. Mary Church und der Beisetzung auf Forest Lawn nahmen über 600 Menschen teil. Louise wurde von Howard Strickland begleitet, Spencers Public-Relations-Manager, der bis zuletzt nichts unversucht ließ, die Beziehung zu Kate zu vertuschen.

Kurz nach Bekanntgabe von Spencers Tod diskutierten ihre Freunde, ob es klug sei, wenn Kate an den Trauerfeierlichkeiten teilnehmen würde. Sie waren geteilter Meinung, denn einige befürchteten, durch Kates Anwesenheit und die Sensationsgier der Fotografen und Reporter könnte die Beerdigung zu einem Rummel ausarten.

Kate entschloß sich, zu Hause zu bleiben.

George Cukor: «Was für eine Lady. Sie wollte Louise nicht in Verlegenheit bringen. Aber glauben Sie mir, Kate war am Boden zerstört. Sie hatte den Menschen verloren, der ihr 25 Jahre lang eine Stütze gewesen war.»

Heimlich nahm Kate Abschied von Spencer. Bevor sein Sarg versiegelt wurde, legte sie seine geliebte Christophorus-Statue hinein – obwohl sie als Atheistin Heiligenverehrung als «Unsinn» ansah –, außerdem ein Stück Carrara-Marmor sowie seinen Rosenkranz.

Kate weigerte sich strikt, Reporter zu empfangen. Laura Harding kam eigens nach Los Angeles, und auch Phyllis half ihr, die nächsten Tage zu überstehen. Nach der Trauerfeier schauten einige Freunde bei ihr vorbei. Stanley Kramer berichtete: «Sie war wie betäubt. Als ich bei ihr vorbeischaute, war Vincente Minnelli gerade bei ihr. Minnelli hatte Spence immer mit dem neuesten Klatsch versorgt und ihn zum Lachen gebracht. Doch jetzt saß Vincente nur da und versuchte, wie wir anderen auch, Kate zu trösten.»

Garson Kanin: «Phyllis öffnete uns die Tür. Wir umarmten sie.

Als wir ins Wohnzimmer gingen, kam Kate mit offenen Armen auf uns zu. ‹O Gar, ich weiß, wie schrecklich das alles für euch sein muß›, sagte sie, bevor wir zu Wort kommen konnten. Wirklich, trotz ihres großen Schmerzes versuchte sie, uns zu trösten und uns über unseren Kummer hinwegzuhelfen.»

48 Stunden nach der Beisetzung fuhr Kate zu Louise und stattete ihr einen Kondolenzbesuch ab.

Auch bei der Testamentseröffnung war Kate nicht anwesend. Spencer hinterließ sein gesamtes Vermögen seiner Frau und seinen Kindern. Seine Gemälde, Kleider und Automobile erbte sein Bruder Carroll. Kate wurde im Testament nicht bedacht. Da Louise wußte, was Kate für Spencer empfand, überließ sie ihr einige Gegenstände, die Kate an die 25 gemeinsamen Jahre mit Spencer erinnerten.

Kate flog zusammen mit Phyllis und Laura nach Fenwick, da sie hoffte, daß die geliebte Umgebung ihre Wunden heilen würde. Doch bald schon erkannte sie, daß dies nur durch Arbeit geschehen könnte. Obwohl Hollywood geglaubt hatte, sie würde sich nun für immer aus dem Filmgeschäft zurückziehen, erklärte sie:

«Die nächsten zwei Jahre möchte ich keine Gelegenheit haben, über irgend etwas nachzudenken. Ich will bis zur Besinnungslosigkeit arbeiten. Erst wenn ich wieder klar denken kann, werde ich mich zur Ruhe setzen!»

Teil III

Die unglaubliche Miss K.

(1967–1990)

I

Fenwick war erfüllt von lachenden Kinderstimmen. Aber für «Tante Kat», wie sie liebevoll von den Enkelkindern ihrer Geschwister genannt wurde, war dieser Sommer voller Zweifel und Ängste. Zwar war sie energiegeladen wie immer, doch machten ihr ihre Großnichten und -neffen deutlich, daß auch sie das Alter einer Großmutter erreicht hatte. Auch wurde ihr bewußt, daß ihr die Sicherheit und Geborgenheit einer eigenen Familie fehlten. Die Hoffnungen, sich durch intensive Arbeit ablenken zu können, war getrübt. Hollywood und der Geschmack des Kinopublikums hatten sich zu sehr geändert. Stars wie Bette Davis, Joan Crawford, Deborah Kerr und Olivia de Havilland traten in mehr oder weniger schlechten Horrorfilmen auf, Cary Grant hatte sich völlig von der Leinwand zurückgezogen. Kate erreichte kein einziges Angebot, und so deutete sie den Takt der Studios und Produzenten, die sie in ihrem Schmerz um Tracys Tod nicht belästigen wollten, als Desinteresse an ihrer Person. Nach vierzehn Tagen entschied sie, daß es in ihrer Situation wohl das Beste sei, Fenwick zusammen mit Phyllis zu verlassen. Sie nahm das Angebot der Kanins wahr und fuhr nach Edgartown.

«Kate schwamm natürlich jeden Morgen», erinnerte sich Ruth Gordon. «Das machte uns etwas Sorgen, denn es war bekannt, daß das Meer etwas tückisch war und Badende oft Opfer des Seegrases geworden waren. Doch Kate zeigte sich keineswegs von unseren Warnungen beeindruckt. ‹Phyllis und ich haben vereinbart, daß niemand sein Leben durch die Rettung des anderen aufs Spiel setzen soll!› sagte sie. Und an diese kategorische Entscheidung hatten auch wir uns zu halten.»

In Edgartown erreichte Kate ein Anruf ihres Agenten Abe Lastfogel. Vorsichtig fragte er an, ob er einem englischen Produzenten ihre Telefonnummer geben dürfe. Wie sich herausstellte, handelte es sich um Martin Poll, der die Rechte an dem Drama *The Lion in Winter* von James Goldman besaß.

«Ich bat Poll, mir das Stück zu schicken, das ich an einem Stück durchlas. Zur Sicherheit gab ich es aber noch Phyllis zu lesen, doch auch sie war der Ansicht, daß die Rolle der Eleanor von Aquitanien perfekt für mich zu sein schien. Wenige Tage später erreichte mich ein Anruf von Peter O'Toole. Er erzählte mir, daß man auch ihm das Stück geschickt habe und daß er unter allen Umständen Henry II. spielen wolle, falls ich bereit sei, seine Ehefrau zu verkörpern.»

«In meiner Vorstellung war sie die Idealbesetzung für diesen Part», berichtete O'Toole. «Nie habe ich mein erstes Treffen mit Katharine vergessen. Ich spielte in London, als plötzlich die Tür zu meiner Garderobe aufflog und sie hereingestürmt kam. Soweit, so gut, peinlich war nur, daß ich gerade in diesem Moment ins Waschbecken pinkelte, da die Toilette besetzt war. Nun, ich tat so, als ob ich meine Hände waschen würde und brachte unten alles wieder in Ordnung. Von diesem Abend an verfolgte sie meine Karriere mit wachsamen Augen und war schlimmer als ein Presseagent. Sie kam sogar eigens nach Akuba, um mir für den Lawrence-Film mit Lean Glück zu wünschen. Wäre dies alles 25 Jahre früher passiert, ich hätte Tracy den Arm und die Finger gebrochen, damit ich sie bekommen hätte.»

Kaum war bekannt geworden, daß Kate wieder filmen sollte, trafen die Angebote reihenweise bei Lastfogel ein. Nach sorgfältiger Prüfung entschied sich Kate, daß sie im Anschluß an die Goldman-Verfilmung in *The Madwoman of Chaillot* (dt. *Die Irre von Chaillot*) mitwirken werde. Regie sollte John Huston führen, und so waren keine größeren Schwierigkeiten zu erwarten. Beide Projekte sollten in Europa verwirklicht werden, Kate konnte also Amerika ein Jahr lang den Rücken kehren.

Doch zuvor besuchte Kate in Los Angeles ihre Verwandten. Außerdem reiste sie nach Maine, um ihrer alten Freundin Emily Perkins im Kampf gegen die Drogensucht ihres Sohnes beizustehen. Zurück in New York, traf sie sich mit Alan Lerner, der versuchte, sie für ein Musical über Coco Chanel zu gewinnen.

«Peter erzählte mir von einem Regisseur, Anthony Harvey, von dem ich noch nie etwas gehört hatte. ‹Am besten, wir besprechen das persönlich›, schlug ich ihm vor, und zwei Wochen später holte ich ihn vom Flughafen ab. Nach einem vorzüglichen Dinner bestand er darauf, mit mir in eine Nachtvorstellung von Harveys Film *Dutchman* zu gehen. ‹Oh, nein, ich war noch nie in einem Film um elf Uhr nachts›, wehrte ich ab, aber er bestand darauf. Ich dachte, ich müßte jeden Moment tot umfallen, doch als ich im Kino war, gefiel der Film mir wirklich. Ich war immer noch nicht sicher, ob Harvey der richtige Regisseur für *The Lion in Winter* (dt. *Der Löwe im Winter*) war. Aber wie kann man schon wissen, ob jemand für etwas geeignet ist. Oft bringen brillante Leute auch nur Mist zustande. Also rief ich Peter am nächsten Morgen an und sagte: ‹Wenn du davon überzeugt bist, daß er es schaffen wird, wüßte ich nichts, was gegen Harvey spricht.› Peter flog nach London zurück, und Poll nahm Tony unter Vertrag.»

Obwohl Poll Kate, O'Toole und Harvey fest unter Vertrag hatte, bereitete ihm die Finanzierung des Films große Schwierigkeiten. Im Herbst 1967 sah es so aus, als ob das Projekt gescheitert sei. In letzter Minute sprang Joseph Levine ein und stellte die notwendigen Mittel zur Verfügung. Zum Schrecken aller Beteiligten wurde bekannt, daß der Drehbeginn von *Die Irre von Chaillot* auf Anfang März 1968 festgelegt worden war. Um Zeit zu sparen, teilte man die Arbeit auf. Während O'Toole quer durch England reiste, um die übrigen Rollen mit Theaterschauspielern zu besetzen, machten sich Poll und Harvey auf die Suche nach geeigneten Drehorten. Kate und Phyllis dagegen vertieften sich in die Literatur über Eleanor und Henry II. Anfang Oktober reisten sie nach Frankreich, wo Kate die historischen Schauplätze und die Gräber der Helden in Fontevrault besuchte.

«Trotz aller Intrigen und Machtkämpfe liebte Eleanor Henry», erklärte Kate einem Reporter. «Der Film spiegelt auch die Verzweiflung wider, die zwei liebende Menschen empfinden, wenn sie versuchen zusammenzufinden und Kompromisse eingehen müssen. Egal wie die Sache auch ausgehen mag, die Träume vom Anfang werden sie immer verbinden. Eleanor muß sehr hart und zäh gewesen sein. Denn wie konnte sie sonst so viel Gift und Galle verspritzen, und das bis zu ihrem Tod im Alter von 82 Jahren? Sie und Henry waren Spekulanten, die um Länder schacherten, und ich muß ehrlich sagen, ich liebe solche Menschen.»

Als Kate die ersten Entwürfe von Margaret Furse sah, die Eleanor überwiegend in erdfarbene Töne kleiden wollte, überzeugte sie mit Hilfe von geschichtlichen Dokumenten die Kostüm-Designerin, daß Eleanor mit Vorliebe kräftige Farben trug. Auch bestand Kate darauf, einen Schal zu tragen, da sie so ihren Hals «vor unvorteilhaften Aufnahmen» schützen konnte.

Da es sich um ein Theaterstück handelte, beschloß Anthony Harvey, zunächst mit seinem Team im Haymarket Theatre zu proben, bevor die Dreharbeiten in Irland beginnen sollten. «Hätten wir eine Kamera und die richtigen Kostüme gehabt, hätten wir sofort filmen können», sagte Harvey. «Mit Miss Hepburn zu arbeiten war so, als ob man als Siebzehnjähriger nach Paris fährt und dort alles so vorfindet, wie man es sich erträumt hat.»

Allein Kate verstörte es etwas, daß Harvey sie auch noch nach den Proben mit «Miss Hepburn» ansprach. Als Martin Poll ihn darauf ansprach, sagte Tony: «Wie kann ich jemanden Kate nennen, den ich seit Jahrzehnten verehrt habe?»

Enthusiastisch kam Kate am ersten Probentag in das Theater gestürmt und übersah dabei völlig die zufallende Eisentür. «Wir hörten einen leisen Aufschrei, und als wir hinter die Bühne stürzten, sahen wir Kate halb ohnmächtig auf dem Boden sitzen. Ihre Hand war blutverschmiert und ihr Daumen nur noch ein blutiges Etwas, dennoch weigerte sie sich, ins Krankenhaus gebracht zu werden», berichtete Harvey. «Statt dessen verband sie sich selbst und erklärte: ‹Wenn der Daumen genäht wird, ist er auf keinen Fall bis Drehbeginn geheilt!› So probte sie ohne ärztliche Hilfe, und obwohl sie es sich nicht anmerken ließ, wußten wir alle, daß sie schreckliche Schmerzen haben mußte, denn der Finger begann zu eitern.»

Nichtsdestotrotz begann Kate schon bald Verbesserungsvorschläge zu machen, die «es Peter um ein Vielfaches erleichtern würden, diese Szene auf diese Art zu spielen... und auch mir eine kleine Hilfe sein würden». Goldman, beeindruckt von Kates Wissen über Eleanor, stimmte meistens mit ihr überein. «Doch das genügte ihr nicht. Miss Hepburn bestand darauf, daß jede Änderung schriftlich fixiert wurde. ‹Ein Amateur gibt sich vielleicht mit einer mündlichen Zusage zufrieden, ich bin aber ein Profi›, und nachdem wir ihrem Befehl nachgekommen waren, lächelte sie und fragte kokett: ‹Bin ich nicht schrecklich?›»

Unter anderem bestand Kate darauf, daß Goldman die Eröffnungsszene änderte, in der Eleanor in ihrem Gefängnis vor dem Kaminfeuer sitzt und stickt. «Das ist ganz unmöglich!» rief Kate. «Sie würde das niemals tun. Viel besser wäre es, wenn der Bote sie trifft, als sie gerade Holz hackt!» Doch dies war der einzige Wunsch, den ihr Harvey und Goldman verweigerten.

Auch Peter O'Toole, ansonsten als Tyrann bekannt, ordnete sich den Wünschen Kates unter. «Sie kannte meine Filme, und mit Ausnahme von *Lawrence of Arabia* und *Becket* hielt sie alle für Schrott. ‹Wie kann man nur in Filmen wie *What's New Pussycat?* oder *How to Steal a Million* mitwirken?› fragte sie mich entsetzt. Und obwohl ich bisher nur einen Flop in meiner Filmkarriere gehabt hatte, sagte sie: ‹Du wählst deine Projekte schlecht aus, Schweinchen.› So nannte sie mich. Oder ‹Alter Knochen›. Ihre Anwesenheit verwandelte mich in einen Schatten meiner selbst. Mit ihr zusammenzuarbeiten ist reiner Masochismus. Anscheinend hatte irgendeine dunkle Macht sie mir geschickt, damit sie mein Leben in eine Hölle verwandelt und mich bei lebendigem Leibe auffrißt. Aber bei Gott, es hat sich wirklich gelohnt.»

Vor allem störte es Kate, daß O'Toole ihrer Meinung nach zuviel trank. Als sie ihn deswegen wieder einmal öffentlich zur Rede stellte, fauchte er zurück: «Was willst du eigentlich von mir, du New England-Puritaner? Ich habe dich doch auch Wodka schlucken sehen wie ein russischer Kommissar.» Obwohl O'Tooles Behauptung frei erfunden war, verschlug es Kate die Sprache. Um sie endgültig zum Schweigen zu bringen, stopfte Peter ihren Wagen bis unters Dach mit leeren Dosen und Flaschen voll. Kate hielt dies für einen besseren Scherz.

Nach dreiwöchigen Proben reiste die Crew nach Irland in die Grafschaft Wicklow, wo in einer Nachbildung eines Schlosses aus dem 12. Jahrhundert gedreht wurde. In ihrer Freizeit wanderte Kate durch die Hügel Wicklows und sammelte Gregorianische Glassplitter. Was die Crew aber am meisten erstaunte, war, daß Kate trotz winterlicher Temperaturen zweimal täglich in einem See schwamm. O'Toole verriet sie: «Es ist der Schock! Es ist so schrecklich, daß man sich hinterher einfach großartig fühlen muß!»

Von Irland wurde die Produktion nach Dublin in die Bray Studios, dann nach Wales und zum Abschluß nach Frankreich verlegt.

«Der katastrophale Überflug von Dublin nach Marseille hätte uns eine Warnung sein sollen», sagte Nigel Stock. Von nun an schien die Produktion von Unfällen verfolgt zu sein: Peter O'Toole verlor beinahe seinen Daumen, als er bei der Ankunftsszene von Eleanor zwischen das Boot und den Landungssteg geriet. Für weitere Tage mußten die Dreharbeiten unterbrochen werden, als Harvey an Hepatitis erkrankte und Anthony Hopkins vom Pferd stürzte. «Kate kümmerte sich wie eine Mutter um die Kranken und Verletzten», berichtete Hopkins. Am stärksten beeindruckten ihn aber die «mottenzerfressenen Pullover, die sie meistens übereinander trug». Als er sie einmal daraufhin ansprach, erzählte sie ihm, daß diese einmal Spence und Bogie gehörten.

Die Strapazen der Dreharbeiten gingen auch an Kate nicht spurlos vorüber. Gelegentlich war sie vor eigenen Überreaktionen nicht sicher. «Wir drehten eine Szene in den Gewölben von Montmajour. Ich brauchte unbedingt meinen Maskenbildner Bill Lodge. Aber er war nirgends zu finden. Schließlich entdeckte ihn jemand bei Peter. Wütend rannte ich die Treppe hinauf und fand die beiden, die in aller Seelenruhe tratschten. ‹Warum gönnst du mir meinen Maskenbildner nicht?› schrie ich. Peter lächelte, und in diesem Moment versetzte ich ihm einen Kinnhaken. Er war sprachlos. ‹Das nächste Mal, wenn ich einen Maskenbildner brauche, schick ihn sofort zu mir!›» Um den Frieden wieder herzustellen, erschien Peter am nächsten Morgen bandagiert wie eine Mumie.

Goldman beschrieb in seinem Stück Eleanor von Aquitanien als «schöne Frau mit Temperament und großer Autorität. Seit 46 Jahren war sie eine Herrscherin von internationaler Bedeutung, und das merkt man ihr auch an. Das Erstaunlichste an ihr ist, daß sie, obwohl sie eine sehr feminine Frau ist, weiß, wie man sich in einer von Männern beherrschten Welt behauptet.»

Nachdem eine Intrige, die Eleanor vor zehn Jahren gegen ihren Mann Henry (O'Toole) anzettelte, scheiterte, verbannte Henry sie vom Hof. Seither lebt sie als seine Gefangene in einem Schloß in Frankreich. Allein zu Feiertagen oder besonderen Anlässen holt Henry sie zurück und läßt keinen Moment verstreichen, sie auf sadistische Weise daran zu erinnern, daß ihre Gefangenschaft noch kein Ende hat. Aber auch Eleanor nutzt jede Gelegenheit, um ihren Ehemann zu verletzen. Bestes Mittel hierzu sind ihre Söhne, die sie alle nicht besonders mag. Geschickt werden Intrigen gesponnen, Fallen gestellt, und Eleanor beweist erneut, daß sie nichts von ihrer Boshaftigkeit verlernt hat. Dem Zuschauer gegenüber rechtfertigt sie dies lakonisch: «Na ja, in welcher Familie geht es nicht drunter und drüber!»

«Miss Hepburn schien jeden Augenblick zu genießen», berichtete Harvey. «Sie lebt ihr Leben voller Leidenschaft. Nichts ist Routine, jeder Tag bringt ihr eine neue Überraschung: angenehme wie auch unangenehme.»

Zu den «unangenehmen» zählte Kate die Tatsache, daß Harvey in der Spiegelszene darauf bestand, daß sie mit offenem Haar spielen sollte. Das offene Haar symbolisierte für ihn Eleanors Aufgelöstheit und Depressionen an diesem Abend. Nach längerem Hin und Her willigte Kate ein und mußte später eingestehen, daß Harvey recht behalten sollte: durch seine Inszenierung gehört diese Stelle mit zu den bewegendsten des ganzen Films.

Die Sticheleien, Kämpfe und Intrigen vor der Kamera, die später Kritiker und Publikum gleichermaßen faszinierten, halfen Kate, ihre Depression nach Tracys Tod zu überwinden. Anfang März 1968 verließ sie das Team und reiste nach Paris und Nizza, wo *Die Irre von Chaillot* gedreht werden sollte.

Die Irre von Chaillot alias Gräfin Aurelia (Kate) muß eines Tages erkennen, daß die Welt keineswegs der glücklichen Illusion entspricht, der sie sich ergeben hat. Geld- und kriegsgierige Kapitalisten planen, Paris in eine einzige Ölbohrstelle zu verwandeln. Kurzentschlossen verbünden sich Aurelia und ihre Freunde mit einem jungen Anarchisten (Richard Chamberlain) und planen, das Konsortium auszuschalten. Mit der Behauptung, ein riesiges Ölfeld befinde sich unter ihrem Haus, lockt Aurelia sie in die Katakomben von Paris, aus denen es kein Entkommen mehr gibt.

Während Paul Henreid vermutete, Kate habe infolge des Schocks wegen Tracys Tod nicht bei Verstand sein können und habe deshalb zugestimmt, die Rolle der Aurelia zu spielen, hielten andere ihr Mitwirken für eine Dankesgeste gegenüber Landau und *Long Day's Journey into Night*. Als sie das Drehbuch, das auf einem Theaterstück von Jean Giraudoux beruht, in Edgartown las, war sie entsetzt. «Ich rief Ely an und sagte: ‹Mein Gott, von was handelt das alles eigentlich? Wieso denkst du bei dieser Rolle an mich? Ich bin eine einfache, nette Person. Ich liebe es, Weihnachtsschmuck zu basteln und Böden zu schrubben. Ich versteh dieses komplizierte Zeug überhaupt nicht.› Doch Landau ließ nicht locker, und so sagte ich zu, in der Hoffnung, daß ich doch noch verstehen würde, wovon das Stück handelt.»

Nach Kate verpflichtete Landau John Huston. Beruhigt durch diese Nachricht, wandte Kate ihre Aufmerksamkeit der Poll-Produktion zu, während Landau die restlichen Rollen mit Stars wie Yul Brynner, Danny Kaye, Richard Chamberlain, Charles Boyer, Giulietta Masina, Margaret Leighton, Oscar Homolka, John Gavin, Edith Evans und Paul Henreid besetzte. Huston betrachtete diese Entwicklung aus der Ferne mit Sorge, denn von Filmen, die mit Stars überfüllt waren, hielt er nichts. Als es dann auch noch zu Querelen mit Landau kam, der darauf bestand, Giraudoux' zeitloses Stück in die Gegenwart zu versetzen, legte Huston achtzehn Tage vor Drehbeginn die Regie nieder. Seine Nachfolge trat Bryan Forbes an.

Paul Henreid erinnerte sich, daß er von Kates Art völlig überrascht wurde. «Als wir das letzte Mal zusammenarbeiteten, hatte sie den Regisseur mit ihren Verbesserungsvorschlägen ständig genervt. Katie besaß einen ausgezeichneten Instinkt, der ihr half, ihre Rollen erfolgreich zu spielen. Doch diesmal wirkte sie so unsicher. Blindlings schien sie Forbes zu gehorchen, was dann auch zur Katastrophe führte. Sie war auf eine gewisse Weise nicht bei der Sache. Ständig erzählte sie von Spence, aber in einer Art und Weise, daß man den Eindruck haben konnte, er würde noch leben. Zum Leben schien sie erst zu erwachen, wenn es ums Essen ging. Ich schenkte ihr eine riesige Pralinenschachtel, die Katie an einem Drehtag zur Hälfte vertilgte. Und glauben Sie, sie hätte einem von uns etwas angeboten? Jeden Nachmittag stopfte sie Berge von Süßigkeiten in sich hinein, und ihr Dinner, das sie als ‹leicht› bezeichnete, war ein ausgewachsenes Menü. Ich wunderte mich nur noch, daß sie immer noch so dünn war.»

Im Studio de la Victorine erntete sie Kirschbäume leer. Zu den Arbeitern sagte sie: «Versteckt die Leiter, damit niemand sich die Großen holen kann.»

«Ich kann mir auch nicht erklären, warum *Die Irre von Chaillot* scheiterte», sagte Danny Kaye, der den Lumpensammler verkörperte. «In einer Szene sag ich zu Katie: ‹Gräfin, die Welt hat sich geändert. Die Welt ist nicht mehr schön; die Welt ist nicht länger glücklich!› Und sie antwortet: ‹Aber warum hat niemand mir das gesagt?› Bei den Proben wirkte diese Stelle wunderbar, doch als wir sie dann im Kino sahen, war sie einfach entsetzlich, so unecht, so gekünstelt.»

«Wir haben den Film schon während der Produktion verloren», räumte auch Ely Landau ein, «weil er zu romantisch, zu sentimental war. Eddie Anhalts Drehbuch war phantastisch gewesen, denn es setzte die Gefühle ohne Klischees um. Doch was wir daraus machten... das war ganz allein Bryans und meine Schuld.»

Kate dagegen schien nichts von dem sich abzeichnenden Flop zu ahnen. Einem Reporter erklärte sie: «Ich glaube, der Film hat mehr Bedeutung als vor zwanzig Jahren. Die Welt ist verrückt geworden. Wir werden immer noch vom Materialismus dominiert, und das ist genau das, worüber Giraudoux schrieb. Die Irre dagegen repräsentiert die Hoffnung.»

Denkt Kate heute an das Landau-Projekt zurück, so erinnert sie sich hauptsächlich an die Villa, die sie in St. Jean-Cap-Ferrat gemietet hatte. «Es war das einzige Haus, das mir dort gefallen hat. Sehr abgeschieden. Sehr einfach eingerichtet. Vor allem war es mit viel Holz ausgestaltet. Ich liebe Holz, seine Struktur, seine Farbe, seinen Geruch. Ja, ich hoffe sogar, daß ich selbst wie altes Holz bin. Es gibt Menschen, die sind wie eine Schatulle, verziert mit Juwelen. Ich bevorzuge andere, einfachere Materialien. Und bin auch so.»

Eine Ansicht, die zum Beispiel Yul Brynner nicht mit ihr teilte. «Eines Morgens sah Kate ein Kind auf einem Fahrrad vorbeifahren. Sofort rannte sie ihm hinterher und stoppte es. ‹Wo hast du das Rad her?› fragte sie in ihrer typischen Art. ‹Ich muß es wissen! Seit Jahren suche ich ein solches Modell.› Nun, ich machte mich also auf die Suche und fand schließlich das gleiche Modell, kaufte es und schenkte es Kate, die sich auch darüber zu freuen schien. Doch als ich sie und das Fahrrad einige Tage später fotografieren wollte, geriet sie außer sich und forderte, daß ich von den Dreharbeiten ausgeschlossen werden sollte. Ich mußte jemand spielen, der sich ihr gegenüber sehr mies verhält. Zunächst war mir das sehr schwergefallen, doch das änderte sich nach diesem Zwischenfall.»

Dennoch liebte Kate Brynners Geschenk. Jeden Morgen radelte sie in das Studio. Gelegentlich jedoch stoppte sie die Studiolimousine, verfrachtete ihr Rad in den Kofferraum und beförderte die Fahrgäste auf den Rücksitz, während sie majestätisch neben dem Chauffeur Platz nahm. Die Konversation gestaltete sich dann derart, daß Kate «wie ein Maschinengewehr Fragen ausstieß, die sie dann gleich selbst beantwortete. Man selbst wurde zum Zuhörer degradiert, der gelegentlich ein Stichwort einwerfen durfte», erzählte Brynner. «Taube Menschen lieben es, wenn ich mich mit ihnen unterhalte», sagte Kate einmal lächelnd. «Ich glaube, sie sind die einzigen, die es mit mir aufnehmen können.»

Vor allem aber die Zusammenarbeit mit Margaret Leighton und Giulietta Masina schien Kate zu genießen. Als ihr die Masina erzählte, sie habe noch immer ein Foto von ihr als Jo March in *Vier Schwestern*, rief Kate entsetzt aus: «*Mon Dieu!* Das ist aber schon verdammt lange her. Und warum haben Sie dieses Foto aufgehoben?» – «Ich gestand ihr, daß dies mein Lieblingsfilm war, worauf sie mich kritisch und nachdenklich fragte: ‹Und all die anderen Sachen haben Ihnen nicht gefallen?!›»

Gregory Peck hatte Kate wiederholt gebeten, an der Oscar-Verleihung teilzunehmen, doch sie lehnte unter dem Vorwand ab, sie könne die Dreharbeiten nicht unterbrechen, erklärte sich aber bereit, an einer Dokumentation von Richard Dunlap mitzuwirken, die die wichtigsten Ereignisse der vierzigjährigen Oscar-Geschichte zusammenfaßte. Kates Sequenz, in der sie über die Jahre 1927 bis 1937 sprach, wurde bereits während der Dreharbeiten von *Der Löwe im Winter* gefilmt. Ihr folgten Olivia de Havilland, Grace Kelly und Anne Bancroft. Dunlaps Zusammenfassung sollte die Fernsehzuschauer in die Entwicklung des Oscar einführen, bevor sie im Fernsehen die Verleihung für das Jahr 1967 mitverfolgen konnten. Für Kate, die in ihrem Eleanor-Kostüm auftrat, war dies eine Premiere in zweierlei Hinsicht: zum erstenmal trat sie in einer TV-Produktion auf und zum erstenmal nahm sie aktiv an einer Preisverleihung teil.

Während in der Oscar-Nacht Spencers Frau Louise in Begleitung von John und Susie im Santa Monica-Auditorium anwesend war, kam für Kate George Cukor. Kate rechnete fest damit, daß Spencer den Preis erhalten würde. Um so überraschter war sie, als Cukor ihr mitteilte, sie habe den Oscar für *Rat mal, wer zum Essen kommt* gewonnen. «Und Spencer?» fragte sie ungeduldig. «Hat Spencer auch gewonnen?» Vorsichtig brachte Cukor ihr bei, daß als bester Darsteller Rod Steiger ausgezeichnet worden war. «Ich glaube, das ist okay. Ich bin sicher, meiner ist dann für uns beide», antwortete Kate.

Sie telegrafierte Gregory Peck, der im Juni 1967 zum neuen Präsidenten der Academy gewählt worden war: «Es war wunderbar – eine totale Überraschung, und ich bin sehr gerührt, weil ich das Gefühl habe, als hätten mich meine Partner liebevoll umarmt – das gilt auch für Spencer, Stanley, Sidney, Kathy und Bill Rose. Rose schrieb über eine normale Frau im mittleren Alter, ein einfaches Geschöpf mit viel Verstand und einem großen Herzen, die alles versucht, in einer komplizierten Situation zu helfen. In anderen Worten, sie ist eine gute Ehefrau, die zu den Heldinnen gehört, die zwar nicht gelobt werden, aber sehr wichtig sind. Ich bin froh, daß sie stilvoll ankam, denn als Vorbild diente mir meine Mutter. Noch einmal, vielen Dank, denn gewöhnlich gibt man diese Dinger nicht an alte Mädchen, wie Du weißt.»

Den Reportern, die sie nach Bekanntgabe der Oscar-Gewinner belagerten, erklärte sie: «Alles, was ich über die Schauspielerei weiß, habe ich von Spencer gelernt.» Im weiteren Verlauf des Interviews schilderte sie ihn als «Eiche im Wind», «als Amerikaner, der auszusterben scheint, ein Self-made-Man», «der Typ Mensch, wie wir uns gerne vorstellen, wie unsere Vorfahren gewesen sein müssen». «Er war ein richtiger Mann. Mit einem Stiernacken, einem Männernacken. Ich mag diese Art von Nacken. Zu viele Männer von heute haben den Hals eines kleinen Jungen.»

Erst als ein Reporter sie fragte, ob sie Spencer Tracy wirklich geliebt habe, endete Kates Kooperationsbereitschaft mit dem Satz: «Die ganze Welt liebte Mr. Tracy!»

Als gegen Ende der Dreharbeiten einige Studentenunruhen Nizza erschütterten, beschloß Kate, das Studio zu verteidigen. Versorgt mit Lebensmitteln und Geld, ließ sie sich in das Gelände einschließen. Als Gegenleistung für ihre Tat bestand Kate darauf, daß ihr ihre Gage in Louis d'Or ausbezahlt wurde, da sie gehört hatte, der französische Franc sei nichts mehr wert. «Die Münzen wurden ihr in einer Kassette überreicht, aber Kate scheute sich nicht nachzuzählen, ob die Summe auch in Ordnung war», erzählte Sheila Graham.

Kate war von der Landschaft Südfrankreichs begeistert und beschloß, nach Beendigung der Dreharbeiten noch etwas länger zu bleiben. Zu ihren Urlaubsgästen gehörte auch William Rose, der ihr ein Drehbuch andiente, das – so glaubte er – unter Kates Filmkarriere einen triumphalen Schlußstrich gezogen hätte. Auf das Drehbuch wollte sie sich nicht einlassen. Statt dessen lud sie Rose ein, sich bei ihr eine Woche zu entspannen, da sie wußte, daß er sich gerade von seiner Frau Tania scheiden ließ. Diese Einladung wurde allerdings von einigen amerikanischen und englischen Zeitungen mißverstanden, denn bald schon konnte man lesen, sie würde Mrs. William Rose werden. Als das Gerücht seinen Höhepunkt erreichte, beorderte Kate Rose nach London, wo er dem *Sunday Express* gestand: «Kate und ich sind seit langem befreundet, vor allem aber verbindet uns die Freundschaft zu Spencer Tracy. Ich bin alt, fett und ausgebrannt. Zur Zeit suche ich jemanden, der sich nicht davor scheut, mich und meinen Maserati nach Italien zu begleiten. Dort habe ich in Portofino eine Villa gemietet, wo ich Ende August auch meinen 51. Geburtstag feiern möchte.» Da Portofino für Kates Geschmack zu nahe bei Cap-Ferrat lag, flogen sie und Phyllis in die Staaten zurück, wo sie den restlichen Sommer in Fenwick verbrachten.

Bei einem Zwischenstop in London gab sie David Lewin ein Interview: «Es wird viel zuviel über Sex geschrieben. Sex wird klassifiziert, codiert und zur Analyse in Computern gespeichert. Auf keinen Fall sollte man versuchen, sein eigenes Sexualleben zu sehr zu analysieren.»

Angesprochen auf die Ehegerüchte, sagte sie: «Ich glaube nicht, daß die Ehe eine natürliche Institution ist, obwohl meine Eltern sehr glücklich miteinander verheiratet waren. Es ist so schwierig, allein Freunde bei dem eigenen und auch dem anderen Geschlecht zu finden. Wie kann man dann entscheiden, daß man mit jemandem ein ganzes Leben zusammen verbringen will? Denn die Ehe bedeutet doch, daß man sich für jemanden ein ganzes Leben lang interessieren muß.» Im weiteren Verlauf beklagte sich Kate darüber, daß Disziplin «außer Mode zu sein scheint, obwohl sie doch die Basis für ein zufriedenes und erfülltes Leben ist».

Als Lewin sie zum Abschluß des Interviews fragte, ob sie etwas in ihrem Leben bereut habe, wurde Kate nachdenklich. «Ich bin flexibel genug, um mit dem zufrieden zu sein, was ich erreicht habe, und mich darüber zu freuen, was ich tue – wobei die Schauspielerei dabei nicht das wichtigste für mich ist. Man kann nicht alles haben, so zerbrech ich mir nicht den Kopf darüber, was ich verpaßt habe. Wenn ich ein Baby sehe, schau ich mir zuerst seine Füße an, nicht sein Gesicht, und sage: ‹Du mußt noch einen langen Weg gehen – und ich hoffe, deine Füße können dich gut hindurchtragen.› Meine haben es. Das Leben hat meiner Meinung nach genau die richtige Länge, obwohl einige Leute der Ansicht sind, es sei zu kurz. Für mich scheint es manchmal sogar zu lang.»

In Amerika überraschte Irene Mayer Selznick Kate mit der Nachricht, daß sie Margery Sharps Romane *Martha, Eric and George* und *Martha in Paris* verfilmen wolle. Sofort erklärte sich Kate bereit, die beiden Bücher zu lesen, und eröffnete Irene: «Großartig, das wird sicher ein phantastischer Film werden. Aber du weißt ja, daß es nur einen Menschen auf der Welt gibt, der dabei Regie führen kann. Mich!»

Kate war immer schon daran interessiert gewesen, Regie zu führen. Zum erstenmal sprach sie mit Mayer kurz nach *Die Frau, von der man spricht* darüber, der diese Idee faszinierend fand. Doch erst 1958 bot sich Kate eine reale Chance zur Verwirklichung ihres Vorhabens, als John Ford zusagte, ihr helfend zur Seite zu stehen. Aus Rücksicht auf Tracy verzichtete Kate im letzten Augenblick. Als die Presse von Kates Entschluß Wind bekam, schüttelte man die Köpfe und prophezeite eine Katastrophe.

Kate und Irene arbeiteten wie besessen am Drehbuch, doch die Schwierigkeiten, die sich bei der Adaption für die Leinwand ergaben, ließen das Projekt scheitern.

Noch während Kate über den Sharp-Romanen brütete, kam *Der Löwe im Winter* in die amerikanischen Kinos. Im Vorfeld der Premiere war die Befürchtung laut geworden, Harvey und Hepburn hätten Goldmans Stück derart verändert, daß es für sie zu einer One-Woman-Show geworden sei. Um so überraschter war Kate, als sie die euphorischen Kritiken las. Während Thomas Brennan Kates «Charme und Eleganz» lobte, schrieb John Russell Taylor: «Aber vor allem ist es Katharine Hepburns Film und ein Monument für Katharine Hepburn als erwachsene, entwickelte und immer noch für Überraschungen gute Schauspielerin.»

Judith Christ bedauerte in ihrem Artikel, daß «Miss Hepburn einen Oscar aus sentimentalen Gründen für *Rat mal, wer zum Essen kommt* bekommen hat, denn dieses Jahr würde er ihr zustehen, allein wegen ihrer Darstellung». Miss Christ sollte sich irren. Zum elftenmal wurde Kate 1969 für einen Oscar nominiert. Doch an einen Sieg glaubten die wenigsten, zumal Barbra Streisand der absolute Favorit für ihren Film *Funny Girl* war.

Am Abend des 14. April 1969 saß Kate zusammen mit Phyllis in Irene Mayer Selznicks New Yorker Apartment und verfolgte die Oscar-Verleihung im Fernsehen. Köstlich amüsierte sie sich über ihre Freundin Ruth Gordon, die den Award als beste Nebendarstellerin in *Rosemary's Baby* mit den Worten entgegennahm: «Ich weiß überhaupt nicht, warum das so lange gedauert hat.» Ingrid Bergman war dazu auserkoren worden, die beste Hauptdarstellerin bekannt zu geben. Völlig überrascht blickte die Bergman von dem geöffneten Umschlag auf und rief: «Es gibt zwei Sieger!» Als das Publikum unruhig wurde, gab sie die Namen bekannt: «Die Gewinner sind Katharine Hepburn für *Der Löwe im Winter* und Barbra Streisand für *Funny Girl*!»

Anthony Harvey und Barbra Streisand betraten Hand in Hand die Bühne. Das Publikum erlitt einen zweiten Schock, als sie Streisands durchsichtigen Scassi-Pyjama sahen. Harvey sprach als erster: «Als ich Miss Hepburn fragte, was sie darüber denke, daß sie den Rekord bei Nominierungen gebrochen hat, sagte sie nur: ‹Wenn man so lange wie ich gelebt hat, ist alles möglich.›» Später brachte er gegenüber den Journalisten seine Freude zum Ausdruck, daß Kate auch mit ihrem dritten Oscar den Rekord als Gewinnerin gebrochen hatte.

Nun war abzusehen, daß im Gegensatz zum Oscar gekrönten *Löwen im Winter* der schwächere Film *Die Irre von Chaillot* kein Erfolg werden konnte. Zwar versuchten einige Kritiker, Kates Darstellung der Aurelia zu loben, doch auch das gelang nur den wenigsten. *Variety* traf ins Schwarze, als es schrieb, «sogar ausgesprochene Hepburn-Fans werden enttäuscht sein».

Eigentlich, so raunte es in Hollywood, könne sich die Hepburn doch nur noch zur Ruhe setzen. Kate dagegen verschwendete keinen Augenblick darauf, über den Flop nachzugrübeln. Sie brach zu diesem Zeitpunkt zu neuen Ufern auf.

2

In ihrem Glückwunschtelegramm an Kate hatte Barbra Streisand geschrieben: «Ich bin stolz, an Ihrer Seite stehen zu dürfen. Haben Sie nun auch noch vor zu singen?» Die Streisand konnte nicht ahnen, wie nahe sie der Wahrheit gekommen war.

Wenige Tage nach Spencers Tod hatte Alan Jay Lerner sich mit Irene Mayer Selznick und Garson Kanin in Verbindung gesetzt und ihnen den Vorschlag unterbreitet, Kate die Hauptrolle in einem Musical anzubieten. Als sie davon hörte, rief sie begeistert aus: «Mein Gott! Ein Musical. Ich kann das niemals tun! Singen und wahrscheinlich auch noch tanzen! Und das achtmal in einer Woche. Ich würde verrückt werden. Wie faszinierend!» Im nächsten Moment verwarf Kate Lerners Vorschlag. Je länger sie aber darüber nachdachte, desto größer wurde für sie die Herausforderung. Außer zwei kleinen Liedern hatte sie in ihrer Karriere noch nie gesungen, «auch nicht in der Badewanne oder unter der Dusche». Doch das konnte man mit Übungsstunden ändern. Zum andern war Kate von Lerner fasziniert, den sie durch George Cukor kennengelernt hatte. Er schien vor Energie und Ideen geradezu zu explodieren.

Seit 1961 wollten Frederick Brisson und Alan J. Lerner das Leben der Coco Chanel als Vorlage für ein Musical verwerten. Nachdem das Grundkonzept stand, zu dem auch Mme. Chanel ihre Einwilligung erteilt hatte, sollte die Titelrolle Brissons Frau Rosalind Russell spielen, die mit *Mame* und *Gypsy* Ethel Merman als Königin des Broadway abgelöst hatte. Doch Miss Russell lehnte ab, da sie wußte, daß sie unheilbar an Krebs erkrankt war. Die Idee, Kate die Rolle der Chanel anzubieten, kam Lerner, als er sich an eine Aufführung des Shaw-Stücks *Die Millionärin* erinnerte. Nun stellte sich nur noch die Frage, ob Kate singen konnte und bereit war, die Herausforderung anzunehmen.

Er rief sie an, und sie trafen sich in Irenes New Yorker Apartment. Lerner setzte sich ans Piano, und Kate sang *Auld Lang Syne* aus *The Little Minister*. Lerner: «Daß Katie eine begnadete Sängerin war, die damals entdeckt wurde, nein, das kann man nicht behaupten. Sie verfügte aber über die gleichen Voraussetzungen wie Rex Harrison: beide beherrschten den Sprechgesang. Wir mußten zwar die Songs Kate anpassen, aber das war das kleinere Problem. Denn mit ihr, das wußte ich sofort, mußte *Coco* ein Erfolg werden.»

Kate dagegen war sich immer noch nicht sicher, ob ihre Entscheidung richtig war. Als sie nach dem Vorsingen mit Stanley Kramer telefonierte, sagte sie: «Sie scheinen mich zu mögen. Mein Gott, wie verzweifelt müssen die sein!»

Um die Partnerschaft zu besiegeln, wollte Kate Lerner einen geschnitzten, frühkolumbianischen Jaguarkopf schenken. Dekorativ hatte sie ihn auf dem gedeckten Tisch placiert. Um Alans Aufmerksamkeit auf ihn zu lenken, bat sie ihn während des Dinners, den Kopf beiseite zu stellen. Lerner ergriff ihn, ließ ihn aber aus Versehen fallen. «Du hast dir eben ein verdammt nettes Geschenk verscherzt!» sagte Kate und behielt den Jaguarkopf.

Kate nahm bei Roger Edens Unterricht. Edens, der ehemalige Pianist von Ethel Merman und Lehrer von Judy Garland, Kay Thompson und Barbra Streisand, war ein ruhiger, besonnener Mann, der über große Menschenkenntnis verfügte. Einem Journalisten schilderte er sein erstes Treffen mit Kate: «Es war Sonntagmorgen. In Sandalen, weiter Hose, mehreren Pullis und einem Schal, den sie um ihren Kopf drapiert hatte, stand Katie plötzlich in meinem Wohnzimmer. Ich hatte 50 Songs zur Auswahl vorbereitet, doch sie bestand darauf, daß sie als erstes *Onward Christian Soldiers* sang. Das paßte zwar zum Sonntag, doch nach und nach konnte ich sie davon überzeugen, daß ihr Repertoire vergrößert werden mußte. Alan hatte es mir freigestellt, ob ich Katie unterrichten wollte. Doch um 18 Uhr wußte ich, daß ich mir das unter keinen Umständen entgehen lassen wollte.»

«Bei Roger sang ich immer nur vor den Möbeln, die dadurch völlig niedergeschlagen zu sein schienen. Nach drei Wochen hielt ich es für an der Zeit, auch mit Menschen in Kontakt zu treten», sagte Kate. Also lud sie zwölf Personen aus ihrem engsten Bekanntenkreis ein. Ursprünglich war ihr Auftritt nach dem Dinner geplant, doch kaum hatte man sich zu Tisch gesetzt, sprang Kate auf und erklärte: «Hört mal, ich glaube, es ist hoffnungslos. Es hat einfach keinen Zweck! Ich meine, ich kann einfach nicht bis nach dem Essen warten. Wenn ich jetzt etwas esse, wird mir mit Sicherheit derart schlecht, daß ich nach Hause gehen muß. Setzt euch hin und laßt es mich hinter mich bringen.»

Zusammen mit Edens hatte Kate einige Cole Porter-Songs vorbereitet. Nachdem sie sich freigesungen hatte, trug sie die Lieder «leicht und mit Charme» vor. «Sie ist sehr musikalisch», urteilte Lerner. «Vergißt dabei aber nie ihren Stil. Viele Schauspieler vernachlässigen ihr Spiel, wenn sie singen, sie dagegen spielt immer.»

Nachdem Kate dieses Problem gelöst hatte, stellte sich ihr die Frage, ob sie auf Alans Vorschlag, Coco Chanel in Paris zu treffen, eingehen sollte. «Ich war zunächst wie versteinert. Ich dachte: Was wird sie von mir halten? Wo ich doch seit 40 Jahren den gleichen Mantel und die gleichen Schuhe trage?! Und dann überlegte ich, was sein würde, wenn ich sie nicht ausstehen konnte. Wie sollte ich jemanden darstellen, der mir unsympathisch war? Also sagte ich zu Alan: ‹Ich werde sie wahrscheinlich nicht mögen; ich habe gehört, daß sie schwierig sein soll.› Doch Alan antwortete: ‹Sei nicht albern. Wenn du sie erst einmal getroffen hast, wirst du sie mögen!›» Kate nahm allen Mut zusammen und reiste in Begleitung von Phyllis, Alan J. Lerner, Michael Benthall und Michael Bennett nach Paris.

«Sie sagte: ‹Lunch. Kommen Sie zum Lunch!› Wir wollten uns in ihrem Appartement treffen, das sie seit 1922 bewohnt, direkt über ihrem Atelier in der Rue Cambon. Oh, wie exquisit war es eingerichtet – in Beige und Gold –, mit Skulpturen, faszinierenden Gemälden von Dalí und herrlichen Blumenarrangements. Alles sehr, sehr stilvoll und kultiviert. Sie selbst kam eine Stunde zu spät. Worüber ich froh war, denn ich nutzte die Zeit, um mich zusammenzureißen. Ich war schrecklich nervös. Und plötzlich war sie da, klein und zierlich und begrüßte uns. Ein perfekt inszenierter großer Auftritt. Ich hatte ein kleines Medaillon als Geschenk für sie dabei, das ich Ella, der Frau von Donald Ogden Stewart, abgekauft hatte. Es stammte aus Afrika. Weil mein Französisch sehr schlecht ist, und sie nur französisch sprach, beschloß ich, es ihr nicht zu geben, sondern legte es mit einer Nachricht auf den kleinen Tisch neben der Eingangstür. Ich dachte: ‹Wenn sie es sieht, ist es okay, und sonst findet sie es sicherlich, wenn wir gegangen sind.› Lerner und ich sahen uns nach dem Lunch noch ihre neue Modenschau an. Inzwischen war sie ins Appartement zurückgekehrt und hatte das Medaillon gefunden. Sie freute sich wie ein kleines Mädchen darüber. Sie konnte sehr, sehr amüsant und rührend sein. Diese Begegnung machte es mir leichter, sie zu spielen, da ich wußte, daß wir uns sehr ähnlich waren. Sie erlebte schreckliche Höhen und Tiefen, wie ich, und sie schaffte es immer wieder, neu anzufangen. Für mich verkörperte sie den Kampf ums Leben, den Kampf ums Überleben. Sie verließ sich allein auf ihren Instinkt, gleichgültig, was die Kritiker und Designer sagten, und blieb ständig im Kontakt mit ihrer Umwelt. – Meine Angst schwand vollends durch einen Zufall. Nachdem wir gegangen waren, bemerkte ich, daß ich in ihrem Appartement etwas vergessen hatte. Also kehrte ich noch einmal um. Sie lag auf ihrem Sofa, mit ihrer großen Brille und ihrem Hut und machte ein Nickerchen. Nun wußte ich mit Sicherheit, daß ich sie spielen konnte. Sie war ein Mensch aus Fleisch und Blut!»

Am Abend ihres ersten Treffens schaute Alan J. Lerner noch einmal bei Chanel vorbei, um sie nach ihrer Meinung über Kate zu fragen. «Nun, sie ist sehr nett, sehr beeindruckend, aber zu alt. Sie schaut aus wie eine Frau von Anfang Sechzig!»

«Was konnte ich darauf sagen? Es wollte mir einfach nicht in den

Kopf, warum Chanel sich darüber mokierte, daß eine Frau, die aussah wie Anfang Sechzig, sie im Alter von 71 Jahren darstellen würde, bis mir klar wurde, daß Chanel sich immer noch als Dreißigjährige sah. Sie war zeitlos. Jahreszahlen spielten für sie keine Rolle. Und darin ähnelte ihr Kate. Wenn normale Menschen altern, ändert sich auch ihre Lebensweise. Doch Kate tut heute noch das, soweit es ihre Gesundheit zuläßt, was sie auch im Alter von 20 Jahren tat.»

Ein anderer Grund, daß Coco Kate für zu alt hielt, entsprang ihrer Vorstellung, die Hepburn würde sie im Alter von Mitte Zwanzig darstellen. Denn zunächst hatte Brisson ihr versichert, das Musical würde nur von ihren Anfangsjahren handeln. Erst später ließ Lerner diesen Gedanken fallen. Chanel war zwar wütend, als sie kurz vor der Premiere von dieser Änderung erfuhr, aber um Einspruch zu erheben, war es zu spät. *Coco* konzentrierte sich in seiner Endfassung völlig auf das Jahr 1959.

Nachdem sie fünfzehn Jahre lang nicht mehr präsent war, versucht Chanel ihr Comeback, doch die Modenschau wird ein Fiasko. In letzter Minute aber wird ihr Bankrott durch die amerikanischen Einkäufer von Saks, Bloomingdale und Ohrbach verhindert, die ihre Kollektion für ihre Warenhausketten erwerben. Chanels Kindheit und Jugend spiegelt sich in kleinen filmischen Rückblenden wider. Mit in die Handlung eingebaut sind die Schicksale eines Mannequins und eines homosexuellen Designers, der Cocos Kollektion auffrischen soll.

Zur Überraschung ihrer Freunde kaufte Kate am Ende ihres Paris-Aufenthalts «ein oder zwei» Modelle von Chanel. Ihre Befürchtungen, Coco würde sich an ihrer Kleidung stoßen, waren unberechtigt. Der Chanel war das gleichgültig, «solange sie nicht gerade von Cardin oder Courrège» stammte, wußte *Newsweek* zu berichten. Als Lerner Kate aber ein Fläschchen Chanel No. 5 schenken wollte, lehnte sie das Präsent als zu extravagant ab. «Meine Mutter nahm immer 4711. Ich liebe zwar gute Gerüche, trage oder kaufe mir selbst aber nie etwas Derartiges.»

Während Kate sich nach ihrer Rückkehr in Gesangsproben stürzte, suchten Brisson und Lerner eine große Bühne, die für die Inszenierung eines Musicals geeignet war. Doch diese Art von Theater war vom Aussterben bedroht. Nach längerem Hin und Her entschied man sich für das Mark Hellinger Theatre, 55th Street West. Erleichtert luden Brisson und Lerner Kate zu einer Besichtigung ein. «Es ist nett hier. Perfekt. Aber wir können unmöglich hier spielen. Was ist sonst noch frei?» Benthall, Brisson, Lerner und Bennett blickten sie entgeistert an. «Was starrt ihr mich so an?» fragte Kate gereizt. «Habt ihr nicht gesehen, daß auf der anderen Seite ein Wolkenkratzer gebaut wird! Die Matinee am Mittwoch wird im Baulärm untergehen. Egal, wie gut wir sind, dagegen kommen wir nicht an!»

Da niemand etwas sagte, ahnte Kate, daß kein anderes Theater zur Verfügung stand.

Geduldig ertrug Kate während der Proben die Lärmbelästigung, doch als bei der ersten Matinee durch den Baulärm das einfühlsame Titellied *Coco* seiner Wirkung beraubt wurde, packte sie den Stier bei den Hörnern. Am Vormittag der nächsten Matinee suchte Kate den zuständigen Polier der Uris Company auf. Da sich dieser gerade auf dem Baugerüst befand, schnappte Kate sich einen Schutzhelm und fuhr ebenfalls nach oben. «Mein Name ist Katharine Hepburn und ich arbeite gegenüber!» rief sie dem erstaunten Mann zu. «Ich muß mit Ihnen etwas besprechen.» Nachdem er sie davon überzeugt hatte, daß diese Unterhaltung besser auf festem Boden stattfinden sollte, kehrten sie in seine Baracke zurück. «Nun, ich weiß, daß Sie dieses Gebäude bauen müssen», begann Kate. «Aber auf der anderen Seite haben wir dort drüben unsere Show. Wir können Sie zwar nicht bitten, den Bau einzustellen, aber wenn Sie wollen, können Sie uns dennoch helfen. Am Mittwochnachmittag findet eine Matinee statt. Mit den anderen Nummern komme ich gegen den Lärm an, nicht aber bei *Coco*. Sie kennen doch *Coco*? Die Stelle, wo sie von ihrem Vater erzählt? Den Titelsong? Also gut. Diese Szene beginnt exakt um 15 Uhr 05 und dauert bis 15 Uhr 14. Wäre es Ihnen möglich, zu dieser Zeit die Arbeit einzustellen? Machen Sie eine Kaffeepause. Den Kaffee bezahle selbstverständlich ich!»

Sichtlich beeindruckt von ihrem Vorschlag, erklärte der Polier, daß er das Machbare versuchen wolle, räumte aber gleichzeitig ein, daß er für nichts garantieren könne.

Bennett und der Rest der Truppe glaubten nicht daran, daß Kate

Judy Garland, Billie Burke und Kate anläßlich des 70. Geburtstags von Ethel Barrymore, 1950, MOH Pictures Collection

Oben links: Kate als Epitania in Shaws *Die Millionärin*, 1952. Oben rechts: Robert Helpman und Kate in *Die Millionärin*, 1952. Links: «Clowning around», 1949

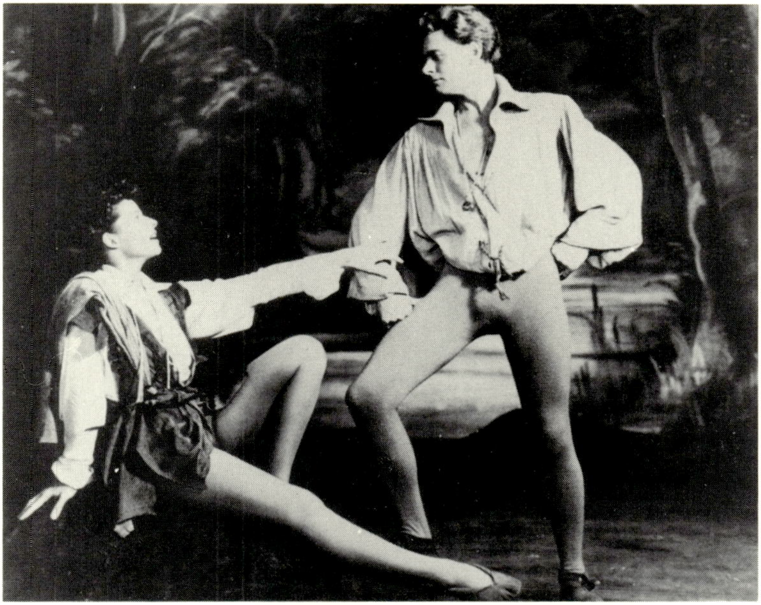

Oben: Kate und William Prince in *Wie es euch gefällt*, 1950. Rechts: In *Der Kaufmann von Venedig* – Kate als Portia, 1957

Montgomery Clift und Kate in *Suddenly Last Summer* (dt. *Plötzlich im letzten Sommer*), 1959, Columbia

Long Days Journey into Night mit Ralph Richardson
und Kate als Ehepaar Tyrone, 1962, Embassy

Oben: Sidney Poitier, Kathy Houghton, Spencer Tracy und Kate (v.l.) in *Guess Who's Coming to Dinner* (dt. *Rat mal, wer zum Essen kommt*), 1967, Columbia.
Links: Ein Schnappschuß von Kate und Kathy während der Dreharbeiten

Kate und Regisseur Bryan Forbes während der Dreharbeiten von *The Madwoman of Chaillot* (dt. *Die Irre von Chaillot*) in Nizza, 1969, MOH Pictures Collection. Unten: Spencer und Kate, zwei Tage vor Tracys Tod am 10. Juni 1967

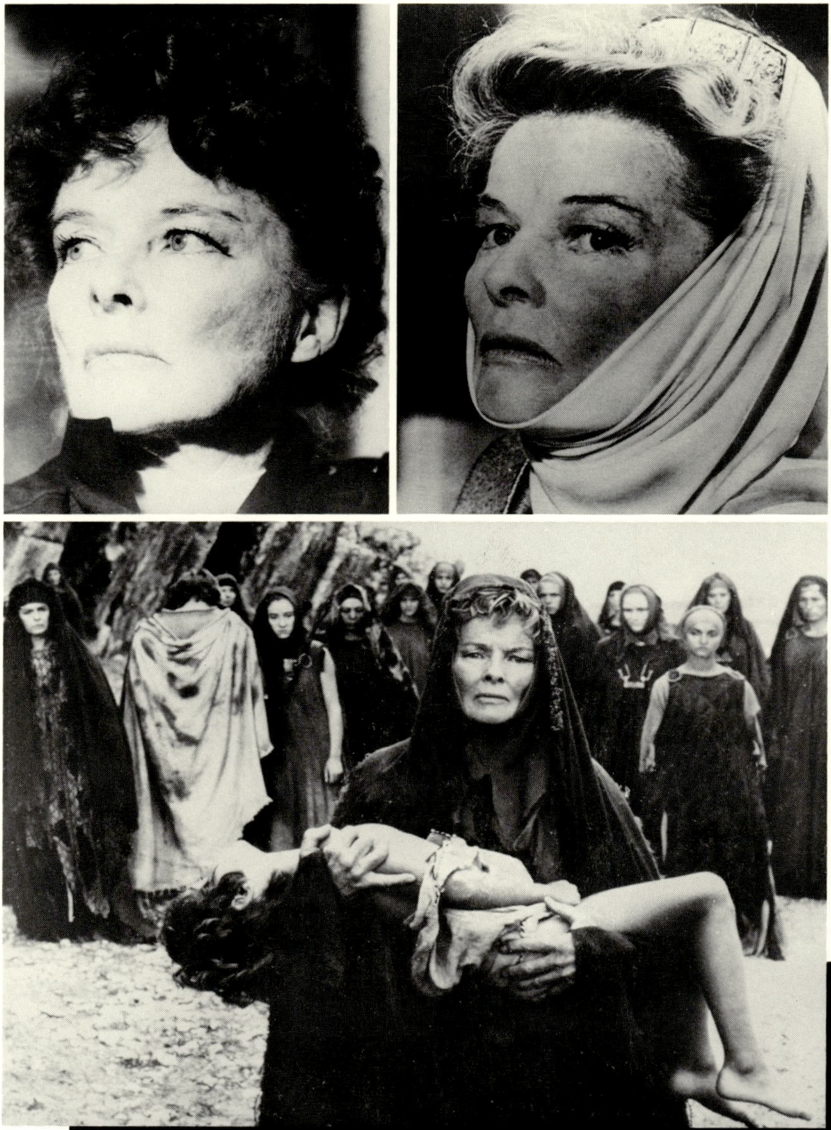

Oben links: Porträt, 1968. Oben rechts: Kate als Eleanor von Aquitanien in *The Lion in Winter (dt. Der Löwe im Winter*), 1968, Embassy. Unten: *The Trojan Women* (dt. *Die Troerinnen*), 1971, MOH Pictures Collection

Oben: Kate und «the Duke» in *Rooster Cogburn* (dt. *Mit Dynamit und frommen Sprüchen)*, 1975, Universal. Rechts: Wayne und Hepburn während einer Drehpause, 1975, Universal

Links: *Love Among the Ruins* (dt. *Liebe in der Dämmerung*) – Kate und Sir Laurence Olivier, 1975, ABC Entertainment.
Unten: Während der Dreharbeiten: Sir Laurence Olivier, Kate, George Cukor (v. l.)

Rechts: Kate als Jessica Medlicott in *Love Among the Ruins* ,1975, ABC Entertainment. Unten links: Ein Porträt von Cecil Beaton, MOH Pictures Collection. Unten rechts: Kate Hepburn, 1974, MOH Pictures Collection

The Glass Menagerie (dt. *Die Glasmenagerie*) –
Kate als Amanda Wingfield, 1973, Simon Production

Anläßlich der Oscar-Verleihung am 2. April 1974 überreichte
Kate Lawrence Weingarten den Irving Thalberg Award

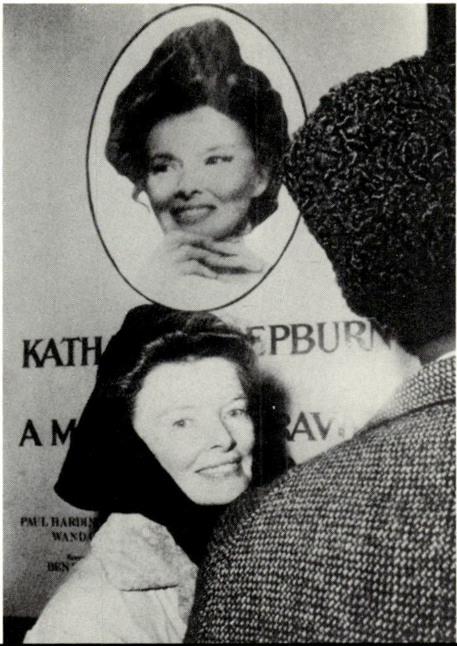

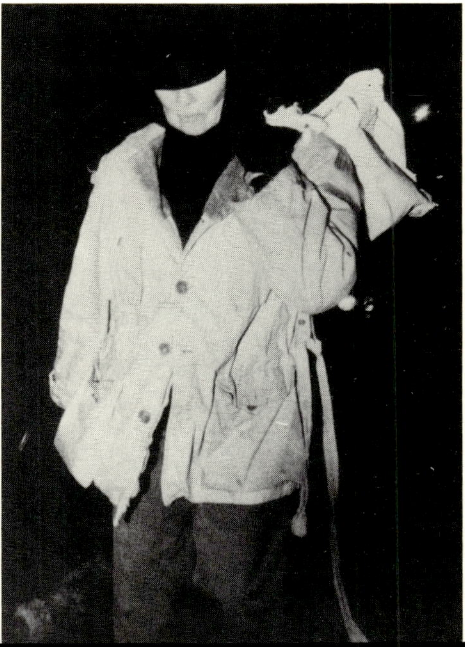

Oben links: Kate vor dem Plakat zu *A Matter of Gravity*, Enid Bagnolds Stück, in dem sie die Mrs. Basil verkörperte, 1976. Oben rechts: Auf dem Weg ins Theater, 1976. Unten links: Katharine Hepburn, 1979. Unten rechts: «Tante Kat», 1981

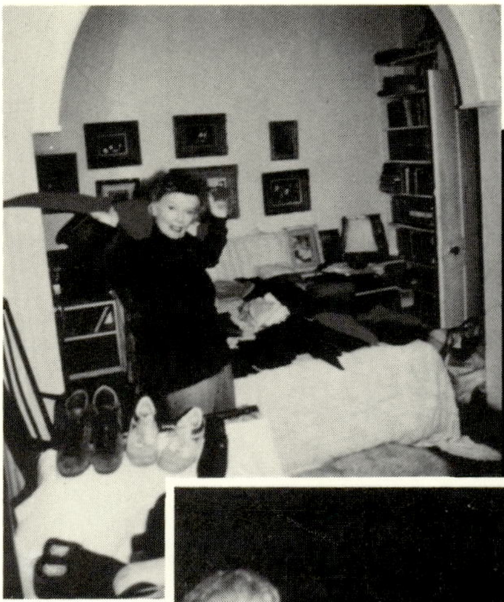

Links: Kate in ihrem New Yorker Heim, 1988. Mitte: Susie Tracy, Kate und Frank Sinatra anläßlich der Premiere von *The Spencer Tracy Legacy: A Tribute by Katharine Hepburn*, 1986. Unten: Kate und Nick Nolte in *The Final Solution of Grace Quigley* (dt. *Grace Quigleys letzte Chance*), 1984, Cannon

Rechts: Kate als Laura Lansing in *Laura Lansing Slept Here* (öst. *Eine Dame namens Laura*), 1988. Mitte: Kate und Harold Gould in *Mrs. Delafield Wants to Marry* (dt. *Alter schützt vor Heirat nicht*), 1987. Unten links: Die unglaubliche Miss K., 1988. Unten rechts: «Wer kann mich schon stoppen?», 1988

Katharine Houghton Hepburn, 1989

irgend etwas erreicht hatte, doch am nächsten Mittwoch hörte das Klopfen und Hämmern Punkt 15 Uhr 05 für die nächsten zehn Minuten auf.

Die ersten Proben zu *Coco* fanden am 29. September 1969 statt. Da das Budget inzwischen auf 900 000 Dollar angestiegen war, beschloß man, auf die übliche Vortournee zu verzichten und gleich in New York zu bleiben. Kate, die mit Ausnahme von zwölf Minuten immer auf der Bühne zu sehen ist, blieb auch dann im Theater, wenn Szenen ohne sie geprobt wurden. «Sie setzte sich auf eine Treppe und mampfte Fleisch, Käse, Früchte, die sie sich von zu Hause mitgebracht hatte», erinnerte sich Jerry Adler, der Bühnenmeister. «Dabei beobachtete sie die anderen auf der Bühne mit Adleraugen.»

«Sie hat ihr Leben vereinfacht», erzählte Lerner einem Reporter. «Sie besitzt zwanzig beige Hosen, weiße Hemden, schwarze Pullis und braune Sandalen. Wenn sie morgens aufsteht, weiß sie genau, was sie anzieht, und wenn sie sich zu Tisch setzt, weiß sie, was sie essen wird. Auch geht sie nie aus zum Essen, weil nur ihr Koch weiß, wie sie ihr Steak, ihren Salat und ihre Kartoffeln haben möchte. All die Entscheidungen, die normale Menschen erschöpfen, hat sie ausgespart und verfügt so über ungeahnte Energievorräte.»

Als Regisseur hatte Kate sich Michael Benthall gewünscht. Doch Benthall, der Kate so sicher bei Shakespeare und Shaw geleitet hatte, war völlig überfordert, ein derart großes Team zu führen. Kate stand ihm loyal zur Seite, doch als er einen Nervenzusammenbruch erlitt und mit Alkoholproblemen kämpfte, mußte auch sie einsehen, daß es für Benthall und die Produktion besser war, wenn er die Regie dem Choreographen Michael Bennett übergab. Offiziell erklärte man sein Ausscheiden mit «terminlichen Gründen».

Benthall war am Ende seiner Kräfte, er kehrte nach London zurück und floh in ein Sanatorium. Von Amerika aus verfolgte Kate voller Sorge seinen zunehmenden Verfall. Um ihn abzulenken, ermutigte sie ihn, in eigener Regie das Churchill-Stück *A Man and his Wife* herauszubringen. «Es ist perfekt», sagte sie nach dem Besuch einer Vorstellung in Croyden. «Ich bin sicher, es würde auch im West End ein Erfolg werden.» Doch zehn Tage später war Michael Benthall tot.

Michael Bennett machte von Anfang an klar, daß sich nun einiges ändern würde. Vor allem Kate mußte lernen, sich seinen Anweisungen unterzuordnen. «Was sie aber nie tat», sagte Bennett. «Wenn ich zu ihr sagte, sie solle sich hinsetzen, blieb sie stehen. Sagte ich: ‹Gehen Sie nach links›, ging sie nach rechts. Sie wollte sich von mir einfach nicht führen lassen. Schließlich schlug ich sie mit ihren eigenen Waffen. Ich befahl ihr genau das Gegenteil von dem, was ich wollte.»

Andere Mitglieder des Teams erinnern sich, daß Kate weinte, schrie und tobte. Erst wenn Bennett ihr eingehend seine Entscheidung erklärt hatte, beruhigte sie sich wieder. Einem Reporter erklärte sie während der Probenzeit: «Ich muß betrunken gewesen sein, als ich einwilligte, hier mitzumachen. Ich fühl mich so groß wie eine Maus, und meine einzige Hoffnung ist, daß ich, wenn ich das Theater verlasse, von einem Lastwagen überfahren werde.»

Ihre Hauptsorge war, daß die Produktion ein Reinfall werden würde. Bennett dagegen vertrat die Ansicht, daß das Publikum sie auch noch dann lieben würde, wenn sie ihnen die Rede von Gettysburg vortrüge.

Mußte Kate sich gelegentlich auch unterordnen, so setzte sie in anderen Bereichen dennoch ihren Kopf durch. Da ihr die Luft des Theaters trotz Klimaanlage zu heiß erschien, bestand sie darauf, daß die Bühnentüren geöffnet werden. Inzwischen war es Ende Oktober, und der Wind war überraschend kalt. Innerhalb weniger Tage waren die meisten Beteiligten erkältet. Als das Management bei Kate vorstellig wurde und sie bat, mit Rücksicht auf ihre Partner die Türen geschlossen zu halten, erschien sie am nächsten Tag mit Taschen und Paketen. «Bedient euch», ermahnte sie die Truppe, die sie auf der Bühne versammelt hatte. «Ich habe hier Pullover, Mützen, Schals und Handschuhe. Jeder, der glaubt, das Zeug zu brauchen, kann sich bedienen. Aber laßt uns um Gottes willen hier nicht ersticken.»

Neben Bennett war es die Dekoration, der Kate nicht ihren Willen aufzwingen konnte. Cecil Beaton hatte sie effektvoll mit einer Treppe und Spiegeln gestaltet, die bei Rückblenden als Leinwand für die Filmeinspielungen dienten. Der einzige Nachteil war, daß die Dekoration für die Drehbühne zu schwer wurde, so daß diese gelegentlich hängenblieb. Kate machte es sich zur Gewohnheit, dem Publikum zu erklären, warum diese Panne passiert war und was die Bühnenarbeiter versuchten, um die Sache wieder in Ordnung zu bringen. Auch von anderen technischen Zwischenfällen ließ sie sich nicht aus der Ruhe bringen: Normalerweise kam Kate-Coco zu Beginn des Stücks die Treppe heruntergeschwebt. Als eines Abends an der Kulissenrückseite der Aufgang fehlte, kletterte Kate mit Stöckelschuhen und ihrem Kleid 20 Meter nach oben und rutschte das Geländer hinunter auf die Bühne, um ihren Einsatz nicht zu verpassen.

Zur Überraschung vieler Reporter zeigte sich Kate im Vorfeld der Premiere sehr gesprächig. «Ich habe mich geändert», vertraute sie Hubert Saal an. «Früher betrachtete ich das Publikum und die Kritiker als Feinde, Menschen, die ich besiegen mußte. Doch das war einmal. Im Laufe der letzten Jahre fühlte ich mich wie ein Luftballon, der von einem warmen Windhauch nach oben getragen wird. Die Menschen sprechen mich auf offener Straße an und sagen die nettesten Dinge zu mir. Sie meinen es ehrlich.»

Kates Zweifel, ob sie mit *Coco* die richtige Entscheidung getroffen hatte, steigerten sich bis zur Premiere. «Ich glaube, die Jungs haben eine phantastische Show auf die Bühne gestellt. Es gibt aber ein Handikap: mich!» vertraute sie ihren Freunden an. Doch am 18. Dezember 1969 dankte das Publikum Kate mit einer der längsten *standing ovations* in der Geschichte des Broadway.

Kate war völlig erschöpft und erwog zunächst, ihre Gäste sich selbst zu überlassen und zu Bett zu gehen. Doch dann feierte sie zusammen mit ihren Brüdern Richard und Robert, ihrer Schwester Marion, den Kanins, Irene Mayer Selznick, Laura Harding, Lauren Bacall und Spencers Arzt, Dr. Seymour Gray, bis nach Mitternacht. Nachdem sie ihre letzten Gäste verabschiedet hatte, brach sie in die Stadt auf, um bei der Bühnenparty nicht zu fehlen.

Lerner und Brisson waren davon überzeugt, daß *Coco* bei den Kritikern wahrscheinlich einen größeren Erfolg als an der Theaterkasse haben würde. Gewiß, einige Journalisten könnten Chanels Abwesenheit bei der Premiere als Beweis für ihre Ablehnung der Produktion deuten. Aber war es nicht besser, daß auf diese Weise die Illusionen über *Coco* nicht zerstört wurden?

Es kam anders: Einhellig befanden die Kritiker Lerners Texte seien «oberflächlich», Beatons Dekoration sei «zu überladen», Previns Musik «nicht überzeugend» und «schwunglos» und Bennetts Choreographie hielten sie für «billige Modenschau». Der Star des Abends war ganz allein Kate. Ihre «faszinierende» und «hervorragende» Darstellung «triumphierte über vorhandene Schwächen».

Auch die provokante Frage, ob Kate allein es schaffen konnte, «diesen überalterten Musical-Dampfer vor dem Sinken zu bewahren», beantwortete sich von selbst: nach der Premiere, die 35 000 Dollar einspielte, war fünf Monate lang jede Vorstellung ausverkauft.

Vor allem liebten die Zuschauer den Beginn des zweiten Aktes: Die Modenschau gerät zum Desaster. Verzweifelt und zugleich wütend über sich selbst, kommt Coco die Treppe herunter, schaut sich um und sagt aus tiefstem Herzen: «Scheiße!»

«Zunächst sollten in ewig langen Dialogen der Mißerfolg und Cocos Gefühle erklärt werden, doch irgendwie hielt ich das für falsch», sagte Kate. «Es fehlte der Knalleffekt! Auch wollte ich dort anfangen, wo ich im ersten Akt aufgehört hatte: auf der Treppe. Wie aber sollte die Verbindung hergestellt werden? Plötzlich hatte ich die Lösung gefunden, und ich mußte lachen. Ausgerechnet mir fiel so etwas ein. Alan mochte meinen Vorschlag, war aber geschockt. ‹Wäre es nicht besser, wenn du *merde* sagen würdest?› schlug er vor. Ich hielt das für keine gute Idee, weil ich bezweifelte, ob das jeder verstehen würde. Warum also nicht einfach und direkt?»

Nachdem das Stück ein Erfolg geworden war, widmete Kate sich zum erstenmal dem finanziellen Aspekt. Als Gage erhielt sie wöchentlich 14 000 Dollar. Doch als Lerner und Brisson ihr vorrechneten, daß die Show, wenn sie sie wirklich im April verlassen würde, sich kaum rentiert hätte, erklärte Kate sich bereit, bis August zu verlängern. Zur Überraschung aller machte sie spontan den Vorschlag, ihre Gage auf 7000 Dollar zu kürzen. Während die einen ihren Entschluß als «idiotisch» bezeichneten, waren die meisten über so viel «Selbstlosigkeit» erstaunt. Ähnliche Reaktionen löste Kates Vorschlag aus, das Konkurrenzstück *Applaus*, mit Lauren Bacall in der Hauptrolle, in die Qualifikation für den Antoinette Perry Award, kurz Tony genannt, mit aufzunehmen. «*Coco* lief in der Theatersaison 1969/70 ohne Konkurrenz», erinnerte sich Alexander H. Cohen, der mit Brisson für die Nominierungen verantwortlich war. «Wir hatten also ein Problem. Sollten wir *Applaus* eine Chance geben oder sollte es ein Ein-Mann-Rennen werden? Als wir Kate fragten, war das keine Frage für sie. ‹Das ist doch verrückt? Warum sollen die anderen keine Chance haben?› sagte sie.»

Als die League of New York Theatres ihre Zustimmung erteilt hatte, stand *Coco* in Konkurrenz zu *Applaus*. Und *Applaus* kam, sah und siegte sowohl in der Kategorie «Bestes Musical» als auch «Beste Hauptdarstellerin».

«Katie, die nie an Preisverleihungen teilnahm, sagte vorher im Scherz: ‹Wenn ich wirklich gewinnen sollte, würdest du dann den Preis für mich entgegennehmen?›», erinnerte sich Lauren Bacall. «Natürlich würde ich das für sie tun. Denn anders als sie waren ich und die anderen davon überzeugt, daß sie gewinnen würde. Verdammt, weshalb können Freunde niemals gleichzeitig einen Preis bekommen. Irgendwie hatte ich ein schlechtes Gewissen.»

«Ich verstand nicht, warum Alan und Freddie über Bettys Sieg so verdammt wütend waren», sagte Kate. «Man stelle sich vor, es war der erste Preis, den sie in ihrer Karriere gewonnen hat. Einfach unglaublich. Und nach alldem, was sie durchgemacht hatte, war das ein gerechter Trost.»

Lerner befürchtete vor allem, daß nach dem *Coco*-Debakel bei der Tony-Verleihung die Zuschauer ausbleiben würden. Doch das geschah erst, als im August Danielle Darrieux die Hauptrolle übernahm.

Am 1. August 1970 spielte Kate zum letztenmal Coco Chanel am Broadway. Während das Publikum sie erneut mit einer *standing ovation* ehrte, überreichten ihr die Mitglieder des Ensembles jeder eine rote Rose. Sichtlich gerührt hielt Kate ihre Abschiedsrede.

Vor der anschließenden Party verteilte Kate an die wartenden Fans Autogramme. «Sonst war sie immer nach der Vorstellung aus dem Theater gerannt und hatte versucht, an den Autogrammjägern vorbeizukommen. In der Zeit, in der sie umständlich erklärte, warum sie keine Autogramme gebe, hätte sie locker der Bitte nachkommen können», erinnerte sich René Auberjonois.

Auf der Bühnenfeier überreichte man Kate ein Tischtuch, in das das Plakat von *Coco* gestickt war. Kate war von all der Zuneigung, die sie erfuhr, so beeindruckt, daß sie versprach, nach Beendigung der Dreharbeiten des Films *The Trojan Women* (dt. *Die Troerinnen*) mit *Coco* auf Tournee zu gehen.

Anfang der siebziger Jahre war die allgemeine Bewunderung für Kate in einen Hepburn-Kult umgeschlagen: Das Museum of Modern Art ehrte sie im Sommer 1969 mit einer Fotoausstellung, die ihre Karriere dokumentierte. 1970 fand die erste Hepburn-Retrospektive statt. «Was soll denn das?» rief sie entsetzt aus, als sie davon erfuhr. «Ich bin doch noch am Leben, oder etwa nicht?!»

Im gleichen Jahr wurde Kate zur «Frau des Jahres» ernannt. *McCall's* begründete seine Entscheidung damit, daß «keine andere Frau wie Miss Hepburn die amerikanischen Tugenden» verkörperte: «Energie, Integrität, Unabhängigkeit und Erfolg... Wir ehren Katharine Hepburn als Frau, nicht als Schauspielerin», fuhr der Herausgeber fort. «Sie besitzt traditionelle feminine Werte auf untraditionelle Weise. Sie ist eine eingeschworene Individualistin, und es würde uns allen nicht schaden, wenn wir viel mehr Frauen wie sie hätten.»

Den größten Reiz aber übte die Beziehung zu Spencer Tracy auf die Öffentlichkeit aus. Gewiß, man nahm die Existenz von Louise zur Kenntnis, doch Kate wurde als die eigentliche Witwe betrachtet, die sich aufopfernd um ihn gekümmert hatte. Innerhalb von drei Jahren war ihre Partnerschaft zur Legende geworden.

3

Noch während Kate auf der Bühne als Coco Chanel stand, hatte sie sich bereit erklärt, in der Verfilmung der Euripides-Tragödie *Die Troerinnen* mitzuwirken. Regie sollte Michael Cacoyannis führen, der das Stück bereits 1963 erfolgreich an einem Off-Broadway-Theater inszeniert hatte. Da verfilmte griechische Dramen selten Publikumserfolge wurden, fragte man sich, warum Kate dieses Angebot angenommen hatte. «Ich habe noch nie in einer griechischen Tragödie mitgewirkt», erklärte sie in einem Interview, «und möchte alles einmal gemacht haben.»

Auf ihrer Reise nach Atienza in Spanien, wo die Dreharbeiten zu *Die Troerinnen* stattfinden sollten, legten Kate und Phyllis einen Zwischenstop in England ein. Fest entschlossen, *Coco* auch in London herauszubringen, suchte sie ein Theater, das hierzu geeignet schien. Bryan Forbes machte ihr den Vorschlag, doch einmal das Drury Lane Theatre anzuschauen. Ohne den Wochenbeginn abzuwarten, klingelte Kate den Manager Sonntag morgens heraus und begutachtete die Bühne. Zunächst schien alles ideal zu sein, doch da das derzeit laufende Stück, *The Great Waltz*, ein sensationeller Erfolg war, sah der Direktor keine Chance, das Musical im Herbst 1971 ins Programm aufzunehmen. Da Kate kein anderes Theater geeignet erschien, reiste sie enttäuscht nach Frankreich weiter. Hier traf sie erneut mit Coco Chanel zusammen.

«Unsere zweite Begegnung fand in einem Park statt. Wissen Sie, daß sie während der ganzen Unterhaltung stehen blieb? Ich war schließlich so müde, daß ich mich einfach auf den Boden setzte.»

In Atienza angekommen, bereute Kate schon nach kurzer Zeit ihre Entscheidung. Zwar fand sie ihre Co-Stars Vanessa Redgrave, Irene Papas und Genevieve Bujold *sympatico*, doch die Hitze und der Regisseur machten ihr zu schaffen. Cacoyannis hielt sich selbst für den «Meister der griechischen Tragödie» und gönnte Kates Vorschlägen nur mitleidiges Lächeln. Auch ließ er sich keine Gelegenheit entgehen, Kate über die griechische Mythologie zu belehren. In seine werknahe Interpretation des wortreichen Schicksalsdramas mochte Cacoyannis sich von der Aktrice nicht hineinreden lassen.

«Als alte Königin hatte ich die gefangenen Frauen davon zu überzeugen, daß der Tod leer ist, während das Leben, auch das in Gefangenschaft, Hoffnung birgt», umriß Kate ihre Rolle. «Hekuba ist praktisch eine *old dame.*»

Obwohl das internationale Viergespann (Katharine Hepburn, Irene Papas, Vanessa Redgrave, Genevieve Bujold) «atemberaubende schauspielerische Leistungen» versprach, fielen die Kritiken negativ aus. Für die *New York Times* waren *Die Troerinnen* «hochklassig mittelmäßig» und *Newsweek* sprach von «Theater in Dosen». Vincent Canby fühlte sich durch den «Besetzungs-Coup» an «Überreste von einer Miss Universum-Wahl aus den dreißiger Jahren» erinnert und urteilte über Kate: «Miss Hepburn spielte die alte, grauhaarige Hekuba nicht wie eine geschlagene Königin von Troja... sondern eher wie die tränenreiche Witwe eines Obstbauern.»

In New York begannen die Tourneeproben zu *Coco* Ende Dezember 1970. Man straffte das Spieltempo, überarbeitete die Choreographie und auch einige der neuen Schauspieler erwiesen sich als besser geeignet. In der Eröffnungsnacht am 11. Januar 1971 in der Public Music Hall in Cleveland erreichte Kate die Nachricht, daß Coco Chanel am Vortag gestorben war. Nach der Vorstellung hielt Kate eine Ansprache und schloß mit den Worten: «Miss Chanel war eine bemerkenswerte Frau mit scharfsinnigem Geist und einem gütigen Herzen, die mich zu meiner Darstellung inspirierte. Sie ist nicht mehr unter uns, aber ich hoffe, daß sie irgendwo uns hören wird.»

Coco war auf der Tournee erfolgreicher als am Broadway. Kate war diesmal prozentual am Gewinn beteiligt. Insider sprechen davon, daß die sechs Monate ihr 350000 Dollar eingebracht haben. Dennoch hegten die Mannen der Paramount Pictures, die die Filmrechte an *Coco* im Vorjahr für 2750000 Dollar erworben hatten, die Ansicht, daß die Realisation des Projekts ein Verlustgeschäft werden würde, glaubte man doch zu wissen, «daß das Kinopublikum nichts mit dem Namen Chanel anfangen konnte». Auch zweifelte man daran, ob Kate die geeignete Schauspielerin für die Verfilmung sei. Paramount schwebte ein eher eleganter, femininer Typ vor. So bot man zunächst Lilli Palmer die Hauptrolle an, bevor das Projekt dann ganz fallengelassen wurde.

Einen weiteren «Tiefschlag» erlebte Kate in Hartford, wo sie im Februar im Bushnell Auditorium auftrat. Scheinbar hatte sich nicht nur die Technik und das Wetter gegen die verschworen – es schneite wie seit Jahrzehnten nicht mehr –, sondern auch die Kritiker. «Sie meinten, ich sei schlechter denn je und wäre am besten zu Hause geblieben», maulte Kate.

Für weitere Schlagzeilen sorgte ein Zwischenfall am 21. Februar 1971: Während ihres Auftritts in Hartford lebte Kate im Haus ihrer Stiefmutter. Als sie nach einer Vorstellung zusammen mit Mrs. Madeleine Hepburn, Phyllis und ihrem Chauffeur Charles Newhill zurückkehrte, fanden sie ein aufgebrochenes Fenster. Leise schlichen sie in das Haus. Als Kate im oberen Stockwerk Schritte hörte, stürmte sie nach oben, und als sie eine Tür öffnete, stürzte eine Frau mit einem Hammer in der Hand auf sie zu. Es war die fünfundfünfzigjährige Ex-Krankenschwester Luella G. West, die Kate einmal für kurze Zeit als Begleiterin und Chauffeur angestellt hatte. «Wir kämpften miteinander und fielen die Treppe hinunter. Ich weiß bis heute nicht, was ihr Problem war. Während des Kampfs biß sie mir das Ende eines Fingers ab und rannte davon. Die Fingerspitze hing nur noch an einem Faden. Phyllis brachte mich zu einem Arzt, ich hatte wahnsinnige Schmerzen und wußte nur, daß ich am nächsten Tag in einer Matinee zu spielen hatte. Der Biß eines Menschen ist sehr gefährlich! Aber dank der wunderbaren Pflege, die ich hatte, bekam ich nicht den kleinsten Infekt. Ich ging von einem Spezialisten zum andern, konnte aber die Tournee fortsetzen. Und verlor den Finger nicht! Aber die Sache mit dem Finger war nichts, verglichen mit den Kritiken von Hartford!»

Luella G. West wurde am 11. September 1971 zu 50 Dollar Geldstrafe und sechs Monaten Gefängnis auf Bewährung verurteilt.

Die letzte Tourneestation brachte Kate zurück nach Los Angeles, wo am 28. Juni 1971 die letzte Aufführung von *Coco* im Dorothy Chandler Pavillon stattfand. Unsicher darüber, was sie nun tun sollte (denn inzwischen hatten sich die Pläne für eine Inszenierung in London und eine Verfilmung des Musicals endgültig zerschlagen), war Kate für George Cukors Angebot dankbar, den Sommer in Spencers Haus zu verbringen. Cukor hatte das Anwesen nach Tracys Tod nicht wieder vermietet. «Ich wollte, daß Katie das Gefühl und die Sicherheit hatte, daß sie jeder Zeit hierher zurückkehren konnte», sagte Cukor vor seinem Tod.

Damals plante Cukor die Verfilmung des Romans *Travels with My Aunt* von Graham Greene und wollte Kate für die Hauptrolle gewinnen. Zunächst gefiel Kate der Roman nicht, doch nachdem sie das Buch mehrere Male gelesen hatte, sah sie eine Möglichkeit der Realisation. In den nächsten Monaten übearbeitete Kate das Drehbuch von Hugh Wheeler. Doch als sie es James Aubrey, dem neuen Leiter der MGM, schickte, glaubte Aubrey, daß durch Kates Arbeit «der Charme des Buchs» verlorengegangen sei. Außerdem hielt er Kate für die Rolle zu alt, da in Rückblenden auch die Jugend der Titelfigur gezeigt werden sollte. In einem Telefonat erklärte er Kate: «Das beste wäre, wenn wir das Projekt für einige Zeit zurückstellen und neu überdenken.» – «Das heißt also, ich bin gefeuert», antwortete Kate, doch Aubrey scheute sich davor, ihr die Wahrheit zu sagen.

Offiziell erklärte er das Ausscheiden von Kate mit «mangelnder Arbeits- und Kooperationsbereitschaft» und gab bekannt, Lilli Palmer würde die Rolle spielen. Doch auch die Palmer schied nach drei Tagen aus und man übertrug schließlich Maggie Smith den Part.

«Zunächst dachte ich daran, MGM zu verklagen», erinnerte sich Kate. «Es war ein Ding der Unmöglichkeit, ein derartiges Verhalten stillschweigend hinzunehmen. Das Drehbuch stammte praktisch von mir. Doch dann meinte ich, es sei langweilig, zu versuchen zu beweisen, daß man mißbraucht wurde. Außerdem würde es Jahre dauern. Für acht Monate harte Arbeit, sechzehn Stunden täglich, habe ich keinen einzigen Cent erhalten. Und ich weiß bis heute nicht, warum man mich gefeuert hat. Die Begründung von Aubrey war lächerlich, denn niemals würde ich zehn Tage vor Drehbeginn die Arbeit verweigern. Was mich aber wirklich wütend machte, war, daß Aubrey einen Brief an KathErine Hepburn schrieb. Wenn er mich schon feuert, müßte er doch wenigstens wissen, wie man meinen Namen schreibt. – Um ehrlich zu sein: ich hielt mich in dieser Zeit für St. Katharine, weil ich sehr nachgiebig und zahm war. Und in gewisser Weise war ich auch St. Katharine: ich schrieb ihnen ihr Drehbuch gratis.»

Weitere Enttäuschungen folgten: Ende 1971 begann *McCall's* auszugsweise ein Buch von Garson Kanin abzudrucken, das «Intimes» über Kate und Spencer enthüllen sollte. Doch als *Tracy and Hepburn: An Intimate Memoir* 1972 erschien, bemerkte ein Kritiker, daß das Buch wohl besser «We Three» oder «Kanin and Tracy and Hepburn» heißen müßte, da die Enthüllungen sich lediglich als eine Aneinanderreihung von mehr oder weniger bekannten Anekdoten entpuppten. Dennoch verletzte Kanins Buch Kate so sehr, daß sie jeden Kontakt zu ihm und Ruth Gordon einstellte. Ein Kunststück, denn die Kanins wohnten nebenan und man sah sich jeden Tag.

Anfang 1972 bemerkte Kate ein leichtes Zittern ihrer Hände und ihrer Stimme. Was ihr aber größere Sorgen machte waren die Schmerzen in der Hüfte und ein leichtes Schütteln des Kopfs. Da Krankheit und Alter aber zu ihren erklärten Feinden gehörten, setzte sie alles daran, diese Symptome zu bekämpfen und unter Kontrolle zu bringen.

Um sich von ihren Problemen abzulenken, akzeptierte sie Chester Erskines Angebot, in einer australischen Filmproduktion die Hauptrolle zu übernehmen. Doch im letzten Moment ließen finanzielle Schwierigkeiten das Projekt scheitern.

Im Februar 1972 folgte Kate einer Einladung von Mary Ford nach Palm Desert. Es war offensichtlich, daß John Ford seinen Kampf gegen den Krebs verloren hatte, und Mary setzte alles daran, daß er die letzten Monate seines Lebens glücklich erleben konnte. Obwohl ihr die Berichte über die vermeintliche Affäre von Kate und John noch schmerzlich gegenwärtig waren, hatte sie dieses Treffen arrangiert, da sie wußte, wieviel ihrem Mann daran lag.

Kate blieb eine Woche lang und schwelgte mit Ford in alten Erinnerungen an die gemeinsame Arbeit und die vergangene Zeit. Ford genoß Kates Anwesenheit, doch zuletzt wurde ihm der Besuch zu anstrengend und er bat Kate, ihn allein zu lassen.

Der Anblick von Ford, in dessen von Krankheit gezeichnetem Körper noch immer sein scharfer Geist und Witz wohnten, war auch für Kate zuviel. Als 1973 zum erstenmal der Live Achievment

Award verliehen wurde, sagte sie ihre Teilnahme ab. Sie konnte eine derartige Veranstaltung einfach nicht ertragen. Als aber das Gerücht laut wurde, sie habe lediglich wegen Richard Nixons Anwesenheit nicht teilgenommen, schrieb sie an die *Los Angeles Times*: «Ich fehlte mit einer guten Entschuldigung – ich war im Begriff, nach England zu reisen, um einen Film zu machen. Außerdem bin ich faul und bequem und halte nicht viel von derartig großen, öffentlichen Ehrungen. Aber ich respektiere die Bemühungen meiner Kollegen, Bedeutung, Aufmerksamkeit und Ehren in das Geschäft zu bringen. Ich glaube nicht, daß Mr. Nixon an dem Bankett mit Hintergedanken teilnahm. Ich glaube, daß es eine ehrliche Geste gegenüber der Industrie war und daß er ein Filmfan ist, der ängstlich und stolz zugleich war, John Ford ehren zu dürfen.»

Die Produktion, die Kate in ihrem Brief ansprach, war die Verfilmung des Dramas *A Delicate Balance* von Edward Albee. Bei einem Besuch in Fenwick hatte Ely Landau Kate die Rolle der Agnes angeboten. Doch Kate lehnte ab. «Als ich das Stück zum erstenmal las, dachte ich: Mein Gott, wie deprimierend. Ich konnte keine Beziehung zu der Rolle herstellen.» Doch um Landau nicht zu enttäuschen, versprach sie ihm, darüber noch einmal nachzudenken. Als Kate erfuhr, daß er Joseph Cotten, Lee Remick und Paul Scofield und als Regisseur Tony Richardson verpflichtet hatte, sagte sie zu.

Kates Bekanntschaft mit Richardson ging auf die Zeit zurück, als sie in *Die Millionärin* spielte. Begeistert von ihrer Darstellung schrieb ihr der vierundzwanzigjährige Richardson und lud sie zum Tee ein. «Zu meiner Überraschung nahm sie die Einladung an. Damals hatte ich kein Geld und konnte uns keinen Kuchen kaufen. Doch das war Kate egal. Sie war absolut lieb und charmant.»

Mit Tony diskutierte Kate ihren Part. Zentrale Figur von Albees Stück ist Agnes, die neben den familiären Problemen (ihre Schwester ist Alkoholikerin, ihre Tochter unfähig, eine feste Bindung einzugehen, und ihr Mann schläft seit Jahren nicht mehr mit ihr) sich auch noch um ein befreundetes Ehepaar kümmern muß, das aus Angst vor dem Alleinsein sich bei ihr einquartiert hat.

Kate: «Albee schreibt ein geschliffenes Englisch, dennoch hatte ich Zweifel, ob der Film ein Erfolg werden würde. Die Menschen werden heute doch durch das Leben genug verwirrt, warum soll das dann auch noch die Kunst tun? So bemühte ich mich, alles so einfach und verständlich wie möglich zu gestalten.»

«Kate verabscheute ihre Rolle», erinnerte sich Richardson. «Das war schade, denn Kate ähnelte Agnes sehr. Diese starre, unbeugsame Autorität, diese besessene Bodenständigkeit, die New England-Abstammung. Alles typisch Kate.»

A Delicate Balance (dt. *Empfindliches Gleichgewicht*), das für das American Film Theatre produziert wurde, sollte innerhalb eines Monats abgedreht werden. Zuvor versammelte Richardson die Crew in seinem Haus und probte mit ihr. Kate kam am ersten Tag zu spät. Als Richardson sie im Scherz fragte, ob sie verschlafen hätte, antwortete Kate mit eisigem Blick: «Ich bin bereits seit fünf Uhr früh wach. Ich mußte noch das hier besorgen.» Sie deutete auf ein Bündel Veilchen und verteilte sie an ihre Partnerinnen. Danach bestand Kate darauf, daß man untereinander die Telefonnummern austauschte, «natürlich nur unter der Bedingung, daß mich niemand mehr nach acht Uhr abends anruft, denn um diese Zeit schlafe ich schon». Als sie die überraschten Blicke sah, fügte sie hinzu: «Oder findet ihr nicht, daß es lächerlich ist, den anderen nicht erreichen zu können, wenn man ihn braucht?»

«Der Gedanke, daß sie so zeitig aufstand, faszinierte mich», erinnerte sich Betsy Blair, die die Edna spielte. «Eines Nachmittags fragte ich sie nach dem Grund. ‹Nun, ich muß all diese Dinge am Morgen erledigen›, erklärte sie mir. ‹Ich stehe auf und dusche kalt, damit ich aufwache. Dann dusche ich heiß, damit sich die Muskeln lockern. Danach mache ich meine Übungen und dusche erneut, weil ich schwitze, wenn ich meine Übungen mache. Dann rolle ich mein Haar auf. Nach einem großen Frühstück lerne ich meinen Text, dusche noch einmal und schminke mich. Wenn ich ins Studio komme, bin ich fertig!›»

In der ersten Woche zeigte sich Kate freundlich gegenüber jedermann. Doch bald schon schwand ihre Geduld mit Kim Stanley. Miss Stanley war eine vielversprechende Schauspielerin gewesen, deren Karriere durch ihre Alkoholsucht jäh endete. Richardson, von ihrem Talent beeindruckt, wollte ihr eine neue Chance geben und holte sie aus einem Sanatorium in Texas nach London. Doch bald schon zeigte es sich, daß Miss Stanley den Anstrengungen und auch der Rolle der Claire nicht gewachsen war.

In der zweiten Woche stellte Kate Tony vor die Wahl, sich zwischen ihr und Kim Stanley zu entscheiden. Da Kate für das Projekt unersetzlich war, wurde die Rolle der Schwester mit Kate Reid neu besetzt.

Betsy Blair vertritt die Ansicht, daß «mit Kim Stanley die Stimmung am Drehort sicher besser gewesen wäre», räumte aber ein, daß die Entscheidung wahrscheinlich für alle Beteiligten die beste Lösung war. Die Bestimmtheit, mit der Kate ihre Forderung vorgebracht hatte, überraschte die meisten, zumal man von ihren «guten Taten» wußte. Es war ein offenes Geheimnis, daß sie eine Agentin, die einen Schlaganfall erlitten hatte, nur deshalb besuchte, damit ihr von seiten des Krankenhauses mehr Aufmerksamkeit entgegengebracht wurde, da sie regelmäßig Besuch von Katharine Hepburn bekam.

Kate fühlte sich in ihrer Rolle unwohl. Sie wußte, daß die Agnes ihr unsympathischster Part seit Jahren war. Ihre Versuche, sie etwas sympathischer zu gestalten, wurden von Richardson erbarmungslos gestoppt. «Wir führten heftige Diskussionen», sagte er lachend. «Aber wie hätte es auch anders sein können. Kate ist der geborene Befehlshaber. Ich aber auch. Eines Tages sagte ich zu ihr: ‹Seit 40 Jahren bist du nun im Geschäft und hast bis heute keine Ahnung davon!› Wütend schaute sie mich an und zischte zurück: ‹Du aber auch nicht!› Für uns war es kein Kampf, sondern eher ein Spiel, denn Kate ist wie ein wildes Pferd, das erst eingeritten werden muß, dabei aber den Respekt vor seinem Reiter nicht verlieren darf.»

Bis zum Ende der Dreharbeiten behielt Kate ihre negative Einstellung zu ihrer Rolle. So überraschte sie es nicht, daß *Empfindliches Gleichgewicht*, nach dem es vom Fernsehen ausgestrahlt und in einigen ausgewählten Kinos gelaufen war, schnell in Vergessenheit geriet.

Größerer Erfolg dagegen war dem Fernsehfilm *The Glass Menagerie* (dt. *Die Glasmenagerie*) beschieden. David Susskind hatte seit 1965 versucht, Kate für die Rolle der Amanda Wingfield zu gewinnen. Mit der Begründung, allein Laurette Taylor könne die gealterte Südstaatenschönheit spielen, die verzweifelt versucht, ihre Familie zusammenzuhalten, hatte Kate seinen Vorschlag wiederholt abgelehnt. «Als ich mich mit ihr im Februar 1972 in Fenwick traf, erklärte ich ihr, daß bisher auch Gertrude Lawrence, Helen Hayes, Shirley Booth und Maureen Stapelton die Rolle gespielt hätten und zudem die jetzige Generation noch nie etwas von Laurette Taylor gehört, geschweige denn jemals gesehen hätte», berichtete Susskind. Doch mit der Behauptung, sie sei zu dünn und käme mit dem Aufnahmeverfahren des Fernsehens nicht zurecht, drückte sich Kate erneut um eine Entscheidung. Doch Susskind ahnte, daß sie die Rolle im geheimen reizte und bereitete alles vor. Als Regisseur verpflichtete er Anthony Harvey, da er wußte, daß Kate jemanden verlangte, dem sie trauen konnte. Kaum erfuhr Kate davon, da rief sie auch schon Harvey an: «Meine Devise lautet: Lebe gefährlich! Also laß uns den Film machen!»

Nach Beendigung der Dreharbeiten zu *Empfindliches Gleichgewicht* blieb Kate mit Phyllis in London. Die freie Zeit vor Beginn der Dreharbeiten mit Harvey nutzte sie, um die Parks von London mit ihrem Fahrrad unsicher zu machen. Zu dieser Zeit entdeckte Kate ihre Vorliebe fürs Skatebord. «Ich hatte es nur gelernt», schränkte sie ein, «um meinem kleinen Großneffen zu beweisen, daß ich noch nicht reif für den Sarg war, wie das kleine Aas glaubte.» Ansonsten widmete sich Kate dem Studium des Stücks.

«Es ist ein großartiges Stück», rühmte sie. «Tennessee Williams zeigt realistisch, was Geldnot aus Menschen machen kann. Da mein Vater aus dem Süden stammte, konnte ich Amandas Gefühle und ihre Herkunft besser verstehen. Um den richtigen Akzent zu beherrschen, arbeitete ich mit zwei alten Damen aus den Südstaaten.»

Hervorragend unterstützt wurde Kate durch die darstellerischen Leistungen von Joanna Miles, Sam Waterston und Michael Moriarty. Nachdem Harvey mit dem Team zwei Wochen geprobt hatte, wurde *Die Glasmenagerie* in chronologischen Sequenzen gefilmt. «Ihre Energie war phänomenal!» erinnerte sich Harvey. «Wenn ich zum Beispiel um sieben ins Studio kam, war Kate bereits seit einer Stunde dort und radelte unermüdlich über das Gelände. Das Fahrrad hatte sie auf dem Dach ihres Wagens mitgebracht. Am

Ende eines Drehtags fühlte ich mich, als hätte ich zehn Runden gegen Cassius Clay durchgestanden. Kate dagegen strotzte nur so vor Kraft und Leidenschaft.»

Besonders stolz war Kate darauf, daß ihr das Hochzeitskleid aus dem Film *Die Nacht vor der Hochzeit* noch paßte. «Nur am Rücken mußte es etwas herausgelassen werden!»

Als *Die Glasmenagerie* am 16. Dezember 1973 gesendet wurde, waren die Kritiker begeistert. Cecil Wilson, der ihn vorab gesehen hatte, schrieb: «Es wäre unverzeihbar, wenn dieser Film nach der morgigen Sendung vom Bildschirm verschwinden würde.» Doch der Plan, *Die Glasmenagerie* in die Kinos zu bringen, scheiterte an den Verleihfirmen, die an seinem finanziellen Erfolg zweifelten. Auch Tennessee Williams zeigte sich von Kates Darstellung angetan, auch wenn er kurz vor seinem Tod glaubte, daß sie eine Fehlbesetzung war. «Wissen Sie, Katie Hepburn ist für mich eine energiegeladene und sehr, sehr intelligente Frau, die niemals ein Schicksal wie Amanda erleiden oder hinnehmen würde. Dennoch ist es nicht zu leugnen, daß der Film ein großer Erfolg und sie sehr überzeugend war.»

Um der Produktion auch die nötige Publicity in den Staaten zu verschaffen, erklärte sich Kate zum erstenmal bereit, ein Fernsehinterview zu geben. Als Partner entschied sie sich für Dick Cavett, der Kates Wahl zunächst für einen Scherz hielt. «Um so überraschter war ich, als sie eines Tages im Studio auftauchte», sagte Cavett.

«Mein Bruder hat mir geraten, nicht an Ihrer Show teilzunehmen», begrüßte sie Cavett. «Er meinte: ‹Am Ende finden sie heraus, daß du nicht großartig, sondern einfach langweilig bist.›»

Kate wollte sich erst einmal alles ansehen, bevor sie ihre endgültige Entscheidung traf. In Hose, einem Rollkragenpulli und barfüßig in Sandalen schlenderte sie durch das Studio und begann schon nach kurzer Zeit Befehle zu erteilen. Inzwischen ließ Cavett den Kameramann alles vorbereiten, da er ahnte, daß dies seine einzige Chance sein würde. Nachdem Kate die Farbe des Teppichs («Morgen früh komme ich vorbei und färbe ihn um»), die Möbel («Ich hasse Plastik») und Beleuchtung kritisiert hatte, verlangte sie einen Hocker, auf den sie ihre Füße legen konnte. «Sie möchten also die Geschichte meines Lebens hören?» fragte sie den überrumpelten Cavett. «Dafür haben Sie mich doch herbestellt.» Das Interview konnte beginnen.

«Je mehr Zeit verging, desto größer schien ihre Energie zu werden», erinnerte sich Cavett. «Als wir nach drei Stunden abbrachen, war sie erst richtig in Fahrt gekommen.» Freimütig erzählte Kate über ihre Kindheit in Hartford, ihre Eltern, die Anfänge ihrer Karriere und breitete ihre Weltanschauung aus. Sie hatte das Steuer übernommen und ließ sich von Cavetts Fragen nicht aus dem Konzept bringen.

Nachdem das Interview am 2. und 3. Oktober 1973 ausgestrahlt worden war, konnte sich Kate vor Angeboten kaum noch retten. Doch sie stellte alles hintan und unterzog sich Anfang 1974 einer Hüftoperation.

Während Kate sich im Frühjahr von ihrer Operation erholte, fragte der Produzent Jack Haley Jr. bei ihr an, ob sie bei der diesjährigen Oscar-Verleihung den Irving Thalberg Award an Lawrence Weingarten überreichen würde. Begeistert sagte Kate zu, verknüpfte ihre Teilnahme aber an die Bedingung, daß ihr Erscheinen bis zur letzten Minute geheimgehalten werde. Nicht einmal Weingarten erfuhr, wer ihm den Preis überreichen würde. Kate war eigenverantwortlich für ihre Rede und auch für ihre Kleidung, was Haley «einige Sorgen bereitete».

Während David Niven dem Publikum den Begriff «Star» zu erklären versuchte, holte man Kate hinter die Bühne.

«Für mich ist sie ein Star – Katharine Hepburn.» Unter tosendem Beifall betrat Kate die Bühne (ihre Krücke hatte sie kurz zuvor in die Dekoration geworfen). War diese Überraschung schon gelungen, so raubte Kates Hosenanzug im Mao-Look dem Publikum vollends den Atem. «Vielen, vielen Dank», rief Kate. «Natürlich bin ich tief bewegt. Außerdem bin ich sehr, sehr froh darüber, daß niemand gerufen hat: ‹Jetzt wird's aber langsam Zeit!› Ich bin der lebende Beweis dafür, daß es 41 Jahre dauern kann, bis ein Mensch uneigennützig wird.» Weingarten war durch Kates Geste sichtlich gerührt. In seiner Dankesrede erklärte er: «Katharine Hepburn und der Preis der Academy gleichzeitig hier zu haben ist ein emotionaler Brocken, mit dem ich kaum fertig werde.»

Auf dem Weg zum Presseraum schnappte sich Kate ihre Krücke, gab Weingarten einen Kuß auf die Wange, sagte: «Jetzt brauchst du mich nicht mehr», und verschwand.

4

Im Fernsehinterview hatte Cavett Kate gefragt, ob sie es bereue, niemals mit ihrem Freund Laurence Olivier zusammengearbeitet zu haben. «Nun, keiner von uns beiden ist tot», war Kates Antwort. Wenige Wochen später schickte ihr George Cukor ein Drehbuch von James Costigan, das er mit Olivier für ABC verfilmen wollte: *Love Among the Ruins* (dt. *Liebe in der Dämmerung*) handelt von der Grande Dame und ehemaligen Schauspielerin Jessica Medlicott, die wegen des Bruchs eines Eheversprechens angeklagt wird. Ihre Verteidigung soll Sir Arthur Granville-Jones (Olivier) übernehmen. Jessie ahnt nicht, daß es sich hierbei um einen Verehrer aus ihrer Jugend handelt, mit dem sie «drei liebestolle Tage und Nächte» in Toronto verbrachte. Obwohl Sir Arthur alles versucht, ihr diese Tage wieder in Erinnerung zu bringen, leugnet Jessie ihre Bekanntschaft, zumal sie weiß, daß sie damals ihm die Ehe versprochen hatte und dennoch den älteren und reicheren Charles Medlicott ehelichte. Tief in seinen Gefühlen verletzt, denn er liebt sie immer noch, übernimmt Sir Arthur die Verteidigung.

Wieder mit Cukor zusammenzuarbeiten war schon eine große Versuchung für Kate, doch Olivier als Partner machte das Projekt unwiderstehlich. «Seit 1934 hatten wir geplant, gemeinsam Theater zu spielen oder einen Film zu machen», erinnerte sich Sir Laurence. «Ich hielt Kate immer für einen Star und glaubte, sie würde sich dementsprechend temperamentvoll als Primadonna aufführen. Doch dann überraschte mich ihre Professionalität und ihr Durchhaltevermögen.»

Im Sommer 1974 sollte *Liebe in der Dämmerung* innerhalb von sechs Wochen in London und den Ealing Studios fertiggestellt werden, die – so Sir Laurence – «wie ein freundlicher Meteor rasch und unvergeßlich vorübergingen».

«Überwältigend» fand sie Leigh Lawson, der den jungen Pratt verkörperte. «Miss Hepburn war ein Mitspracherecht bezüglich ihrer Partner garantiert worden. Wir trafen uns in Mr. Richardsons Haus, und ich muß ehrlich sagen, ich war von ihr überrascht. Sie trug eine sehr alte Hose und auch ihr schwarzer Rollkragenpulli hatte Löcher. Auf den Rolls-Royce, den sie benutzte, war ein Fahrrad geschnürt.» Kate erklärte, daß Lawson für die Rolle geeignet schien und zeigte sich auch ansonsten mit Cukors Besetzung einverstanden. Die erste Begegnung zwischen Kate und Sir Laurence dagegen verlief etwas förmlich. Während er sie «Miss Hepburn» nannte sprach sie ihn mit seinem Titel an. Cukor am Ende des ersten Drehtags: «Ich hoffe, wir müssen dieses verdammte Höflichkeitsgetue nicht bis zum Ende des Films ertragen!»

Cukor war fest entschlossen, Kate so attraktiv wie möglich zu zeigen. Von den Kostümen bis hin zur Frisur war es Kates wohl femininster Film. Große Hüte erzeugten verführerische Schattenspiele auf ihrem Gesicht und die Kameratechnik von Douglas Slocombe ließ die Zuschauer Kates wirkliches Alter vergessen. Ebenso große Sorgfalt verwandte Susie Tracy auf die Standfotos. «Miss Hepburn ist sehr fotogen. Es macht wirklich Spaß, mit jemandem wie sie zusammenzuarbeiten», schwärmte Miss Tracy. «Ihr Lachen erhellt ihr Gesicht. Am interessantesten sind aber ihre Hände. Sie weiß sie einzusetzen.» Kate und Susie waren sich zum erstenmal während der Dreharbeiten zu *Ehekrieg* begegnet. Da Spencer aber Wert auf eine gewisse Distanz zwischen seiner Familie und Kate legte, lernten die beiden Frauen sich erst in London näher kennen. Kate war so von Susie begeistert, daß sie Hal Wallis bat, sie für ihr nächstes Projekt, ein Western mit John Wayne, als Fotografin zu verpflichten.

«Miss Hepburn ist sehr warmherzig, vital und voller Humor», erinnerte sich Miss Tracy. «Einmal kamen wir von den Dreharbeiten, als sie den Wagen vor einer Gärtnerei anhalten ließ und sich umschaute. Sie trug die üblichen Sachen: Hose, Pulli, Schal und einen kleinen Hut. Plötzlich kam ein Mann auf sie zu und fragte: ‹Haben Sie Stachelbeeren?› Miss Hepburn sah ihn an und sagte: ‹Stachelbeeren? Nun, da muß ich erst einmal nachsehen.› Sie ging weg, fand eine Verkäuferin, fragte sie und kam zurück. ‹Tut mir leid›, sagte sie zu dem Mann. ‹Stachelbeeren sind leider aus.› Er dankte ihr, nicht ahnend, wer sie war.»

Ähnlich erging es John Wayne. Während einer Szene in der Londoner Innenstadt entdeckte Kate ihren zukünftigen Co-Star in der Zuschauermenge. Ohne zu zögern ließ sie Olivier stehen, rannte in ihrem Kostüm auf Wayne zu und schüttelte ihm die Hand. «Mr. Wayne, ich freue mich auf unseren gemeinsamen Film», sagte sie strahlend, «ich glaube, daß ich Ihre geborene Partnerin bin, wenngleich es vor 25 Jahren wohl besser gewesen wäre» – drehte sich um und war wieder in ihrer Rolle.

Als *Liebe in der Dämmerung* am 6. März 1975 über den Bildschirm lief, wurde der Film begeistert aufgenommen, vor allem von der jüngeren Generation. Die Kritiker waren der Ansicht, daß Kate und Sir Laurence bewiesen hatten, daß romantische Liebesgeschichten keineswegs nur für junge Darsteller reserviert werden sollten. Die Begeisterung erfaßte schließlich auch Europa und England. Die Produktion wurde mit sechs Emmies ausgezeichnet. Für ihr Darstellung erhielten Kate und Olivier die begehrte Auszeichnung. Vor Beginn der Dreharbeiten zu *Rooster Cogburn* (dt. *Mit Dynamit und frommen Sprüchen*) beschloß Kate, sich liften zu lassen. Nach der Operation, die in London durchgeführt wurde, reiste Kate zusammen mit Phyllis nach New York, wo sie sich auf ihren ersten Western vorbereitete. In drei Wochen sollten die Dreharbeiten beginnen.

«Als man mir die Rechte an *Rooster Cogburn* anbot, dachte ich daran, daß Kate schon immer einen Film mit Wayne machen wollte, sagte Hal Wallis. «Also rief ich sie an, und sie steckte sofort Arbeit und Energie in das Projekt. Sie ist sehr konstruktiv und kann einem viel Arbeit abnehmen, aber auch die Hölle heiß machen.»

Die Presse hielt die Ankündigung, Kate werde an der Seite von Wayne in einem Western mitwirken, für einen Scherz. «Was ist daran denn so ausgefallen?» rechtfertigte sich Kate. «Ich wollte schon immer in einem Western mitmachen und mit Mr. Wayne spielen. Also ergriff ich die Chance, bevor es für uns beide zu spät ist.»

«Insgeheim aber befürchtete ich, daß Wayne ein chauvinistischer Besserwisser sei. Er dagegen hielt mich für einen Wichtigtuer, doch kaum hatten wir uns kennengelernt, mußten wir unsere Vorurteile über Bord werfen. Er war wie aus einem Stück gemacht. Mit breiten Schultern und einem massiven Brustkasten. Ich liebte es, mich an ihn zu lehnen. Das tat ich so oft es ging, das muß ich zu meiner Schande gestehen, aber in meinem Alter begnügt man sich mit solchen unschuldigen Vergnügen.» In einem Artikel für *TV Guide* sagte Kate über Wayne: «John Wayne war ein Held in den dreißiger Jahren, in den vierziger und auch noch in den fünfziger Jahren. Bevor das Ungeziefer hereingekrochen kam, die männlichen Helden schwach, der Stolz kleiner und die Haare länger wurden, bevor der Anti-Held geboren war. John Wayne hat das alles überlebt. Selbst noch in den siebziger Jahren... Seine Hände sind sehr groß. Sogar meine, die ja auch nicht gerade klein sind, verschwinden in ihnen. Gute Beine. Keinen Hintern. Ein wirklicher Männerkörper. Etwas, was man in dieser verweichlichten Zeit selten findet. Und dieses unglaubliche Wesen ruht auf zwei kleinen, sensitiven Füßen, die seinen Körper tragen, als wäre er eine Feder... Als Schauspieler ist er unglaublich begabt. Einzigartig! Natürlich... Er ist sehr, sehr gut. Man kann kaum mit ihm Schritt halten.»

«Ich habe noch nie mit einer Frau zusammengearbeitet, die einen derartigen Instinkt besessen hat», schwärmte Wayne. «Sie ist so feminin. Eine Idealfrau. Wirklich, jeder Mann, der so eine Frau gekriegt hat, kann sich glücklich schätzen.»

Und auch im Film geht es zu fast wie im wirklichen Leben. Denn ähnliche Hochachtung hat auch Deputy Marshall Rooster Cogburn vor Eula Goodnight. Obwohl er die ältliche Tochter eines Predigers als «Heimsuchung» betrachtet, machen sie sich zusammen mit einem Indianerjungen auf die Suche nach den Mördern von Eulas Vater. Auf der Verfolgungsjagd werden dem eingebildeten und großmäuligen Rooster (= Hahn) von Eula tüchtig die Federn gestutzt. Ja, es kommt sogar so weit, daß er ernsthaft erwägt, sie zu ehelichen. Nebenbei jagen die drei den Gangstern einen Wagen mit Nitroglyzerin ab und jagen die Bösewichte damit auch noch in die Luft.

Große Teile des Films *Mit Dynamit und frommen Sprüchen* spielen im Deschutes National Forest in Oregon. «Es war schon verdammt kalt, aber Kate ließ sich trotzdem nicht davon abbringen, in dem eiskalten Wasser zu baden und mit einem 22 Dollar teuren Kanu den Fluß entlangzufahren», berichtete Hal Wallis. «Der Wohnwagen, den ich extra für sie als Garderobe angeschafft hatte, wurde von ihr nur selten benutzt. Schließlich stellten wir einen Tisch und einen Regenschirm unter einen Baum, was mehr ihren Ansprüchen zu entsprechen schien.»

Ihre Forderung, die meistens Stunts selbst zu machen, bereitete vor allem der Versicherung schlaflose Nächte. «Daß Kate selbst reiten wollte, das konnte man noch verstehen. Aber es gibt eine Szene, in der Eula, Rooster und der Junge mit einem Floß durch Stromschnellen fahren. Gewiß, die wirklich gefährlichen Stellen durchquerten Doubles, aber bei den leichteren bestanden Kate und Wayne darauf, selbst zu spielen», erinnerte sich Wallis. «Ich habe Jahre darauf gewartet, mit John einen Cowboy-Film zu machen», begründete Kate ihre Entscheidung. «Und jetzt wollte ich eben jede Minute genießen.»

Zunächst hatte Hal Wallis befürchtet, daß die unterschiedlichen politischen Ansichten von Kate und Wayne zu Streitereien führen würden. Wayne gehörte zu denen, die Richard Nixon blindlings vertrauten. Auch war er Präsident der «Allianz zur Bewahrung der amerikanischen Ideale» gewesen, deren Arbeit die Hexenjagd von Senator McCarthy unterstützte und gegen die sich Kate einst vehement ausgesprochen hatte. «Das war kein Problem», meinte Wayne kurz vor seinem Tod. «Sie ist, was sie ist, weil sie es sein will. Und sie ist eine gute Frau, die schwer in Ordnung ist.» Kate dagegen wußte: «Politisch war er sehr reaktionär. Seine Ansichten basierten auf den Erfahrungen, die er gemacht hatte. In seiner Anfangszeit war er zudem oft mit Leuten zusammen, die wie er waren. Unabhängig. Hart arbeitend. Sie glaubten, alles selbst in die Hand nehmen zu müssen. Sie konnten nett, charmant und auch Monster sein. Doch John stand immer zu seiner Überzeugung, machte nie einen Hehl daraus, und das gefiel mir. Denn darauf kommt es an!»

Schon bald verbündeten Wayne und Kate sich gegen ihren Regisseur Stuart Millar, den sie beide für «uneffektiv und überflüssig» hielten. Da beide ihn noch nicht kannten, beschloß Kate, ihn einem Test zu unterziehen. Sie hatte mehrere Kopftücher zur Auswahl und fragte Millar, welches für den Typ der Eula geeignet sei. Millar zuckte mit den Schultern und murmelte, daß dies grundsätzlich egal sei. Es müsse ja weder ihm noch ihr gefallen.

«Mister Millar!» ereiferte sich Kate. «Wenn Sie bei diesem Film wirklich mein Regisseur sein wollen, müssen Sie fähig sein, mir klare Anweisungen und Auskünfte geben zu können.»

Es dauerte nicht lange, bis Kate und John dem Regisseur die Zügel aus der Hand nahmen und so spielten, wie sie es für richtig hielten. Als er jedoch darauf bestand, daß die Gerichtsszene, in der Eula die Handlungsweise von Rooster verteidigt, völlig neutral gespielt werde und die Stelle mehrmals wiederholen ließ, maulte Wayne: «Man kann eine Szene so lange wiederholen lassen, bis sie überhaupt nichts mehr bedeutet.»

«Diese Szene unsentimental zu spielen ist unmöglich!» dozierte Kate. «Doch wenn Sie darauf bestehen, werden wir das tun, was in unserer Macht steht.»

Über die Zusammenarbeit der beiden Stars berichtete Millar in einem Interview: «Schon am ersten Drehtag spielten die beiden so, als würden sie sich schon seit Jahren kennen. Beide hatten gute Ideen und Verbesserungsvorschläge. Schwierigkeiten gab es nur, weil jeder von ihnen am Ende einer Szene im Bild festgehalten werden wollte.»

Die Presse hatte jederzeit Zutritt zum Drehort – so wollte es John Wayne. Doch die Journalisten machten Kate am letzten Drehtag derart nervös, daß die Einstellung mehrmals wiederholt werden mußte. Als die Szene schließlich «im Kasten war», nahm «Wayne sie hoch und küßte sie schmatzend auf den Mund». Der Liebkosten war diese Geste der Zuneigung sichtlich unangenehm, und als Kate sich seinem Griff entwunden hatte, verschwand sie in die Garderobe. «Was für eine Frau. Ich liebe sie», jubelte John den Reportern vor.

«Ich mag gar nicht daran denken, was dieser Film ohne sie wäre.» Als Kate sich umgezogen hatte und wieder aus der Garderobe kam, erwiderte sie das Kompliment: «Er ist wirklich ein Teufelskerl!»

Mit Dynamit und frommen Sprüchen kam Oktober 1975 in die Kinos. Das *Monthly Film Bulletin* schrieb: «Die Rolle der Hepburn funktioniert am besten, wenn sie Rooster auf nette Weise ins Gewissen redet und Dank ihrer ‹süßen› Worte seine rohe Männlichkeit zu ihrem Vorteil nutzt. Das bringt zwar nicht viel Neues, aber die Hepburn hat in ihrer Art, einen Dialog zu bringen und bei einem derben Spaß mitzuhalten, immer noch etwas ungemein Inspirierendes.» Ein anderer Kritiker nannte den Film «*The African Queen goes West*»; denn es ist nicht zu übersehen, daß der Film die Huston-

Produktion zitiert, jedoch mit dem Unterschied, daß Cogburn Eula am Ende nicht bekommt. Eine Wendung, über die Pauline Kael bissig bemerkte, daß dieses Ende unverständlich sei, «da weder Miss Hepburn noch Mr. Wayne in einem Alter sind, in dem man Romanzen noch aufschieben kann».

Das Kinopublikum liebte den Film. Einige Stellen ernteten Szenenapplaus, so jene, da Eula erklärt: «Ich hatte nie das Verlangen, irgendeinen von euch Männern zu heiraten – und schon gar nicht, noch mehr davon zu produzieren!»

1975 kam *Resolved to Be Free* in den Verleih, eine Dokumentation von Kates Schwager Ellsworth Grant über die Rolle Connecticuts im Unabhängigkeitskrieg, die vor allem zu Lehrzwecken gedacht war. «Es war eines der wenigen Male, daß man mich wegen meiner Stimme wollte», begründete Kate ihre Entscheidung, den Erzählerpart zu übernehmen.

Kates nächstes Filmprojekt sollte sie wieder mit George Cukor vereinen. In der Verfilmung von Maurice Maeterlincks Märchen *Der blaue Vogel* sollte Kate vier Rollen übernehmen: Licht, Hexe, Mutter und mütterliche Liebe. In Zusammenarbeit mit den Russen sollte an Originalschauplätzen in Leningrad und Moskau gedreht werden. Als Partner hatte Cukor Ava Gardner, Will Geer, Jane Fonda und Robert Morley verpflichtet. Kurz vor der Abreise in die Sowjetunion erreichte Cukor ein Anruf der 20th Century-Fox. In einer Nacht-und-Nebel-Aktion hatte das Studio entschieden, Kates Rollen Elizabeth Taylor zu übertragen und bot ihr als Ersatz lediglich den Part der Hexe an. «Das traute ich mich Kate natürlich nicht zu sagen», erinnerte sich Cukor. «Vorsichtig brachte ich es ihr bei. Sie sah mich lange an und meinte: ‹Tu das nie wieder!› Und dann war die Sache erledigt.»

Der blaue Vogel, ein Film, der als «Meilenstein der Kinogeschichte» angekündigt worden war, verschwand nach seiner Premiere 1976 nach wenigen Tagen wieder aus den Kinos.

Kate hatte in Hollywood «nur drei oder vier» wirkliche Freunde, so verbrachte sie die meiste Zeit in New York und in ihrem Haus in Turtle Bay. Während ihrer Abwesenheit hatte sich ihre Schulfreundin Elizabeth Rhett um das Haus gekümmert, doch als Kate zurückkam, fand sie alles so vor, wie sie es verlassen hatte. Der Arbeitstisch war noch immer unordentlich und im Wohnzimmer lagen die Drehbücher verstreut herum. Obwohl sie es als «verachtungswürdig sentimental» abgetan hatte, Bilder von Verstorbenen aufzustellen, erinnerten einige Fotografien von ihren Eltern, Kollegen und Spencer (bei einem Polospiel) an vergangene Zeiten.

Kate trauerte dieser Zeit nicht nach. Sie entwickelte zahlreiche Aktivitäten und verfolgte ihre Umwelt mit wachsamen Augen. Im Andenken an ihre Mutter wurde sie die Sprecherin von Planned Parenthood und propagandierte in einigen TV-Spots die Connecticut Bank. Zusammen mit Laura, die nun überwiegend auf ihrer Farm in Holmdel in New Jersey lebte, sah sie fast jedes Stück, das am Broadway neu herauskam. Die neuen Filme aber «deprimierten» Kate: *The Last Tango* betrachtete sie als «Mißgeburt», ebenso *Deliverance* und *The Exorcist*. Ohne Scheu erklärte sie Steven Spielberg, was er bei *Jaws* hätte besser machen können, und er räumte ein, «daß sie verdammt recht hatte».

Da ihr der Film nur Gastauftritte in Katastrophenfilmen anbot, kehrte Kate in der Rolle der Mrs. Basil auf die Bühne zurück. Es wird gemunkelt, Kate habe die Rolle nur übernommen, um dem Stück der sechsundachtzigjährigen Enid Bagnold in Amerika zum Durchbruch zu verhelfen. «Mein Gott, in diesem Alter ein derartiges Stück zu verfassen, das hat mich beeindruckt», gestand Kate. Aber das war nicht ausschlaggebend. «Ich hatte schon immer das Gefühl, daß etwas, was für mich schwierig ist – und dazu gehört das Theater –, zugleich auch gut für mich sein muß! In diesem Fall kam es mir aber vor allem auf das Stück selbst an. Ich wurde traurig bei dem Gedanken, daß es in Vergessenheit geraten könnte, zumal es doch eine wichtige Aussage hat.»

A Matter of Gravity handelt von der einsamen und verbitterten Mrs. Basil, die allein in ihrer Achtunddreißig-Zimmer-Villa lebt, von der sie lediglich einen Raum nutzt. Obwohl sie Veränderungen haßt, engagiert sie eine neue Köchin, Dubois, und lädt ihren Enkel Nick (Christopher Reeves) zu sich ein, um zu sehen, ob er des Hauses würdig ist, das sie ihm hinterlassen will. Doch Nick hält nicht viel davon. Um seine Großmutter zu schockieren, bringt er einen liberalen Intellektuellen, ein junges, kommunistisch angehauchtes Mädchen und ein schwules Pärchen mit in ihr Haus. Mrs. Basil sieht alle ihre Werte in den Schmutz gestoßen. Sie durchschaut das Mädchen, das einwilligt, Nicks Frau zu werden, um so an das Haus heranzukommen. Als ihr die Anwesenheit der Leute unerträglich wird, bittet sie die Gäste, zu gehen. Es vergehen Jahre. Die Ehe von Nick droht zu scheitern. Da Mrs. Basil weiß, wieviel seiner Frau das Haus bedeutet, verspricht sie ihnen, sich ein neues Zuhause zu suchen. Unterstützt wird ihr Entschluß von ihrer Köchin Dubois, die wie ein Zeppelin in die Lüfte aufsteigen kann. «Wenn wir alle unsere Alltagssorgen und Probleme abstreifen könnten, müßten wir alle fliegen können!» erklärt Mrs. Basil zum Schluß und macht sich mit Dubois auf den Weg in ihr neues Heim: eine Irrenanstalt.

Eine gewisse Ähnlichkeit zwischen Kate und Mrs. Basil war offensichtlich. In Interviews aus dieser Zeit stellte sie klar, daß sie mit ihrer Umwelt keineswegs zufrieden war. «Zur Hölle, was ist mit uns passiert? Statt endlich dem Ganzen ein Ende zu setzen, tolerieren sie alles. Wer ist schon mit diesem Land zufrieden? Wer? Ich habe erst kürzlich einen Kühlschrank gekauft. In der Gebrauchsanleitung heißt es, das Eisfach produziere täglich 54 Eiswürfel. Ich habe sie nachgezählt, gestern waren es nur 51 und heute waren es nur noch 49! Das Land ist in größeren Schwierigkeiten, als wir denken! ... Werte, die für das Leben wichtig waren, als ich *Vier Schwestern* machte, sind auch heute noch von Bedeutung. Die Zuneigung von Freunden, Mutterliebe, Selbstlosigkeit, Ehre, Verzichtbereitschaft. Und diese Dinge existieren auch heute noch. Nur wird heute eben nicht über sie berichtet, da man sie für langweilig hält.»

Ende September 1976 ging das Stück auf Probetournee. Die Vorpremiere fand in Philadelphia statt. Kate nutzte die Gelegenheit und traf sich mit «Luddy». Als ein Reporter herausfand, daß sie mit ihrem Ex-Mann auch noch zusammen gefrühstückt hatte, kam schnell das Gerücht auf, die beiden wollten es erneut miteinander probieren. «Unsinn», meinte «Luddy», als er daraufhin angesprochen wurde. «Über dieses Alter sind wir doch beide hinaus. Ich bin 77 Jahre alt und krank. Was sollte ich da mit einer Frau wie Kate noch anfangen?»

Die nächsten Stationen der Show waren Washington, New Haven, Boston und Toronto. In Boston ereignete sich ein Zwischenfall, der erneut für Schlagzeilen in der *yellow press* sorgte. Bei einem Einkaufsbummel in einer exklusiven Boutique hielt der Ladendetektiv Kate für eine Gammlerin und Ladendiebin. Als er sie bat, ihre Tasche zu öffnen, weigerte sie sich strikt. «Junger Mann!» schrie sie. «Ich habe es nicht nötig, zu klauen!» Erst nachdem der herbeigeeilte Geschäftsführer Kate erkannte, «setzte man mich wieder auf freien Fuß». Dem eifrigen Detektiv blieb nichts anderes übrig, als einige Entschuldigungen zu murmeln.

Als *A Matter of Gravity* an den Broadway kam, hatte das Stück bereits seine Unkosten eingespielt. Nach der Broadway-Premiere am 3. Februar 1976 schrieb Dan Sullivan: «In der Erwartung, Katharine Hepburn in Enid Bagnolds *A Matter of Gravity* zu sehen, war man glücklich überrascht, daß es Enid Bagnolds *A Matter of Gravity* mit Katharine Hepburn ist. Das soll nicht heißen, daß Miss Hepburn es nicht schaffen würde, jeden Augenblick zu faszinieren... doch diesmal nicht durch ihren dominanten Geist, sondern durch ihr geniales Spiel.»

Nach zwölf Wochen am Broadway beschloß Kate, die Rolle niederzulegen und – wie vereinbart – in Richard Collas Film *Olly Olly Oxen Free* (dt. *Eine Reise im Ballon*) mitzuwirken.

Im Mittelpunkt dieses Familien-Films, der wieder einmal die Gesetze der Gravitation in Frage stellt, steht Miss Pudd, eine Schrotthändlerin, die zwei Kindern hilft, den Heißluftballon ihres Großvaters zu reparieren. Gemeinsam brechen sie zu einer abenteuerlichen Reise im Ballon auf.

Kate war von dem Drehbuch verzaubert, das ihr Richard Colla geschickt hatte. «Ich mache mit, wenn Sie das nötige Geld auftreiben können», versprach sie ihm. Colla benötigte dazu zwei Jahre. Da er noch keinen Verleih für sein Projekt gefunden hatte, verzichtete Kate auf eine Gage und erklärte sich mit einer finanziellen Beteiligung am Gewinn einverstanden.

Die Dreharbeiten begannen im Sommer 1976. Zu dieser Zeit ehrte das Museum of Modern Art Kate mit einer weiteren Retrospektive, die Walter Kerr mit den Worten eröffnete: «Hepburn ist das Mädchen, mit dem wir schon immer einmal tanzen wollten und es nie geschafft haben.»

Da die Rolle der Miss Pudd einige gefährliche Stunts enthielt, engagierte Colla einen Stuntman. «Der Mann sieht überhaupt nicht aus wie ich», beschwerte sich Kate. In einer Szene muß Miss Pudd gerade noch ein Seil ergreifen, bevor der Ballon vom Boden abhebt. Kate bestand darauf, die Szene ohne Double zu spielen. «Die Jungen denken immer, daß die Alten exzentrisch sind, wenn sie Dinge tun, die sie sich selbst nicht zutrauen!»

Obwohl *Eine Reise im Ballon* ein gelungener Familien-Film ist, konnte Colla keinen Verleiher finden. 1978 gelangte der Film vereinzelt in Kinos des mittleren Westens, bevor der 1989 von Time-Life Video als Videocassette herausgebracht wurde. Nach einem erneuten Startversuch im Juni 1981 in New York verschwand der Film völlig aus den Kinos.

«Man macht einen Film oder ein Theaterstück, weil man von der Thematik fasziniert ist. Manchmal klappt es und manchmal auch nicht. Doch ich bereue es nicht. Ich wollte schon immer einmal einen Ballon fliegen!» meinte Kate. «Will das nicht jeder? Ich bin schon einmal Flugzeug geflogen, obwohl ich keinen Flugschein besitze. Aber ein Ballon ist etwas ganz anderes. Er ist eine lustige Schönheit!»

Im Oktober 1976 kehrte Kate mit dem Stück *A Matter of Gravity* wieder auf die Bühne zurück und ging für weitere sechs Monate auf Tournee, nach Denver, Vancouver, San Francisco und Los Angeles. Die Tournee verlief ohne Zwischenfälle und die Kritiker der einzelnen Städte reagierten auf Kate und das Stück mit größerem Enthusiasmus als die New Yorker. Während der Spielzeit in Los Angeles wohnte Kate in Tracys Bungalow.

Bei einem Abendspaziergang nach einer Vorstellung stolperte Kate und brach sich den Knöchel. Der Arzt verordnete Kate in Anbetracht des komplizierten Bruchs Bettruhe. Doch da sie wußte, daß das Stück ohne sie sterben würde, beschloß sie, weiterzumachen. Ohne Widerspruch zu dulden, entschied sie, im Rollstuhl weiterzuspielen. Als Enid Bagnold davon erfuhr jubelte sie: «Oh, wie wundervoll! Warum hatte ich diese Idee nicht. Jetzt ist der Kontrast zwischen der Köchin und ihrer Herrin noch größer.»

Im Frühjahr 1977 verkündeten *Variety* und die *New York Times*, daß Kate und Bette Davis in *Whitewater* zum erstenmal gemeinsam auf der Leinwand zu sehen sein würden. Der Film sollte auf einer Geschichte von Paul Horgan beruhen und «von zwei Frauen handeln, die in den vierziger Jahren auf eine kleine texanische Stadt großen Einfluß ausüben». Hal Wallis sollte das Projekt produzieren, Jan Kadar Regie führen und Jerome Lawrence und Robert E. Lee das Drehbuch verfassen. Richard Thomas, in Deutschland besser bekannt als John-Boy Walton, war als Partner verpflichtet worden. Der Beginn der Dreharbeiten war auf das Frühjahr 1978 festgelegt worden, doch das Projekt ist nie realisiert worden. Böse Zungen behaupten, daß «wahrscheinlich niemand das Team Hepburn – Davis lebend überstanden hätte».

Im Herbst 1977 reisten Kate und Phyllis nach London, um mit Enid Bagnold die Möglichkeit durchzusprechen, *A Matter of Gravity* im West End herauszubringen. Da das Stück aber bereits einmal in England durchgefallen war, riet Mrs. Bagnold Kate von ihrem Vorhaben ab. «Statt dessen riet ich ihr, sich noch einmal operieren zu lassen, denn ich fand, daß ihr Arzt beim Liften ganz schön gepfuscht hatte», plauderte Mrs. Bagnold in einem Interview. Sie verwies Kate an den Chirurgen Dr. John Mustarde.

Kate ließ sich die Sache durch den Kopf gehen und unterzog sich kurze Zeit später einer zweiten Operation.

Schon in den letzten beiden Jahren – etwa seit 1975 – galt Kate als «wunderlich», doch nun erschienen mehr und mehr Publikationen, in denen sie als «exzentrische Alte» geschildert wurde. In einem Interview mit *Readers Digest* verteidigte Cukor seine Aktrice: «Was immer sie tut, sie ist dabei offen und ehrlich. Sie ist bereit, die Konsequenzen zu tragen. Sie hat eine sehr spitze Zunge und kann einen wirklich wütend machen. Auch mag sie manchmal etwas sonderbar wirken. Dennoch sind die meisten Dinge, die über sie behauptet werden, gefühllos und unwahr.»

Kates nächstes Projekt wurde ihr sodann auch von Cukor angeboten. Alan Shayne, der Leiter der Warner TV, hing einem Traum nach: er wollte Emlyn Williams' Stück *The Corn is Green* mit Kate in der Hauptrolle neu verfilmen. Als Regisseur verpflichtete er

George Cukor. Als Cukor Kate im Januar 1978 anrief, war sie von der Idee wenig begeistert. «Oh, George», sagte sie. «Ich kenne das Stück, aber es ist doch schon hundertmal gemacht worden.» Immerhin wollte Kate – das sagte sie zu – das Stück noch einmal lesen.

«Und ich fand es phantastisch. So lebendig und nicht halbtot wie die anderen Rollen, die man mir angeboten hatte. Beim Lesen weinte und lachte ich. Und mir wurde klar, daß ich diese Rolle spielen wollte.»

Also wurden die Verträge unterzeichnet, und Kate machte sich mit George auf den Weg nach London, um bei der Besetzung der restlichen Rollen zu helfen. «Zunächst suchten wir den Jungen, der Morgan Evans, meinen Schüler, spielen sollte. Für den brauchten wir einen harten Burschen mit Verstand, Energie und genügend Appeal.» Auf der Besetzungsvorschlagsliste stand Ian Seymour an oberster Stelle. Kate war von seiner Erscheinung und seinem Spiel begeistert. Dennoch «wartete ich acht Wochen, bis ich wußte, daß ich die Rolle bekommen hatte», erinnerte sich Seymour.

«Ich bin eben ein Mensch, der neugierig ist, was hinter der Ecke auf ihn wartet», erklärte Kate. «Und so wollte ich erst noch die anderen Kandidaten sehen, die jedoch für Ian keine Konkurrenz darstellten.»

Als nächstes wurde die Rolle der Bessie besetzt. Unter den Bewerberinnen befand sich auch Toyah Wilcox, die damals gerade den Höhepunkt ihres Ruhms als Pop-Sängerin erreichte. Cukor, der davon keine Ahnung hatte, war entsetzt, als er sie zum erstenmal sah. «Er bat mich, meinen Hut abzunehmen, dabei hatte ich meine Haare in den neuesten Punkfarben gefärbt. Nun, ich muß ehrlich sagen, ich konnte zunächst nichts mit den Namen Cukor und Hepburn anfangen. Sie waren ausgesprochen zuvorkommend, und das zu einer Zeit, in der eher das Gegenteil an der Tagesordnung war. Sie boten mir Tee an, und Hepburn zog mich zu sich aufs Sofa. Ich hatte die Sache vor- und rückwärts gelernt und brachte sie an den richtigen Stellen zum Lachen. Um Mitternacht rief sie mich dann an und sagte, ich sei angenommen.» Cukor hatte zunächst Bedenken, doch Kate bestand auf Toyah Wilcox.

Nachdem auch die restlichen Rollen besetzt worden waren, kehrten Cukor und Kate in die Staaten zurück, während Carmen Dillon sich auf den Weg machte, um einen geeigneten Ort für die Außenaufnahmen zu suchen.

Cukor und Kate hatten die letzten Wochen fast immer zusammen verbracht, dennoch ahnte er nicht, daß sie ihn am 30. April 1978 bei der Gala der Lincoln Center Film Society vorstellen würde. An diesem Abend erfuhr die Öffentlichkeit zum erstenmal, daß er und Kate an einem neuen Projekt arbeiteten. «Sie hat einen Teil meines Anwesens gemietet», witzelte Cukor. «Ich mußte sie engagieren, damit sie auch weiterhin ihre Miete bezahlen kann.»

In London erfuhren die beiden, daß sie sowohl vom Kameramann als auch dem Kostüm-Designer im Stich gelassen worden waren. «Dies schmerzte um so mehr, da beide mit uns befreundet waren. Der eine meinte, er könne unmöglich die letzten Ferien seiner Tochter opfern. Mein Gott, dachte ich, dies ist vielleicht mein letzter Film, was interessiert mich da seine Tochter!» Doch in letzter Minute sprangen Teddy Scaife, David Walker und Jean Hunneysiett ein.

«Bei unserem ersten Treffen nahm mir Jean die Maße ab. Danach holte sie ein sehr kleines Korsett aus ihrer Tasche. Ich schenkte dem Ding nur einen kurzen Blick und wußte, das war etwas für eine Wespentaille. Und auch Jean bemerkte es. ‹Ich dachte immer, daß Sie sehr, sehr... ich meine, Sie wirkten immer so zierlich!› Nun, wahrscheinlich hatte sie in einer Spätaufführung des Fernsehens Filme gesehen, die vor 30 oder 40 Jahren gedreht worden waren. Das gehörte nun alles der Vergangenheit an. Aber auch die anderen Dinger, die sie mitgebracht hatte, paßten nicht.»

Walker und Hunneysiett hatten große Schwierigkeiten, die passenden Kostüme zu finden. Als einmal ein kleines Mädchen ihren Kopf in den Kostümfundus steckte, sagte es zu Kate: «Hey, Miss, wann fängt denn dieser Wohltätigkeitsbasar an?»

Die Dreharbeiten fanden in dem kleinen Dörfchen Isbyty Iflan statt. «Als uns Carmen Dillon zum erstenmal das Dorf und die Farm zeigte, waren wir gar nicht begeistert. Es regnete und alles schien im Schlamm zu versinken. Doch als wir wiederkamen, war es Sommer. Die Wiesen blühten und die Gärten waren voller Blumen», erzählte Kate.

In der Nähe des Dorfs lag die Hafod Ifan Farm, die dem National Trust gehörte und von einer Familie Hughes bewirtschaftet wurde. «Gott sei Dank erlaubte mir Mrs. Hughes, eines ihrer Zimmer als Garderobe zu benutzen. Sonst hätte ich mich in einem Wohnwagen auf einer Weide umziehen müssen. Jedesmal, wenn man über die Viehweide ging, trat man in Mist und roch abends dementsprechend.»

Die Szenen im Haus des Squires entstanden auf dem Landsitz von Lord Brocket. Als eines Morgens niemand die Tür öffnete, kletterte Kate durch ein offenes Fenster, um dem Team die Tür zu öffnen. Nichtsahnend löste sie dabei den Alarm aus. Nach wenigen Minuten war Brocket Hall von Polizisten umstellt. Das Team kam mit einer Verwarnung davon, Kate dagegen mußte «als Strafe» Autogramme geben.

Kate war von der Landschaft und dem Klima von Wales begeistert. Eine Weile spielte sie sogar mit dem Gedanken, hier ein Stück Land zu erwerben und sich zur Ruhe zu setzen. «Sie wirkte sehr zerbrechlich», erinnerte sich Bill Fraser, der den Squire spielte. «Und sie hatte Probleme mit ihrer Gesundheit. Dieses Schütteln. Sie versuchte es mit Medikamenten. Aber die halfen ihr nur wenig.»

Kate litt aber vor allem darunter, daß sie während der Aufnahmen von ihrem Körper «gedemütigt» wurde. «Zum Beginn des Films sieht man mich auf einem Fahrrad durch die Gegend fahren. Es war eines aus dem Jahre 1890 und wog eine Tonne. Wir fuhren auf einen Hügel. Ich sollte gefilmt werden, wie ich bergab fahre. Die Stellung der Sonne war aber so ungünstig, daß die Szene umgeworfen werden mußte. Nun sollte ich bergauf fahren. Doch ich schaffte es nicht. Es war unmöglich. Schließlich sprang eine junge Sportlerin für mich ein. Ich war so gedemütigt, daß ich beinahe einen Schlaganfall bekam. Ich war sonst immer fähig gewesen, meine Szenen selbst zu spielen. Aber meine Beine konnten einfach nicht kräftig genug treten, und so torkelte das Rad nur den Berg hinauf. Die anderen hielten mich für verrückt, weil ich mich so aufregte. Ich tue es heute noch. Verdammte, alte Beine!»

Aber ihre Hauptsorge galt nicht ihrer eigenen Gesundheit, sondern Cukor, der sich nach Beginn der Dreharbeiten unwohl und schwach fühlte. Als die Innenaufnahmen in den Wembley Studios begannen, hielt Kate dem Team einen Vortrag. «Sie bat uns, konzentriert zu sein, damit möglichst wenig von ihrer und Cukors Zeit vergeudet würde.» Als George eines Morgens bis 8 Uhr 30 nicht im Studio erschienen war, sagte Kate zu einem Angestellten: «Auf was warten Sie noch? Gehen Sie und suchen Sie Mr. Cukor. Er ist achtzig und vielleicht schon tot.»

Sie entlastete ihn, wo sie konnte. Schließlich hielt er bis zum letzten Drehtag durch – wenn auch einige der Ansicht sind, daß Kate bei dieser Fernsehproduktion ihr langerwartetes Debüt als Regisseurin gegeben hat.

Im Vorfeld der Fernsehpremiere des Spielfilms *The Corn is Green* (dt. *Das Korn ist grün*) gab Kate eines ihrer seltenen Fernsehinterviews. Morley Safer von *Sixty Minutes* war ihr Gesprächspartner. «Wir leben in einer Ich-Ich-Ich-Ära», erklärte Kate. «Integrität wird von niemandem mehr geachtet; Recht und Unrecht werden einfach durcheinander gebracht. Wir sind zerstreut und erschöpft, rennen herum wie Schafsköpfe und ergehen uns in Gefühlsduselei. Aber geändert wird nichts!» Auf die Frage, wie sie bei ihrem Starruhm ihre Natürlichkeit behalten konnte, antwortete sie: «Ich lebe seit 1931 in diesem Haus. Beständigkeit. Ich lebe in einer Nachbarschaft, die mich seit meiner Kindheit kennt. Ich halte mich selbst nicht für eine Schauspielerin. Wichtig ist, wieviel man wert ist. Was man taugt. Kann man ein Fenster reparieren? Kann man ein Fenster putzen? Kann man das Haus in Ordnung halten? Kann man – kochen – abwaschen? Ich lebe eben anders als die meisten in dem Geschäft.» Und dann räumte Kate mit dem Mythos vom begnadeten Star auf. «Ich glaube nicht, daß es eine große Kunst ist. Schauen sie Shirley Temple an. Sie war drei, und sie war großartig. Sie konnte weinen, lachen und so weiter. Und hat bis heute für ihre Kunst keinen Nobelpreis erhalten. Ja, sie verleihen ihn gar nicht für diese Art von Kunst.»

Kates Interview, das in ihrem New Yorker Haus aufgezeichnet worden war, wurde im Dezember 1978 gesendet. Als einige Monate später Safer bei ihr nachfragte, ob das geschnittene Material auch noch gesendet werden dürfte, antwortete Kate: «Unter keinen Umständen. Ich bin es leid, ständig die Meinungen von Katharine Hepburn hören zu müssen.»

Zunächst plante CBS, den Spielfilm *Das Korn ist grün* Weihnachten 1978 zu senden. Doch dann kamen den Verantwortlichen Bedenken, ob die Geschichte von Mrs. Moffat nicht doch etwas angegraut sei. Als der Film schließlich am 29. Januar 1979 gesendet wurde, zeigten die Zuschauerreaktionen, daß der Stoff noch nichts von seinem Charme verloren hatte.

Mrs. Moffat, eine energische alte Jungfer, erbt von ihrem Onkel eine kleine Farm in Wales. Sie beschließt, eine Schule zu eröffnen, in der die Arbeiterkinder lesen und schreiben lernen können. Doch ihr Plan stößt auf den Widerstand des Squire (Fraser), dem auch die Minen gehören. Ihm ist es lieber, daß die Kinder im zarten Alter von zwölf Jahren in seinem Bergwerk arbeiten. Mrs. Moffat bricht seinen Widerstand und eröffnet ihre Schule. Von ihren Schülern erweist sich Morgan Evans (Seymour) als besonders begabt. Jede freie Minute investiert Mrs. Moffat in seine Erziehung. Doch kurz bevor er ein Oxford-Stipendium bekommen soll, verkündet Bessie (Toyah), die Tochter der Haushälterin von Mrs. Moffat, daß sie ein Kind von Morgan bekommen hat. Um seine Zukunft nicht zu gefährden, adoptiert die Lehrerin das Baby und zieht es auf.

Die Rolle der Miss Moffat, eine Broadway-Schöpfung von Ethel Barrymore aus dem Jahre 1941, wurde 1946 mit Bette Davis verfilmt, die auch in der Musical-Fassung von 1974 zu sehen war. Kate befürchtete natürlich, sie würde mit der Darstellung ihrer Vorgängerinnen verglichen. Doch die Kritiker zeigten sich von ihr tief beeindruckt, und Cukor schwärmte von seiner Darstellerin: «Sie überraschte mich in jeder Einstellung. Sie war so spontan und unverbraucht. Nicht auf den Effekt bedacht... Sie spielte mit mehr Verständnis als vor 30 Jahren, humorvoller und ehrlicher.» Und lachend fügte Cukor hinzu: «Manchmal hatte ich den Eindruck, wir seien miteinander verheiratet. Nein, unsere Beziehung ist etwas Besonders. Geben und Nehmen. Ich gebe, sie nimmt.»

Das Korn ist grün war ihr letzter gemeinsamer Film. George Cukor starb am 24. Januar 1983. Mit ihm ging eine Ära zu Ende.

5

Ende der siebziger Jahre war das alte Hollywood endgültig tot. Die neuen Helden wie Dustin Hoffman, Robert Redford und Robert De Niro waren exzellente Schauspieler, ihnen fehlte aber die Aura eines Stars im klassischen Sinne. Diesen Nimbus übernahmen R2D2, E. T., Nummer 5, die – so Tony S. Camonte – «mehr Charisma besaßen als Jack Nicholson und Meryl Streep». Nicht mehr die Rolle, die ein Darsteller verkörperte, sondern die Gage, die er dafür erhielt, wurde das Markenzeichen des neuen Stars; doch oft war da nur der Schweif, der so tat, als gäbe es einen Kometen.

«Die Filmbranche, womöglich die gesamte amerikanische Kultur, hat sich nie mehr von jenem gigantischen Medienwochenende im Juni 1975 erholt, als im ganzen Land *Jaws* gestartet wurde und Hollywood feststellen mußte, daß ein Film innerhalb von drei Tagen 8 Millionen Dollar einspielen konnte», sagte David Denby. «Seitdem geht es nur noch darum, einen ähnlichen Hit zu lancieren, die Medien für sich zu gewinnen und eine kometenhafte Karriere zu machen. Auszeichnungen sind heute überflüssig. Wichtig ist nur, daß man Geld macht – und sei es mit der Fortsetzung eines achtklassigen Horrorfilms. Nur so macht man Karriere. Es gibt keine Scham mehr, aber auch keine Möglichkeit zu einem Flop. Denn wer engagiert schon einen Star für 25 Millionen Dollar nach ein oder zwei Mißerfolgen? Die Studiobosse, über die man heute lacht, hatten noch Respekt vor dem Publikum und ihren Stars. Da die Kinoketten die Haupteinnahmequelle der Studios waren, waren die Bosse in ihrer Stoffwahl weniger ängstlich und ermöglichten so vielen großen Filmen den Weg ins Kino.»

Die Stars von einst hatten sich entweder wie Garbo, Grant, Rogers, Dietrich zur Ruhe gesetzt oder wirkten wie Stewart und Stanwyck in Fernsehproduktionen mit. Die meisten aber sind in Vergessenheit geraten. Kate dagegen ging es ähnlich wie Bette Davis: sie wollte arbeiten, aber die Rollen, die man ihr anbot, «waren vertrottelte, bemitleidenswerte alte Frauen oder bissige Giftnudeln». Die alten Regisseure, mit denen sie zusammengearbeitet hatte, waren gestorben oder hatten sich zur Ruhe gesetzt, und ihre Nachfolger wie Lucas, Spielberg und Coppola hatten anscheinend Angst davor, mit der Legende Hepburn zusammenzuarbeiten.

Ende 1978 erhielt Kate eine Einladung von Greer Garson, sich das Theaterstück *On Golden Pond* anzusehen. Miss Garson, die mit Arthur Cantor dieses Werk von Ernest Thompson produziert hatte, war auf der Suche nach Schauspielern, die bereit waren, in einer Verfilmung mitzuwirken. Kate nahm die Einladung an und war, nachdem sie das Stück dreimal gesehen hatte, begeistert. Am 28. Februar 1979 kam das Stück am Broadway heraus, doch bereits nach 128 Vorstellungen senkte sich hier der Vorhang zum letztenmal. Als billigere Off-Broadway-Produktion erlebte das Stück dann aber noch weitere 253 Vorstellungen.

On Golden Pond erzählt die Geschichte von Ethel und Norman Thayer, die seit 50 Jahren jeden Sommer am goldenen See in Maine verbringen. Norman, 80 Jahre alt, ist schwer herzkrank, und so besteht Ethels Hauptaufgabe darin, ihm Lebensmut zu geben und noch einige glückliche Tage zu bereiten. Das ist nicht leicht, denn ihr Mann ist vom Sterben geradezu fasziniert. Für ein weiteres Problem sorgt ihre Tochter Chelsea. Mit ihrem Freund, einem Zahnarzt, und dessen Sohn Billy, kommt sie zu Normans Geburtstag, doch in Wirklichkeit wollte sie nur ihre Mutter bitten, sich um den Jungen zu kümmern, während sie mit dessen Vater nach Europa reist...

Kate liebte die Geschichte, die sie für eine Art Fortsetzung von *Rat mal, wer zum Essen kommt* hielt. Ohne Spencer stellte sich aber die Frage, wer die Rolle von Norman übernehmen sollte. Cary Grant hatte sich aus dem Geschäft zurückgezogen, James Stewart war für ein ähnliches Projekt als Partner von Bette Davis verpflichtet worden und Fred Astaire hielt das Stück für zu sentimental.

Kate ahnte nicht, daß inzwischen Henry Fonda auf der Suche nach einer Schauspielerin war, die den Part der Ethel übernehmen würde. «Es war Jane, die die beiden zusammen brachte», erinnerte sich Ernest Thompson. Jane wußte, daß ihr Vater davon überzeugt war, daß die Rolle des Norman ihm den langersehnten Oscar einbringen würde. Ebenso war ihr bekannt, daß bisher kein Studio es gewagt hatte, 7 Millionen Dollar für einen Film über «alte Leute» auszugeben. Sie selbst kannte das Stück nicht, doch als sie von Freunden erfuhr, daß auch Katharine Hepburn daran interessiert war, las sie es. «Ich verstand sofort, warum Kate und mein Vater so begeistert waren», erklärte sie in einem Interview. «Und auch mich faszinierte das Stück, vor allem aber die Figur der Chelsea. Wie Sie wissen war die Beziehung zu meinem Vater der ihren nicht unähnlich. Also beschloß ich, sie zu spielen.» Jane tat noch ein weiteres: zusammen mit der Marble Arch Films produzierte sie die Verfilmung. Später übernahm Universal den Verleih.

Nachdem Kate Jane kurz in New York gesehen hatte, reiste sie nach Kalifornien, um Henry Fonda und Mark Rydell zu treffen. Obwohl beide Jahrzehnte in Hollywood gelebt hatten und sogar zwei Filme mit ihnen geplant waren (*The Mad Miss Manton* und *Lady Eve*), hatten sich die beiden bisher noch nie persönlich kennengelernt. Das erste Treffen fand in einem Konferenzraum der 20th Century-Fox statt. «Kate kam auf mich zu, umarmte mich und sagte: ‹Nun wird's aber auch langsam Zeit!› Für mich war es so, als träfe ich eine alte Freundin», erzählte Henry Fonda.

Weniger herzlich war das Verhältnis zu Mark Rydell. Kate machte ihm sofort klar, daß sie ihn für eine Fehlbesetzung hielt. «Sie hatte *The Rose* gesehen und war entsetzt. Schließlich gelang es uns, ihr einen meiner früheren Filme zu zeigen – die Faulkner-Verfilmung *The Receiver*. ‹Ein sehr guter Film›, erklärte sie nach der Aufführung. ‹Hätte ich nur den Middler-Film gesehen, ich hätte Jane für verrückt erklärt, Sie für einen so einfühlsamen und ruhigen Film zu engagieren›», erinnerte sich Rydell. «Kate plante, daß die ersten Besprechungen um 6 Uhr 30 beginnen sollten. Schließlich erklärte sie sich mit 9 Uhr einverstanden, obwohl sie keinen Hehl daraus machte, daß ihrer Meinung nach dadurch der halbe Tag verschwendet wurde. In meinen Entwürfen betonte ich die sexuelle Komponente in der Beziehung der Thayers zueinander. Katie machte mir daraufhin zwar den Vorwurf, nichts anderes als Sex im Kopf zu haben, doch im geheimen gefielen ihr meine Änderungen.» Nachdem die ersten Gespräche positiv verlaufen waren, wurde der Drehbeginn auf Juni 1980 festgelegt. Doch kurz vor Drehbeginn traten zwei Probleme auf, die unlösbar schienen:

Zum einen rief die Screen Actors Guild zum Streik auf. Befolgte man den Aufruf, so bedeutete dies, daß der Film erst im nächsten Jahr begonnen werden konnte. Jane wußte, daß der Gesundheitszustand ihres Vaters kritisch war und kaum die Chance bestand, daß er das nächste Jahr noch erleben würde. Andererseits war sie Mitglied der Guild, deren Anliegen sie bisher bedingungslos unterstützt hatte. Sollte sie nun zur Streikbrecherin werden? Da die Verantwortlichen von ihrem Zwiespalt wußten, traf man ein Abkommen: Jane sollte nicht bestreikt werden, wenn sie sich bereit erklärte, als Rednerin bei diversen Demonstrationen und Veranstaltungen der Guild aufzutreten.

Das andere Problem ergab sich im April 1980. Bei einem Tennismatch mit Noel Williams durchfuhr Kates Schulter ein stechender Schmerz. Bis sie im Krankenhaus eintraf, war der Arm gelähmt. Da die Ärzte das Schlimmste befürchteten, wurde sofort eine Notoperation eingeleitet. Die Ärzte warnten Kate, sie könne unmöglich in den nächsten drei Monaten wieder arbeiten. Aus diesem Grund wollte sie aus dem Projekt aussteigen.

«Ich wußte, daß Fonda in dem Film den fauleren Part hatte – Ethel muß die ganzen Koffer tragen und das Holz herumschleppen – und ich hatte diesen verdammten Arm, der nichts tun konnte. Also beschloß ich, auszusteigen. Doch Hank ließ mich nicht. ‹Du schaffst es!› meinte er bei einem Besuch, und ich wollte ihn unter keinen Umständen enttäuschen.»

Rydell, der sie täglich besuchte, erinnerte sich, daß Kate die Unterbrechungen ihrer Besprechungen durch die sie behandelnden Ärzte nur mit Widerwillen ertrug. «Sie war eine alte, aber wunderschöne Frau, die sich immer noch wie ein Teenager fühlte und aufführte. Sie weigerte sich, zu akzeptieren, daß sie die Dinge, die sie vor 50 Jahren getan hatte, nun nicht mehr tun konnte.»

Kates Verletzung heilte schneller als erwartet, dem Drehbeginn stand nichts mehr im Wege, und sie reiste mit Phyllis nach Laconia, New Hampshire.

«Am ersten Drehtag saß ich mit einigen Leuten zusammen, als ich Katie um die Ecke kommen sah», erzählte Fonda. «Hepburn ist dominant, wo immer sie ist. Sie muß sich nicht anstrengen, es zu sein, sie ist es einfach. Sie bedeutete den Leuten, zu verschwinden, und wirklich, sie schienen wegzuschmelzen. Als sie sich zu mir setzte, waren wir allein. ‹Ich möchte dir das hier schenken›, sagte sie und hielt mir etwas Verkrümpeltes hin, das ich nicht identifizieren konnte. ‹Es ist Spencers Lieblingshut!› Ich war wirklich gerührt.»

Mark Rydell berichtete, daß die ersten Drehtage nicht ohne Spannungen verliefen. «Katie sprach die erste Zeit ständig von Spencer und davon, wie er die Rolle spielen würde. Wirklich, manchmal hatte man den Eindruck, als ob sie noch nicht wahrgenommen hätte, daß er seit Jahren tot war.»

Herzlich gestaltete sich die Beziehung zwischen Kate und Jane, die offen gesteht, daß sie zunächst Angst vor Kate hatte. «Doch bei den Proben merkte ich, daß auch sie nervös war. Ich überlegte mir, was passiert wäre, wenn Dad und Kate vor 40 Jahren eine Beziehung gehabt hätten und sie meine Mutter geworden wäre. Mit ihr zusammenzuarbeiten war für mich ein überwältigendes Erlebnis. Durch ihr Verständnis gelang es mir, darüber hinwegzukommen, daß ich nie eine innige Beziehung zu meinem Vater aufgebaut hatte. Er ist nicht der Typ dazu; das soll aber nicht heißen, daß es zwischen uns keine Liebe gab.»

«Wollen Sie wissen, was ich von Katharine Hepburn halte?» fragte Henry Fonda seinen Biographen. «Sie ist zäh! Es war Ende September und verdammt kalt, als wir die Szene mit dem Bootsunglück drehten. Ich wußte, daß alle befürchteten, ich würde beim Sprung ins Wasser einen Herzinfarkt bekommen, doch ich täuschte sie. Unter meiner Kleidung trug ich einen Tauchanzug. Und wissen sie, was Kate tat? Ohne jegliche Vorsorge sprang sie einfach ins Wasser, so wie es in der Rolle stand. Jeder andere wäre dabei draufgegangen.»

Während den Dreharbeiten berichtete die Presse laufend über die Produktion. *Time* widmete Kate und «Hank» sogar ein Titelbild. Dennoch bezweifelten die Verantwortlichen bei Universal, daß der Film seine Produktionskosten von 7500000 Dollar einspielen würde und planten sogar, den Film gleich als Videocassette herauszubringen. Erst nach heftigen Diskussionen mit Jane, ihrem Partner Bruce Gilbert und Kate kam *On Golden Pond* (dt. *Am goldenen See*) im November 1981 in die Kinos, gerade noch rechtzeitig, um sich für die Oscar-Nominierungen zu qualifizieren. Doch es sollte eine «Wunder» geschehen: Menschen, die es sich seit Jahren abends vor dem Fernseher bequem gemacht hatten, gingen in die Kinos, um den Film zu sehen. Der Film löste in Amerika eine Welle der Sympathie für Hepburn und Fonda aus, und Richard Schickel bemerkte treffend: «Würde es so etwas geben, dann würden die beiden zu den Großeltern der Nation gewählt werden.»

Zur gleichen Zeit, als *Am goldenen See* in die Kinos kam, feierte Ernest Thompsons neuestes Stück, *West Side Waltz*, mit Kate in der Hauptrolle Premiere am Broadway.

Thompson hatte vom Ahmanson Theatre den Auftrag erhalten, ein neues Stück zu schreiben. Kurze Zeit, bevor Ernest die Arbeit daran begann, lernte er Kate kennen. Sie machte auf ihn so großen Eindruck, daß er «die Rolle der Margaret Mary Elderdice speziell für sie» schrieb.

Mrs. Elderdice, die bekannte Pianistin, ist krank und kann ihren Beruf nicht mehr ausüben. Willensstark wie eh ist sie jedoch nicht dazu bereit, ihr Alter oder ihre Krankheit zu akzeptieren. Da sie sich das Apartment, in dem sie lebt, nicht mehr leisten kann, muß sie einen Untermieter nehmen. Die erste Bewerberin, Clara Varnum, eine altjüngferliche Violinistin, ist ihr zu laut und geschäftig. So entscheidet sie sich für eine junge Schauspielerin, die gerade von ihrem homosexuellen Mann getrennt wurde. Klug und lebenserfahren hilft Mrs. Elderdice, die Probleme der jungen Frau zu lösen – und ist zuletzt wieder allein. Da es ihr physisch immer schlechter geht, akzeptiert sie nun Clara Varnum, hat jedoch Schwierigkeiten, mit der Frau zurechtzukommen. Am Ende des Stücks spielen die beiden ein Duett für Klavier und Violine.

Obwohl die Musik vom Band kam, übte Kate täglich, damit die Bewegungen der Finger die Illusion nicht zerstörten. Kate betrachtete die Übungen auch als Therapie, denn die Schmerzen in ihrer Schulter waren wiedergekehrt und einige Finger seither taub.

«Isaac Stern, Rubinstein und Horowitz haben von uns mit Sicherheit nichts zu befürchten», witzelte Mrs. Loudon, die mit Kate übte.

Bevor *West Side Waltz* in New York herausgebracht wurde, ging das Stück elf Monate lang auf Tournee. Im Januar fand die Vorpremiere im Ahmanson Theatre in Los Angeles statt. Während der Tournee, die in Philadelphia endete, änderte Thompson täglich das Stück. Die Kritiker hielten es für uninteressant und langweilig. Aber für Kate und Dorothy Loudon war es ein Triumph. «Ich weiß nicht, ob sich Ernest Thompson darüber bewußt ist, welches kleine Wunder Katharine Hepburn an seinem Stück vollbringt», schrieb Walter Kerr. «Auf geheimnisvolle Weise hat sie gelernt, unvergleichliches Leben in leblose Zeilen zu hauchen.»

Als das Stück in New York herauskam, spielte Kate jeden Abend vor ausverkauftem Haus. Nach drei Monaten beschloß sie, wieder mit *West Side Waltz* auf Tournee zu gehen. Aus diesem Grund konnte Kate am 29. März 1982 nicht an der Oscar-Verleihung teilnehmen. Insgesamt war *Am goldenen See* für zehn Oscars nominiert worden, Kate zum zwölftenmal. Doch Hollywood-Insider tippten darauf, daß entweder Meryl Streep für *The French Lieutenant's Woman* oder Diane Keaton für *Reds* den Oscar erhalten würde. Als Jon Voight jedoch Katharine Hepburn als Gewinnerin bekannt gab, wurden Überraschungsrufe laut. Bruce Gilbert, der für Kate ihren vierten Oscar entgegennahm, erklärte, daß sie ihm auf die Frage, was er im Falle eines Siegs sagen sollte, antwortete: «Ich glaube, ein einfaches Dankeschön sollte genügen.» Wie erwartet erhielten auch Henry Fonda und Ernest Thompson einen Oscar.

Kates vierter Oscar sorgte für Schlagzeilen. Während die Streep- und Keaton-Anhänger behaupteten, die Entscheidung der Mitglieder der Academy sei durch Melancholie und Sentimentalität getrübt worden, schrieb Janet Maslin in der *New York Times*: «Katharine Hepburn wurde mit Sicherheit nicht zur besten Darstellerin ernannt, weil einige Mitglieder der Jury glaubten, sie brauche unbedingt noch einen vierten Oscar. Der wahre Grund ist wohl eher darin zu sehen, daß ihnen der Enthusiasmus für Meryl Streep und Diane Keaton fehlte.»

«Ich war sprachlos, als ich davon erfuhr», sagte Kate, die an diesem Abend im Kennedy Center aufgetreten war. Der Presse erklärte sie: «Ich bin so gerührt, daß meine Partner für mich liebes altes Ding gestimmt haben.»

1982 plante Kate ein altes Projekt zu verwirklichen, das sie seit zehn Jahren beschäftigte. Damals, 1972, hatte ihr Martin Zweiback ein Drehbuch über den Gartenzaun geworfen. Als er wieder zu Hause ankam, fand er auf seinem Anrufbeantworter die Nachricht von Kate, daß ihr sein Werk gefalle. Doch kein Studio wagte sich an Zweibacks Geschichte heran.

The Ultimate Solution of Grace Quigley (dt. *Grace Quigleys letzte Chance*) handelt von «einer kleinen alten Lady, die das Leben satt hat». Als sie beobachtet, wie ihr unsympathischer Vermieter ermordet wird, heftet sie sich an die Fersen des Killers Seymour Flint und bittet ihn, auch sie ins Jenseits zu befördern. Da ihr aber das nötige Kleingeld fehlt, um den Killer zu engagieren, eröffnet sie eine Agentur, die Interessierten einen schnellen, schmerzlosen Tod vermittelt. Das Geschäft läuft ausgezeichnet, und Grace, die zudem von Flint als Mutter «adoptiert» wurde, faßt neuen Lebensmut.

Als Grace von Seymour fordert, «das Schwein von Taxifahrer umzulegen», der ihr ihren Schuh, den sie als Pfand für die Fahrkosten zurückließ, gestohlen hat, kommt es zu dramatischen Verwicklungen...

Kate hatte schon alle Hoffnungen aufgegeben, da erklärten sich Golan und Globus bereit, den Film als Billigproduktion zu realisieren. Die Regie sollte Kates Freund Anthony Harvey übernehmen und Nick Nolte war als Kates Partner unter Vertrag genommen worden. Drehbeginn: Frühjahr 1983.

Im November 1982 mußte sich die Hepburn einer erneuten Schulteroperation unterziehen. Zur gleichen Zeit verkündete ein Fachblatt, Kate werde in einer TV-Serie Rose Kennedy verkörpern, was die Hepburn als «blanken Unsinn» abtat. Im Dezember reiste sie mit Phyllis nach Fenwick, um das Weihnachtsfest im Kreis der Familie zu verbringen. Kurze Zeit nach ihrer Ankunft tobte in Fenwick ein Schneesturm. Dennoch machte Kate sich am 13. Dezember 1982 auf den Weg in die nahe gelegene Stadt. Auf verschneiter Straße geriet ihr Wagen in einer Kurve ins Schleudern und zerschellte an einem Telefonmast. Phyllis erlitt Verletzungen an Arm und Hand, Kate am rechten Fuß. «Er sah wirklich schrecklich aus.»

Kate bestand darauf, in das Hartford-Krankenhaus gebracht zu werden, wo jener Arzt praktizierte, der einst ihren Finger gerettet hatte.

Der Presse erklärte man, Kate habe sich lediglich den Knöchel gebrochen, doch es sah eine Weile lang so aus, als müsse der Fuß amputiert werden. Einen Tag nach Neujahr verließ Kate das Krankenhaus und zog in das Haus ihrer Schwester Marion in Hartford. In den folgenden Monaten pendelte Kate zwischen Wohnung und Krankenhaus. Ihr Fuß konnte gerettet werden, doch Kate ging es so schlecht, daß sie an den Beerdigungen von «Luddy» und Cukor nicht teilnehmen konnte. Der Tod der beiden Freunde drückte ihre Stimmung, und Kate begann, ihre Gefühle niederzuschreiben.

«Ich habe schon immer über Dinge geschrieben, die mich faszinierten, aber bis heute habe ich sie niemanden sehen lassen.» Da ihr das Schreiben Spaß machte, begann sie ihr Tagebuch aus der Zeit der Dreharbeiten von *«African Queen»* zu überarbeiten. Seit mehr als 35 Jahren galt es als verschollen, doch bei einer Aufräumungsaktion hatte Phyllis es wiederentdeckt. «Ich wunderte mich, daß ich mich plötzlich an so vieles erinnern konnte. Wissen Sie, normalerweise habe ich so ein schlechtes Gedächtnis, daß ich manchmal befürchte, die Alzheimersche Krankheit zu haben. Ist es nicht grausam, wenn einen das Gedächtnis im Stich läßt? Spence verfügte über ein unglaubliches Erinnerungsvermögen. Er traf jemanden, den er seit 30 Jahren nicht gesehen hatte, und kannte ihn noch beim Namen.»

Den Beginn der Zweiback-Verfilmung manövrierte Kate geschickt auf Anfang Oktober 1983. «Ich hatte ungeheuren Respekt vor ihr. Für viele ist sie eine Legende», erinnerte sich Nick Nolte. «Am zweiten Drehtag sah sie mich lange an. Ich fühlte mich nicht sonderlich gut, da ich in der Nacht zuvor etwas gefeiert hatte. ‹Junger Mann›, sagte sie plötzlich, ‹ich habe gehört, daß Sie gestern durch alle Kneipen gezogen sind und es lieben, in Schwierigkeiten zu geraten!› Ich konnte nur noch ‹Ja, Ma'am› sagen. ‹Gut›, fuhr sie fort, ‹dann sind Sie ja bei mir genau an der richtigen Adresse.› Sie ist in Wahrheit eine verschrobene, grantige alte Lady, mit der man ungeheuer viel Spaß haben kann.»

Nach Abschluß der Dreharbeiten unterzog sich Kate im Hartford-Krankenhaus einer weiteren Operation. Die nächsten Monate verbrachte sie in Gips.

Die Premiere des Films *Grace Quigleys letzte Chance* fand im Mai 1984 auf den Filmfestspielen in Cannes statt. Ein «unerfreuliches Machwerk» über ein «widerliches Thema», urteilten die Kritiker in selten gekannter Eintracht.

«Die wenigstens haben das wirkliche Anliegen des Films verstanden», rechtfertigte sich Kate. «Er handelt nicht von Euthanasie, sondern davon, wie wir in unserem Land die alten Menschen behandeln. Wenn der Körper hinfällig wird, oder der Geist, muß man das Recht haben, Goodbye zu sagen. Und wer sollte einem Menschen dieses Recht streitig machen. Der Tod macht mir keine Angst. Ich war einer der glücklichsten Menschen. Ich bin dankbar dafür. Wenn ich meinen Fuß verloren hätte, hätte ich nicht herumgebrüllt oder gejammert. Das ist nicht wichtig... Liebe und Arbeit sind es, die mich am Leben erhalten... Die Kritiker scheinen nicht fähig zu sein, über den Tod lachen zu können», fuhr sie nach einer Pause fort. «Wahrscheinlich haben sie Angst, daß sie in der anderen Welt nicht länger herumnörgeln können, sondern selbst kritisiert werden.»

Um der negativen Reaktion der Kritik die Spitze zu nehmen, beschloß Cannon, dem Film in einigen Ländern ein neues Ende zu geben: Schieden in der ursprünglichen Version Grace und Seymour freiwillig aus dem Leben, so wurde in der zweiten Fassung das ungleiche Paar «bekehrt» und entgeht allen Konsequenzen ihres Tuns lachend und unbehelligt.

Nach ihrer Genesung wirkte Kate in der Dokumentation *George Stevens – A Filmmaker's Journey* von Stevens Jr. mit. Durch Stevens Jr. ermutigt, faßte Kate den Entschluß, mit einem Lebensbericht an Spencer Tracy zu erinnern. Gewiß, die Universal Studios hatten einen Parkplatz nach Spencer benannt und die MGM einen Ballsaal in ihrer Hotelkette und auch ein kleines Bürogebäude.

Während der Ruhm von Bogart, Dean und Monroe nach deren Tod noch wuchs, verblaßte Tracys Mythos im Augenblick seines Todes.

Sechzehn Jahre lang schwieg Kate über ihre Beziehung zu Spencer, obwohl sie seinen Namen in jede Unterhaltung einflocht. Erst als Louise Tracy am 13. November 1983 im Alter von 87 Jahren starb, sollte sich das ändern. Monatelang recherchierte Kate und verfaßte zusammen mit John L. Miller und Susie Tracy das Drehbuch. Als Regisseur wurde David Heeley verpflichtet. Kate gelang es, Spencers ehemalige Co-Stars Elizabeth Taylor, Angela Lansbury, Robert Wagner, Stanley Kramer, John Sturges, Lee Marvin, Sidney Poitier, Frank Sinatra, Burt Reynolds, Richard Widmark, Joanne Woodward, Joan Bennett, Mickey Rooney und Joseph L. Mankiewicz vor die Kamera zu holen. Abgerundet wurde das Porträt durch die Erinnerungen von Susie Tracy, Garson Kanin und Kate, die durch den Film führte. Einige Wochen bevor im März 1986 *The Spencer Tracy Legacy: A Tribute by Katharine Hepburn* (dt. *Spencer Tracy – Ein Porträt von Katharine Hepburn*) von PBS ausgestrahlt wurde, fand eine Premiere vor 1600 geladenen Gästen statt. Kate verglich Tracy mit einer gebackenen Kartoffel («rein und erdverbunden») und räumte zu Beginn des Films ein, daß sie «voreingenommen» ist. Dennoch gelang ihr eine sehenswerte Dokumentation, die in Amerika und England eine Tracy-Renaissance auslöste, die inzwischen auch Deutschland erreicht hat.

Im gleichen Jahr, 1986, kehrte Kate als Margaret Delano Delafield auf den Fernsehbildschirm zurück. George Schaefer, der in Amerika durch Produktionen wie *Right of Way* mit Bette Davis und Jimmy Stewart für einfühlsame Inszenierungen bekanntgeworden ist, hatte Kate das Drehbuch von James Prideaux im Dezember 1984 geschickt. «Mich faszinierte die Rolle, denn in den anderen Angeboten sollte ich immer eine Greisin spielen, die in einem Altenheim sitzt und versucht, auszubrechen.»

Mrs. Delafield Wants to Marry (öst. *Alter schützt vor Ehe nicht*) handelt von der Liebe zwischen dem geschiedenen jüdischen Arzt Dr. Marvin Elias (Harold Gould) und der verwitweten, fünf Jahre älteren Lady Margaret D. Delafield (Kate). Während Margarets Freunde die Beziehung mit großer Skepsis betrachten, fürchten ihre Kinder – Howard, «ein anmaßender Schwachkopf», Sarah, «die ihre drei Ehen im Alkohol zu vergessen sucht», und Chipper, der es vorzieht, mit seinem Freund in New York zu leben – um ihr Erbe. Aber auch Elias' Kinder wehren sich gegen die Beziehung. Als sich auch noch die beiden Glaubensgemeinschaften in das Verhältnis einmischen wollen, beschließen Margaret und Marvin, es allen zu zeigen und heiraten in einer Freikirche. Die Flitterwochen verbringen sie auf Hawaii...

Nach seiner Sendung im Herbst 1986 waren die Kritiker begeistert. «Amüsant», «außergewöhnlich», «beeindruckend» und «unwiderstehlich» waren nur einige Adjektive, mit der die «herausragendste Produktion der letzten Jahre» in der Presse gelobt wurde. Die Hepburn-Fan-Gemeinde teilte diese Meinung, war aber doch über Kates Erscheinung erschrocken. Da die Medikamente gegen ihre Schüttellähmung versagten, hatte Kate sie in Eigenverantwortung abgesetzt, mit der Folge, daß die Krankheitssymptome verstärkt auftraten. Schnell kam in der Regenbogenpresse das Gerücht auf, sie leide an der Parkinsonschen Krankheit. «Unsinn», dementierte Kate. «Es zeugt von gesundem Menschenverstand, wenn man einsieht, daß irgendwann die Maschine Körper verbraucht ist und zusammenbricht, zumal, wenn sie ein Leben lang so überstrapaziert wurde. Gott sei Dank wurde ich so erzogen niemals zu jammern, denn ich finde nichts langweiliger, als über Krankheiten zu reden. Gewiß, mich plagt dieses Schütteln, ebenso plagen mich Arthritis, Schmerzen in der Hüfte, im rechten Fuß und in der Schulter, und würde man mich fragen, wo es mir noch weh tut, dann müßte ich antworten: Überall! Aber es gibt Schmerzen, die kann man ertragen, und Schmerzen, die nicht auszuhalten sind. Ich kann die Schmerzen ohne Medikamente ertragen...»

Da die Zusammenarbeit des Trios Hepburn, Schaefer und Prideaux ein «überwältigender Erfolg» war, beauftragte NBC Merrill H. Karpf mit einem neuen Fernsehfilm.

Titelfigur von *Laura Lansing Slept Here* (öst. *Eine Dame namens Laura*) ist eine Bestsellerautorin, die eines Morgens mit Schrecken feststellt, daß sie die Beziehung zur «realen Welt und zu realen Menschen» verloren hat. Zu ihrem Unglück erfährt sie außerdem, daß ihr neuestes Buch sich katastrophal schlecht verkauft. Um sie auf andere Gedanken zu bringen, wettet ihr Agent mit ihr, daß sie es nicht einmal eine Woche bei einer Durchschnittsfamilie aushält. Laura nimmt die Wette an und macht sich auf den Weg zu Walter und Melody Gompher, die in Hicksville leben...

Nachdem *Eine Dame namens Laura* am 7. März 1988 ausgestrahlt wurde, schien der Enthusiasmus der Zuschauer und der Kritiker keine Grenzen zu kennen.

«In einer Zeit, in der geniale Komödien rar sind, ist dieser Film ein doppelter Erfolg», schrieb David Holverson. «Auf der einen Seite gekonnte Pointen, auf der anderen Seite Katie Hepburn, die sie zum Leben erweckt.» Und *Variety* urteilte: «Vor allem aber ist es Hepburn, die die Signale ausstrahlt... Ihr zuzusehen ist ein reines Vergnügen!»

«Die wollen mir doch nur einen Gefallen tun», erklärte sie gelassen, als sie von den euphorischen Besprechungen hörte. Zur gleichen Zeit wurde ihr erstes Buch veröffentlicht. «Ich hatte etwas Angst», gestand sie, denn sie befürchtete, daß ihr Erstling nicht gerade mit Applaus bedacht werden würde.

The Making of THE AFRICAN QUEEN or How I went to Africa with Bogart, Bacall and Huston and almost lost my mind (dt. *AFRICAN QUEEN oder Wie ich mit Bogart, Bacall und Huston nach Afrika fuhr und beinahe den Verstand verlor*) wurde innerhalb kürzester Zeit zum Bestseller.

Amüsant und in ihrem unverwechselbaren Hepburn-Stil schilderte Kate ihre Erlebnisse mit John Huston, Bogie und Lauren Bacall während ihrer Zeit in Afrika.

Als Kate ihr altes Tagebuch überarbeitete, hatte sie «keinen Moment daran gedacht, das Zeug zu veröffentlichen». Doch ermutigt durch ihre Familie und Phyllis, las sie ihre Notizen auszugsweise Robert Gottlieb vor. Gottlieb war so begeistert davon, daß er Kate ermutigte, das Buch zu vollenden und bat sie darum, es bei Knopf veröffentlichen zu dürfen.

Nachdem der Verlagsvertrag unterzeichnet war, sah sich die frischgebackene Autorin einem neuen Phänomen gegenübergestellt: von einem Tag auf den andern fiel ihr nichts mehr ein. «Ich schrieb etwas und fand es total faszinierend. Doch als ich es am nächsten Tag las, dachte ich nur: Gute Nacht, Schwester, habe ich wirklich diesen Mist geschrieben?» Doch sobald sie die Blockierung überwunden hatte, begann Kate, die Arbeit an *The Making of THE AFRICAN QUEEN* zu lieben.

Nachdem das Buch ein großer Erfolg geworden war, fragte Gottlieb bei ihr an, ob sie bereit sei, ihre Autobiographie zu schreiben. «Das werde ich nicht tun!» erklärte Kate in einer Art, die keinen Widerspruch zuließ. «Acht Millionen Menschen waren in den letzten 50 Jahren hinter mir her, daß ich meine Lebenserinnerungen verfassen sollte. Der Gedanke daran hat mich noch nie gereizt. Das Leben ist hart genug, denke ich, warum soll ich dann, nachdem ich alles durchgestanden habe, auch noch darüber schreiben und alles noch einmal durchmachen. Außerdem wäre es eine Verschwendung von kostbarer Zeit, die ich nicht mehr habe.»

Anhang

Verzeichnis der Theaterstücke

Zeichenerklärung

B: Besetzung
P: Produzent
R: Regie
De: Dekoration, Kulisse
Ko: Kostüme

Sommertheater 1928

The Edwin H. Knopf Stock Company, Baltimore, Maryland
Mitglieder: Mary Boland, Kenneth MacKenna, Alison Skipworth, Dudley Digges, Violet Heming, Robert Montgomery, Katharine Hepburn u. a.

The Czarina
von Melchior Lengyel und Lajos Biro
B: *Mary Boland*, Katharina die Große;... *Katharine Hepburn*, Hofdame.

The Cradle Snatchers
von Russell Medcraft und Norma Mitchell
B: *Kenneth MacKenna;... Katharine Hepburn*, eine junge Göre.

The Big Pond (August 1928)
von George Middleton und A. E. Thomas
B: *Katharine Hepburn*, Barbara; *Marius Rogati*, Francesco; *Reed Brown Jr.*, Ronny Davis; *Marie Curtis*, Mrs. Billings; *Doris Rankin*, Mrs. Livermore; *Kenneth MacKenna*, Pierre de Mirande; *Harlan Briggs*, Henry Billings, *Virginia Russell*, Sarah; *Penelope Rowland*, Molly Perkins.
P: Edwin H. Knopf und William P. Farnsworth; **R:** Edwin H. Knopf.

These Days
von Katharine Clugston
Premiere: 12. November 1928, Cort Theatre, New York
B: *Katharine Hepburn*, Veronica Sims; *Mary Hall*, Rosilla Dow; *Mildred*

McCoy, Virginia MacRae; *Gertrude Moran*, Pansy Larue Mott; *Gladys Hopeton*, Miss Guadaloupe Gorham; *Bruce Evans*, «Chippy» Davis; *William Johnstone*, Dwight Elbridge; *Edwin Phillips*, Stephen MacRae; *Elaine Koch*, Frannie MacRae; *May Buckley*, Mrs. MacRae; *George MacQuarrie*, Mr. MacRae; *Marie Bruce*, Miss Dorothea Utterback; *Ruth Reed*, Stephanie Bliss; *Helen Freeman*, Miss Signhild Vladimir Van Alystyne; *Ada Potter*, Miss Cleo Almeda Young; *Suzanne Freeman*, Winifred Black; *Mary Hubbard*, Miss Wilda Hall; *Nellie Malcolm*, Miss Serena Lash; *Marian Lee*, Dolly; *Ruth Wilton*, Marjory; *Francis Corbin Burke*, Richard; *Willard S. Robertson*, Guy; *Henri Lase*, Philip; *Ruth Wilcox*, Puss.
P: Arthur Hopkins; **R:** Arthur Hopkins.

Holiday
von Philip Barry
Premiere: 26. November 1928, Plymouth Theatre, New York
B: *Hope Williams*, Linda Seton; *Ben Smith*, Johnny Case; *Dorothy Tree*, Julia Seton; *Monroe Owsley*, Ned Seton; *Barbara White*, Susan Potter; *Donald Ogden Stewart*, Nick Potter; *Walter Walker*, Edward Seton; *Rosalie Norman*, Laura Cram; *Thaddeus Clancy*, Seton Cram; *Cameron Clemens*, Henry; *J. Ascher Smith*, Charles; *Beatrice Ames*, Delia.
P: Arthur Hopkins; **R:** Arthur Hopkins.

Death Takes a Holiday
von Walter Ferris nach Albert Casella
Premiere: 3. Oktober 1929, Adolphi Theatre, Philadelphia
B: *Katharine Hepburn*, Grazia; *Florence Golden*, Cora; *Thomas Bate*, Fedele; *James Dale*, Duke Lambert; *Ann Orr*, Alda; *Olga Birkbeck*, Stephanie; *Viva Cirkett*, Princess of San Luca; *Wallace Erskine*, Baron Cesarea; *Lorna Lawrence*, Rhoda Fenton; *Roland Bottomley*, Eric Fenton; *Martin Burton*, Corrado; *Philip Merivale*, His Serene Highness, Prince Sirki of Vitalba Alexandri; *Frank Greene*, Major Whitbread.
P: Lee Shubert; **R:** Lawrence Marston.

A Month in the Country
von Iwan Turgenjew
Premiere: 17. März 1930, Guild Theatre, New York
B: *Charles Kraus*, Herr Shaaf; *Minna Phillips*, Anna Semenova; *Alla Nazimova*, Natalia Petrovna; *Elliot Cabot*, Mikhail Aleksandrovich Rakitin; *Eda Heinemann*, Lizaveta Bogdanova; *Eddie Wragge*, Kolia; *Alexander Kirkland*, Aleksei Nikolaevich Bieliaev, *Louis Veda*, Matviei; *Dudley Digges*, Ignati Ilich Spigelski; *Eunice Stoddard*, Viera Aleksandrovna; *John T. Doyle*, Arkadi Sergieich Islaev; *Hortense Alden*, Katia; *Henry Travers*, Afanasi Ivanych Bolshintsov.
P: The Theatre Guild; **R:** Rouben Mamoulian.

Sommertheater

The Berkshire Playhouse, Stockbridge, Massachusetts; Juni und Juli 1930

The Admirable Crichton
von J. M. Barrie
B: *Geoffrey Kerr*, Hon. Ernest Woolley; *Richard Hale*, Mr. Crichton; *Katharine Hepburn*, Lady Agatha Lasenby; *Laura Harding*, Lady Catherine Lasenby; *Phyllis Connard*, Lady Mary Lasenby; *Frotheringham Lysons*, Rev. John Treherne; *Robert Greig*, The Earl of Loam; *George Coulouris*, Lord Brocklehurst; *June Walker*, Tweeny; *Minna Phillips*, Lady Brocklehurst; *Lora Hayes*, Perkins; *Karl Swenson*, Fleury; *Harold Lefkovits*, Rolleston; *Frederick Voight*, Tompsett; *Marie Lavezzo*, Fisher; *Jane Wyatt*, Simmons; *Niela Goodelle*, Jeanne; *Robert Sosman*, Thomas; *Walter Simmons*, John; *William Tracy*, Page boy; *Russell Rhodes*, Naval Officer.
P: Alexander Kirkland und F. Cowles Strickland.

The Romantic Young Lady
von Martinez Sierra
B: *Edith Barrett*, Rosario; *Richard Hale*, Luis Felipe de Cordoba; *Minna Phillips*, Dona Barbarita; *Margaret Love*, Maria Pepa; *Earl MacDonald*, Emilio; *Leo Carroll*, Don Juan; *Frederick Voight*, Mario; *Maren Evensen*, Irene; *Frotheringham Lysons*, Guillermo; *Katharine Hepburn*, Amalia; *Karl Swenson*, Pepe.

Romeo and Juliet
von William Shakespeare
B: *Alexander Kirkland*, Romeo; *Edith Barrett*, Juliet; *Richard Hale*, Mercutio; *Minna Phillips*, Nurse; *Katharine Hepburn*, Kinswoman to the Capulets.

The Art and Mrs. Bottle or The Return of the Puritan
von Benn W. Levy
Premiere: 18. November 1930, Maxine Elliott Theatre, New York
B: *Katharine Hepburn*, Judy Bottle; *G. P. Huntley, jr.*, Michael Bottle; *Joyce Carey*, Sonia Tippet; *Elise Breton*, Parlor Maid; *Walter Kingsford*, George Bottle; *Jane Cowl*, Celia Bottle; *Lewis Martin*, Charles Dawes; *Leon Quartermaine*, Max Lightly.
P: Kenneth MacGowan; **R:** Clifford Brooke.

Sommertheater 1931

The Ivoryton Players, Ivoryton, Connecticut; Juni und Juli 1931

Just Married
von Adelaide Matthews

The Cat and the Canary
von John Willard

The Man Who Came Back
von Jules Eckert Goodman

The Animal Kingdom
von Philip Barry
B: *Katharine Hepburn*, Daisy Sage; *G. Albert Smith*, Owen Arthur; *Frederick Forrester*, Rufus Collier; *Lora Baxter*, Cecelia Henry; *William Gargan*, Richard Regan; *Leslie Howard*, Tom Collier; *Betty Lynne*, Franc Schmidt; *Harvey Stephens*, Joe Fisk; *Ilka Chase*, Grace Macomber.
P: Gilbert Miller und Leslie Howard; **R:** Gilbert Miller.

The Warrior's Husband
von Julian Thompson
Premiere: 11. März 1932, Morosco Theatre, New York
B: *Katharine Hepburn*, Antiope; *Paula Bauersmith*, First Sergeant; *Virginia Volland*, Buria; *Edna Holland*, Second Sergeant; *Frances Newbaker*, First Sentry; *Avalon Plummer*, Second Sentry; *Rita Rheinfrank*, Third Sentry; *Bertha Belmore*, Caustica; *Dorothy Walters*, Heroica; *Jane Wheatley*, Pomposia; *Irby Marshal*, Hippolyta; *Romney Brent*, Sapiens; *Arthur Bowyer*, Sapiens Major; *Helene Fontaine*, Captain of Archers; *Colin Keith-Johnston*, Theseus; *Don Beddoe*, Homer; *Thelma Hardwick*, Runner; *Al Ochs*, Hercules; *Porter Hall*, Gaganius, the Herald; *Alan Campbell*, Achilles; *Randolph Leymen*, Ajax; *Eleanor Goodrich*, *Nina Romano*, *Agnes George*, *Eve Bailey*, *Clara Waring*, *Dorothy Gillam*, *Rose Dresser*, Amazon Sentries and Guards; *Theodosia Dusanne*, *Mary Stuart*, *Miriam Schiller*, *Barbara Dugan*, Amazon Huntresses; *Thaddeus Clancy*, *Walter Levin*, *Arthur Brady*, *Jerry Feigan*, Greek Warriors.
P: Harry Moses; **R:** Burk Symon.

Sommertheater 1932

The Bride the Sun Shines On von Will Cotton
Premiere: 12. Juni 1932, Ossining, New York
B: *Katharine Hepburn*, Psyche Marbury; *Henry Hull*, Hubert Burnet; *Katharine Hawley*, *Catherine Locke*, Bridesmaids; *Charlotte Wynters*, *Roy Gordon*, *William Lawson*, *Lili Zehner*, *Margaret Hatfield*.
R: Ralph Macbane.

The Lake
von Dorothy Massingham und Murray MacDonald
Premiere: 26. Dezember 1933, Martin Beck Theatre, New York
B: *Katharine Hepburn*, Stella Surrege; *Frances Starr*, Mildred Surrege; *J. P. Wilson*, Williams; *Blanche Bates*, Lena Surrege; *Lionel Pape*, Henry Surrege; *Roberta Beatty*, Marjorie Hervey; *Esther Mitchell*, Ethel; *Geoffrey Wardwell*, Cecil Hervey; *Colin Clive*, John Clayne; *Mary Heberden*, Maude; *Edward Broadley*, Stoker; *Philip Tonge*, Stephen Braite; *Wendy Atkin*, Dotty Braite; *Audrey Ridgwell*, Jean Templeton; *Vera Fuller-Mellish*, Anna George; *Rosalind Ivan*, Mrs. George; *Florence Britton*, Miss Kurn; *Eva Leonard-Boyne*, Mrs. Hemingway; *O. Z. Whitehead*, Dennis Gourlay; *Reginald Carrington*, Lady Stanway; *James Grainger*, Captain Hamilton; *Lucy Beaumont*, Miss White; *Elliott Mason*, Lady Kerton.
P: Jed Harris; **R:** Jed Harris.

Jane Eyre
von Helen Jerome nach einem Roman von Charlotte Brontë
Tournee: Dezember 1936 bis April 1937
B: *Katharine Hepburn*, Jane Eyre; *Viola Roache*, Mrs. Fairfax; *Phyllis Connard*, Leah; *Denis Hoey*, Mr. Rochester; *Patricia Peardon*, Adele Varens; *Irving Morrow*, Mason; *Teresa Dale*, Grace Poole; *Sandra Ellsworth*, Blanche Ingram; *Teresa Guerini*, The Maniac; *Katharine Stewart*, Lady Ingram; *Reginald Carrington*, Lord Ingram; *Wilfred Seagram*, Briggs; *Reginald Malcolm*, Rev. Wood; *Barbara O'Neil*, Diana Rivers; *Marga Ann Deighton*, Hannah; *Stephen Ker Appleby*, St. John Rivers.
P: The Theatre Guild; **R:** Worthington Miner.

The Philadelphia Story von Philip Barry
Premiere: 28. März 1939, Shubert Theatre, New York
B: *Katharine Hepburn*, Tracy Lord; *Lenore Lonergan*, Dinah Lord; *Vera Allen*, Margaret Lord; *Dan Tobin*, Alexander Lord; *Owen Coll*, Thomas; *Forrest Orr*, William Tracy; *Shirley Booth*, Elizabeth Imbrie; *Van Heflin*, Macaulay Connor; *Frank Fenton*, George Kittredge; *Joseph Cotten*, C. K. Dexter Haven; *Philip Foster*, Edward; *Nicholas Joy*, Seth Lord; *Myrtle Tannahill*, May; *Lorraine Bate*, Elsie; *Hayden Rorke*, Mac.
P: The Theatre Guild; **R:** Robert B. Sinclair.

Without Love von Philip Barry
Premiere: 10. November 1942, St. James Theatre, New York
B: *Katharine Hepburn*, Jamie Coe Rowan; *Elliott Nugent*, Patrick Jamieson; *Tony Bickley*, Quentin Ladd; *Emily Massey*, Anna; *Ellen Morgan*, Martha Ladd; *Audrey Christie*, Kitty Trimble; *Robert Shayne*, Peter Baillie; *Sterling Oliver*, Paul Carrel; *Robert Chisholm*, Richard Hood; *Neil Fitzgerald*, Robert Emmet Riordan; *Royal Beal*, Grant Vincent.
P: The Theatre Guild; **R:** Robert B. Sinclair.

As You Like It
von William Shakespeare
Premiere: 26. Januar 1950, Cort Theatre, New York
B: *Katharine Hepburn*, Rosalind; *William Prince*, Orlando; *Burton Mallory*, Adam; *Ernest Graves*, Oliver; *Robert Foster*, Dennis; *Michael Everett*, Charles; *Cloris Leachman*, Celia; *Bill Owen*, Touchstone; *Jay Robinson*, Le Beau; *Dayton Lummis*, Frederick; *Jan Sherwood*, Lady-in-Waiting; *Aubrey Mather*, Duke; *Frank Rogier*, Amiens; *Everett Gamnon*, Lord; *Whitford Kane*, Corin; *Robert Quarry*, Silvius; *Judy Parrish*, Phoebe; *Ernest Thesiger*, Jaques; *Patricia England*, Audrey; *Jay Robinson*, Sir Oliver Martext; *Robert Foster*, William; *Craig Timberlake*, Rowland; *Jan Sherwood*, *Marilyn Nowell*, *Margaret Wright*, Ladies-in-Waiting and Shepherdesses; *Kenneth Cantril*, *Charles Herndon*, *William Sutherland*, *Richard Hepburn*, *Robert Wark*, *John Waver*, *Craig Timberlake*, Lords, Attendants and Shepherds.
P: The Theatre Guild; **R:** Michael Benthall.

The Millionairess
von George Bernard Shaw
Premieren: 27. Juni 1952, New Theatre, London; 17. Oktober 1952, Shubert Theatre, New York
B: *Katharine Hepburn*, Epifania, the Lady; *Campbell Cotts*, Julius Sagamore; *Peter Dyneley*, Alastair Fitzfassenden; *Genine Graham*, Patricia Smith; *Cyril Ritchard*, Adrian Blenderbland; *Robert Helpmann*, The Doctor; *Bertram Shuttleworth*, The Man; *Nora Nicholson*, The Woman; *Vernon Greeves*, The Manager.
P: The Theatre Guild; **R:** Michael Benthall.

Shakespeare-Tournee

(Sydney, Melbourne, Brisbane)
Vom 2. Mai bis zum 2. November 1955

The Taming of the Shrew
B: *Katharine Hepburn*, Katharina

The Merchant of Venice
B: *Katharine Hepburn*, Portia

Measure for Measure
B: *Katharine Hepburn*, Isabella

The Merchant of Venice
von William Shakespeare
Premiere: 10. Juli 1957. American Shakespeare Festival Theatre, Stratford, Connecticut
B: *Katharine Hepburn*, Portia; *Richard Waring*, Antonio; *John Frid*, Salerio; *Kendall Clark*, Solanio; *Donald Harron*, Bassanio; *Richard Lupino*, Lorenzo; *John Colicos*, Gratiano; *Lois Nettleton*, Nerissa; *Michael Kennedy*, Balthazar; *Morris Carnowsky*, Shylock; *Richard Easton*, Lancelot Gobbo; *William Cottrell*, Old Gobbo; *Earle Hyman*, Prince of Morocco; *Dina Doronne*, Jessica; *Stanley Bell*, Prince of Arragon; *Jack Bittner*, Tubal; *Russell Oberlin*, Stephano; *Larry Gates*, Duke of Venice; *Conrad Bromberg, James Cahill, Richard Cavett, Harley Clements, Tamara Daniel, Michael Kasdan, Simm Landres, Michele La Bombarda, Michael Lindsay-Hogg, Susan Lloyd, William Long, jr., Michael Miller, David Milton, Vivian Paszamont, Ira Rubin, D. J. Sullivan, Peter Trytler, Gain Warner*, Attendants, Citizens and Dignitaries.
R: Jack Landau.

Much Adoe About Nothing
von William Shakespeare
Premiere: 3. August 1957, American Shakespeare Festival Theatre, Stratford, Connecticut
B: *Katharine Hepburn*, Beatrice; *Jack Bittner*, Borachio; *Morris Carnovsky*, Antonio; *Russell Oberlin*, Balthazar; *Sada Thompson*, Margaret; *Jacqueline Brookes*, Ursula; *Larry Gates*, Dogberry; *Donald Harron*, Verges; *Richard Lupino*, First Watchman; *William Cottrell*, Second Watchman; *Kendall Clark*, Friar Francis; *John Frid*, Sexton; *John Colicos*, Leonato; *Donald Harron*, Messenger; *Lois Nettleton*, Hero; *Stanley Bell*, Don Pedro; *Alfred Drake*, Benedick; *Richard Easton*, Claudio; *Richard Waring*, Don John; *Mitchell Agruss*, Conrade; *Michael Borden, Benita Deutsch, Michael Kasdan, Michael Miller, David Milton, Joe Myers, Dino Narizzano, Ira Rubin, Judith Steffan, Peter Trytler, Jack Waltzer, William Woodman*, Soldiers and Servants.
R: John Houseman und Jack Landau.

Twelfth Night, or What You Will
von William Shakespeare
Premiere: 3. Juni 1960, American Shakespeare Festival Theatre, Stratford, Connecticut
B: *Katharine Hepburn*, Viola; *Donald Davis*, Orsino, Duke of Illyria; *Stephen Strimpell*, Curio; *John Harkins*, Valentine; *Will Geer*, A Sea Captain; *Loring Smith*, Sir Toby Belch; *Sada Thompson*, Maria; *O. Z. Whitehead*, Sir Andrew Aguecheek; *Morris Carnovsky*, Feste; *Margaret Phil-*

lips, Olivia; *Richard Waring*, Malvolio; *David Gress*, A Boy; *William Hickey*, Fabian; *Clifton James*, Antonio; *Clayton Corzatte*, Sebastian; *Claude Woolman*, A Guardsman; *Patrick Hines*, Priest; *Constance Bollinger*, *Lorna Gilbert*, *Donald Hatch*, *Charles Herrick*, *Alfred Lavorato*, *George Parrish*, *Donald Pomes*, *Howard Poyrow*, *Robert Reilly*, *Lou Robb*, *Sandra Saget*, *George Sampson*, *Wisner Washam*, *Beverly Whitcombe*, Sailors, Fishermen, Guardsmen and Ladies.
R: Jack Landau.

The Life of Antony and Cleopatra
von William Shakespeare
Premiere: 22. Juli 1960, American Shakespeare Festival Theatre, Stratford, Connecticut
B: *Katharine Hepburn*, Cleopatra; *Robert Ryan*, Antony; *Douglas Watson*, Canidius; *John Hawkins*, Scarus; *Donald Davis*, Enobarbus; *Patrick Hines*, Mardian; *Earle Hyman*, Alexas; *Rae Allen*, Charmian; *Anne Fielding*, Iras; *John Ragin*, Octavius Caesar; *Morris Carnovsky*, Lepidus; *Will Geer*, Agrippa; *John Myhers*, Thidius; *Stephen Strimpell*, Dolabella; *Clifton James*, Pompey; *Claude Woolman*, Menas; *Sada Thompson*, Octavia; *Richard Waring*, A Soothsayer; *Ted Van Griethuysen*, Egyptian Messenger; *Clayton Corzatte*, Eros; *John Abbey*, *Stephen Carnovsky*, *David Clayborne*, *Jack Gardner*, *David Groh*, *Donald Hatch*, *Charles Herrick*, *Lloyd Hezekiah*, *Joseph Kleinowski*, *Alfred Lavorato*, *Christopher Lloyd*, *Robert Packer*, *Christian Parker*, *George Parrish*, *Don Pomes*, *Howard Poyrow*, *Robert Reilly*, *Lou Robb*, *George Sampson*, *Frank Spencer*, *Richard Thayer*, *Herman Tucker*, *Wisner Washam*, Officers, Soldiers and Attendants.
R: Jack Landau.

Coco
von Alan Jay Lerner (Text) und André Previn (Musik)
Premiere: 18. Dezember 1969, Mark Hellinger Theatre, New York
B: *Katharine Hepburn*, Coco; *Maggie Task*, Helene; *Jeanne Arnold*, Pignol; *Al DeSio*, Armand; *Nancy Killmer*, A Seamstress; *Jack Beaber*, Albert; *Richard Marr*, A Lawyer; *George Rose*, Louis Greff; *Eve March*, Docaton; *David Holliday*, Georges; *Gene Varrone*, Loublaye; *Shirley Potter*, Varne; *Lynn Winn*, Marie; *Rita O'Connor*, Jeanine; *Graciela Daniele*, Claire; *Margot Travers*, Juliette; *Carolyn Kirsch*, Madelaine; *Diane Phillips*, Lucille; *Charlene Ryan*, Simone; *Suzanne Rogers*, Solange; *Gale Dixon*, Noelle; *René Auberjonois*, Sebastian Baye; *Richard Woods*, Dr. Petitjean; *David Thomas*, Claude; *Will B. Able*, Dwight Berkwit; *Robert Fitch*, Eugene Bernstone; *Chad Block*, Ronny Ginsborn; *Dan Siretta*, Phil Rosenberry; *Gene Varrone*, Lapidus; *Leslie Daniel*, Nadine; *Jack Dabdoub*,

Grand Duke; *Michael Allinson*, Charles; *Paul Dumont*, Julian Lesage; *John Cypher*, Papa.
P: Frederick Brisson; **R:** Michael Benthall; **Choreographie:** Michael Bennett; **De:** Cecil Beaton; **Ko:** Cecil Beaton.

A Matter of Gravity
von Enid Bagnold
Premiere: 3. Februar 1976, Broadhurst Theatre, New York
B: *Katharine Hepburn*, Mrs. Basil; *Charlotte Jones*, Dubois; *Robert Moberly*, Estate Agent; *Christopher Reeve*, Nicky; *Elizabeth Lawrence*, Shatov; *Paul Harding*, Herbert; *Wanda Bimson*, Elizabeth; *Daniel Tamm*, Tom.
P: Robert Whitehead, Roger L. Stevens und Konrad Matthael; **R:** Noel Willman.

West Side Waltz
von Ernest Thompson
Premiere: 19. November 1981, Ethel Barrymore Theatre, New York
B: *Katharine Hepburn*, Margaret Mary Elderdice; *Dorothy Loudon*, Cara Varnum; *David Margulies*, Serge Barrescu; *Regina Baff*, Robin Bird; *Don Howard*, Glenn Dabrinsky.
P: Robert Whitehead und Roger L. Stevens; **R:** Noel Willman.

Filmographie

Für die deutschsprachigen Fassungen von Katharine Hepburns Filmen stellten folgende Schauspielerinnen ihre Stimme für die Synchronisation zur Verfügung: Ingeborg Grunwald, Erika Dannhof, Agnes Fink, Tilly Lauenstein, Katrin Schaake und Margot Leonard.

Zeichenerklärung

B: Besetzung
P: Produzent
R: Regie
Ra: Regieassistent
D: Drehbuch
De: Dekoration, Kulisse
K: Kamera
AD: Art Director
M: Musik
H: Frisuren
Ko: Kostüme
L: Spieldauer (bezieht sich auf die Originallänge)
Ma: Manager
Mu: Make-up
PL: Produktionsleitung
S: Schnitt
Sp: Spezialeffekte
St: Stunts
T: Ton

A Bill of Divorcement (dt. *Eine Scheidung*, TV)
RKO, 1932; **L:** 67 min.
nach dem gleichnamigen Stück von Clemence Dane
B: *Katharine Hepburn*, Sydney Fairfield; *John Barrymore*, Hillary Fairfield; *Billie Burke*, Margaret Fairfield; *David Manners*, Kit Humphrey; *Henry Stephenson*, Dr. Alliot; *Paul Cavanagh*, Gray Meredith; *Elizabeth Patterson*, Aunt Hester; *Gayle Evers*, Bassett; *Julie Haydon*, Party Guest. **P:** David O. Selznick; **R:** George Cukor; **Ra:** Dewey Starkey; **D:** Howard Estabrook und Harry Wagstaff Gribble; **K:** Sid Hickox; **AD:** Carroll Clark; **M:** Max Steiner, *Piano Concerto*: W. Franke Harling; **S:** Arthur Roberts; **Ko:** Josette De Lima; **Mu:** Mel Burns.

Christopher Strong (dt. *Ihr großes Erlebnis*; öst. *Die Junggesellin*)
RKO, 1933; **L:** 77 min.
nach einem Roman von Gilbert Frankau
B: *Katharine Hepburn*, Lady Cynthia Darrington; *Colin Clive*, Sir Christopher Strong; *Billie Burke*, Lady Elaine Strong; *Helen Chandler*, Monica Strong; *Ralph Forbes*, Harry Rawlinson; *Irene Browne*, Carrie Valentin; *Jack La Rue*, Carlo; *Desmond Roberts*, Bryce Mercer; *Gwendolyn Logan*, Bradford, the Maid; *Agostino Borgato*, Fortune Teller; *Margaret Lindsay*, Girl at Party; *Donald Stewart*, Mechanic; *Zena Savina*, Second Maid.
P: David O. Selznick und Pandro S. Berman; **R:** Dorothy Arzner; **Ra:** Edward Killy, Tommy Atkins; **D:** Zoë Akins; **K:** Bert Glennon; **Sp:** Vernon Walker; **AD:** Van Nest Polglase und Charles Kirk; **M:** Max Steiner; **T:** Hugh McDowell; **S:** Arthur Roberts; **Ko:** Howard Greer; **Mu:** Mel Burns.

Morning Glory (dt. *Morgenrot des Ruhms*; öst. *Das neue Gesicht*)
RKO, 1933; **L:** 74 min.
nach dem gleichnamigen Theaterstück von Zoë Akins
B: *Katharine Hepburn*, Eva Lovelace; *Douglas Fairbanks Jr.*, Joseph Sheridan; *Adolphe Menjou*, Louis Easton; *Mary Duncan*, Rita Vernon; *Aubrey Smith*, Robert Harley Hedges; *Don Alvarado*, Pepe Velez, the Gigolo; *Fred Santley*, Will Seymour; *Richard Carle*, Henry Lawrence; *Tyler Brooke*, Charles Van Dusen; *Geneva Mitchell*, Gwendolyn Hall; *Helen Ware*, Nellie Navarre; *Theresa Harris*, Maid.
P: Pandro S. Berman und Merian C. Cooper; **R:** Lowell Sherman; **Ra:** Tommy Atkins; **D:** Howard J. Green; **K:** Bert Glennon; **AD:** Van Nest Polglase und Charles Kirk; **M:** Max Steiner; **T:** Hugh McDowell; **S:** George Nicholls Jr.; **Ko:** Walter Plunkett; **Mu:** Mel Burns.

Little Women (dt. *Vier Schwestern*, TV)
RKO, 1933; **L:** 113 min.
nach dem Roman von Louisa May Alcott
B: *Katharine Hepburn*, Jo; *Joan Bennett*, Amy; *Paul Lukas*, Prof. Bhaer; *Edna May Oliver*, Aunt March; *Jean Parker*, Beth; *Frances Dee*, Meg; *Henry Stephenson*, Mr. Laurence; *Douglass Montgomery*, Laurie; *John Davis Lodge*, Brooke; *Spring Byington*, Marmee; *Samuel S. Hinds*, Mr. March; *Mabel Colcord*, Hannah; *Marion Ballou*, Mrs. Kirke; *Nydia Westman*, Mamie; *Harry Beresford*, Dr. Bangs; *Marina Schubert*, Flo King; *Dorothy Gray*, *June Filmer*, Girls at Boarding House; *Olin Howland*, Mr. Davis.
P: Merian C. Cooper und Kenneth MacGowan; **R:** George Cukor; **Ra:** Edward Killy; **D:** Sarah Y. Mason und Victor Heerman; **K:** Henry Gerrard; **Sp:** Harry Redmond; **AD:** Van Nest Polglase; **De:** Hobe Erwin; **M:** Max Steiner; **T:** Frank H. Harris; **S:** Jack Kitchin; **Ko:** Walter Plunkett; **Mu:** Mel Burns.

Spitfire
RKO, 1934; **L:** 86 min.
nach dem Stück *Trigger* von Lula Vollmer
B: *Katharine Hepburn*, Trigger Hicks; *Robert Young*, J. Stafford; *Ralph Bellamy*, G. Fleetwood; *Martha Sleeper*, Eleanor Stafford; *Louis Mason*, Bill Grayson; *Sara Haden*, Etta Dawson; *Virginia Howell*, Granny Raines; *Sidney Toler*, Mr. Sawyer; *High Ghere*, West Fry; *Therese Wittler*, Mrs. Sawyer; *John Beck*, Jake Hawkins.
P: Merian C. Cooper und Pandro S. Berman; **R:** John Cromwell; **Ra:** Dewey Starkey; **D:** Jane Murfin und Lula Vollmer; **K:** Edward Cronjager; **AD:** Van Nest Polglase und Carroll Clark; **M:** Max Steiner; **T:** Clem Portman; **S:** William H. Morgan; **Ko:** Walter Plunkett; **Mu:** Mel Burns.

The Little Minister
RKO, 1934; **L:** 110 min.
nach dem gleichnamigen Roman und Stück von J. M. Barrie
B: *Katharine Hepburn*, Babbie; *John Beal*, Gavin; *Alan Hale*, Rob Dow; *Donald Crisp*, Dr. McQueen; *Lumsden Hare*, Thammas; *Andy Clyde*, Wearyworld; *Beryl Mercer*, Margaret; *Billy Watson*, Micah Dow; *Dorothy Stickney*, Jean; *Mary Gordon*, Nanny; *Frank Conroy*, Lord Rintoul; *Eily Malyon*, Evalina; *Reginald Denny*, Captain Halliwell; *Leonard Carey*, Munn; *Herbert Bunston*, Carfrae; *Harry Beresford*, John Spens; *Barlowe Borland*, Snecky; *May Beatty*, Maid.
P: Pandro S. Berman; **R:** Richard Wallace; **Ra:** Edward Killy; **D:** Jane Murfin, Sarah Y. Mason, Victor Heerman, Mortimer Offner, Jack Wagner; **K:** Henry Gerrard; **Sp:** Vernon Walker; **De:** Hobe Erwin; **AD:** Van Nest Polglase und Carroll Clark; **M:** Max Steiner; **T:** Clem Portman; **S:** William Hamilton; **Ko:** Walter Plunkett; **Mu:** Mel Burns.

Break of Hearts (öst. *Komödie um Liebe*)
RKO, 1935; **L:** 78 min.
nach einer Idee von Lester Cohn
B: *Katharine Hepburn*, Constance Dane; *Charles Boyer*, Franz Roberti; *John Beal*, Johnny Lawrence; *Jean Hersholt*, Prof. Talma; *Sam Hardy*, Marx; *Inez Courtney*, Miss Wilson; *Helene Millard*, Sylvia; *Ferdinand Gottschalk*, Pazzini; *Susan Fleming*, Elise; *Lee Kohlmar*, Schubert; *Jean Howard*, Didi Smith-Lennox; *Anne Grey*, Phyllis; *Inez Palange*, *Jason Robards*, *Egon Brecher*, *Dick Elliott*.
P: Pandro S. Berman; **R:** Philip Moeller; **Ra:** Edward Killy; **D:** Sarah Y. Mason, Victor Heerman, Anthony Veiller; **K:** Robert De Grasse; **AD:** Van Nest Polglase und Carroll Clark; **M:** Max Steiner; **T:** John Tribby; **S:** William Hamilton und Jane Loring; **Ko:** Bernard Newman; **Mu:** Mel Burns.

Alice Adams
RKO, 1935; **L:** 100 min.
nach einem Roman von Booth Tarkington
B: *Katharine Hepburn*, Alice Adams; *Fred MacMurray*, Arthur Russell; *Fred Stone*, Mr. Adams; *Evelyn Venable*, Mildred Palmer; *Frank Albertson*, Walter Adams; *Ann Shoemaker*, Mrs. Adams; *Charles Grapewin*, Mr. Lamb; *Grady Sutton*, Frank Dowling; *Hedda Hopper*, Mrs. Palmer; *Jonathan Hale*, Mr. Palmer; *Janet McLeod*, Henrietta Lamb; *Virginia Howell*, Mrs. Dowling; *Zeffie Tilbury*, Mrs. Dresser; *Ella McKenzie*, Ella Dowling; *Hattie McDaniel*, Malena.
P: Pandro S. Berman; **R:** George Stevens; **Ra:** Edward Killy; **D:** Dorothy Yost und Mortimer Offner; **K:** Robert De Grasse; **AD:** Van Nest Polglase; **M:** Max Steiner; **T:** Denzil A. Cutler; **S:** Jane Loring; **Ko:** Walter Plunkett; **Mu:** Mel Burns. Song «I Can't Waltz Alone» by Max Steiner and Dorothy Fields.

Sylvia Scarlett (dt. *Sylvia Scarlett*, TV)
RKO, 1936; **L:** 94 min.
nach dem Roman *The Early Life and Adventure of Sylvia Scarlett* von Compton Mackenzie
B: *Katharine Hepburn*, Sylvia Scarlett; *Cary Grant*, Jimmy Monkley; *Brian Aherne*, Michael Fane; *Edmund Gwenn*, Henry Scarlett; *Natalie Paley*, Lily; *Dennie Moore*, Maudie Tilt; *Lennox Pawle*, Drunk; *Harold Cheevers*, Bobby; *Lionel Pape*, Sergeant Major; *Robert (Bob) Adair*, Turnkey; *Peter Hobbes, Leonard Mudie, Jack Vanair*, Stewards; *Harold Entwistle*, Conductor; *Adrienne D'Ambricourt*, Stewardess; *Gaston Glass, Michael S. Visaroff*, Pursers; *Bunny Beatty, E. E. Clive, Edward Cooper, Olaf Hytten*, Customs Inspectors; *Dina Smirnova*, Russian; *George Nardelli*, Frenchman; *Daisy Belmore, Elspeth Dudgeon, May Beatty, Connie Lamont, Gwendolyn Logan, Carmen Beretta.*
P: Pandro S. Berman; **R:** George Cukor; **Ra:** Argyle Nelson; **D:** Gladys Unger, John Collier, Mortimer Offner; **K:** Joseph August; **AD:** Van Nest Polglase und Sturges Carne; **M:** Roy Webb; **T:** George D. Ellis, P. J. Faulkner Jr.; **S:** Jane Loring; **Ko:** Muriel King (Hepburn) und Bernard Newman (Paley); **Mu:** Mel Burns.

Mary of Scotland (dt. *Maria von Schottland*, TV; öst. *Maria Stuart*)
RKO, 1936; **L:** 123 min.
nach dem Stück von Maxwell Anderson
B: *Katharine Hepburn*, Mary Stuart; *Fredric March*, Earl of Bothwell; *Florence Eldridge*, Elizabeth Tudor; *Douglas Walton*, Darnley; *John Carradine*, David Rizzio; *Robert Barrat*, Morton; *Gavin Muir*, Leicester; *Ian Keith*, James Stuart Moray; *Moroni Olsen*, John Knox; *William Stack*, Ruthven; *Ralph Forbes*, Randolph; *Alan Mowbray*, Throckmorton;

Frieda Inescort, Mary Beaton; *Donald Crisp*, Huntley; *David Torrence*, Lindsay; *Molly Lamont*, Mary Livingston; *Anita Colby*, Mary Fleming; *Jean Fenwick*, Mary Seton; *Lionel Pape*, Burghley; *Alec Craig*, Donal; *Mary Gordon*, Nurse; *Monte Blue*, Messanger; *Leonard Mudie*, Maitland; *Brandon Hurst*, Arian; *Wilfred Lucas*, Lexington; *D'Arcy Corrigan*, Kirkcaldy; *Frank Baker*, Douglas; *Cyril McLaglen*, Faudoncide; *Lionel Belmore*, English Fisherman; *Doris Lloyd*, His Wife; *Bobby Watson*, His Son; *Robert Warwick*, Sir Francis Knellys; *Ivan Simpson*, *Murray Kinnell*, *Lawrence Grant*, *Nigel de Brulier*, *Barlowe Borland*, Judges; *Walter Byron*, Sir Francis Walsingham; *Wyndham Standing*, Sergeant; *Earle Foxe*, Duke of Kent; *Paul McAllister*, Du Croche; *Gaston Glass*, Chatelard; *Neil Fitzgerald*, Nobleman; *Jean Kircher* und *Judith Kircher*, Prince James.
P: Pandro S. Berman; **R:** John Ford; **Ra:** Edward Donahue; **D:** Dudley Nichols; **K:** Joseph H. August; **Sp:** Vernon L. Walker; **AD:** Van Nest Polglase und Carroll Clark; **M:** Nathaniel Shilkret und Maurice De Packh; **T:** Hugh McDowell Jr.; **S:** Jane Loring; **Ko:** Walter Plunkett; **Mu:** Mel Burns; **H:** Louise Sloan.

A Woman Rebels (dt. *Ein aufsässiges Mädchen*, TV)
RKO, 1936; **L:** 88 min.
nach dem Roman *Portrait of a Rebel* von Netta Syrett
B: *Katharine Hepburn*, Pamela Thistlewaite; *Herbert Marshall*, Thomas Lane; *Elizabeth Allan*, Flora Thistlewaite; *Donald Crisp*, Judge Thistlewaite; *Doris Dudley*, Young Flora; *David Manners*, Alan; *Lucile Watson*, Betty Bumble; *Van Heflin*, Gerald; *Eily Malyon*, Piper; *Margaret Seddon*, Aunt Serena; *Molly Lamont*, Young Girl; *Lionel Pape*, Mr. White; *Constance Lupino*, Lady Gaythorne; *Lillian Kemble-Cooper*, Lady Rinlake; *Nick Thompson*, Signor Grassi; *Inez Palange*, Signora Grassi; *Tony Romero*, Italian Boy; *Joe Mack*, Italian Bit; *Marilyn Knowlden*, Flora, Age 10; *Bonnie June McNamara*, Flora, Age 5; *Marilyn French*, Flora, Infant.
P: Pandro S. Berman; **R:** Mark Sandrich; **Ra:** Dewey Starkey; **D:** Anthony Veiller und Ernest Vajda; **K:** Robert De Grasse; **AD:** Van Nest Polglase und Perry Ferguson; **De:** Darrell Silvera; **M:** Roy Webb und Clem Portman; **T:** George D. Ellis; **S:** Jane Loring; **Ko:** Walter Plunkett; **Mu:** Mel Burns.

Quality Street (öst. *Quality Street*)
RKO, 1937; **L:** 83 min.
B: *Katharine Hepburn*, Phoebe Throssel; *Franchot Tone*, Dr. Valentine Brown; *Fay Bainter*, Susan Throssel; *Eric Blore*, Sergeant; *Cora Witherspoon*, Patty; *Estelle Winwood*, Mary Willoughby; *Florence Lake*, Henrietta Turnbull; *Helena Grant*, Fanny Willoughby; *Bonita Granville*, Isabella; *Clifford Severn*, Arthur; *Sherwood Bailey*, William Smith; *Roland Varno*, Ensign Blades; *Joan Fontaine*, Charlotte Parratt; *William Bake-*

well, Lieutenant Spicer; *York Sherwood*, Postman; *Carmencita Johnson*, Student.
P: Pandro S. Berman; **R:** George Stevens; **Ra:** Argyle Nelson; **D:** Mortimer Offner und Allan Scott; **K:** Robert De Grasse; **AD:** Van Nest Polglase; **De:** Darrell Silvera; **M:** Roy Webb; **T:** Clem Portman; **M:** Maurice De Packh; **S:** Henry Berman; **Ko:** Walter Plunkett; **Mu:** Mel Burns.

Stage Door (dt. *Bühneneingang*; öst. *Rivalinnen*)
RKO, 1937; **L:** 92 min.
nach einem Stück von Edna Ferber und George S. Kaufman
B: *Katharine Hepburn*, Terry Randall; *Ginger Rogers*, Jean Maitland; *Adolphe Menjou*, Anthony Powell; *Gail Patrick*, Linda Shaw; *Constance Collier*, Catherine Luther; *Andrea Leeds*, Kaye Hamilton; *Samuel S. Hinds*, Henry Sims; *Lucille Ball*, Judy Canfield; *Pierre Watkin*, Richard Carmichael; *Franklin Pangborn*, Harcourt; *Elizabeth Dunne*, Mrs. Orcutt; *Phyllis Kennedy*, Hattie; *Grady Sutton*, Butcher; *Jack Carson*, Milbank; *Fred Santley*, Dukenfield; *William Corson*, Bill; *Frank Reicher*, Stage Director; *Eve Arden*, Eve; *Ann Miller*, Annie; *Jane Rhodes*, Ann Braddock; *Margaret Early*, Mary; *Jean Rouverol*, Dizzy; *Norma Drury*, Olga Brent; *Peggy O'Donnell*, Susan; *Harriett Brandon*, Madeline; *Katherine Alexander*, *Ralph Forbes*, *Mary Forbes*, *Huntley Gordon*, Cast of Play; *Lynton Brent*, Aide; *Theodore Von Eltz*, Elsworth; *Jack Rice*, Playwright; *Harry Strang*, Chauffeur; *Bob Perry*, Baggageman; *Larry Steers*, Theater Patron; *Mary Bovard*, *Frances Gifford*, Actresses; *Whitey the Cat*, Eve's Cat.
P: Pandro S. Berman; **R:** Gregory La Cava; **Ra:** James Anderson; **D:** Morrie Ryskind und Anthony Veiller; **K:** Robert De Grasse; **AD:** Van Nest Polglase und Carroll Clark; **De:** Darrell Silvera; **M:** Roy Webb; **T:** John L. Cass; **S:** William Hamilton; **Ko:** Muriel King; **Mu:** Mel Burns.

Bringing up Baby (dt. *Leoparden küßt man nicht*, TV)
RKO, 1938; **L:** 102 min.
nach einer Story von Hagar Wilde
B: *Katharine Hepburn*, Susan Vance; *Cary Grant*, David Huxley; *Charles Ruggles*, Major Horace Applegate; *May Robson*, Aunt Elizabeth; *Walter Catlett*, Constable Slocum; *Barry Fitzgerald*, Gogarty; *Fritz Feld*, Dr. Fritz Lehmann; *Leona Roberts*, Mrs. Gogarty (Hannah); *George Irving*, Alexander Peabody; *Tala Birell*, Mrs. Lehmann; *Virginia Walker*, Alice Swallow; *John Kelly*, Elmer; *George Humbert*, Louis, the Headwaiter; *Ernest Cossart*, Joe, the Bartender; *Brooks Benedict*, David's Caddy; *Jack Carson*, Roustabout; *Richard Lane*, Circus Manager; *Ward Bond*, Motor Cop; *Nissa*, Baby, the Leopard; *Asta*, George, the Dog.
P: Howard Hawks und Cliff Reid; **R:** Howard Hawks; **Ra:** Edward Donahue; **D:** Dudley Nichols und Hagar Wilde; **K:** Russell Metty; **Sp:** Vernon

L. Walker; **AD:** Van Nest Polglase und Perry Ferguson; **De:** Darrell Silvera; **M:** Roy Webb; **T:** John L. Cass; **S:** George Hively; **Ko:** Howard Greer; **Mu:** Mel Burns.

Holiday (dt. *Die Schwester der Braut*, TV)
Columbia, 1938; **L:** 95 min.
nach einem Stück von Philip Barry
B: *Katharine Hepburn*, Linda Seton; *Cary Grant*, Johnny Case; *Doris Nolan*, Julia Seton; *Lew Ayres*, Ned Seton; *Edward Everett Horton*, Nick Potter; *Henry Kolker*, Edward Seton; *Binnie Barnes*, Laura Cram; *Jean Dixon*, Susan Potter; *Henry Daniell*, Seton Cram; *Charles Trowbridge*, Banker; *George Pauncefort*, Henry; *Charles Richman*, Thayer; *Mitchell Harris*, Jennings; *Neil Fitzgerald*, Edgar; *Marion Ballou*, Grandmother; *Howard Hickman*, Man in Church; *Hilda Plowright*, Woman in Church; *Mabel Colcord*, Cook; *Bess Flowers*, Woman on Staircase; *Harry Allen*, *Edward Cooper*, Scotchmen; *Margaret McWade*, Farmer's Wife; *Frank Shannon*, Farmer; *Aileen Carlyle*, Farm Girl; *Matt McHugh*, Taxi Driver; *Maurice Brierre*, Steward; *Esther Peck*, Mrs. Jennings; *Lillian West*, Mrs. Thayer; *Luke Cosgrave*, Grandfather.
P: Everett Riskin: **R:** George Cukor; **Ra:** Clifford Broughton; **D:** Donald Ogden Stewart und Sidney Buchman; **K:** Franz Planer; **AD:** Stephen Goosson und Lionel Blanks; **De:** Babs Johnstone; **M:** Sidney Cutner und Morris Stoloff; **T:** Lodge Cunningham; **S:** Otto Meyer und Al Clark; **Ko:** Kalloch.

The Philadelphia Story (dt. *Die Nacht vor der Hochzeit*, TV)
MGM, 1940; **L:** 112 min.
nach einem Stück von Philip Barry
B: *Katharine Hepburn*, Tracy Lord; *Cary Grant*, C. K. Dexter Haven; *James Stewart*, Mike Connor; *Ruth Hussey*, Liz Imbrie; *John Howard*, George Kittredge; *Roland Young*, Uncle Willie; *John Halliday*, Seth Lord; *Virginia Weidler*, Dinah Lord; *Mary Nash*, Margaret Lord; *Henry Daniell*, Sidney Kidd; *Lionel Pape*, Edward; *Rex Evans*, Thomas; *Russ Clark*, John; *Hilda Plowright*, Librarian; *Lita Chevret*, Manicurist; *Lee Phelps*, Bartender; *David Clyde*, Mac; *Claude King*, Willie's Butler; *Robert De Bruce*, Dr. Parsons; *Veda Buckland*, Elsie; *Dorothy Fay*, First Mainliner; *Florine McKinney*, Second Mainliner; *Helene Whitney*, Third Mainliner; *Hillary Brooke*, Fourth Mainliner.
P: Joseph L. Mankiewicz; **R:** George Cukor; **Ra:** Edward Woehler; **D:** Donald Ogden Stewart; **K:** Joseph Ruttenberg; **AD:** Cedric Gibbons und Wade B. Rubottom; **De:** Edwin B. Willis; **M:** Franz Waxman; **T:** Douglas Shearer; **S:** Frank Sullivan; **Ko:** Adrian; **H:** Sydney Guilaroff.

Woman of the Year (dt. *Die Frau, von der man spricht*, TV)
MGM, 1942; **L:** 114 min.
B: *Katharine Hepburn*, Tess Harding; *Spencer Tracy*, Sam Craig; *Fay Bainter*, Ellen Whitcomb; *Reginald Owen*, Clayton; *Minor Watson*, William Harding; *William Bendix*, Pinkie Peters; *Gladys Blake*, Flo Peters; *Dan Tobin*, Gerald; *Roscoe Karns*, Phil Whittaker; *William Tannen*, Ellis; *Ludwig Stossel*, Dr. Martin Lubbeck; *Sara Haden*, Matron at Refugee Home; *Edith Evanson*, Alma; *George Kezas*, Chris; *Jimmy Conlin*, Reporter; *Henry Roquemore*, Justice of the Peace; *Cyril Ring*, Harding's Chauffeur; *Ben Lessy*, Punchy; *Johnny Berkes*, Pal; *Ray Teal*, Reporter; *Duke York*, Football Player; *Edward McWade*, Adolph; *Joe Yule*, Building Superintendent; *Winifred Harris*, Chairlady; *William Holmes*, Man at Banquet.
P: Joseph L. Mankiewicz; **R:** George Stevens; **Ra:** Robert Golden; **D:** Ring Lardner Jr. und Michael Kanin; **K:** Joseph Ruttenberg; **AD:** Cedric Gibbons und Randall Duell; **De:** Edwin B. Willis; **M:** Franz Waxman; **T:** Douglas Shearer; **S:** Frank Sullivan; **Ko:** Adrian; **Mu:** Jack Dawn; **H:** Sydney Guilaroff.

Keeper of the Flame (dt. *Die ganze Wahrheit*, TV)
MGM, 1942; **L:** 100 min.
nach einem Roman von I. A. R. Wylie
B: *Katharine Hepburn*, Christine Forrest; *Spencer Tracy*, Steven O'Malley; *Richard Whorf*, Clive Kerndon; *Margaret Wycherly*, Mrs. Forrest; *Donald Meek*, Mr. Arbuthnot; *Horace (Stephen) McNally*, Freddie Ridges; *Audrey Christie*, Jane Harding; *Frank Craven*, Dr. Fielding; *Forrest Tucker*, Geoffrey Midford; *Percy Kilbride*, Orion; *Howard Da Silva*, Jason Rickards; *Darryl Hickman*, Jeb Rickards; *William Newell*, Piggot; *Rex Evans*, John; *Blanche Yurka*, Anna; *Mary McLeod*, Janet; *Clifford Brooke*, William; *Craufurd Kent*, Ambassador; *Mickey Martin*, Messenger Boy; *Manart Kippen*, *Donald Gallaher*, *Cliff Danielson*, Reporters; *Major Sam Harris*, *Art Howard*, *Harold Miller*, Men; *Jay Ward*, Pete; *Rita Quigley*, Susan.
P: Victor Saville und Leon Gordon; **R:** George Cukor; **Ra:** Edward Woehler; **D:** Donald Ogden Stewart; **R:** William Daniels; **Sp:** Warren Newcombe; **AD:** Cedric Gibbons und Lyle Wheeler; **De:** Edwin B. Willis und Jack Moore; **M:** Bronislau Kaper; **T:** Douglas Shearer; **S:** James E. Newcom; **Ko:** Adrian; **Mu:** Jack Dawn.

Stage Door Canteen
United Artists, 1943; **L:** 133 min.
B: *Katharine Hepburn*, Herself; *Cheryl Walker*, Eileen; *William Terry*, Ed «Dakota» Smith; *Marjorie Riordan*, Jean; *Lon McCallister*, «California»; *Margaret Early*, Ella Sue; *Michael Harrison*, «Texas»; *Dorothea Kent*, Mamie; *Fred Brady*, «Jersey»; *Marion Shockley*, Lillian; *Patrick O'Moore*, the Australian; *Ruth Roman*, Girl; *Judith Anderson*, *Henry Ar-*

metta, Benny Baker, Kenny Baker, Tallulah Bankhead, Ralph Bellamy, Edgar Bergen and Charlie McCarthy, Ray Bolger, Helen Broderick, Ina Claire, Katharine Cornell, Lloyd Corrigan, Jane Cowl, Jane Darwell, William Demarest, Virginia Field, Dorothy Fields, Gracie Fields, Lynn Fontanne, Arlene Francis, Vinton Freedley, Billy Gilbert, Lucile Gleason, Vera Gordon, Virginia Grey, Helen Hayes, Hugh Herbert, Jean Hersholt, Sam Jaffe, Allen Jenkins, George Jessel, Roscoe Karns, Virginia Kaye, Tom Kennedy, Otto Kruger, June Lang, Betty Lawford, Gertrude Lawrence, Gypsy Rose Lee, Alfred Lunt, Bert Lytell, Harpo Marx, Aline MacMahon, Elsa Maxwell, Helen Menken, Yehudi Menuhin, Ethel Merman, Ralph Morgan, Alan Mowbray, Paul Muni, Elliott Nugent, Merle Oberon, Franklin Pangborn, Helen Parrish, Brock Pemberton, George Raft, Lanny Ross, Selena Royle, Martha Scott, Cornelia Otis Skinner, Ned Sparks, Bill Stern, Ethel Waters, Johnny Weissmuller, Arleen Whelan, Dame May Whitty, Ed Wynn.
With: Count Basie and His Band; Xavier Cugat and His Orchestra, with Lina Romay; Benny Goodman and His Orchestra, with Peggy Lee; Kay Kyser and His Band; Freddy Martin and His Orchestra; Guy Lombardo and His Orchestra.
Songs: «She's a Bombshell from Brooklyn», Sol Lesser, Al Dubin, Jimmy Monaco; «The Girl I Love to Leave Behind», Lorenz Hart, Richard Rodgers; «We Mustn't Say Goodbye», «The Machine Gun Song», «American Boy», «Don't Worry Island», «Quick Sands», «A Rookie and His Rhythm», «Sleep Baby Sleep in Your Jeep», «We Meet in the Funniest Places», «You're Pretty Terrific Yourself», Al Dubin, Jimmy Monaco; «Why Don't You Do Right?», Joe McCoy; «Bugle Call Rag», Elmer Schoebel, Billy Meyers, Jack Pittis; «Ave Maria», Franz Schubert; «Flight of the Bumble Bee», Nikolaj A. Rimsky-Korsakow.
P: Sol Lesser und Barnett Briskin; **R:** Frank Borzage; **Ra:** Lew Borzage und Virgil Hart; **D:** Delmer Daves; **K:** Harry Wild; **AD:** Hans Peters; **De:** Victor Gangelin, Harry Horner, Clem Beauchamp; **S:** Hal Kern; **M:** Freddie Rich; **T:** Hugh McDowell; **Ko:** Albert Deano.

Dragon Seed (öst. *Die Drachensaat*)
MGM, 1944; **L:** 147 min.
nach dem gleichnamigen Roman von Pearl S. Buck
B: *Katharine Hepburn*, Jade; *Walter Huston*, Ling Tan; *Aline MacMahon*, Mrs. Ling Tan; *Akim Tamiroff*, Wu Lien; *Turhan Bey*, Lao Er; *Hurd Hatfield*, Lao San; *Frances Rafferty*, Orchid; *Agnes Moorehead*, Third Cousin's Wife; *Henry Travers*, Third Cousin; *Robert Lewis*, Captain Sato; *J. Carrol Naish*, Japanese Kitchen Overseer; *Robert Bice*, Lao Ta; *Jacqueline De Wit*, Mrs. Wu Lien; *Clarence Lung*, Fourth Cousin; *Paul E. Burns*, Neighbor Shen; *Anna Demetrio*, Wu Sao; *Ted Hecht*, Major Yohagi; *Abner Biberman*, Captain Yasuda; *Leonard Mudie*, Old Peddler; *Charles Lung*, Japanese Diplomat; *Benson Fong*, Student; *Philip Van Zandt*, Japa-

nese Guard; *Al Hill*, Japanese Officer; *J. Alex Havier*, Japanese Soldier; *Philip Ahn*, Leader of City People; *Roland Got*, Speaker with Movies; *Robert Lee*, Young Farmer; *Frank Puglia*, Old Clerk; *Claire Du Brey*, Hysterical Woman; *Lee Tung Foo*, Innkeeper; *Jay Novello*, Japanese Soldier; *Leonard Strong*, Japanese Official; *Lionel Barrymore*, Narrator.
P: Pandro S. Berman; **R:** Jack Conway und Harold S. Bucquet; **Ra:** Al Shenberg; **D:** Marguerite Roberts und Jane Murfin; **K:** Sidney Wagner; **Sp:** Warren Newcombe; **AD:** Cedric Gibbons und Lyle R. Wheeler; **De:** Edwin B. Willis und Hugh Hunt; **M:** Herbert Stothart; **T:** Douglas Shearer; **S:** Harold F. Kress; **Ko:** Valles und Irene; **Mu:** Jack Dawn.

Without Love (dt. *Zu klug für die Liebe*, TV)
MGM, 1945; **L:** 110 min.
nach einem Stück von Philip Barry
B: *Katharine Hepburn*, Jamie Rowan; *Spencer Tracy*, Pat Jamieson; *Lucille Ball*, Kitty Trimble; *Keenan Wynn*, Quentin Ladd; *Carl Esmond*, Paul Carrell; *Patricia Morison*, Edwina Collins; *Felix Bressart*, Prof. Grinza; *Emily Massey*, Anna; *Gloria Grahame*, Flower Girl; *George Davis*, Caretaker; *George Chandler*, Elevator Boy; *Clancy Cooper*, Sergeant; *Wallis Clark*, Prof. Thompson; *Donald Curtis*, Prof. Ellis; *Charles Arnt*, Colonel Braden; *Eddie Acuff*, Driver; *Clarence Muse*, Porter; *Franco Corsaro*, Headwaiter; *Ralph Brooks*, Pageboy; *William Forrest*, Doctor; *Garry Owen*, Soldier; *Joe Devlin*, Soldier; *William Newell*, Soldier; *James Flavin*, Sergeant; *Hazel Brooks*, Girl on Elevator.
P: Lawrence A. Weingarten; **R:** Harold S. Bucquet; **Ra:** Earl McEvoy; **D:** Donald Ogden Stewart; **R:** Karl Freund; **Sp:** A. Arnold Gillespie und Danny Halt; **AD:** Cedric Gibbons und Harry McAfee; **De:** Edwin B. Willis und McLean Nisbet; **M:** Bronislau Kaper; **T:** Douglas Shearer; **S:** Frank Sullivan; **Ko:** Irene und Marion Herwood Keyes; **Mu:** Jack Dawn.

Undercurrent (dt. *Der fremde Geliebte*, *Der unbekannte Geliebte*)
MGM, 1946; **L:** 116 min.
nach einer Geschichte von Thelma Strabel
B: *Katharine Hepburn*, Ann Hamilton; *Robert Taylor*, Alan Garroway; *Robert Mitchum*, Michael Garroway; *Edmund Gwenn*, Prof. «Dink» Hamilton; *Marjorie Main*, Lucy; *Jayne Meadows*, Sylvia Lea Burton; *Clinton Sundberg*, Mr. Warmsley; *Dan Tobin*, Prof. Joseph Bangs; *Kathryn Card*, Mrs. Foster; *Leigh Whipper*, George; *Charles Trowbridge*, Justice Putnam; *James Westerfield*, Henry Gilson; *Billy McLain*, Uncle Ben; *Bess Flowers*, Julia Donnegan; *Sarah Edwards*, Cora; *Betty Blythe*, Saleslady.
P: Pandro S. Berman; **R:** Vincente Minnelli; **Ra:** Normal Elzer; **D:** Edward Chodorov; **K:** Karl Freund; **AD:** Cedric Gibbons und Randall Duell; **De:** Edwin B. Willis und Jack D. Moore; **M:** Herbert Stothart; **T:** Douglas Shearer; **S:** Ferris Webster; **Ko:** Irene; **Mu:** Jack Dawn; **H:** Sydney Guilaroff.

The Sea of Grass (dt. *Endlos ist die Prärie*)
MGM, 1947; **L:** 123 min.
nach einem Roman von Conrad Richter
B: *Katharine Hepburn*, Lutie Cameron; *Spencer Tracy*, Colonel James Brewton; *Melvyn Douglas*, Brice Chamberlain; *Phyllis Thaxter*, Sara Beth Brewton; *Robert Walker*, Brock Brewton; *Edgar Buchanan*, Jeff; *Harry Carey*, Doc Reid; *Ruth Nelson*, Selena Hall; *William «Bill» Phillips*, Banty; *James Bell*, Sam Hall; *Robert Barrat*, Judge White; *Charles Trowbridge*, George Cameron; *Russell Hicks*, Major Harney; *Robert Armstrong*, Floyd McCurtin; *Trevor Bardette*, Andy Boggs; *Morris Ankrum*, Crane; *Nora Cecil*, Nurse.
P: Pandro S. Berman; **R:** Elia Kazan; **Ra:** Sid Sidman; **D:** Marguerite Roberts und Vincent Lawrence; **K:** Harry Stradling; **AD:** Cedric Gibbons und Paul Groesse; **De:** Edwin B. Willis; **M:** Herbert Stothart; **T:** Douglas Shearer; **S:** Robert J. Kern; **Ko:** Walter Plunkett; **Mu:** Jack Dawn.

Song of Love (dt. *Clara Schumanns große Liebe*; öst. *Liebesmelodie*)
MGM, 1947; **L:** 118 min.
nach dem Stück von Bernard Schubert und Mario Silva
B: *Katharine Hepburn*, Clara Wieck Schumann; *Paul Henreid*, Robert Schumann; *Robert Walker*, Johannes Brahms; *Henry Daniell*, Franz Liszt; *Leo G. Carroll*, Professor Wieck; *Else Janssen*, Bertha; *Gigi Perreau*, Julie; *«Tinker» Furlong*, Felix; *Ann Carter*, Marie; *Janine Perreau*, Eugenie; *Jimmie Hunt*, Ludwig; *Anthony Sydes*, Ferdinand; *Eilene Janssen*, Elsie; *Roman Bohnen*, Dr. Hoffman; *Ludwig Stossel*, Haslinger; *Tala Birell*, Princess Valerie Hohenfels; *Kurt Katch*, Judge; *Henry Stephenson*, King Albert; *Konstantin Shayne*, Reinecke; *Byron Foulger*, Court Officer; *Josephine Whittell*, Lady in Box.
P: Clarence Brown; **R:** Clarence Brown; **Ra:** Al Raboch; **D:** Ivan Tors, Irmgard Von Cube, Allen Vincent, Robert Ardrey; **K:** Harry Stradling; **Sp:** Warren Newcombe; **AD:** Cedric Gibbons und Hans Peters; **De:** Edwin B. Willis; **M:** Bronislau Kaper; **Dirigent:** William Steinberg; **Piano:** Arthur Rubinstein; MGM Symphony Orchestra, St. Luke's Boy Choir; **T:** Douglas Shearer; **S:** Robert J. Kern; **Ko:** Walter Plunkett, Valles und Irene; **Mu:** Jack Dawn; **H:** Sydney Guilaroff.

State of the Union (dt. *Der beste Mann*; *Zur Lage der Nation*, TV)
Liberty im Verleih von MGM, 1948; **L:** 122 min.
nach einem Stück von Howard Lindsay und Russel Crouse
B: *Katharine Hepburn*, Mary Matthews; *Spencer Tracy*, Grant Matthews; *Van Johnson*, Spike McManus; *Angela Lansbury*, Kay Thorndyke; *Adolphe Menjou*, Jim Conover; *Lewis Stone*, Sam Thorndyke; *Howard Smith*, Sam Parrish; *Maidel Turner*, Lulubelle Alexander; *Raymond Walburn*, Judge Alexander; *Charles Dingle*, Bill Hardy; *Florence Auer*, Grace Orval

Draper; *Pierre Watkin*, Senator Lauterback; *Margaret Hamilton*, Norah; *Irving Bacon*, Buck; *Patti Brady*, Joyce; *George Nokes*, Grant, jr.; *Carl Switzer*, Bellboy; *Tom Pedi*, Barber; *Tom Fadden*, Waiter; *Charles Lane*, Blink Moran; *Art Baker*, Leith; *Rhea Mitchell*, Jenny; *Arthur O'Connell*, First Reporter; *Marion Martin*, Blonde Girl; *Tor Johnson*, Wrestler; *Stanley Andrews*, Senator; *Dave Willock*, Pilot; *Russell Meeker*, Politician; *Frank L. Clarke*, Joe Crandall; *David Clarke*, Rusty Miller; *Dell Henderson*, Broder; *Edwin Cooper*, Bradbury; *Davison Clark*, Crump; *Francis Pierlot*, Josephs; *Brandon Beach*, Editor.
P: Frank Capra und Anthony Veiller; **R:** Frank Capra; **Ra:** Arthur S. Black Jr.; **D:** Anthony Veiller und Myles Connelly; **K:** George J. Folsey; **Sp:** A. Arnold Gillespie; **AD:** Cedric Gibbons und Urie McCleary; **Do:** Emile Kuri; **M:** Victor Young; **T:** Douglas Shearer; **S:** William Hornbeck; **Ko:** Irene.

Adam's Rib (dt. *Ehekrieg*)
MGM, 1949; **L:** 101 min.
B: *Katharine Hepburn*, Amanda Bonner; *Spencer Tracy*, Adam Bonner; *Judy Holliday*, Doris Attinger; *Tom Ewell*, Warren Attinger; *David Wayne*, Kip Lurie; *Jean Hagen*, Beryl Caighn; *Hope Emerson*, Olympia La Pere; *Eve March*, Grace; *Clarence Kolb*, Judge Reiser; *Emerson Treacy*, Jules Frikke; *Polly Moran*, Mrs. McGrath; *Will Wright*, Judge Marcasson; *Elizabeth Flournoy*, Dr. Margaret Brodeigh; *Janna Da Loos*, Mary, the Maid; *James Nolan*, Dave; *David Clarke*, Roy; *John Maxwell Sholes*, Court Clerk; *Marvin Kaplan*, Court Stenographer; *Gracille La Vinder*, Police Matron; *William Self*, Benjamin Klausner; *Paula Raymond*, Emerald; *Ray Walker*, Photographer; *Tommy Noonan*, Reporter; *De Forrest Lawrence*, *John Fell*, Adam's Assistants; *Sid Dubin*, Amanda's Assistant; *Joe Bernard*, Mr. Bonner; *Madge Blake*, Mrs. Bonner; *Marjorie Wood*, Mrs. Marcasson; *Lester Luther*, Judge Poynter; *Anna Q. Nilsson*, Mrs. Poynter; *Roger David*, Hurlock; *Louis Mason*, Elderly Elevator Operator; *Rex Evans*, Fat Man; *Charles Bastin*, Young District Attorney; *E. Bradley Coleman*, Subway Rider.
P: Lawrence Weingarten; **R:** George Cukor; **Ra:** Jack Greenwood; **D:** Ruth Gordon und Garson Kanin; **K:** George J. Folsey; **Sp:** A. Arnold Gillespie; **AD:** Cedric Gibbons und William Ferrari; **De:** Edwin B. Willis und Henry Grace; **M:** Miklos Rosza; **T:** Douglas Shearer; **S:** George Boemler; **Ko:** Walter Plunkett. Song «Farewell, Amanda» by Cole Porter.

The African Queen (dt. *«African Queen»*)
Horizon-Romulus Production im Verleih der United Artists, 1951; **L:** 103 min.
nach einem Roman von C. S. Forester
B: *Katharine Hepburn*, Rose Sayer; *Humphrey Bogart*, Charlie Allnut; *Robert Morley*, Reverend Samuel Sayer; *Peter Bull*, Captain of *Louisa*;

Theodore Bikel, First Officer; *Walter Gotell*, Second Officer; *Gerald Onn*, Petty Officer; *Peter Swanick*, First Officer of *Shona*; *Richard Marner*, Second Officer of *Shona*.
P: S. P. Eagle [alias Sam Spiegel]; **R:** John Huston; **Ra:** Guy Hamilton; **D:** James Agee und John Huston; **K:** Jack Cardiff; **Sp:** Cliff Richardson; **M:** Alan Gray; **T:** John Mitchell und Eric Wood; **S:** Ralph Kemplen; **Ma:** Leigh Aman, T. S. Lyndon-Haynes, Wilfred Shingleton, John Hoesli; **Ko** (Hepburn): Doris Langley Moore, Connie De Pinna, Vi Murray; **Mu:** George Frost.

Pat and Mike (dt. *Pat und Mike*, TV)
MGM, 1952; **L:** 95 min.
B: *Katharine Hepburn*, Pat Pemberton; *Spencer Tracy*, Mike Conovan; *Aldo Ray*, Davie Hucko; *William Ching*, Collier Weld; *Sammy White*, Barney Grau; *George Mathews*, Spec Cauley; *Loring Smith*, Mr. Beminger; *Phyllis Povah*, Mrs. Beminger; *Charles Buchinski (Bronson)*, Hank Tasling; *Frank Richards*, Sam Garsell; *Jim Backus*, Charles Barry; *Chuck Connors*, Police Captain; *Joseph E. Bernard*, Gibby; *Owen McGiveney*, Harry MacWade; *Lou Lubin*, Waiter; *Carl Switzer*, Bus Boy; *William Self*, Pat's Caddy; *Billy McLean*, *Frankie Darro*, *Paul Brinegar*, *«Tiny» Jimmie Kelly*, Caddies; *Mae Clarke*, *Helen Eby-Rock*, *Elizabeth Holmes*, Women Golfers; *Hank Weaver*, Commentator; *Tom Harmon*, Sportscaster; *Charlie Murray*, Line Judge, Tennis Court; *Gussie Moran*, *Babe Didrickson Zaharias*, *Don Budge*, *Alice Marble*, *Frank Parker*, *Betty Hicks*, *Beverly Hanson*, *Helen Dettweiler*, Themselves.
P: Lawrence Weingarten; **R:** George Cukor; **Ra:** Jack Greenwood; **D:** Ruth Gordon und Garson Kanin; **K:** William Daniels; **Sp:** Warren Newcombe; **AD:** Cedric Gibbons und Urie McCleary; **De:** Edwin B. Willis und Hugh Hunt; **M:** David Raskin; **T:** Douglas Shearer; **S:** George Boemler; **Ko:** Orry-Kelly; **Mu:** William Tuttle.

Summertime (dt. *Traum meines Lebens*)
Lopert Film Production im Verleih der United Artists, 1955; **L:** 99 min.
nach dem Stück *The Time of Cuckoo* von Arthur Laurents
B: *Katharine Hepburn*, Jane Hudson; *Rossano Brazzi*, Renato di Rossi; *Isa Miranda*, Signora Fiorini; *Darren McGavin*, Eddie Jaeger; *Mari Aldon*, Phyl Jaeger; *Jane Rose*, Mrs. McIlhenny; *MacDonald Parke*, Mr. McIlhenny; *Gaitano Audiero*, Mauro; *André Morell*, Englishman; *Jeremy Spenser*, Vito di Rossi; *Virginia Simeon*, Giovanna.
P: Ilya Lopert, Norman Spencer, Robert Kingsley; **R:** David Lean; **D:** David Lean und H. E. Bates; **K:** Jack Hildyard; **AD:** Vincent Korda, W. Hutchinson, Ferdinand Bellan; **M:** Alessandro Cicognini; **T:** Peter Handford; **S:** Peter Taylor; **T:** Winston Ryder; **H:** Grazia de Rossi; **Mu:** Cesare Gamberelli; **Ma:** Raymond Anzarut und Franco Magli.

The Rainmaker (dt. *Der Regenmacher*)
Paramount, 1956; **L:** 122 min.
nach einem Stück von N. Richard Nash
B: *Katharine Hepburn*, Lizzie Curry; *Burt Lancaster*, Starbuck; *Wendell Corey*, File; *Lloyd Bridges*, Noah Curry; *Earl Holliman*, Jim Curry; *Cameron Prud'Homme*, H. C. Curry; *Wallace Ford*, Sheriff Thomas; *Yvonne Lime*, Snookie; *Dottie Bee Baker*, Belinda; *Dan White*, Deputy; *Stan Jones*, *John Benson*, *James Stone*, *Tony Merrill*, *Joe Brown*, Townsmen; *Ken Becker*, Phil Mackey.
P: Hal B. Wallis und Paul Nathan; **R:** Joseph Anthony; **Ra:** C. C. Coleman Jr.; **D:** N. Richard Nash; **K:** Charles Lang, Jr.; **Sp:** John P. Fulton; **AD:** Hal Pereira und Walter Tyler; **De:** Sam Comer und Arthur Krams; **M:** Alex North; **T:** Harold Lewis und Winston Leverett; **S:** Warren Low; **Ko:** Edith Head, **Mu:** Wally Westmore; **H:** Nellie Manley.

The Iron Petticoat (dt. *Der eiserne Unterrock*)
Benhar Production im Verleih der MGM, 1956; **L:** 89 min.
B: *Katharine Hepburn*, Vinka Kovelenko; *Bob Hope*, Chuck Lockwood; *James Robertson Justice*, Colonel Sklarnoff; *Robert Helpmann*, Ivan Kropotkin; *David Kossoff*, Dubratz; *Alan Gifford*, Colonel Tarbell; *Paul Carpenter*, Lewis; *Noelle Middleton*, Connie; *Nicholas Phipps*, Tony Mallard; *Sidney James*, Paul; *Alexander Gauge*, Senator; *Doris Goddard*, Maria; *Tutte Lemkow*, Sutsiyawa; *Sandra Dorne*, Tityana; *Richard Wattis*, Lingerie Clerk; *Maria Antippas*, Sklarnoff's Secretary; *Martin Boddey*, Grisha.
P: Betty E. Box; **R:** Ralph Thomas; **Ra:** James H. Ware; **D:** Ben Hecht; **K:** Ernest Steward; **AD:** Carmen Dillon; **De:** Vernon Dixon; **M:** Benjamin Frankel; **T:** John W. Mitchell, Gordon K. McCallum, Roger Cherrill; **S:** Frederick Wilson; **Ko:** Yvonne Caffin; **Mu:** W. T. Partleton; **Ma:** R. Denis Holt.

The Desk Set (dt. *Die Frau, die alles weiß*; öst. *Die Frau, die alles kennt*)
20th Century-Fox, 1957, **L:** 103 min.
nach einem Stück von William Marchant
B: *Katharine Hepburn*, Bunny Watson; *Spencer Tracy*, Richard Sumner; *Gig Young*, Mike Cutler; *Joan Blondell*, Peg Costello; *Dina Merrill*, Sylvia; *Sue Randall*, Ruthie; *Neva Patterson*, Miss Warringer; *Harry Ellerbe*, Smithers; *Nicholas Joy*, Azae; *Diane Jergens*, Alice; *Merry Anders*, Cathy; *Ida Moore*, Old Lady; *Rachel Stephens*, Receptionist; *Sammy Ogg*, Kenny.
P: Henry Ephron; **R:** Walter Lang; **Ra:** Hal Herman; **D:** Phoebe und Henry Ephron; **K:** Leon Shamroy; **Sp:** Ray Kellogg; **AD:** Lyle Wheeler und Maurice Ransford; **De:** Walter M. Scott und Paul S. Fox; **M:** Cyril J. Mockridge; **T:** E. Clayton Ward und Harry M. Leonard; **S:** Robert Simpson; **Ko:** Charles le Maire; **Mu:** Ben Nye; **H:** Helen Turpin.

Suddenly Last Summer (dt. *Plötzlich im letzten Sommer*)
A Horizon (G.B.) Limited Production im Verleih der Columbia, 1959; **L:** 112 min.
nach einem Stück von Tennessee Williams
B: *Katharine Hepburn*, Mrs. Venable; *Elizabeth Taylor*, Catherine Holly; *Montgomery Clift*, Dr. Cukrowicz; *Albert Dekker*, Dr. Hockstader; *Mercedes McCambridge*, Mrs. Holly; *Gary Raymond*, George Holly; *Mavis Villiers*, Miss Foxhill; *Patricia Marmont*, Nurse Benson; *Joan Young*, Sister Felicity; *Maria Britneva*, Lucy; *Sheila Robbins*, Dr. Hockstader's Secretary; *David Cameron*, Young Blond Interne; *Roberta Woolley*, A Patient.
P: Sam Spiegel; **R:** Joseph L. Mankiewicz; **Ra:** Bluey Hill; **D:** Gore Vidal und Tennessee Williams; **K:** Jack Hildyard; **Sp:** Tom Howard; **Ma:** Bill Kirby; **De:** Oliver Messel und Scott Slimon; **AD:** William Kellner; **M:** Buxton Orr und Malcolm Arnold; **T:** A. G. Ambler und John Cox; **S:** Thomas G. Stanford, William W. Hornbeck, John Jympson; **Ko:** Norman Hartnell (Hepburn), Jean Louis (Taylor), Joan Ellacot; **Mu:** David Aylott; **H:** Joan White.

A Long Day's Journey into Night
Embassy, 1962; **L:** 174 min.
nach einem Stück von Eugene O'Neill
B: *Katharine Hepburn*, Mary Tyrone; *Ralph Richardson*, James Tyrone, Sr.; *Jason Robards Jr.*, James Tyrone Jr.; *Dean Stockwell*, Edmund Tyrone; *Jeanne Barr*, Cathleen.
P: Ely Landau und Jack J. Dreyfus Jr.; **R:** Sidney Lumet; **D:** Eugene O'Neill; **K:** Boris Kaufman; **M:** André Previn; **S:** Ralph Rosenblum; **De:** Richard Sylbert; **PL:** George Justin; **Ko:** Motley.

Guess Who's Coming to Dinner (dt. *Rat mal, wer zum Essen kommt*)
Columbia, 1967; **L:** 108 min.
B: *Katharine Hepburn*, Christina Drayton; *Spencer Tracy*, Matt Drayton; *Sidney Poitier*, John Prentice; *Katharine Houghton*, Joey Drayton; *Cecil Kellaway*, Monsignor Ryan; *Roy E. Glenn, Sr.*, Mr. Prentice; *Beah Richards*, Mrs. Prentice; *Isabell Sanford*, Tillie; *Virginia Christine*, Hilary St. George; *Alexandra Hay*, Car Hop; *Barbara Randolph*, Dorothy; *D'Urville Martin*, Frankie; *Tom Heaton*, Peter; *Grace Gaynor*, Judith; *Skip Martin*, Delivery Boy; *John Hudkins*, Cab Driver.
P: Stanley Kramer und George Glass; **R:** Stanley Kramer; **Ra:** Ray Gosnell; **D:** William Rose; **K:** Sam Leavitt und Larry Butler; **Sp:** Geza Gaspar; **De:** Robert Clatworthy und Frank Tuttle; **M:** Frank de Vol; **T:** Charles J. Rice und Robert Martin; **S:** Robert C. Jones; **Ko:** Joe King und Jean Louis. Song «Glory of Love» by Billy Hill, sung by Jacqueline Fontaine.

The Lion in Winter (dt. *Der Löwe im Winter*)
Avco Embassy, 1968; **L:** 134 min.
nach dem Stück von James Goldman
B: *Katharine Hepburn*, Eleanor of Aquitaine; *Peter O'Toole*, Henry II; *Jane Merrow*, Princess Alais; *John Castle*, Prince Geoffrey; *Timothy Dalton*, King Philip; *Anthony Hopkins*, Prince Richard, the Lion-Hearted; *Nigel Stock*, William Marshall; *Nigel Terry*, Prince John; *Kenneth Griffith*, *O. Z. Whitehead*.
P: Martin Poll, Joseph E. Levine, Jane C. Nusbaum; **R:** Anthony Harvey; **Ra:** Kip Gowans; **D:** James Goldman; **K:** Douglas Slocombe; **AD:** Peter Murton; **De:** Peter James; **M:** John Barry; **T:** Simon Kaye; **S:** John Bloor; **PL:** John Quested; **Ma:** Basil Appleby; **Ko:** Margaret Furse; **Mu:** William Lodge; **H:** A. G. Scott.

The Madwoman of Chaillot (dt. *Die Irre von Chaillot*)
Warner Brothers – Seven Arts, 1969; **L:** 142 min.
nach einem Stück von Jean Giraudoux
B: *Katharine Hepburn*, Aurelia, the Madwoman of Chaillot; *Charles Boyer*, Broker; *Claude Dauphin*, Dr. Jadin; *Edith Evans*, Josephine, the Madwoman of La Concorde; *John Gavin*, Reverend; *Paul Henreid*, General; *Oscar Homolka*, Commissar; *Margaret Leighton*, Constance, the Madwoman of Passy; *Giulietta Masina*, Gabrielle, the Madwoman of Sulpice; *Nanette Newman*, Irma; *Richard Chamberlain*, Roderick; *Yul Brynner*, Chairman; *Donald Pleasence*, Prospector; *Danny Kaye*, Ragpicker; *Fernand Gravey*, Police Sergeant; *Gordon Heath*, The Folksinger; *Gerald Sim*, Julis; *Jacques Marin*, *Joellina Smadja*, *Henry Virjoleux*, *Giles Segal*, *Gaston Palmer*, *Harriett Ariel*, *Catherine Berg*.
P: Ely Landau; **R:** Bryan Forbes; **Ra:** Louis-Alain Pitzeie; **D:** Edward Anhalt; **De:** Dario Simoni und Ray Simm; **K:** Claude Renoir und Burnett Guffey; **M:** Michael J. Lewis; **T:** Janet Davidson und Bill Daniels; **S:** Roger Dwyre; **Ko:** Rosine Delamare; **Mu:** Monique Archambault; **H:** Alex Archambault; **Ma:** Henri Jacquillard. Song «The Lonely Ones» by Michael J. Lewis und Gil King.

The Trojan Women (dt. *Die Troerinnen*)
Cinemerara Releasing, 1971; **L:** 111 min.
nach einem Drama von Euripides
B: *Katharine Hepburn*, Hecuba; *Vanessa Redgrave*, Andromache; *Genevieve Bujold*, Cassandra; *Irene Papas*, Helen; *Brian Blessed*, Talthybius; *Patrick Magee*, Menelaus; *Alberto Sanz*, Astyanax.
P: Michael Cacoyannis und Anis Nohra; **R:** Michael Cacoyannis; **Ra:** Stavros Konstantarakos, Jose Maria Ochoa, Roberto Cirla; **D:** Michael Cacoyannis; **K:** Alfio Contini; **PL:** Carlo Lastricati; **Ma:** Paco Lara; **Sp:** Basilio Cortijo; **AD:** Nicholas Georgiadis, Alistair Livingstone, Roman

Calatayud; **M:** Mikis Theodorakis; **T:** Mikes Damalas, Gordon McCallum, Alfred Cox, G.B.F.E.; **S:** Russell Woolnough; **K:** Maurizio Scanzani; **Mu:** Francesco Freda; **H:** Adalgisa Favella; **Ko:** Annalisa Nasalli Rocca.

A Delicate Balance (dt. *Empfindliches Gleichgewicht*, TV)
American Express Films, 1974; **L:** 134 min.
B: *Katharine Hepburn*, Agnes; *Paul Scofield*, Tobias; *Lee Remick*, Julia; *Kate Reid*, Claire; *Joseph Cotten*, Harry; *Betsy Blair*, Edna.
P: Ely A. Landau und Neil Hartley; **R:** Tony Richardson; **Ra:** Andrew Grieve; **D:** Edward Albee; **Ma:** Zelda Barron; **K:** David Watkin; **S:** John Victor Smith; **AD:** David Brockhurst; **Ko:** Margaret Furse; **Mu:** Bill Lodge.

Rooster Cogburn (dt. *Mit Dynamit und frommen Sprüchen*)
Universal Pictures, 1975; **L:** 108 min.
B: *Katharine Hepburn*, Eula Goodnight; *John Wayne*, Rooster Cogburn; *Anthony Zerbe*, Breed; *Richard Jordan*, Hawk; *John McIntire*, Judge Parker; *Strother Martin*, McCoy; *Paul Koslo*, *Lane Smith*, *Jack Colvin*, *Jerry Gatlin*, *Mickey Gilbert*, *Chuck Hayward*, *Gary McLarty*, Hawk's Gang; *Richard Romancito*, Wolf; *Warren Vanders*, Bagby; *Tommy Lee*, Chen Lee; *John Lormer*, Reverend Goodnight.
P: Hal B. Wallis; **R:** Stuart Millar; **Ra:** Pepi Lenzi; **D:** Martin Julien; **K:** Harry Stradling Jr.; **S:** Robert Swink; **M:** Laurence Rosenthal; **AD:** Preston Ames; **De:** George Robert Nelson; **T:** Leonard S. Peterson und John Carter; **S:** Michael Moore; **St:** Jerry Gatlin.

Olly Olly Oxen Free (dt. *Die Reise im Ballon*; TV auch: *Das große Abenteuer im Ballon*)
Santrio Film Distribution, 1978; **L:** 83 min.
nach einer Geschichte von Maria L. Ossio, Eugene Poinc und Richard A. Colla
B: *Katharine Hepburn*, Miss Pudd; *Kevin McKenzie*, Alby; *Dennis Dimster*, Chris; *Peter Kliman*, Mailman.
P: Richard A. Colla; **R:** Richard A. Colla; **PL:** James M. Colla; **D:** Eugene Poinc; **K:** Gayne Rescher; **S:** Lee Burch; **De:** Peter Wooley; **M:** Bob Alcivar; **Ko:** Edith Head.

On Golden Pond (dt. *Am goldenen See*)
Universal, 1981; **L:** 109 min.
nach einem Stück von Ernest Thompson
B: *Katharine Hepburn*, Ethel Thayer; *Henry Fonda*, Norman Thayer Jr.; *Jane Fonda*, Chelsea Thayer Wayne; *Doug McKeon*, Billy Ray; *Dabney Coleman*, Bill Ray; *William Lanteau*, Charlie Martin; *Chris Rydell*, Sumner Todd.

P: Bruce Gilbert; **R:** Mark Rydell; **D:** Ernest Thompson; **De:** Stephen Grimes und Jane Bogart; **K:** Billy Williams; **T:** Victoria Rose Sampson; **M:** Dave Grusin; **S:** Robert L. Wolfe; **Ko:** Dorothy Jeakins.

The Ultimate Solution of Grace Quigley (dt. *Grace Quigleys letzte Chance*; Video)
MGM/U. A. und Cannon Films, 1984; **L:** 83 min.
B: *Katharine Hepburn*, Grace Quigley; *Nick Nolte*, Seymour Flint; *Elizabeth Wilson*, Emily Watkins; *Chip Zien*, Dr. Herman; *Kit Le Fever*, Muriel; *William Duell*, Mr. Jenkins; *Walter Abel*, Homer Watkins; *Francis Pole*, Sarah Hodgkins; *Truman Gaige*, Sam Pincus; *Paula Trueman*, Dorothy Truger; *Christopher Murney*, Max Putnam; *William Cain*, George Quigley; *Howard Sherman*, Alan; *Jill Eikenberry*, Faith; *Michael Charters*, Todd; *Christopher Charters*, Trevor; *Harris Laskawy*, Mr. Argo.
P: Menachem Golan und Yoram Globus; **R:** Anthony Harvey; **D:** A. Martin Zweiback; **K:** Larry Pizer; **S:** Bob Raetano; **M:** John Addison; **Ko:** Ruth Morley.

Fernsehen

The Glass Menagerie (dt. *Die Glasmenagerie*)
ABC, 16. Dezember 1973; **L:** 95 min.
B: *Katharine Hepburn,* Amanda Wingfield; *Joanna Mills, Sam Waterston, Michael Moriarty.*
P: David Susskind; **R:** Anthony Harvey; **D:** Tennessee Williams; **K:** David Watkin; **S:** John Bloom; **M:** John Barry.

Love Among the Ruins (dt. *Liebe in der Dämmerung*)
ABC, 6. März 1975; **L:** 120 min.
B: *Katharine Hepburn,* Jessica Medlicott; *Sir Laurence Olivier, Colin Blakely, Richard Pearson, Joan Sims, Leigh Lawson, Gwen Nelson, Robert Harris.*
P: Allan Davis; **R:** George Cukor; **D:** James Costigan; **K:** Douglas Slocombe, B.S.C.; **S:** John F. Burnett; **Ko:** Margaret Furse und Germinal Rangel; **M:** John Barry.

The Corn is Green (dt. *Das Korn ist grün*)
CBS, 29. Januar 1979; **L:** 90 min.
nach dem gleichnamigen Stück von Emlyn Williams
B: *Katharine Hepburn,* Miss Moffat; *Ian Seymour, Bill Fraser, Patricia Hayes, Anna Massey, Artro Morris, Dorothea Philips, Toyah Wilcox, Huw Richards, Bryn Fon, Dyfan Roberts, Robin John.*
P: Neil Hartley; **R:** George Cukor; **K:** Ted Scaife, B.S.C.; **D:** Ian Davis; **S:** Richard Marden und John Wright; **Ko:** David Walker; **M:** John Barry.

Mrs. Delafield Wants to Marry (öst. *Alter schützt vor Heirat nicht*)
NBC, 17. September 1986; **L:** 120 min.
B: *Katharine Hepburn,* Margaret D. Delafield; *Harold Gould, Denholm Elliott, Brenda Forbes, Bibi Besch, Charles Frank, Suzanne Lederer, John Pleshette, David Ogden Stiers, Kathryn Walker,*
P: George Schaefer, Merrill H. Karpf, James Prideaux; **R:** George Schaefer; **D:** James Prideaux; **S:** Andy Blumenthal; **K:** Walter Lassally; **Ko:** Noel Taylor.

Laura Lansing Slept Here (dt. *Eine Dame namens Laura*)
NBC, 7. März 1988; **L:** 120 min.
B: *Katharine Hepburn,* Laura Lansing; *Karen Austin, Brenda Forbes, Joel Higgins, Lee Richardson, Nicolas Surovy, Schuyler Grant, Moira Walley, Jane Wright, Sean Harmon, Ryan Comber, Kyle Comber, Dana Still, Merrilyn Gann, Freda Perry, Venus Terzo, Bev Hendry.*
P: George Schaefer, Merrill H. Karpf, James Prideaux; **R:** George Schaefer; **D:** James Prideaux; **S:** Andy Blumenthal; **K:** Paul Lohman.

Fernsehinterviews

Dick Cavett (ABC; 2. und 3. 10. 1973)
60 Minutes (CBS; 26. August 1979)
Barbara Walters (ABC; Juli und August 1981)
Good Morning America (ABC; 5.–8. November 1984)
Today (NBC; 14. Mai 1985)

Rundfunk

1936 Radio Hall of Fame: Romeo and Juliet

1938 Mercury Theatre: Farewell to Arms
(Katharine Hepburn, Joseph Cotten)

1942 Lux Radio Theatre: The Philadelphia Story
(Katharine Hepburn, Cary Grant, James Stewart, Virginia Weidler)

1947 Theatre Guild of the Air: The Philadelphia Story
(Katharine Hepburn, Cary Grant, James Stewart)

1947 Theatre Guild of the Air: Little Women
(Katharine Hepburn, Elliot Reid, John Lodge, Oscar Homolka)

1947 Theatre Guild of the Air: Little Women
(Katharine Hepburn, Paul Lukas)

1948 Theatre Guild of the Air: Women of the Year
(Katharine Hepburn, Spencer Tracy)

1949 Theatre Guild of the Air: The Game of Love and Death
(Katharine Hepburn, Paul Henreid, Claude Rains)

Dokumentationen

Women in Defense (1941)
Resolved to be Free (1974)
George Stevens – A Filmmaker's Journey (1985)
The Spencer Tracy Legacy: A Tribute by Katharine Hepburn (1986)
James Stewart: A Wonderful Life (1987)
Bogie (1988)

Bibliographie

Agee, James: Age on Film, Vol. I u. II, New York, Perigee Books, 1983

Althen, Michael: Robert Mitchum, München, Wilhelm Heyne Verlag, 1987

Ashmann, Chuck, und Trescott, Pamela: Cary Grant, London, W. H. Allen, 1987

Bacall, Lauren: By Myself, New York, Alfred A. Knopf, 1979

Bachellar, Martin A. (Hg.): The Hammond Almanac, Maplewood, N. J., Hammond Inc., 1982

Bacon, James: Hollywood is a Four-Letter Town, Chicago, Henry Regnery Co., 1976

Bainbridge, John: Garbo, New York, Holt, Rinehart and Winston, 1971

Baker, Carlos: Ernest Hemingway. A Life Story, London, Collins, 1969

Bankhead, Tallulah: Tallulah, New York, Harper & Brothers, 1952

Barker, Felix: The Oliviers. A Biography, London, Hamish Hamilton, 1953

Barlett, Donald L., und Stelle, James B.: Empire. The Lifelegend and Madness of Howard Hughes, New York, W. W. Norton & Co., 1979

Baxter, John: John Ford, München, Wilhelm Heyne, 1980

Beaton, Cecil: Photobiography, London, Odhams Press Limited, 1951

Behlmer, Rudy: America's Favorite Movies. Behind the Scenes, New York, Frederick Ungar Publishing Co., 1982

–: Memo from David O. Selznick, New York, Viking Press, 1972

Britton, Andrew: Katharine Hepburn. The Thirties and After, Newcastle upon Tyne, Tyneside Cinema Publications, 1984

Bryan III, J., und Wilkinson, Lupton A.: «The Hepburn Story» in Saturday Evening Post, 29. Nov. 1941

Bosworth, Patricia: Mongomery Clift. A Biography, New York, Harcourt Brace Jovanovich, 1978

Capote, Truman: The Muses are Heard, New York, Random House, 1956

Capra, Frank: The Name Above the Title. An Autobiography, New York, Macmillan, 1971

Carey, Gary: Katharine Hepburn. A Hollywood Yankee, New York, St. Martin's Press, 1983

–: All the Stars in Heaven. The Story of Louis B. Mayer and M-G-M, London, Robson Books, 1982

Cavett, Dick: Cavett, New York, Harcourt Brace Jovanovich, 1974

Clarens, Carlos: Cukor, London, Secker & Warburg, 1976

Cofut, Florence S. M.: Guide to the History. Historic Sites of Connecticut, New Haven, Yale University Press, 1977

Collier, Christopher, und Collier, Bonnie B.: The Connecticut Scholar. The Literature of Connecticut History, Middletown, Connecticut Humanities Council, 1983

Cotten, Joseph: Vanity will get you somewhere, London, Columbus Books, 1987
Coward, Noël: The Lyrics of Noël Coward, Woodstock, N. Y., Overlook Press, 1983
Davidson, Bill: Spencer Tracy – Tragic Idol, London, Sidgewick & Jackson, 1987
Deschner, Donald: The Films of Spencer Tracy, Secaucus, N. J., Citadel Press, 1971
Dickens, Homer: The Films of Katharine Hepburn, Secaucus, N. J., Citadel Press, 1971
Dietrich, Noah, und Thomas, Bob: Howard. The Amazing Mr. Hughes, Greenwich, Fawcett Publications Inc., 1972
Douglas, Kirk: The Ragman's Son, London, Simon and Schuster, 1988
Dreiser, Theodore: A Gallery of Woman, New York, Horace Liveright, 1929
Edwards, Anne: Judy Garland. A Biography, New York, Simon and Schuster, 1975
–: Vivien Leigh. A Biography, New York, Simon and Schuster, 1977
–: Road to Tara. The Life of Margaret Mitchell, New Haven, Ticknor & Fields, 1983
–: Katharine Hepburn. A Biography, London, Hodder & Stoughton, 1986
Fairbanks, Douglas, Jr.: The Salad Days, London, Collins, 1988
Falk, Candace: Love, Anarchy and Emma Goldman, New York, Holt, Rinehart and Winston, 1984
Fonda, Henry, und Teichmann, Howard: My Life, New York, NAL Book, 1981
Ford, Dan: Pappy. The Life of John Ford, Englewood Cliffs, N. J., Prentice Hall, Inc., 1979
French, Philip: The Movie Moguls, London, Weidenfeld and Nicolson, 1969
Freedland, Michael: Katharine Hepburn, London, W. H. Allen, 1984
–: The Secret Life of Danny Kaye, London, W. H. Allen, 1985
Funke, Lewis, und Booth, John E. (Hg.): Actors talk about Acting, New York, Avon Books, 1961
Geist, Kenneth L.: Pictures will talk. The Life & Films of Joseph L. Mankiewicz, New York, Da Capo Press, Inc., 1978
Gerber, Albert B.: Bashful Billionaire. An unauthorized Biography, Secaucus, N. J., Lyle Stuart Inc., 1967
Gilliatt, Penelope: «Miss Hepburn», Vogue, November 1981
Gilman, Charlotte Perkins: The Living of Charlotte Perkins Gilman, New York, 1935
Godfrey, Lionel: Cary Grant. The Light Touch, London, Robert Hale Limited, 1981
Goldman, Emma: Living my Life, New York, Alfred A. Knopf, 1931

Grant, Marion Hepburn: The Fenwick Story, Hartford, Connecticut Historical Society, 1974
–: In and About Hartford. Tours and Tales, Hartford, Connecticut Historical Society, 1978
Gray, Madeline: Margaret Sanger. A Biography of the Champion of Birth Control, New York, Richard Marek Publisher, 1979
Hall, William H.: West Hartford, Hartford, The West Hartford Chamber of Commerce, 1930
Harris, Warren G.: Gable & Lombard, New York, Simon and Schuster, 1974
–: Cary Grant. A Touch of Elegance, New York, Doubleday, 1987
Head, Edith, und Calisto, Paddy: Edith Head's Hollywood, New York, E. P. Dutton, Inc., 1983
Helburn, Theresa: A Wayward Quest, Boston, Little, Brown and Co., 1960
Hepburn, Katharine: AFRICAN QUEEN oder Wie ich mit Bogart, Bacall und Huston nach Afrika fuhr und beinahe den Verstand verlor, München, Wilhelm Heyne, 1987
Higham, Charles: Kate. The Life of Katharine Hepburn, New York, W. W. Norton & Co., 1975
–: Errol Flynn. The Untold Story, London, Granada, 1980
Horowitz, Helen: Alma Mater, New York, Alfred A. Knopf, 1984
Houseman, John: Run – Through, New York, Simon and Schuster, 1973
–: Front and Center, New York, Simon and Schuster, 1979
–: Final Dress, New York, Simon and Schuster, 1983
Huebner, Michael O.: Lilli Palmer, München, Wilhelm Heyne, 1986
Huston, John: An Open Book, New York, Ballantine Books, 1981
Jensen, Oliver O.: «The Hepburns», Life, 1940
Johnston, Doris, und Leventhal, Ellen (Hg.): The Letters of Nunnally Johnson, New York, Alfred A. Knopf, 1981
Kael, Pauline: Kiss Kiss Bang Bang, Boston, Little, Brown & Co., 1968
Kanin, Garson: Tracy and Hepburn. An Intimate Biography, New York, Viking Press, 1971
Keats, John: Howard Hughes, New York, Random House, 1966
Kelley, Kitty: Elizabeth Taylor. The Last Star. New York, Simon and Schuster, 1981
–: Frank Sinatra: Ein erstaunliches Leben, München, Blanvalet, 1986
Kobal, John: People will talk, London, Aurum Press, 1986
Korda, Michael: Charmed Lives, New York, Random House, 1980
LaGuardia, Robert: Monty. A Biography of Montgomery Clift, New York, Arbor House, 1977
Lahr, John: Coward, the Playwright. London, Methuen Ltd., 1982
Lambert, Gavin: On Cukor, New York, G. P. Putnam's Sons, 1972
Langner, Lawrence: The Magic Curtain, New York, E. P. Dutton & Co., 1951

Lardner, Ring, Jr.: The Lardners. My Family Remembered, New York, Alfred A. Knopf, 1976
Marill, Alvin H.: Katharine Hepburn. Ihre Filme – ihr Leben. München, Wilhelm Heyne, 1979
Mast, Gerald: Howard Hawks, Storyteller, New York, Oxford University Press, 1982
Mathison, Richard: His Weird and Wanton Ways. The Secret Life of Howard Hughes, New York, William Morrow & Co., 1977
Mackenzie, Midge: Shoulder to Shoulder, New York, Alfred A. Knopf 1975
McDowell, Roddy: Double Exposure, New York, Delacorte Press, 1966
Mills, Lewis Sprague: The Story of Connecticut, W. Rindge, N. H., Richard R. Smith Publisher Inc., 1958
Milland, Ray: Wide – Eyed in Babylon, New York, William Morrow and Company, 1974
Minnelli, Vincente: I remember it well, New York, Berkeley Publishing Group, 1974
Moore, Terry: The Beauty and the Billionaire, New York, Pocket Books, 1984
Mordden, Ethan: Movie Star. A Look at the Woman who Made Hollywood, New York, St. Martin's Press, 1983
O'Brien, Pat: The Wind at my Back, Garden City, N. Y., Doubleday & Co., 1964
Olivier, Sir Laurence: Bekenntnisse eines Schauspielers, München, C. Bertelsmann, 1985
Phelan, James: Howard Hughes. The Hidden Years, New York, Random House, 1976
Rhoden, Harold: High Stakes. The Gamble for the Howard Hughes Will, New York, Crown, 1980
St. John, Adela Rogers: The Honeycomb, Garden City, N. Y., Doubleday & Co., 1969
Selznick, Irene Mayer: A Private View, New York, Alfred A. Knopf, 1983
Schorer, Mark: Sinclair Lewis. An American Life, New York, McGraw Hill, 1961
Spada, James: Hepburn. Her Life in Pictures, Garden City, N. Y., Doubleday & Co., 1984
Spoto, Donald: Stanley Kramer Film Maker, New York, G. P. Putnam's Sons, 1978
Swindell, Larry: Spencer Tracy. A Biography, Mountain View, Cal., World Publishing Co., 1969
Thomas, Bob: King Cohn, New York, Bantam Books, 1968
Tischler, Nancy: Tennessee Williams. Rebellious Puritan, Secaucus, N. J., Citadel Press, 1965
Todd, Charles Burr: In Old Connecticut, New York, Grafton Press, 1906

Tozzi, Romano: Spencer Tracy. Seine Filme – sein Leben, München, Wilhelm Heyne, 1979
Vermilye, Jerry: Cary Grant, New York, Pyramide Communications, 1973
–: The Films of the Thirties, Secaucus, N. Y., Citadel Press, 1982
Vickers, Hugo: Vivien Leigh, London, Hamish Hamilton Ltd., 1988
Walker, Alexander: Vivien. The Life of Vivien Leigh, London, Weidenfeld and Nicolson, 1987
Wansell, Geoffrey: Haunted Idol. The Story of the real Cary Grant, New York, William Morrow and Co., 1984
Wayne, Jane Ellen: Robert Taylor, London, Robson Books, 1987
Wayne, Pillar, und Thorleifson, Alex: John Wayne. My Life with the Duke. New York, McGraw-Hill Book Company, 1987
Weley, Mason und Bona, Damien: Inside Oscar – The unofficial History of the Academy Awards, London, Columbus Books, 1986
Williams, Tennessee: Memoirs, Garden City, N. Y., Doubleday & Co., 1975
Yardley, Jonathan: Ring. A Biography of Ring Lardner, New York, Random House, 1977

Danksagung

Zahlreiche Menschen haben durch ihre Hilfe, Gespräche und Erinnerungen, sei es nun mündlicher oder schriftlicher Art, zur Entstehung dieses Buches beigetragen. Ihnen allen gilt mein Dank.

Genannt seien stellvertretend Jean Furstenberg (American Film Institute), Ingeborg Grunewald, Tilly Lauenstein, Erika Dannhof, Bill Edwards und Michael Havas (MGM), Jack Curtis, John Munro-Hall und Karen Murphy (RKO), Helene Johnson (Paramount), Brian Burton (Columbia), Frank Rodriguez (20th Century-Fox), G. L. Video, Frau Narnhammer (Hochschule für Fernsehen und Film), die Damen und Herren vom Bildarchiv des ORF, Emma, Andrea Huebner, Renate Schütze und Federica Somigli mit Familie *(Ciao Fede! Mille grazie per il bel soggiorno an Palau, Sardegna)*.

Für konstruktive Kritik und zahlreiche Verbesserungsvorschläge möchte ich meinem Mann Michael danken, der mir eine unbeschreibliche Hilfe war und ohne den dieses Buch niemals geschrieben worden wäre.

Personenregister